Josef Simon

# Philosophie des Zeichens

W DE G

Walter de Gruyter · Berlin · New York
1989

*CIP-Titelaufnahme der Deutschen Bibliothek*

**Simon, Josef:**
Philosophie des Zeichens / Josef Simon. — Berlin ; New York : de Gruyter, 1989
ISBN 3-11-012345-2 brosch.
ISBN 3-11-011441-0 Gewebe


Satz und Druck: Arthur Collignon GmbH, Berlin.
Bindearbeiten: Lüderitz & Bauer, Berlin
Printed in Germany

Keine Philosophie (ist) widerlegt worden. Was widerlegt worden, ist nicht das Prinzip dieser Philosophie, sondern nur dies, daß dies Prinzip das Letzte, die absolute Bestimmung sei.

Hegel, Geschichte der Philosophie, Werke, ed. Glockner, XVII, 67

# Inhaltsverzeichnis

## Vorbemerkungen und Abgrenzungen



## Philosophie des Zeichens

# Vorbemerkungen und Abgrenzungen

# 1. Vorwort zum Thema

Die Gegenstände der Philosophie sind Probleme, Fragen, und Fragen verlangen Antworten. Aber nicht alle Fragen sind philosophische Fragen, und auch nicht jede Antwort auf eine philosophische Frage ist eine philosophische Antwort. Fragen ergeben sich aus der Beschränkung eines Gesichtskreises, und die Antwort soll ihn erweitern. Nun hat aber z. B. jede wissenschaftliche Disziplin ihren bestimmten Gesichtskreis. Wollte sie ihre Fragen dadurch beantworten, daß sie ihn verließe, so wäre die Antwort in ihrem eigenen Sinne unwissenschaftlich. Um ihrer Disziplin willen kann sie nur nach ihrer eigenen Methode Fragen beantworten, die sich durch ihre eigene Art und Weise der Thematisierung ergeben haben. Ähnliches gilt für „alltägliche" Fragen. Sie ergeben sich aus bestimmten Hinsichten und einer vorgegebenen Beschränkung der Lebensumstände.

Die spezifisch philosophischen Fragen entspringen dagegen der Überschreitung solcher Grenzen, innerhalb derer die möglichen Antworten vorgezeichnet sind. Sie ergeben sich, indem ein Standpunkt mit dem ihm zugehörigen Horizont selbst in den Blick kommt und fraglich wird. Dies kann nicht von dem betreffenden Standpunkt selbst her beabsichtigt werden. Es geschieht ihm vielmehr gegen sein Interesse, seine Identität zu bewahren, und die reine Form dieses Geschehens ist die Zeit. Sie ist auch, insofern alle durch die Zeit oder anders bedingten Beschränktheiten „ihre" Zeit haben, die reine Form aller Standpunkte. Das Zeitgeschehen, insofern es von einem Standpunkt aus nicht mehr verstanden und erklärt werden kann, stellt die Fragen der Philosophie. Sie ist deshalb, wie Hegel es formulierte, „ihre Zeit in Gedanken erfaßt".

Diese Gedanken sind also nicht selbst standpunktbedingt, sondern vom Zeitgeschehen über den Standpunkt hinaus bewegte Gedanken. Wenn im folgenden von Zeichen und von einer Philosophie des Zeichens die Rede ist, so soll es nicht um eine

Definition des Begriffs „Zeichen" von irgendeinem Standpunkt aus gehen, wie er bei Definitionen immer vorausgesetzt ist. Die traditionelle Definition des Zeichens, nach der es „für" eine „Bedeutung" stehe, impliziert eine bestimmte Ontologie der Bedeutung, die im Laufe der Philosophiegeschichte zunehmend problematisch geworden ist. Unter Zeichen sind vielmehr die Zeichen der Zeit verstanden, die das Denken über seinen vorgefaßten Standpunkt hinaus bewegen, als das Wirkliche ihm gegenüber und gegenüber einem Begriff der von ihm aus überhaupt *möglichen* „Gegenstände der Erfahrung".

Zeichen ist das, was für die Erfahrung dieser Wirklichkeit von Belang ist. Es sind die Zeichen der Zeit, insofern die Zeit die über den Standpunkt und die Zeit seiner Dauer hinausführende Dimension ist. Zeichen in diesem Sinne ist das, was man über das hinaus versteht, was vom Standpunkt aus als möglich erscheint und worauf man sich folglich versteht, ohne daß zuvor definiert wäre, „was" ein Zeichen *sei* oder sein müsse, *damit* man es verstehe. Zeichen ist also alles, was wir in einem *uneingeschränkten* Sinn verstehen, ohne zu meinen, es sei in *einer* oder gar in „*meiner*" Interpretation erschöpfend erfaßt, so daß man schon wisse, „was" seine Bewandtnis sei. Das Zeichen ist insofern der ausgezeichnete Gegenstand der Philosophie *vor* ihrer Selbstfestlegung in Disziplinen oder Schulen, und eine Philosophie des Zeichens wäre demnach, wenn sie gelänge, eine Philosophie, die aus solchen Festlegungen, die alle einmal als Antworten auf frühere Fragen geschehen sind, zu Fragen der gegenwärtigen Zeit zurückführte.

Nur von einem *Versuch* in dieser Richtung kann man a priori sagen, er sei *möglich*. Er kann sich nicht an einen vorgezeichneten Rahmen, wie z. B. an die in der letzten Zeit vorherrschende sprachphilosophische Ausrichtung halten. Vielmehr müßte umgekehrt eine Philosophie der Sprache in der des Zeichens ihren Ort finden. Der Versuch kann sich allerdings ebensowenig „polemisch" gegen bestimmte Richtungen orientieren, denn auch das bezeichnete einen vorgefaßten Standpunkt. Er muß versuchen, sich in fraglos Verstandenes und damit in die Zeit einzulassen, um von daher in einer unverstellten Weise zum Verstehen ihrer Fragen zu finden, soweit das möglich ist. „Reprobation is a silly ...".[1]

[1] Peirce: Lectures on Pragmatism, in: Collected Papers = CP, ed. Hartshorne/Weiss, Cambridge/Mass. 1960, § 116

Eine Philosophie des Zeichens ist heute allerdings nur in der Sprache der Metaphysik möglich. Wir haben überhaupt keinen anderen Begriff der Philosophie als den metaphysischen. Das wirkt sich schon darin aus, daß wir „von etwas" sprechen, wenn wir philosophieren, z. B. vom Zeichen. Wir *thematisieren* Zeichen als Seiendes, als *Ding* (res) im weitesten Sinne, und wir sprechen diesem Ding zur Unterscheidung von andersgearteten Dingen Eigenschaften zu. Im Fall des Zeichens sagen wir, das Ding sei „etwas", das für etwas anderes stehe, das *nicht* Zeichen sei. Damit befinden wir uns bereits innerhalb einer Einteilung in Seiende verschiedener Art, bevor wir mit einer Philosophie des Zeichens angefangen haben, und zwar innerhalb einer Einteilung, die wir für „wesentlich" halten.

Solche metaphysischen Vorgaben sind für uns allerdings insofern „wesentlich", als wir nicht umhin können, in dieser Sprache zu reden. Die Zeit der Metaphysik ist immer noch unsere Zeit. Wir gelangen über das Schema der Thematisierung von etwas als Ding mit Eigenschaften, an denen es von andersgearteten Dingen zu unterscheiden ist, nur hinaus, indem wir uns darauf besinnen, daß wir uns dabei schon an *Zeichen* orientieren. Die „wesentlichen" Eigenschaften heben sich für uns als bedeutsame *Charakteristika* hervor, sie „fallen" sozusagen signifikant in die Sinne, und erst daraufhin unterstellen wir der „wesentlichen Eigenschaft" eine „Substanz", von der sie nicht zu lösen sei, im Unterschied zu anderen Eigenschaften, die nicht „wesentlich", sondern nur „akzidentell", d. h. für die Bestimmung des Dinges „ohne Bedeutung" seien.

Dabei gehen wir davon aus, daß die Einteilung in „wesentliche" und „unwesentliche" Eigenschaften und damit die Abgrenzung der Dinge *nach Begriffen von ihnen* perfekt sei, und in den Fällen, in denen wir uns hier nicht sicher sind und noch an den Unterscheidungen und Einteilungen der Dinge und damit an unserer Weltorientierung arbeiten, gehen wir doch davon aus, daß die Einteilung der Dinge „an sich" perfekt und von uns nur noch „erkennend" nachzuvollziehen sei. Wir setzen eine Welt aus Dingen als wohlgeordneten Kosmos *voraus*. Auch darin denken wir metaphysisch, und wenn wir sagen, wir *näherten* uns erkennend mit unseren Vorstellungen, wie wir sie in der Sprache ausdrücken und in Zeichen aufschreiben, „in the long run" „objektiven"

Verhältnissen, leben wir im metaphysischen Glauben an definitive „Bedeutungen" von Zeichen, „für" die die Zeichen stünden, wenn sie nur „richtig" gebraucht seien. Wir leben in dem Glauben, Zeichen hätten wenigstens „in the long run" etwas anderes als immer wieder Zeichen zu bedeuten, obwohl wir *jetzt* und in jeder vorstellbaren Gegenwart als Antwort auf die Frage nach der Bedeutung eines Zeichens immer wieder nur ein anderes Zeichen nennen können und gerade die als objektiv vermeinte Bedeutung unsere bloße „Meinung" bleibt. Daß „an die Stelle" eines Zeichens *letzten Endes* etwas anderes als ein anderes Zeichen treten könnte, ist der eschatologische Grundzug der Metaphysik. Er ist ebenso rational oder ebenso irrational wie die Vorstellung, die Zeitbedingtheit werde im Laufe der Zeit allmählich aufgehoben, die Wurzel aus zwei werde durch das Ausrechnen weiterer Dezimalstellen allmählich eine rationale Zahl oder es gäbe überhaupt eine Kommensurabilität zwischen Zeichen und etwas anderem als Zeichen, d. h. man könnte, ohne wieder Zeichen zu gebrauchen, *sagen*, „was" ein Zeichen bedeute, oder auch, man könnte dies sagen, ohne damit wieder etwas zu sagen, nach dessen Bedeutung noch einmal gefragt werden könnte, sobald es gesagt oder sonstwie „geäußert" ist. (Der Hauptfehlschluß der Metaphysik ist wohl überhaupt der Schluß von einem potentiell unbegrenzten Verfahren auf die Möglichkeit einer objektiven Näherung an ein Ziel als Überwindung der Endlichkeit, *damit* es nicht zu einem Weg „εἰς ἄπειρον" komme.)

Die Philosophie des Zeichens muß sich also auf die Sprache der Metaphysik einlassen, weil sie keine andere Sprache findet. Keine Philosophie kann etwas sagen und sich zugleich eine eigene Sprache erfinden wollen. Sie *muß* als Philosophie über „innerliche" Meinungen hinaus exoterisch werden. Sie kann über die Metaphysik und deren sich zunehmend zeigende Aporien — um die es bei einer „Überwindung der Metaphysik" eigentlich allein zu tun sein kann — nur insofern hinaus, *als* sie deren Sprache *als Sprache* reflektiert und dadurch zeigt, daß man aus ihr als Sprache *nicht* hinauskommt. Denn die Metaphysik selbst will ja nicht an „ihren" Zeichen idiolektisch haften bleiben, sondern *darüber hinaus* zu Bedeutungen gelangen, die als möglichst „reine" Bedeutung erfaßt und daher nicht wieder Zeichen sein sollen, nach deren Bedeutung noch einmal zu *fragen* wäre. Die Metaphysik selbst will ihre Sprache, als eine in ihrer Geschichte immer wieder neu zu überwindende Sprache, und damit ihre Geschichtlichkeit in jedem ihrer historischen Ansätze *definitiv* überwinden. Sie will jedesmal zu den „richtigen" Zeichen gelangen, die in ihrer Richtigkeit definitiv für ihre (wahre) Bedeutung stehen sollen. Insofern ist eine Überwindung der Metaphysik in deren eigener Sprache möglich. Sie ist aber in ihrer eigenen Sprache nur möglich, indem sie auf die Sprachverhaftetheit *auch der Metaphysik* verweist, also als Philosophie des nicht auf reine Bedeutungen hin zu übergehenden Zeichens.

Philosophie des Zeichens ist nicht Sprachphilosophie. Der Begriff einer Sprache meint ein *System* von Zeichen, die in ihrer Komposition nach „inneren" Regeln dieses Systems, die zugleich systemfremde Zeichen systematisch ausschließen, „etwas" Außersprachliches bedeuten sollen. Insofern ist der *Begriff* einer Sprache ein metaphysischer Begriff. Er verweist zugleich auf eine der „wesentlichen" Aporien, man könnte vielleicht sagen, auf *die* Grundaporie der Metaphysik: Nach Regeln verknüpfte Zeichen sollen in dieser internen Verknüpfung zugleich auf externe, „objektive" Verhältnisse verweisen. Die „Form der Abbildung" soll systemimmanent geregelt sein und gerade *darin* „äußeren" Verhältnissen „entsprechen".

Das schließt ein, daß auch die „inneren" Formen einzelner Sprachen, indem sie Bedeutung als „Beziehung aufs Objekt"[2] beanspruchen, *einander* entsprechen. Es schließt das Postulat der Bestimmtheit der Übersetzung von Sprache zu Sprache, einer gemeinsamen Tiefengrammatik aller Sprachen ein oder, mit anderen Worten, den *Ausschluß* von allem aus dem Begriff von Sprache, was zu der *je eigenen* nicht in dem Verhältnis der Bestimmtheit der Übersetzung steht oder nicht in ein solches Verhältnis gebracht werden kann.

Insofern ist der Idealismus die Wahrheit der Metaphysik. Auch die Sprachanalyse ist idealistische Metaphysik, indem sie das Idiomatische der Sprachen an Normen allgemeiner Bedeutsamkeit mißt, die der jeweils Messende *selbst* verstehen und in *seiner* Sprache wiederfinden kann, auch wenn er das eigene Idiom in

---

[2] Kant: Kritik der reinen Vernunft, 2. Aufl. (= B) 300

die Analyse einbezieht und es normativ auszurichten bemüht sein mag.

Der metaphysische Begriff der Sprache will sagen, was Sprache (für ein Ding) *ist*, was Sprachen „wesentlich" zukommen müsse, damit sie Sprachen seien. Wie die Begriffsbestimmung vom einzelnen metaphysischen Ansatz her auch ausfallen mag, sie impliziert als solche, daß es im Ziel um die definitive Feststellung einer Bedeutung des Zeichens „Sprache" zu tun sei. Damit ist sie metaphysisch. – In einer Philosophie des Zeichens (statt einer der „Bedeutung") kann es demnach nicht mehr darum gehen, was das Zeichen „Zeichen" bedeute, sondern nur darum, daß dies von keinem Zeichen definitiv, d. h. ohne Übergang zu einem weiteren Zeichen, das als solches interpretierbar *bleibt*, ausgemacht werden kann. Die Philosophie des Zeichens läßt es, auch im Übergang, beim Zeichen.

## 2. Sein und Zeichen seit Aristoteles

Deinen herrschenden Gedanken will ich hören und nicht, daß du einem Joche entronnen bist.
Nietzsche, Zarathustra I, Vom Wege des Schaffenden

Die platonisch-aristotelische Metaphysik hat das Zeichen von Anfang an dem Gedanken des Seins, *für* das es stehe, untergeordnet. Diese normative Feststellung des Verhältnisses von Zeichen und Sein vollzog sich innerhalb der Denkbahnen der Metaphysik des Seins als der *Formung von Materie*, die für sich als Nichtseiendes (μὴ ὄν) gedacht war. Bei Platon sind die Ideen das „eigentlich" und zuerst Seiende. Sie sind dies als Formung der Materie, in der sie sich ausprägen, wie z. B. die Idee der Gerechtigkeit in den gerechten Gesetzen, Staaten oder Menschen. Die Materie gilt dabei in ihrer Besonderheit gegenüber der Prägung durch die Idee als so gleichgültig wie verschiedene Papiersorten gegenüber dem, „was" darauf geschrieben wird. Es kommt nur darauf an, daß sie es *überhaupt* in zugehöriger Differenzierung aufnehmen kann. Nur insofern ist ihre eigene Beschaffenheit nicht gleichgültig. Die Prägung der so geeigneten Materie durch Ideen ergibt die Dinge, das einzelne Seiende.

Nach Aristoteles, „De interpretatione", prägen sich die gedachten Dinge in die Seele ein. Es entstehen dadurch in der Seele Eindrücke (παθήματα)[1]. Sie entsprechen der Formung der Dinge in Isomorphie. Auch für den Stoff der einzelnen Seele gilt, daß es auf seine individuelle Besonderheit dabei nicht ankommen soll, wenn er nur für die Form überhaupt in gehöriger Feinheit aufnahmefähig ist. Das setzt sich fort, wenn das, was in die Seele eingeprägt ist, sich nun seinerseits in die Stimme einprägen, sie

[1] Aristoteles: De interpretatione, 16a 6–7; vgl. auch J. Derrida: Grammatologie, Frankfurt/M. 1983, 24

artikulieren soll. Auch auf ihre Eigenart soll es nicht ankommen, wenn sie nur hinreichend artikulationsfähig ist, und was hier „hinreichend" ist, ist vom Zweck her bestimmt, also durch die Mannigfaltigkeit der Formen, die es so weiterzuprägen gilt, wie sie *zuerst* als Formen der Dinge wirksam waren.

Während aber niemand für seinen individuellen Seelenstoff, der die eigene Seele von anderen Seelen unterscheidet, etwas kann, kann man doch schon die Laute, die man verwenden will, um die Isomorphie zwischen Dingform und Seelenform im Ton der Stimmen mit hinreichender Diakritizität nach außen weiterzuleiten, willkürlich bestimmen, und es bedarf deshalb aus der Sicht des Denkens der Konvention und der Wahrhaftigkeit, um darin mit anderen übereinzustimmen.

Aristoteles setzt aber bezeichnenderweise nicht bei der Stimme an, wenn er den willkürlichen Charakter der Zeichen begründet, sondern bei der *Schrift*: „Und so wie nicht alle dieselbe Schrift (γράματα) haben, so sind auch die Laute (φωναί) nicht bei allen dieselben"[2]. Wer schreibt, nimmt sich dazu irgend etwas Haltbares, nicht um die Stimme, sondern um das, „was" in der Stimme ist (τὰ ἐν τῇ φωνῇ), als Form wiederzugeben. Form steht, gleichgültig gegen die sie aufnehmende Materie, für Form, und daß es jeweils dieselbe Form ist, macht das Zeichen (σύμβολον) aus. Dabei werden Möglichkeiten der Materie, die immer schon zuvor ihre eigene Form bzw. Struktur hat, soweit ausgenutzt, wie es für die Wiedergabe „derselben" Form — von der Form als dem Wesen der Dinge über die Formung der dabei passiven Seele und die Artikulation als Formung der Stimme bis zur Formung der Schrift als Einprägung ins Schreibmaterial — erforderlich ist. Das geschieht von der Stufe ab durch Vereinbarung (κατὰ συνθήκην), auf der die Seele sich, d. h. ihren Eindruck (πάθος), ihrerseits ausdrückt, so wie man sagen könnte, auch die Ideen hätten sich schon die jeweiligen Materien frei und ohne Rücksicht auf deren Eigenart für ihre Materialisation ausgewählt. Sokrates ist, wenn er gerecht ist, *ebenso* gerecht wie Kallikles, wenn dieser auch gerecht ist. Er ist dann „dasselbe" wie dieser, und ebenso soll Geschriebenes „dieselbe" Bedeutung haben, ob man nun in grie-

---

[2] Aristoteles: a. a. O., 16a 5–6

chischer Buchstabenschrift oder ägyptischer Bildschrift schreibt. Ohnehin soll die Schrift nicht die (verschiedenen) Stimmen bezeichnen, sondern das, was *in* ihnen ist, und das soll „dasselbe" sein wie das, was *in* der Seele ist, die ihrerseits aufnimmt, was, als deren Eidos, *in* den Dingen ist.

Die Arbitrarität der Zeichen entspricht dabei der Gleichgültigkeit der Hyle der Dinge gegenüber ihrer eidetischen Form. Auf das Einzelding, die einzelne Seele, die besondere Natur des artikulierten Lautes und die Art der Schrift kommt es *aus dem gleichen metaphysischen Grund*, vom gleichen „herrschenden Gedanken" her nicht an, und aus dem gleichen metaphysischen Grund steht das Sein ontologisch vor dem Zeichen und das Zeichen „nur" *für* das Sein.

Im Unterschied zu Platon bildet sich bei Aristoteles jedoch darüber hinaus ein neuer Wahrheitsbegriff aus. Wahr sind die Zeichenkombinationen, die sich aus Nomen (ὄνομα) und Verbum (ῥῆμα) zusammensetzen. Das ῥῆμα ist dabei, solange es allein steht, auch ein ὄνομα. Zum ῥῆμα wird es erst in der Zusammensetzung, die so ist, daß „etwas von etwas" ausgesagt wird. In ihr steht es für das, was *von* etwas ausgesagt wird. Es erhält dabei zugleich eine *Zeitbestimmung*, derart, daß an ihm deutlich wird, ob das Ausgesagte für den Gegenstand der Aussage für alle Zeit (ἁπλῶς) oder nur für eine bestimmte gegenwärtige, vergangene oder zukünftige Zeit (κατὰ χρόνον) gelten soll. Nur dadurch wird es wahr oder falsch, d. h. wahrheitsdefinit.

Aristoteles bringt damit im Grunde schon den *Aspekt* des Zeicheninterpretanten ins Spiel, d. h. den des *aktiven* Zeichengebrauchs. Die Seele ist nun nicht mehr nur das für die Form und Ordnung der Ideen Aufnahmefähige, sondern die Fähigkeit der Bildung *eigener* und damit, vom Platonismus her gedacht, möglicherweise falscher Vorstellungen. Sie sind nicht mehr nur Pathemata, Widerfahrnisse, an die man sich allenfalls richtig oder falsch *erinnern* könnte. Das, womit die Aussage zu vergleichen wäre, um ihre Wahrheit festzustellen, ist nun auch nicht mehr nur die Form der Dinge in einem unzeitlichen Sinn, mit der sie aus der Sicht einer Zeit ja nicht *wirklich* verglichen werden kann, sondern deren Zustand in der Zeit. Dieser aristotelische „Empirismus" trägt jedoch weiterhin seine platonistische Erblast, weil das Zeichen immer noch seine Wahrheit am Sein als der Form haben soll. Es ist nun zwar in seiner Wahrheitsdefinitheit von *jemandem* aktiv geformt, und die eingeprägte Form selbst ist nicht mehr das einzig Aktive, aber die es formende Seele begibt sich damit der Möglichkeit, ihr eigenes Produkt *als* eigenes, d. h. insofern es als Form *nicht vom Sein* her in sie hineingekommen ist, vom Sein her zu verstehen. Ob etwas zu einer bestimmten Zeit, im *Unterschied* zum Wahrsein schlechthin, wahr ist, dieser Unterschied liegt in keiner Form selbst. Mit dem neuen, auf Zeit bezogenen Wahrheitsbegriff entsteht das Problem des *Wahrheitskriteriums*.

Es entsteht das Problem des Zeitlichen, der sich in der Zeit *verändernden* Form. „Theätet sitzt" *jetzt*, aber er kann jederzeit aufstehen, und wer jemandem, der es nicht sehen kann, sagt, daß er sitze, kann das nicht als bloße Erinnerung an gemeinsame Ideen meinen. Das sogenannte *Faktische*, das auch *anders sein* könnte, als es „wirklich" ist – und dazu gehört alles Bewegliche im weitesten Sinne, also alle Natur –, geht in den Voraussetzungen der Seinsmetaphysik, nach der Zeichen *für* Seiendes stehen, nicht auf. Es bringt unweigerlich das Problem des Irrationalen in die Metaphysik hinein, weil es seinetwegen zu Zeichen kommt, die *frei, ohne Pathos*, so zusammengesetzt worden sind, daß sie „etwas" bedeuten sollen, was nur zu einer bestimmten Zeit der Fall und dennoch so *sein* soll.

Indem der Aspekt der Zeit ins Sein hineinkommt, treten die Zeichen in ihrem eigenen Sein hervor, d. h. so, daß man nicht mehr sagen kann, sie seien eben das von der *Idee* geprägte Seiende, analog dazu, wie das Gerechte von der Idee der Gerechtigkeit geprägt sei. Daß sie dennoch immer noch als Sein *für* etwas aufgefaßt werden, macht nun ihre besondere Problematik aus, und in ihr stellen sie sich gegen die gesamte Formmetaphysik. Nur wer selbst sieht, daß Theätet sitzt, hat nicht das *Problem*, ob solch einem Satz „etwas" entspricht. Jeder andere muß den besonderen Aspekt zu finden versuchen, in dem das wahr sein kann oder wahr gewesen sein könnte. Er hat damit das *hermeneutische* Problem des Verstehens einer Sprache, die nicht apriori auch schon seine eigene, von ihm selbst geformte Sprache ist, denn er hat das Problem, Zeichen zu verstehen, die er selbst so *nicht* geformt hätte, weil er selbst nicht in einem entsprechenden Pathos, selbst nicht entsprechend „affiziert" war.

Es entsteht das Problem, Zeichen in ihrer *Komposition* als Zeichen von etwas zu verstehen, was *nicht* in der eigenen Seele ist, so daß damit auch die *Differenz* der Seelen bedeutsam wird. Das aber heißt, daß die Bedeutung ohne *eigenes* Pathos, vom *fremden* Seelenzustand her zu finden ist, den man selbst nicht kennt, weil man selbst nicht in ihm ist. Man muß sich die fremden Zeichen in eigene Vorstellungen zu übersetzen versuchen, d. h. sie solange durch andere Zeichen zu ersetzen suchen, bis man sich *selbst* erinnert. Das ist dann der Fall, wenn es einem selbst *plausibel* wird, daß Theätet sitzt. Man kann es dann glauben, d. h. im Handeln das Gehörte *für* ein Gesehenes nehmen, ohne daß man zum Zeitpunkt des Handelns, in dem es auf die Wahrheit *ankommt*, es selbst sehen könnte. Nicht im eigenen Sehen findet man nun das Wahrheitskriterium, sondern *allein* im Gelingen dieser Übersetzung der „gegebenen" Zeichen in eigene, in den eigenen Aspekt zu dem Zeitpunkt, in dem man sich handelnd auf die Warheit zu *verlassen* gedenkt, wie man sie nun selbst in den Zeichen versteht.

Ohne diese Berücksichtigung des Zeitaspektes müßte man allerdings, wie Eco hervorhebt, von bestimmten festen „Bedeutungspostulaten" ausgehen und von daher alle *Metaphern*, als „semantisch unrichtige Ausdrücke", „glatte Lügen" nennen[3]. Es wären aber Lügen ohne Lügner, denn auch die semantische Richtigkeit hätte dann ohne Zutun eines Subjekts zustande zu kommen. Sie setzte Passivität des Subjekts, also eigentlich Subjektlosigkeit voraus; Subjektivität wäre *als solche* Lüge und zu überwinden, auch wo sie nicht „selbstverschuldet" wäre. Durch die Frage nach dem Aspekt wird der Satz aber als solcher spekulativ (im Sinne Hegels), nicht nur von der semantischen Verträglichkeit der in ihm verbundenen Begriffe, sondern von der Mitte seiner Bildung her, aus der die Begriffe in ein Verhältnis *gesetzt* und nicht nur in ihrem semantisch möglichen Verhältnis *aufgesucht* sind. So verstanden ist der ohne Aspekt gelogene Satz „Das Mädchen ist eine Birke"[4] nicht nur von links nach rechts, sondern ebensogut von rechts nach links zu lesen, und das Verständnis des Rhemas „Birkesein" ergibt sich auch von dem Ver-

[3] U. Eco: Semiotik und Philosophie der Sprache, München 1985, 165

[4] a. a. O.

ständnis des Themas her, von dem es ausgesagt wird. „Birkesein" wird als mögliches Prädikat zu „Mädchen" *angesonnen*, weil der Aspekt im Spiel ist, aus dem so geredet wird, und der Satz ist nicht glatt gelogen, sondern wahr oder falsch. Der Aspekt ist semantisch nicht faßbar und folglich auch nicht formalisierbar. Er überspielt, was „an sich" möglich oder unmöglich ist, so wie es ohne Zeitaspekt ja auch schon nicht möglich ist, daß Theätet sitzt und nicht sitzt. Ohne Zeitbestimmung muß das eine oder das andere gelogen sein. Die Zeitbestimmung ist das *allgemeine* Schema des Aspekts, in dem Sätze von ihrer Bildung her, vorrangig vor ihrem Verständnis als bloßes Begriffsverhältnis, als das schon Kant Urteile nicht begreifen konnte[5], *Sinn* erhalten.

Vielleicht kann man sagen, der Zeitaspekt sei das allgemeine Schema der Metaphorik. Was *war, ist* „eigentlich" nicht, und doch wird „war" als (Beuge-)Form von „ist" verstanden. Der Aspekt beugt das „an sich" Gelogene in die Form möglicher Wahrheit. Aber was heißt es, daß man dies sagen könne? Ob man es sagen kann, muß sich, wie bei aller Metaphorik, d. h. bei allem als *subjektive* Bildung für wahr *Gehaltenen*, zeigen. Es gibt dafür kein allgemeines Kriterium. Jedenfalls wird die Zeit in einer Philosophie des Zeichens einen allgemeinen Hintergrund bilden müssen.

Die Philosophie des Zeichens tritt in dem Maße an die Stelle der Philosophie des Seins im Sinne der Formmetaphysik, in dem ein „Glaube" als Übernahme fremder („gegebener") Zeichenbildung wichtig wird. „De interpretatione" ist ein erstes Anzeichen dafür, aber in der Semiotik, die die Zeichen als *Sein für etwas anderes* als Zeichen, als Stellvertreter versteht, bleibt diese Dimension nach wie vor verdrängt. Es wird gedacht, nur nebenbei lebte der Mensch vom Hören und vom Glauben, eben nur dann, wenn er nicht selbst in dem Sinne sehe, daß er ungeachtet seiner Individualität vom wahren Sein beeindruckt sei. Aber auch das, was man selbst sieht, sieht man in der *Unterscheidung*, ob es einem wohl geglaubt wird oder nicht. Es wird geglaubt, wenn die anderen es in *ihrem* Handeln *für wahr* nehmen. Diese *Unterscheidung* im Sehen konstituiert den Begriff von Wirklichkeit. Kant bringt

---

5 Kant: Kritik der reinen Vernunft, B 140

sie mit der Unterscheidung zwischen Träumen und Wachen zusammen.

Aristoteles versteht die Konventionalität der Lautzeichen in Analogie zu der der Schriftzeichen. Mit Derrida sind wir auf die Eigenständigkeit der Schrift gegenüber ihrer Auffassung als Zeichen *für* Lautzeichen aufmerksam geworden. Damit sind wir überhaupt aufmerksam für die Eigenständigkeit von Zeichen gegenüber dem, *für* das sie nach dem Schema der Formmetaphysik stehen sollen: die Schrift für die Sprache, die Sprache für die Seeleneindrücke, die Seeleneindrücke für die Form der Dinge. Damit, daß der Glaube als der Modus des Fürwahrhaltens, in dem zu einer bestimmten Zeit, ohne die Möglichkeit eines Kriteriums der Wahrheit, wegen des Handelnmüssens etwas „wirklich" für wahr *gehalten* wird, als der eigentliche Punkt der Wirklichkeitserschließung begriffen ist, kehren sich die Verhältnisse um: auch die nach dem Schema der Metaphysik unterste Sorte von Zeichen, die Schrift, erhält noch ihr Gewicht gegenüber dem, „für" das sie nach der Auffassung der Formmetaphysik stehen soll. Die Schrift ist nicht mehr nur Zeichen der Sprache. Ihr *Unterschied* zu dieser wird wichtig. Nicht alles, was gesagt wird, wird wirklich geschrieben, und nicht alles, was man lesen kann, kann man auch ohne den Weg über die Schrift hören. Die Schrift hat ihre eigene Gewichtung. Sie eröffnet der Seele ein *besonderes* Reich der *Erinnerung*. Die Schriftform *unterscheidet* nicht nur sich, sondern auch ihr Signifikat von dem der Stimme. Sie eröffnet mit ihren eigenen Möglichkeiten eigene Wirklichkeiten oder Glaubens- und damit Handlungsdimensionen, und so hat *auch das schreibende* Individuum in seinem Stil seine eigene Individualität in der Bildung von Zeichen, die andere so nicht bilden könnten.

Die Ablösung der Zeichen aus ihrem metaphysischen Verständnis als Zeichen „für" Seiendes ist zugleich die Auslösung des Individuellen, der individuellen Seele aus ihrem pathologischen Verständnis als bloße Ideenmaterie. Sie tritt als eigener Akteur ihrer Vorstellungen hervor, wie sie selbst sie in ihrer „Zeichen machenden Phantasie"[6] je bildet. Nicht die Schrift, verstanden *als* Schrift, sondern als das *zuletzt* gebildete Zeichen wird dabei

---

[6] Hegel: Enzyklopädie (1830) § 457

aufgewertet. *Als* Schrift verstanden, wäre sie unter der allgemeinen Idee einer Schrift in ihrer Ideendifferenz zur Stimme verstanden. Zeichen ist sie aber so wie die Sprache in ihrem energetischen Verständnis, in dem das neue Zeichen entsteht, das gelesen, also übersetzt sein will, bis es *wirklich* ist. Nur in der *zuletzt* erreichten Version wird es für wahr genommen. Es ist wirklich, weil sich einer in seiner Weltorientierung allein auf diese Version verläßt. Die Aufwertung der Schrift ist die Aufwertung des *letzten* Zeichens in der traditionellen Reihe des Stehens für etwas anderes in seiner Eigenständigkeit gegenüber dem, „für" das es nach der Wertung der Formontologie stehen soll, ohne daß diese in Ermangelung eines allgemeinen materialen Wahrheitskriteriums aber feststellen könnte, ob es wirklich auch *dafür* steht. Sobald das aktive Moment der Vorstellung im Blick ist, ist auch im Grunde schon begriffen, daß man nur Vorstellungen mit Vorstellungen vergleichen kann, aber nicht mit „Sachen selbst", und daß man auch dann, wenn man wissen will, was „Vorstellung" *ist*, nichts anderes als eine hinreichende Vorstellung davon erlangen kann.[7] Es kann immer nur die *eigene* Vorstellung sein; die Vorstellungen anderer und damit auch die Erfüllung des Begriffs „gemeinsamer" Vorstellungen kann man nicht haben. Man muß von *sich* aus verstehen, „was" andere bezeichnen, d. h. man kommt zu keinem den Zeichen vorausliegenden, in ihre Materie eingeprägten *allgemeinen* Was.

Weder Sprache als Sprache noch Schrift als Schrift in ihrem ontologisch verstandenen Unterschied gegeneinander können dem Apriorismus der Formmetaphysik entgegengesetzt werden, sondern nur das Zeichen, das in der Hierarchie dieser Metaphysik jeweils das Unterste ist, weil es, insofern es das Unterste ist, nur *für anderes* und weil nichts weiter *für es* stehen soll. An ihm als *letztem* Zeichen kommt das aus dem Ansatz dieser Metaphysik Ausgegrenzte als es selbst zum Vorschein, weil es *an ihm selbst* eben *nichts sein*, keine *eigene* Form haben soll. Das Eindringen des Problems der *Sprache*, besonders der Verschiedenheit der Sprachen gegeneinander (Hamann, Humboldt), und damit des Problems der „Unbestimmtheit der Übersetzung" (Quine) in die Versuche

---

[7] Kant: Logik, Akademieausgabe (= AA) IX, 34, 50

erkenntnistheoretischer Sicherstellung der Wahrheit konnte nur ein erstes Anzeichen dafür sein, daß die Verdrängung des Zeichens gegenüber dem Bezeichneten ihre Zeit gehabt hat. Es handelt sich um Anzeichen der Vollendung eines Prozesses der Umkehr, der mit Aristoteles begann und in dem auch Kants Kopernikanische Wendung nur eine Station darstellt.

## 3. Abgrenzung zur Semiotik

Mit Eco[1] sehe ich also die Notwendigkeit, die Philosophie der Sprache vom *allgemeineren* Gesichtspunkt einer Philosophie des Zeichens her zu verstehen und das Wirkliche überhaupt als Zeichenprozeß aufzufassen. In solch einem Rückgriff auf das Allgemeinere liegt eine metaphysische Tendenz. Aber es besteht doch eine Differenz zwischen der *Semiotik* und einer Philosophie des Zeichens. Die Semiotik will sagen, *was* Zeichen seien und welche Arten es *davon* gebe, z. B. Metaphern, Symbole, Codes, usw. Sie versteht sich damit, ob das reflektiert ist oder nicht, als metaphysisches Fragen nach Wesen und Arten des Zeichens in Abgrenzung gegen andere Arten von Seiendem. Das Seiende als solches bleibt für sie das, wovon sie im *Begriff* des Zeichens einen Teil absondert, um sich dann diesem Teilgebiet aus „metaphysischen Anfangsgründen" zuzuwenden, als wäre es möglich, über Zeichen hinaus durch ihre definitive Interpretation zum Seienden zu kommen, um von dort aus erst wieder zum Zeichen als einer Art von Seiendem zurückzukehren. Damit ist sie regionale Wissenschaft und nicht Philosophie des Zeichens, auch wenn sie selbst ihren Gesichtspunkt als den allgemeinsten versteht. Sie *verwendet* auch dabei schon Zeichen, d. h. sie versteht ohne Frage und versteht von daher auch, was überhaupt ein Zeichen in spezifischer Differenz zu anderem *Seienden* sei, und somit ist ihre Frage nach dem Wesen des Zeichens in Wahrheit nicht ihr Erstes. Im Anschluß an gegenständliche Weisen der Sprachbetrachtung, besonders den Strukturalismus, liegt in ihr eher eine Verwissenschaftlichung der Philosophie, indem sie das, was auch für sie in Wahrheit das Erste ist, das Mitgenommenwerden im Verstehen von Zeichen, einer theoretischen, verdinglichenden Betrachtung unterwirft. Dies zu

[1] U. Eco: a. a. O.

vermeiden ist allerdings das Haupt*problem* einer Philosophie des Zeichens.

Eine allgemeine Wissenschaft vom Zeichen ist nicht möglich, weil Zeichen keine besondere Art von Gegenständen sind und Verstehen keine besondere Art von Handlung neben anderen ist. Wissenschaft ist nur unter den Voraussetzungen der Metaphysik und als besondere nur unter besonderen „metaphysischen Anfangsgründen" möglich. Wissenschaft entspringt als solche der Idee des Signifikats und hat von daher ihre relative Geltung.

# 4. Urbild – Abbild – Trugbild

Die Semiotik schließt sich dem alten philosophischen Topos an, nach dem *das Seiende* zu erkennen sein müsse, wenn immer „es" „richtig" bezeichnet werden soll, so daß es von daher wahre und falsche Erkenntnis gebe, wahre nämlich dann, wenn das Seiende „richtig" bezeichnet, d. h. hier: *abgebildet* sei und falsche, wenn das nicht der Fall sei. Es wird davon ausgegangen, daß die Zusammensetzung oder Formung des Abbildes der des Urbildes „entsprechen" könne und solle, also auch davon, daß das Seiende etwas Zusammengesetztes bzw. daß Zusammensetzung seiend sei.

Zwar soll dabei das *wahre* Bild vom Abzubildenden auch *verschieden* sein, aber doch in einer von der des falschen Bildes verschiedenen Weise. Das wahre Abbild wurde seit Platon εἰκών, Ikon genannt, das falsche hingegen Trugbild oder φάντασμα, und entsprechend wurden wahre und falsche Verfahren des Abbildens unterschieden, als ἐπιστήμη, Wissenschaft, und als δόξα, Sophisterei. Der Philosoph soll sich vom Sophisten dadurch unterscheiden, daß er die richtige Zusammenfügung der Redeteile als der Teile eines wahren Abbilds beherrsche. Das Problem liegt dann aber in einem *Kriterium* für diese Unterscheidung.

Ein Ausweg schien darin zu liegen, den Philosophen als denjenigen zu verstehen, der die *Differenz* zwischen Bild und Sache selbst bedenke, und den Sophisten als jemanden, der solch ein Bewußtsein oder solch eine „Reflexion" nicht habe. Der Philosoph wisse, daß man dieselbe Sache immer auch in einem *anderen* Logos wiedergeben könne als in dem, in dem man es gerade tut. Woher weiß er aber überhaupt um diese Differenz der Logoi zur *Sache*, d. h. woher kann er wissen, daß der Logos auf etwas *anderes* als immer wieder nur auf einen anderen *Logos* verweist? Denn etwas anderes als ein anderer Logos ist niemals gegeben. Kein Ur-Bild bietet sich als tertium comparationis direkt an. Daß der Philosoph um die Ideen wisse, die die wahren Urbilder seien, und daß der

Dia-logos immer nur die „zweitbeste Fahrt"[1] sei, ist hier keine Lösung. Daß die Ideen, über ihre *dia-logische* Erörterung hinaus, *seien*, muß selbst Doxa bleiben.

Es blieb problematisch, von einer *Sache* her, statt nur im Sinne einer besseren „rhetorischen" Darbietung, „bessere" Bilder unter dem Namen des Ikons von „schlechten" Fiktionen unter dem Namen der Phantasmata zu unterscheiden. Die Kunst, die von dieser Unterscheidung her zum Falschen gehört, insofern sie nicht Episteme ist, hat sich zuerst von dem Irrtum befreit, ihre Wahrheit in der „realistischen" Abbildung zu finden. Das „Abbilden" durch *Sprache* konnte ohnehin nur als Isomorphie begriffen werden, also als Übereinstimmung der *Form* nach. Dabei mußte aber offenbleiben, „was" denn die Form des Abzubildenden sei. Sprachzeichen, so wird gesagt, seien arbiträr. Sie hätten, so wurde von der Metapher des Abbildens her eingeräumt, keine Ähnlichkeit mit dem Bezeichneten, und da dennoch die Idee der Wahrheit als Übereinstimmung zwischen Ur- und Abbild festgehalten wurde, mußte die Übereinstimmung in der Form gesehen werden, d. h. im Unsichtbaren, unter der Idee, „die Wirklichkeit" habe eine der Grammatik der Zeichenkomposition „entsprechende" eigene Form. Diese Grammatik muß dann per se als wahr gelten, als transzendental wahr, damit man, sie befolgend, überhaupt Wahres und Falsches in der Sprache ausdrücken könne.

Die Selbstunterscheidung des Philosophen vom Sophisten, der kein *Bewußtsein* der Differenz der Rede zum Seienden habe und sich damit nicht auf Seiendes, sondern *nur* aufs Reden verstehe, muß dogmatisch bleiben, solange der Philosoph nicht überzeugend — und nicht nur überredend — sagen kann, daß er diesen Unterschied nicht selbst (rhetorisch) *mache*, sondern in Übereinstimmung mit einem *seienden* Unterschied. Das aber kann er selbst — als bloßer Freund der Weisheit im Unterschied zum Gott der Weisheit — gerade nach seinem „bescheidenen" Selbstbewußtsein nicht, in dem er sich von dem Sophisten *selbst* — modern ausgedrückt: in seinem „reflektierten" Selbstbewußtsein — unterscheidet.

---

[1] Platon: Phaidon, 99 c9–d1

So bleibt die Idee des Seins selbst eine hypostatische Annahme, die für die Wahrheitsfrage nichts bewirkt. Damit entfällt auch die Rede vom abbildenden Charakter des Logos und die Schwierigkeit, übereinstimmende Abbilder von nur gemachten Trugbildern zu unterscheiden. Es entfällt auch die Notwendigkeit, ja sogar die Möglichkeit, das Ikon vom Zeichen zu unterscheiden. *Bilder* sind nur solange Bilder, wie die Möglichkeit des Zugangs zu Originalen besteht, im Verhältnis zu denen sie eben dann „nur" Bilder sind. Dieses „Nur" entstammt einer Höherwertung des Originals, nach der dem Bild im *Vergleich* zum Original etwas fehlt. Doch die literarische oder gemalte Landschaft kann anderes bedeuten als die reale. Es bleibt subjektiv, was „besser" sei. Es bleibt auf Bedürfnisse in konkreten Situationen bezogen.

Mit der *Autonomie* der Kunst, des Signifikanten gegenüber dem Signifikat, wurde dies in der Neuzeit deutlich. Es wurde damit zugleich deutlich, daß der Wert einer Erkenntnis, d. h. einer Ersetzung von Zeichen durch andere, die als besser, als deutlicher erscheinen, nicht in ihrer Übereinstimmung mit Urbildern liegen kann, schon allein deshalb nicht, weil man keine letzten Urbilder zum Vergleich heranziehen kann. Auch die „reale" Landschaft ist interpretiert, subjektiv erlebt. Könnte man sie „an sich" erfahren, so wäre das Abbild eo ipso schlechter und im Vergleich *nichts* wert. Die Frage, „was" ein Kunstwerk bedeute, geht an seinem Sinn vorbei. Es hätte keinen Sinn, wäre es nicht *letztes* Zeichen, für das kein anderes stehen kann.

Damit entfällt die Unterscheidung zwischen („arbiträrem") Zeichen und Ikon. Es genügt, von einer Ersetzung von Zeichen durch andere *Zeichen* zu sprechen, die „unter Umständen", aber nicht wegen einer größeren Treue zu einem *rein seienden*, nicht mehr zeichen-seienden Urbild als *besser* als die „gegebenen" erscheinen. Es muß genügen, denn es fehlt der *allgemeine Maßstab zum Vergleich*.

Wenn hier von „Zeichen" gesprochen wird, geschieht das, weil kein anderes Zeichen aus der Sprache der Metaphysik — die es noch bei Heidegger zum „bloßen" Zeichen herabsetzt, wenn gesagt wird, Sprache sei nicht nur Zeichen — als besser erscheint, um die Fragen zu erörtern, die sich für die Philosophie durch die Aufhebung des Sinnes der Unterscheidung zwischen Ikon und Zeichen ergeben. „Bezeichnen" und „Erkennen" sind in unserer

Sprache, die sich nicht unabhängig von gewissen Dogmen ausbildet, nun einmal transitive Verben. Die Philosophie muß die Möglichkeit haben, sich von solchen Bahnen zu befreien. Sie hat es auch schon immer getan, wenn sie bedacht hat, daß das Fürwahrhalten sich an nichts anderem als an anderem Fürwahrhalten messen kann, ohne sich vor anderem Fürwahrhalten in Übereinstimmung mit „etwas" wissen zu können, was nicht selbst in einem Fürwahrhalten erst „etwas" wäre. In dieser „kritischen" Position erhebt sie nicht mehr den unaufhebbar *dogmatischen* Anspruch, der zwar der Anspruch der Lebenswelt zu sein scheint, aber doch erst einer metaphysischen *Position* von Ideen als Urbildern entstammt: im Zeichenaustausch gehe es *zuletzt* überhaupt nicht um (bessere) Zeichen, sondern um das Sein als um etwas ganz anderes als Zeichen.

Wenn Gorgias von Leontinoi gesagt haben soll, das Gesprochene sei nicht dasselbe wie das Wahrnehmbare, das Seiende, und die Wörter teilten deshalb lediglich sich selbst mit, dann bleibt es natürlich schwierig, den Sinn solcher Überlieferung zu rekonstruieren. Immerhin hat aber auch Hegel gesagt, daß Zeichen und Bezeichnetes „einander nichts" angingen. Aber Hegel *spricht* doch immerhin noch vom Bezeichnenden[2]. Die Zeichenrelation wird als eine *negative* Relation begriffen. Man könnte sagen, daß die Zeichen, *indem* sie sich nur auf *andere Zeichen* bezögen, innerhalb der Zeichensphäre blieben und nur dadurch[3] Seiendes vorstellten. „Sein" bedeute den allgemeinen Übergang im Zeichenprozeß, wie die abstrakte Kopula „ist" ihn bezeichne, und darin stimmten Hegel und Gorgias überein. Der Platonismus hat sich dann ja auch als Gegenposition zu den Sophisten entwickelt, die die Vorstellung, *was* etwas *sei*, unter welchem „Wesen" etwas „existiere" und damit die metaphysische Grundunterscheidung zwischen Essenz und Existenz als Wirkung der Rede verstanden, sozusagen als rhetorisch vermitteltes Fürwahrhalten für die Dauer dieser Wirkung.

Die These, daß Erkennen Abbilden sei, suggeriert schon die „Annäherung" an „geahnte" Urbilder, die wir aber nicht vor uns haben. Auch die Auffassung des Zeichens als etwas, das „für"

---

[2] Hegel: Enzyklopädie (1830) § 458

[3] Vgl. Cusanus: „attingitur inattingibile inattingibiliter", De sap. I, n. 7

etwas steht, suggeriert noch den kriteriumslosen Bezug auf Urbilder, läßt aber auch die Auffassung zu, daß Zeichen für *andere Zeichen* stünden. Sie entspricht somit dem, was wir mit Zeichen *tun*, wenn wir sie nicht unmittelbar, d. h. auch: nicht ohne die Vorstellung, daß sie sich auf etwas anderes als Zeichen bezögen, verstehen: Wir *ersetzen* sie durch andere *Zeichen*, indem wir *sagen*, „wofür" sie stünden. Insofern ist der Begriff des Zeichens der kritischere Begriff gegenüber dem des Abbildes.

Die Vorstellung eines mit der Zeit zunehmenden und deshalb vom einzelnen Individuum kaum noch zu bewältigenden *Wissens* setzt voraus, daß „Wissen" sich als Wissen von etwas (Seiendem) verstehe, als Wissen, das sich mit der Zeit der Fülle des Seienden annähere und deshalb zwangsläufig immer „größer" und endlich übergroß, selbst unfaßlich werde, so daß es seinem Begriff, das Seiende zu fassen, zuwiderlaufe. Diese beängstigende Vorstellung ignoriert, daß Wissen sich nicht anders denn als *Variation* von Zeichen verstehen kann, von denen immer nur eine bestimmte, der Kapazität des Bewußtseins entsprechende Sequenz Zeichen ist. Wir kommen nicht von einem Zustand des zeichenverhafteten Nichtwissens mit der Zeit in einen Zustand des Wissens, das immer lückenloser würde, sondern aus einem Zustand des Verstehens, in dem wir gerade unter der Voraussetzung, daß wir in einer *bestimmten Weise* verstehen, auch etwas nicht oder nicht hinreichend deutlich verstehen, in einen Zustand *demgegenüber* besseren Verstehens. Er ist stets nur relativ besser gegenüber einem historischen Ausgangszustand. Auch wenn das Wissen „zuviel" würde, würde es unzweckmäßig, und es kommt nun, wie schon Kant bemerkte, darauf an, es so zu ordnen, daß man wirklich damit „umgehen" und es dem Handeln zugrunde legen kann, d. h. daß es *dafür* deutlich und übersichtlich genug ist. Schon der Kantische Wissensbegriff läßt die Vorstellung eines die Fassungskraft überragenden Wissens nicht zu, da nach Kant Wissen als solches ein Modus des Fürwahrhaltens ist[4], und man kann nur für wahr halten, was man in hinreichender Deutlichkeit versteht. Die von Zwecken gelenkte Reduktion des Wissens, als

---

[4] Kant: Kritik der reinen Vernunft, B 850

Ersetzung einer langen Zeichenreihe durch eine kürzere, übersichtlichere, kann von daher durchaus die bessere Wissensform sein, und deshalb ist nicht zu befürchten, daß das Wissen die Kräfte *übersteigen wird*. Wissen konstituiert sich *als solches* in einer Form *hinreichender* Faßlichkeit.

Daß *anderes* Wissen als mein und in *meiner* Subjektivität, in der Kraft meines Fürwahrhaltens begründetes Wissen möglich oder gar wirklich ist, erfahre ich nur über *Zeichen* dafür. Es kann sich nicht in mir „abbilden", ich muß es an dem, was sich mir darstellt, verstehen, und zwar als ein mir unzugängliches, als eben in anderer als meiner und von mir aus zu antizipierender Subjektivität begründetes „anders qualifiziertes" Wissen. Dadurch erfahre ich überhaupt auch erst mein Wissen als besonderes, in einem besonderen Horizont begründetes, also als endliches Wissen, das sich von der Sache selbst, als „bloßes" Abbild, unterscheide. Im verstandenen *Zeichen* verstehe ich „von mir aus", d. h. ich denke *nicht*, daß das Zeichen *eine* (und nur eine) Bedeutung, eine „wahre" Bedeutung hätte, die nur ich nicht erreichte. In dieser Negativität verstehe ich es erst als Zeichen *vollkommen*.

In dieser *Negativität* des Zeichens zeigt sich andere Subjektivität und damit überhaupt erst Subjektivität als *unaufhebbar* andere an. Sie teilt sich nur *darin* mit. Selbsterfahrung als Subjektivitätserfahrung kann nicht „Urbild" der Erfahrung anderer besonderer Subjektivität sein. Sie muß mit dieser in *einem* Akt, eben in dem Verstehen der *unaufhebbaren* Negativität des Zeichens erfahren sein, und in diesem Sinne muß *alles*, was erfahren wird, Zeichen sein. An allem wird die wesentliche Unabschließbarkeit der Feststellung, *was* es *sei* und ob es in der vorgenommenen Isolierung überhaupt *etwas* sei, erfahren. Sie wird im Bewußtsein der Subjektivität erfahren. Das Ontologische ist im Semasiologischen relativiert. „Dinge" sind, wie Hegel sagt, an ihnen selbst widersprüchlich.

Im folgenden wird also vom Zeichen, nicht vom Abbild in seiner Unterscheidung zwischen wahrem und falschem Abbild und also auch nicht vom Zeichen als einer Art des Abbilds gehandelt. Den Ausgang bildet somit die Indifferenz zwischen Zeichen und Bedeutung. Erst zu einer *Zeit*, in der „etwas" nicht (mehr) unmittelbar verstanden wird, stellt sich die *Frage* nach der Bedeutung als nach einem (jetzt) ohne Frage verständlichen *an-*

*deren* Zeichen. Daß es zu einer *gegebenen Zeit* ohne Frage verstanden wird, läßt es zu dieser *Zeit* als letztes Zeichen, als unüberholbare *Bedeutung* aller Zeichen verstehen, die zuvor noch, in dieser Beziehung gegeneinander austauschbar, alle „für" es zu stehen schienen.

Die Frage nach der Bedeutung stellt sich wesentlich aus dem *Mangel* an Verstehenkönnen, aus dem Leiden[5] als einem Bedürfnis nach Orientierung in Übereinstimmung, und seit Aristoteles wird die Wirklichkeit als Leidenseindruck in die Seele (πάθος) gedacht. Aus dem Leiden erwächst die Vorstellung des *Seins*, das nicht mehr (nur) Zeichen, sondern reines Sein „sei", als dasjenige, in dem jede Variation von Zeichen ihr endgültiges Ziel, in dem jede Affektion der Überzeugung, alles Pathos in der Apathie *zu Ende* komme. Die Erfüllung dieser Vorstellung findet aber immer *nur* in einem Jetzt, also immer nur für eine *bestimmte Zeit* statt. Nur für eine bestimmte Zeit und angesichts eines Zwecks, der in ihr den Horizont als „herrschender Gedanke" bestimmt, geht anderes im eigenen Verstehenkönnen auf und erscheint als darein übersetzbar. Nur für eine bestimmte Zeit ist es „rational". Dann wird es wieder in dem Sinne „irrational", daß es im Verhältnis zum herangetragenen Verstehenkönnen nicht mehr aufgeht.

Das Leiden „hat" keine Bedeutung, sondern ist der Ausgang der *Frage* nach Bedeutung, und die gefundene Antwort ist als „Harmonie" sein temporär hinreichendes Ende. In diesem Sinn ist sie, wie Nietzsche als Platonist noch sagt, Schein[6]. Die Behebung des Leidens an „schwer" verständlichen Zeichen durch deren „glückliche" Ersetzung durch „leichter" zu verstehende, d. h. durch das Finden ihrer Bedeutung, bewirkt Lust. „Die Wirklichkeit" erscheint in der *erträglichen* Lesart der Zeichen.

Der Gedanke, daß Leiden nur als „Akzidens" (einer Substanz) möglich sei und daß demnach alles Leiden das eines Seienden sein müsse, ist, auch in der Version Descartes', in der die zweifelnde Cogitatio sich *als gewiß seiend* denkt, schon eine Antwort, durch die das Leiden zur Ruhe kommen und die methodische Basis für Gewißheit gefunden sein soll. Sie gilt als gefunden, solange das (transzendental-grammatische) Schema von Substanz

---

[5] Vgl. Nietzsche: Kritische Gesamt-Ausgabe, Werke(= KGW) Nachgelassene Fragmente(= N) III 7 [165]

[6] a. a. O.

und Akzidens selbst unbezweifelt bleibt, d. h. solange ein Zweifel *daran* nicht „in Frage" kommt. In diesem Schema denken wir eine sich über den möglichen Zweifel hinweg *durchhaltende*, also unbezweifelbare Substanz des Zweifelns, d. h. wir denken die Grenze des *uns* möglichen Zweifelns, man kann auch sagen: die Möglichkeit einer Besänftigung des Leidens. Sie besteht, *solange* (quamdiu)[7] wir zweifeln, aber keineswegs für alle Zeit, und solange wir zweifeln, sind wir auch fähig, eine Basis für Gewißheit zu finden. Sonst wären wir selbst (mit unserer Identität) am Ende.

Kant hat in seiner Kritik an Descartes nur diese Zeitbestimmung, die aber bei Descartes selbst schon bedacht ist, herausstellen müssen: Sein ist nur für die Zeit des Denkens zu denken und nicht als eine dem Denken *vorausliegende* Substanz, und Denken erfolgt aufgrund von „Affektion", die als die Affektion des Subjekts in seiner Subjektivität die Affektion einer „Überzeugung" ist[8]. „Affektion" ist die Übersetzung von „Pathos". Das gelingende Denken führt sie in „Apathie" zurück, und der zeichenwechselnde *Gedanke*, was etwas — im Unterschied zur affizierenden Wahrnehmung — „objektiv" *sei*, gibt dem Subjekt die beruhigende Identität seiner Orientierung und in diesem Sinne die Gewißheit eigenen Seins zurück und damit dem Zeichen „Subjekt" Bedeutung.

---

[7] Descartes: Meditationes II, 6

[8] Kant: Nachlaßreflexion 2476, AA XVI

## 5. Zeigezeichen und Nennzeichen

Eine Philosophie des Zeichens kann auch nicht die vor allem seit Bühler[1] geläufige Unterscheidung zwischen Zeige- und Nennwörtern und eine ihr analoge Unterscheidung zwischen Zeigezeichen und Nennzeichen hinnehmen. Sie muß sie in ihren metaphysischen Rahmen stellen und damit problematisieren.

Wenn auf etwas gezeigt wird, fragt sich, auf „was" das Zeigen abzweckt. Man kann nicht nur in die Gegend zeigen. Ein Wegweiser zeigt *etwas*, nämlich einen bestimmten Weg zu einem bestimmten Ziel, und jeder Weiser dieser Art funktioniert nur, indem er in seiner Klasse, z. B. *als* Wegweiser, verstanden wird. Er zeigt in jedem Fall nicht auf einen abstrakten Raumpunkt, sondern auf etwas (Allgemeines), von dessen Art man etwas in der gewiesenen Richtung finden könne. Insofern *nennt* er auch, und er *zeigt* nur, indem er nennt. Man muß schon verstehen, wie ein Weg im allgemeinen aussieht, um diesen besonderen vermittelst des Wegweisers finden zu können. Sonst müßte an jeder Stelle des Weges ein Wegweiser stehen, unendlich dicht. Der Wegweiser *unterscheidet* Wege nur für den, der Wege als solche hinreichend kennt. Zeigen ist Unterscheiden ohne Übergang von Zeichen zu anderen, die „gegebenen" Zeichen interpretierenden Zeichen. Das zeigende Zeichen ist das letzte Zeichen in einer Reihe von Zeichen, das, was man ohne weitere Interpretation versteht. Es ist das Zeichen, auf das hin man handelt, z. B. eine Richtung einschlägt, weil es einem dafür als deutlich genug erscheint.

Der Unterschied zwischen Nenn- und Zeigezeichen ist also nicht in verschiedenen Sorten von Zeichen begründet, sozusagen in Eigenschaften von Seiendem, das die übergeordnete Eigenschaft hätte, Zeichen zu sein, sondern im Verstehenden und dessen

---

[1] K. Bühler: Sprachtheorie, Jena 1934, 79 ff.

pragmatischen Bedürfnissen. Er macht den Unterschied dadurch, daß er beim letzten Zeichen nicht mehr nach der Bedeutung *fragt*, z. B. ob das ein Wegweiser sei und was er bedeute, sondern *folgt*, wie z. B. auch der therapierende Arzt den Anzeichen seiner Diagnose, ohne *weitere* Überlegung, was die Krankheitszeichen bedeuteten. Sie sind ihm zuletzt fürs Handeln deutlich genug. Auch wenn ein *anderer* anders urteilen würde, *er* kommt zum Schluß. Der Unterschied ist ein Unterschied im Verstehenden, den er von sich aus „macht" und selbst nicht mehr allgemein begründen kann, weil er nicht von Voraussetzungen allgemeiner Art her erfolgt. Dieser Unterschied verweist in die Richtung individueller Urteilskraft, aus der heraus sich jemand zum Handeln entschließt. Wer sagt, *dies* sei Schwindsucht[2], der ist sich schlüssig geworden, dies *als* solche zu *nehmen* und sich darauf zu verlassen, und erst damit erhält das Zeigewort „dies" seinen Sinn. Die Anzeichen grenzen sich dadurch als aufzeigbare Symptome von ihrer Umgebung ab, als etwas, worauf man in der Unterscheidung von allem anderen deutlich zeigen *kann*. Es gibt keine Dieses-da als „Einzeldinge", bevor sie in ihrer Relevanz für den Interpreten auffällig ins Bewußtsein treten, d. h. auch *ohne* Begriff von Bedeutung sind. Sie sind, so gesehen, „später" als das Wesen, aber „früher" als dessen Explikation für andere. Es muß ohne weitere *Frage* nach dem Was verstanden sein, *was* „dies" bedeuten soll, wenn „dies" verstanden sein soll.

Zeigezeichen sind Zeichen letzter Entschiedenheit. Sie zeigen nicht *auf* „Einzeldinge", sondern fassen etwas unter einer allgemeinen Bedeutung auf und lassen es erst dadurch *so* etwas, d. h. ein Ding *sein*, auf das man sich verstehend verlassen zu können glaubt, z. B. *als* auf einen Weg, eine Brücke, ein Werkzeug, Eßbares, Mitmensch, Freund, einen Gerechten usw.

*Arten von Zeichen* lassen sich nur bezeichnen, also nur unterscheiden, wenn die dafür gebrauchten Zeichen genügend deutlich sind. Also kann eine *Philosophie* des Zeichens nicht — wie die Semiotik — bei solchen Unterscheidungen ansetzen, wenngleich ihr bewußt sein muß, daß sie es nicht vermeiden kann, sich immer schon in Zeichenprozessen zu befinden, in denen solche Unter-

---

[2] Vgl. Kant: Kritik der reinen Vernunft, B 852

scheidungen geläufig sind. Der Ansatz bei solchen Unterscheidungen als *wahren* Anfängen würde aber voraussetzen, daß gemäß den Unterscheidungen „etwas“ *existiere*, d. h. er wäre ontologisch. Der Anfang in der Wissenschaft ist nicht beim gewiß Wahren zu machen, sondern mit dem *Anfangen*.

## 6. Vorbemerkung zur Methode

Das metaphysische Philosophieren ist an sich methodisch. Es geht den Weg vom Zeichen zur Bedeutung, und es versteht sich als „rational", wenn dies ohne („irrationalen") Rest, also definitiv gelingt. Die *Form* der Darstellung des Gedankens soll dem entsprechen; es soll eine sich zu einem sachgemäßen Ende schließende Form sein. Sie soll die Darstellung zum Schluß bringen, indem sie das Denken zur Sache bringt. Der Gedanke des „Gebrauchs" von Zeichen als Formung des Zeichens, der den eines formenden *Subjekts* einschließt, ist der Gedanke der Aufhebung des Zeichens in „seiner" Bedeutung, und wenn der Gedanke komplex und der Weg der Interpretation von Zeichen durch andere Zeichen bis hin zur „reinen Bedeutung" als ein langer Weg erscheint, scheint eine ausdrückliche Reflexion über diesen Weg als einen zur Sache hin formenden Weg, also eine *Methodenreflexion* vonnöten zu sein.

Descartes hatte empfohlen, in einem solchen Fall von Komplexität, wie sie die *Wissenschaft* auszeichnet, in Schritten, d. h. methodisch vorzugehen, und zwar in Schritten, die so klein sind, daß der einzelne Schritt absolut leicht zu vollziehen sei. Er solle von jedermann vollziehbar sein, und das sei er, wenn er für sich eine „notwendige Verbindung" darstelle, an der niemand zweifeln könne, wie z. B. die „Proposition", daß ein Dreieck drei Seiten habe, oder die „Proposition" „ego cogito, ego existo".[1] Solche Verbindungen haben ihre Notwendigkeit und damit auch ihre problemlose Einfachheit dadurch, daß sich nicht denken läßt, jemand könne sie nicht vollziehen und ein *Problem* in ihnen sehen. Sie sollen keine Interpretationen, sondern einfache Gedanken sein. Der Sachbezug erscheint dadurch garantiert, daß sie keine Freiheit lassen und daß in dem Übergang, den sie darstellen, kein Rest

---

[1] Descartes: Meditationes, II

bleibt. Es bleibt kein Rest, weil es nicht ein Übergang von einem Zeichen zu einem anderen Zeichen ist, das das erste interpretierte und als Zeichen selbst wieder interpretierbar wäre, ad infinitum, sondern ein Übergang von einer Vorstellung zu einer anderen, die „im Grunde" gar keine andere, sondern *dieselbe* sei. Wer sich das eine *vorstelle*, habe sich das andere eigentlich auch schon *vorgestellt*. Was man sich auch immer „darunter" subjektiv vorstellen möge, es bleibe beim Selben. Es ist z. B. unmöglich, sinnvoll zu sagen: cogito, sed non existo. Die *Identität* der Vorstellung und damit die der res cogitans ist gesichert, indem eine von den Zeichen her mögliche Verbindung von Zeichen im Subjekt *negiert* ist. Das Subjekt *ist* eine Negation, denn damit ist zugleich die Differenz des Subjekts zur res extensa sichergestellt, an deren Einteilung die cogitatio *sich* im Unendlichen verlöre. Positiv gewendet bedeutet sie die Behauptung einer in *einem* Schritt in sich definitiv zu Ende gekommenen Interpretation. Die cartesische Methode beruht darauf, daß sie sich auf sich in sich verschließende Interpretationsschritte beschränkt, die jeder vollziehen muß, der der metaphysischen Grammatik folgt.

Schon im Sokratischen Dialog sollte gewährleistet sein, daß Worte durchgehend in derselben Bedeutung gebraucht würden, d. h. daß ein Wortzeichen während des Dialogs stets dieselbe Erklärung seiner Bedeutung durch ein anderes Wortzeichen finden solle, z. B. wenn Sokrates Kallikles fragt, ob er „angenehm" und „gut" für identisch halte[2]. Die Dialogform will, im Unterschied zu den „langen Reden" der Rhetoriker[3], den Logos durch den Wechsel von Fragen und Antworten in so kleine Teile zerlegen, daß in übersichtlicher Weise kontrolliert bleibt, *wie* die Ausrichtung der Rede auf Bedeutungen je *zu Ende* komme. Sie soll in den jeweiligen „kurzen Reden" zu Ende kommen und sich im ganzen aus solchen kurzen, *übersichtlichen* Teilen zusammensetzen, in denen je für sich ein abweichender Sprachgebrauch und damit auch für später jede *andere* Interpretation des Gesagten ausgeschlossen ist.

Die Methode kommt als *Ausschluß* des Interpretationsbedürfnisses in die Philosophie, als Reflexion auf in sich zu Ende

---

[2] Platon: Gorgias 495 a 3

[3] a. a. O., 449 b 6

kommende, „notwendige“ Verbindungen ohne fraglichen Rest, als Lösung durch Auflösung des Problematischen ins Unproblematische. Sie ist die Arbeit an einem *Begriff* des Zeichens, nach dem es „für“ *eine*, für „seine“ Bedeutung stehen soll. Wo eine restlose Auflösung des Problematischen, Interpretierbaren, also des Zeichens in verstandene Bedeutungen durch Methode nicht aussichtsreich sei, solle man überhaupt nicht weitersuchen. Mit solchen Gegenständen solle man nicht umgehen[4]. Unser „Ingenium“, das damit zugleich definiert wird, reiche zu anderem nicht aus. – Dies bedeutet dann aber auch, daß eine Philosophie des Zeichens nicht im herkömmlichen Sinn methodisch sein kann. Zeichen bedeuten nicht, daß wir sie in einem notwendigen Übergang in ein bestimmtes anderes Zeichen auf eine *abgeschlossene* Weise verstehen könnten. Sie definieren unser Ingenium nicht dadurch, daß wir uns in einer solchen bestimmten Weise auf sie verstünden, sondern dadurch, daß wir sie entweder ohne Frage verstehen oder ihnen in einer Antwort entsprechen, indem wir sie in anderen Zeichen auslegen, *ohne* die Gewißheit einer definitiv abgeschlossenen Auslegung zu erreichen.

Von daher kann sich eine Philosophie des Zeichens nicht in einer vorgezeichneten Methode gliedern und aufbauen. Ihre Methode besteht vielmehr darin, „von einem zum anderen“ zu kommen. Nicht nur der Anfang, sondern auch das Ende der Abhandlung bleibt vorläufig. Was am Anfang wie Thesen klingt, eben weil es am Anfang und in der demgemäßen Undeutlichkeit steht, findet seine Interpretation im Fortgang, in der Intention, daß sich der thesenhafte Charakter „mit der Zeit“ verliere, aber ohne die Gewißheit, daß er sich in der Adäquatheit zu einer „Sache“ aufheben könnte. Dies wäre das Zeichen als Sache, die dann rückwirkend die Zeichen verpflichtete. Zeichen sind nicht Sachen, sie stehen *für* Sachen, zu denen man „über“ sie *nicht* kommt. Man kommt nur immer wieder zu anderen Zeichen, die man an Stelle der Zeichen, die man nicht unmittelbar versteht, als Bedeutung der ersten nennt. *Dies ist die Methode*, wenn man sich nicht darauf beschränkt, nur solche Schritte zu vollziehen, die „ganz einfach“ zu vollziehen sind, weil sie im Grunde zu *nichts*

---

[4] Descartes: Regulae ad directionem ingenii, Regula II

*anderem* führen, wie die cartesischen „notwendigen Verbindungen". Philosophie findet die methodische Angemessenheit an ihren „Gegenstand", die Zeichen, indem sie sich in deren Bewegung, d. i. in den Prozeß der Zeichen einläßt, der nicht als ein notwendiger Weg vorgezeichnet sein kann und in diesem Sinn *synthetisch* ist. Das ist „wider den Methodenzwang", aber doch keineswegs Beliebigkeit. Erst die Überwindung der Dichotomie von Methodenzwang und Beliebigkeit führt zu einer Philosophie des Zeichens, in der es nicht auf den *Begriff* zu bringen, nicht in einen *Begriff* vom Zeichen aufzuheben versucht wird, denn *Begriff* ist es ja gerade nicht. Diese Methode ohne Zwang ist hier der Weg der Sache selbst.

Hegels Übergang vom Begriff einer Methode als des vorausgesetzten Zugangs zu allen *möglichen* Sachen oder als *Bedingung* der Möglichkeit von Sachen überhaupt zu dem Begriff einer Methode als Bewegung der Sache selbst ist eigentlich schon die Überwindung des metaphysischen Methodenbegriffs. Hier ist aber immer noch „die" Sache von ihrer Bewegung unterschieden. Sie soll sich endlich doch im *Begriff* darstellen, als in einer damit zu Ende gekommenen Darstellung. Hegel setzt zwar nicht voraus, daß dies *möglich* sei, ehe es *vollbracht* ist. Er versteht die Geschichte der Philosophie als diese Vollbringung des Begriffs, der nicht a priori im „Vermögen" eines Subjekts liegt. Doch Hegel wird weithin so interpretiert, als habe *er selbst* beansprucht, diese Bewegung „subjektiv" *zum Schluß* gebracht zu haben. Solange aber eine *andere* Interpretation Hegels, wie es wirklich der Fall ist, möglich bleibt[5], bleibt dieser Schluß interpretierbar, d. h. es bleibt auch hier beim Zeichen. Eine Philosophie des Zeichens geht (der Wirklichkeit gemäß) davon aus, daß Philosophie und damit auch sie selbst interpretierbar bleibt, so daß alle Schlüsse und alle Methoden, die a priori auf Schlüsse abzielen, problematisch bleiben.

Die Philosophie des Zeichens führt zu einem Begriff von Philosophie, nach dem es nicht *das Ende* der Philosophie ist, wenn sie begreift, daß es *nicht* vom Zeichen zum Begriff als seiner

---

[5] Vgl. das Motto dieses Buches

Bedeutung kommen und sie somit nicht *zu Ende* kommen kann[6]. Im Gegenteil: sie entfaltet sich dadurch als philosophia perennis, daß sie begreift, daß die Geschichte weitergeht. Begriffe von Sachen sind eher Übergänge als Ziele von Methoden, von denen jede *aus anderer Sicht* selbst ein problematischer Gegenstand, d. i. ein nicht ohne weiteres zu verstehendes Zeichen bleibt.

Abgesehen von den „Klassikern" der Philosophie wie Platon, Aristoteles, Descartes, Leibniz, Kant und Hegel, die kein Philosophieren beiseitelassen kann, haben wohl Nietzsche und Wittgenstein das gegenwärtige Denken am stärksten geformt. Daß gerade bei diesen beiden Inhalt und Form, ja eigentlich der Stil des Philosophierens, der bei beiden im herkömmlichen Sinn nicht mehr systematisch-methodisch ist, einen unauflöslichen Zusammenhang bilden, ist nicht zu übersehen, wenn auch noch wenig Konsequenzen daraus gezogen wurden. Der vorliegende Versuch kann nicht leugnen, daß sich ihm im Zusammenhang mit der Aufnahme gewisser Inhalte auch Konsequenzen für die Form der Darstellung ergaben, ohne daß deshalb eine bestimmte Form zu übernehmen gewesen wäre.

Die übernehmbare, von einem Inhalt, gegen den sie gleichgültig wäre, ablösbare Form war ja gerade der metaphysische Grundgedanke. Er zeigt sich grundlegend in Platons „Sophistes" im Ansinnen der Übertragbarkeit der „leichten" Methode der Bestimmung des „Angelfischers" auf das „schwierige" Gebiet der Bestimmung des Sophisten in seinem *Unterschied* zum Philosophen. In der Neuzeit wechselte er vom Gedanken der seienden Form zum Gedanken der *einen* Methode als der subjektiven Form, die, als „richtige" Methode, der gewisse Weg zur Wahrheit beliebiger Inhalte sein und sich in der Überordnung gegenüber ihrer individuellen „Anwendung", in ihrer vorausgesetzten Richtigkeit gegenüber der Problematik der jeweils behandelten Inhalte vom bloßen (rhetorischen) Stil unterscheiden sollte.

Daß eine „Aufhebung" dieses Methodenbegriffs nicht destruktiv ist, sondern im praktischen Sinn konstruktiv, muß sich dann in der Ausführung selbst bewähren.

---

[6] Vgl. J. Simon: Was ist Metaphysik und was wäre ihr Ende?, in: Henrich, D. und Horstmann, R.-P. (Hrsg.): Stuttgarter Hegelkongreß 1987. Metaphysik nach Kant?, Stuttgart 1988

# Philosophie des Zeichens

# 7. Zeichen und Bedeutung

Ein Zeichen ist das, was wir verstehen.

Insofern wir ein Zeichen verstehen, fragen wir nicht, *was* es bedeutet. Wenn wir nach der Bedeutung eines Zeichens fragen, verstehen wir etwas als Zeichen und damit auch etwas an ihm, aber nicht seine ganze Bedeutung. Wir fragen dann nach der Bedeutung.

Die Bedeutung eines Zeichens ist das Zeichen, das wir als Antwort auf die Frage nach der Bedeutung verstehen. Es ist die Interpretation des Zeichens.

Man kann also auch sagen: Ein Zeichen, das wir verstehen, ohne nach seiner Bedeutung zu fragen, ist eine Bedeutung. Die *Differenz* zwischen Zeichen und Bedeutung entspringt dem Nichtverstehen.

Ein Zeichen, das wir als Zeichen, aber nicht ganz in seiner Bedeutung verstehen, ist interpretationsbedürftig. Es ist ein unvollkommenes Zeichen bzw. eine unvollkommene Bedeutung. Wir fragen, indem wir nach der Bedeutung fragen, nach der Vollkommenheit des Verstehens.

Im vollkommenen Verstehen entsteht keine Reflexion auf das Verstehen, keine Frage danach, wie etwas zu verstehen sei. Es tritt kein Zeichen und keine Frage nach „seiner" Bedeutung ins Bewußtsein. Das Zeichen und seine Interpretation sind dann *eins*: Wir lesen einen Text ohne Interpretation.

Das Nichtverstehen hält im Lesen inne. Es fragt nach der Bedeutung und damit nach einem anderen Zeichen, das *für* das unverstandene stehen, es erklären soll. Es fragt nach mehr Text, nach erklärenden Einschüben und Diskursen.

Das Verstehen bezieht sich auf die Einheit, das Erklären auf die Variation des Zeichens.

Im Nichtverstehen eines Zeichens drückt sich das Bedürfnis aus, alles, d. h. alles als Zeichen ohne (Frage nach seiner) Bedeutung zu verstehen.

Nur wenn nicht alles verstanden wird, entsteht ein Problem. Die Philosophie fragte mit der Frage nach der Endlichkeit des menschlichen Geistes „kritisch" danach, ob *wir* alles verstehen könnten. Probleme entstehen aber erst da, wo das nicht der Fall ist und Erklärungen verlangt werden. Man müßte also fragen, ob uns immer, wenn nicht alles verstanden wird, eine Erklärung gelingt.

Diese Frage läßt sich nicht a priori beantworten. Es muß sich jedesmal zeigen, ob eine Erklärung gelingt. Sie gelingt, wenn die Variation von Zeichen dazu führt, daß nun problemlos verstanden, d. h. alles, was in Frage stand, verstanden wird.

# 8. Zeichen und Begriff

Es läßt sich nicht *allgemein* sagen, was es heißt, daß ein Zeichen verstanden oder nicht verstanden wird. Daß es nicht verstanden wird, zeigt sich nur in der Frage nach der Bedeutung, d. h. nach einem anderen Zeichen an seiner Stelle. Nur dann liegt ein Zeichen *vor*. Es liegt vor in der Frage nach seiner Bedeutung. Das Nichtverstehen ist nicht das Gegenteil, sondern der defiziente Modus des Verstehens.

Das Vorliegen von Zeichen ist das Bewußtsein als die Frage nach einem anderen Zeichen *für* ein vorliegendes. Bewußtsein ist der Versuch der Interpretation, der Erklärung eines Zeichens durch ein anderes. Es ist eine Arbeit an Zeichen.

Die Erklärung gelingt, wenn das neue Zeichen das alte erklärt: wenn das neue im Kontext ohne Frage verstanden wird. Dadurch stellt sich der Kontext wieder her. Die Philosophie, die davon ausgeht, daß jedes Zeichen, auch das ohne weiteres oder „unmittelbar" verstandene, eine, nämlich „seine" Bedeutung habe, sagt von daher, daß das alte und das neue Zeichen „dieselbe" Bedeutung hätten. Aber das neue *ist*, indem es unmittelbar verstanden wird, die Bedeutung des alten.[1] Es ist *das* Zeichen, das nicht willkürlich an die Stelle des alten gesetzt wird, sondern *statt seiner* wirklich verstanden wird. Darin hat es eine interne Beziehung zu ihm.

Wenn gesagt wird, wir verständen nicht nur Zeichen, sondern auch Dinge, Menschen oder Handlungen, bedeutet dies, daß wir etwas als etwas einer bestimmten *Art* verstehen, d. h. daß wir verschiedenem dieselbe Bedeutung zusprechen, weil es für uns im einzelnen unterhalb dieser *gemeinsamen* Bedeutung jetzt gerade nichts bedeutet. Das „Ding" ist, *als* Ding verstanden, gleichgültig in seinen Bezügen zu anderen Dingen, wie sie

---

[1] Vgl. Wittgenstein: Philosophische Untersuchungen, Nr. 560

z. B. durch ihre Lage *zueinander* signifikant sein könnten; eine Person ist, *als* Mensch verstanden, gleichgültig gegen ihre besonderen Bezüge zu anderen Personen, d. h. zu dem, als was diese anderen unterhalb des Allgemeinbegriffs „Mensch" verstanden sind, z. B. als Mann und als Frau, als Fernster oder als Nächster; eine Handlung ist, insofern sie *als* Handlung verstanden ist, als gleichgültig gegen andere Handlungen, als etwas in sich Vollendetes oder zumindest als etwas in sich Vollendbares verstanden.

Unterhalb dieser Begriffe sind diese „Gegenstände" dagegen in ihrem *Verweisungszusammenhang* aufeinander (Heidegger) verstanden, d. h. in dem, was sie in der Wirklichkeit sind, z. B. ein Ding in der Hand eines Menschen zum Zwecke einer Handlung. Man versteht nicht Dinge, sondern solche Zusammenhänge, d. h. syntaktisch, und man versteht entweder sie unmittelbar oder die Antwort auf die Frage nach ihrer Bedeutung. So ist z. B. die Nächstenliebe des Alten und des Neuen Testaments nicht dasselbe wie die humanistische Menschenliebe, sondern die Liebe zu dem, der zu einem in einen Bewandtniszusammenhang tritt, so daß es darauf ankommt, ihn in dieser Individualität seines Eintritts in den gegenwärtigen Bewandtniszusammenhang zu lieben. Als Mensch verstanden, wäre er gerade aus diesem Geschehen und damit aus seinem Dazukommen zum Gewohnten herausgenommen und als das verstanden, als was *„Menschen" generell* verstanden sind, also so, daß sie gerade *nicht* „Nächster" werden. Menschen *sind* einander nicht Nächste, sondern *werden* es. Sie werden es, vom Allgemeinbegriff her verstanden, zufällig. — Ebenso ist etwas, wenn es als Handlung verstanden ist, als etwas aus dem unübersichtlichen Ganzen des Zeichengeschehens Isolierbares, als von einem bestimmten Handlungs*begriff* her vollkommen zu Verstehendes verstanden, unter dem es bestimmten Personen zugerechnet werden kann, so wie sie selbst schon verstanden sind. Der Begriff sieht davon ab, daß es *geschieht*, daß man eine Person im Zusammenhang mit einer Handlung *nicht* mehr so verstehen kann, wie man sie bisher verstanden hat, oder daß man eine Handlung im Zusammenhang mit einer bestimmten Person nicht mehr als eine Handlung dieser Art verstehen kann und sich fragt, was das denn sei und ob es überhaupt eine (zurechenbare) Handlung sei. In dieser „negativen Aufmerksamkeit" ist Begriffsbildung selbst „ein wahrhaftes Tun und Handeln".[2]

Alles, was wir verstehen, ist insofern Zeichen, als wir es im Geschehen zusammen mit anderem verstehen oder zu verstehen suchen. Es ist Zeichen, insofern es nicht *definitiv* unter einem Begriff verstanden und insofern gerade *nicht* als Ding (bestimmter Art), eventuell als Person oder als Handlung (bestimmter Art) verstanden *ist und bleibt*. Die Metaphysik ist der Versuch, alles unter Begriffen zu verstehen und sich dabei einem definitiven Verständnis anzunähern. Zum Zeichen wird etwas, indem es seinen Begriff in Frage stellt und wir es in seinem Eintreten in Zusammenhänge mit anderem, die dem Begriff nicht zu entnehmen sind, verstehen, z. B. dieses Ding da in der Hand dieses Menschen oder diesen Menschen da im Zusammenhang mit dieser Tat, diese Tat in ihrem von Begriffen her unerwarteten Geschehen, dieses Licht auf dieser Gegend, usw.

Das Zeichen ist kein Ding im metaphysischen Verstand. Es ist *vor* den Dingen, indem es für eine wesentlich nicht zum Ende kommende Bestimmung der Dinge steht. Soweit es stimmlich ist, *bleibt* es auch leiblich-individuelle Stimme, ohne definitiv einlösbare Bedeutung. Auf dem Wege der Verdeutlichung „seiner" Bedeutung ist jede Verdeutlichung nur ein Anfang von Verdeutlichung, eine *Andeutung*, und in der „Synthesis" von Zeichen überlagern sich angefangene Verdeutlichungen oder, was dasselbe ist, *an*gedeutete Übergänge von Zeichen zu „ihrer" Bedeutung. Es überlagern sich die sich darin zugleich anzeigenden Subjektivitäten, die, als solche, *Wege* zur Objektivität sind. Sie „sind", indem sie auf dem Weg oder in der Andeutung von Bedeutung bleiben. Dadurch verdeutlichen sie sich gegenseitig und gewinnen *zugleich* einen Bezug auf „etwas", für das die „Synthesis" gelten soll. Der Weg zum Objekt ist diese Überlagerung von Subjektivitäten. Sich überlagernde Subjektivitäten (also nicht „Intersubjektivitäten") verdichten das Netz der Bestimmung von Realitäten, aber auch dieser Prozeß kommt nicht definitiv „zur Sache". Er *bleibt* Prozeß sich verdichtender, aber möglicherweise auch wieder auflösender Andeutungen.

---

[2] Kant: Versuch, den Begriff der negativen Größen in die Weltweisheit einzuführen, AA II, 190

Wir verstehen nicht Dinge, sondern die Andeutungen „auf" sie, d. h. die doxische Deixis, in der Dinge „gemeint" sind. Die Meinung, die sich am Ziel glaubt, blockiert das Verstehen.

Daß alles, *was wir verstehen*, Zeichen sei, besagt demnach nicht, daß *alles* im ontologischen Sinne oder auch nur im Sinn von allen möglichen Objekten Zeichen sei, z. B. auch alle Bäume. Denn dann müßten die Zeichen „Baum" und „Zeichen" dasselbe bedeuten, d. h. es würde auf die Frage nach ihrer Bedeutung dieselbe Antwort (die in *anderen* Zeichen als in den Zeichen „Baum" und „Zeichen" zu geben wäre) genügen.

Ein Baum ist Zeichen, wenn entweder dieses Zeichen verstanden oder nach seiner Bedeutung gefragt wird. Die Antwort muß weder etwas mit Bäumen noch mit Zeichen zu tun haben. Der Baum könnte als Orientierungsanhalt gelten, und dann könnte man von einem konventionellen Zeichen sprechen, aber die Antwort könnte auch lauten, daß dort Trüffel zu vermuten seien, und dann wäre er ein Index-Zeichen, so wie auch dann, wenn er Windstille anzeigte. Er könnte sogar, so, wie er da steht, für eine bestimmte Stimmung stehen. In keinem dieser Fälle wird er *als* „Baum" oder *als* „Zeichen" verstanden. Als Baum wird er (genauer: dieses da) z. B. verstanden, wenn Bäume gezählt werden, und als Zeichen, wenn verstanden wird, daß er etwas bedeuten soll, aber unverstanden ist, „was" das sei.

Was nicht „unmittelbar" verstanden wird, tritt „*als* etwas" und damit *als* Prädikat eines diesem Prädikat (grammatisch) *vorausgesetzten* Subjekts ins *Bewußtsein*. Bewußtsein ist der Raum dieser verdeutlichenden, auseinanderlegenden Auslegung. – Das Subjekt ist nur grammatisch vorausgesetzt, nicht *als* Vorstellung. Die Vorstellung ist immer schon Prädikat eines Subjekts. Daß es *vorausgesetzt* ist, heißt ja, daß es zugleich mit dem Bewußtwerden des Prädikats als dessen *reines* Subjekt vorausgesetzt ist. Das Prädikat ist die Vorstellung *von ihm*. Das Subjekt ist das, *vor* das sich die Vorstellung immer schon gestellt hat.

Die Aussage, alles, was uns angehe, sei Zeichen, richtet sich gegen die metaphysische Position, alles sei das, als was es geformt, begriffen sei. Sie richtet sich also gegen den Universalienrealismus, aber ebenso gegen dessen abstrakte Negation, den Nominalismus, der nur die „individuellen" Fälle als seiend gelten läßt, sie aber doch als Fälle von Arten (Individuen einer Klasse) versteht. Beide Positionen gehen von definitiven Ausdeutungen aus, nur daß die eine das einzelne von seiner Deutung her versteht, die andere als das, worauf sich die Deutung beziehe.

Das „Zeigen auf einen Gegenstand" ist auch ein Zeichen. Man kann aber dadurch die „Bedeutung" eines anderen Zeichens nur erklären, wenn es seinerseits verstanden wird, z. B. wenn *verstanden* wird, daß bei der Erklärung des Zeichens „Hase" auf „einen Hasen" und nicht auf „Hasenteile"[3] gezeigt wird. Anderenfalls bedarf es weiterer Erklärungen durch weitere Zeichen, solange, *bis* das letzte erklärende Zeichen „ohne weiteres" verstanden wird, d. h. bis sich kein Unverständnis mehr *anzeigt*. Und *solange*, wie sich kein Unverständnis anzeigt, z. B. dadurch, daß der Eindruck entsteht, es sei anders als gemeint verstanden worden, kann man davon ausgehen, es sei „dasselbe" verstanden worden. — Das Beispiel mit dem Hasen und den Hasenteilen ist hier aber so schlecht wie alle Beispiele. Beispiele stehen für das Allgemeine, Vergleichbare. Wer aber weiß nicht, was „Hase" bedeutet, und wer würde, wenn er es schon nicht weiß, in einer solchen Situation nicht verstehen, was das Zeigen auf einen Hasen bedeutet? Beispiele müssen verstanden werden und können in ihrer Fraglosigkeit nicht Beispiele für Nichtverstandenes sein. Sie haben damit *nichts gemeinsam*.

So wie überhaupt ein Zeichen nur dann besser als ein anderes und damit als die „Bedeutung" des ersten zu verstehen ist, wenn es besser in das Gesamt dessen paßt, was „ohne weiteres", d. h. ohne Zutat weiterer Zeichen verstanden wird, wenn es also selbst in diesem Zusammenhang „ohne weiteres" verstanden wird, so ist auch das Zeigen *nur dann* besser als das verbale Zeichen.

Es ist „im Prinzip" nicht anders als z. B. mit der Wahrheit naturwissenschaftlicher Aussagen, die an die Stelle „lebensweltlicher" Aussagen treten, insofern sie etwas erklären, wo sonst Fragen bestehen. In diesem Sinne „treffen" sie „zu". Aber das „Prinzip" ist hier ein solches, bei dem das, was „aus" ihm folgt, das Prinzipiat, sich jeweils erst „zeigen" muß.

Wenn Cassirer die Funktion symbolischer Formen als *Vorbedingung*[4] für das Erfassen von Gegenständen versteht und Witt-

---

[3] Vgl. W. V. Quine: Wort und Gegenstand, Stuttgart 1980, § 12

[4] E. Cassirer: Philosophie der symbolischen Formen, Darmstadt 1956–58

genstein im Tractatus logico-philosophicus „das Bild" „eine Tatsache" nennt[5], die, um Bild zu sein, „etwas mit dem Abgebildeten gemeinsam haben" muß[6], ist in beiden Fällen davon ausgegangen, daß das erste für uns das *Auffassen* von etwas *als* Symbol bzw. *als* Bild, allgemein gesagt: *als* Zeichen sein muß. Es sind da nicht zuerst Tatsachen bzw. Objekte, die wir nachträglich bezeichneten, sondern zuerst verstehen wir Zeichen, indem wir uns in eine Form der Bezeichnung hineinfinden, und erst dadurch haben wir es mit „entsprechenden" Gegenständen bzw. Tatsachen zu tun, von denen wir *denken*, daß es sie in Entsprechung zu der Form des *für* sie stehenden Zeichens gebe. Wir denken, *indem* wir in dieser Weise Zeichen verstehen. Sie sind das unmittelbar Gegebene.

[5] Wittgenstein: Tractatus logico-philosophicus, 2.141
[6] a. a. O., 2.16

# 9. Erster Exkurs zu Peirce

Peirce bestimmt Zeichen als die „human form" der Realität, als alles, was die Welt jemals für uns sein kann. „Jedes Zeichen steht für ein von ihm unabhängiges Objekt: aber es kann nur insofern ein Zeichen dieses Objekts sein, als dieses Objekt selbst die Natur eines Zeichens oder Gedankens hat. Denn das Zeichen wirkt nicht auf das Objekt, sondern ist durch es bewirkt."[1]

Das, „wofür" ein Zeichen steht, muß nach Peirce selbst Zeichen sein (oder Gedanke, aber Gedanken sind nach Peirce Zeichenprozesse, und insofern ist das „oder" nur erläuternd), weil das, wofür das Zeichen steht, auf das Zeichen wirkt und nicht umgekehrt. Das ergibt nur Sinn, wenn man davon ausgeht, daß nur Zeichen auf Zeichen einwirken, sie bestimmen können. Zeichen sind nie ohne Kontext Zeichen. Der Kontext, in dem sie mit anderen Zeichen stehen, bestimmt sie, d. h. bezieht sie auf das, „was" sie bezeichnen. Zeichen wirken auf ein Zeichen und bewirken darin seine „Bedeutung". *Sie* sind das von ihm „unabhängige Objekt", „für" das es steht, weil *sie* dasjenige sind, was auf es einwirkt, insofern es bezeichnet. Der traditionelle Zeichenbegriff, nach dem ein Zeichen etwas ist, das für etwas anderes (anderes als ein Zeichen) steht, wird hier dadurch aufgehoben, daß auf andere Zeichen verwiesen wird, die das Zeichen erst auf etwas ausrichten. Es sind eben die Zeichen, die genannt werden, wenn wir nach der Bedeutung eines Zeichens fragen.

Der Peircesche „Realismus" besteht darin, daß die Relation zwischen einem Zeichen und anderen Zeichen, „für" die das erste stehe, asymmetrisch ist. Es wirkt nicht auf sie, sondern sie wirken auf es. Sie haben die Kraft dazu, weil *sie* „unmittelbar" verstanden werden, falls gefragt wird, „wofür" das erste stehe. *Insofern* sind sie das „Objekt" im Verhältnis zu dem (in seiner Bedeutung)

---

[1] Peirce: CP 1.538

fraglichen Zeichen. Man könnte auch sagen, sie seien „Objekt", weil sie im Sinne des traditionellen Zeichenbegriffs nicht Zeichen, nämlich nicht Zeichen mit einer von ihnen *verschiedenen* Bedeutung sind (wenn sie auch in einem anderen Kontext durchaus Zeichen mit fraglicher Bedeutung werden können).

Die Angabe der Bedeutung eines Zeichens durch weitere Zeichen ist eine Verdeutlichung des Kontextes, in dem es „seine" Bedeutung hat.

## 10. Arbitrarität

Die These von der Arbitrarität der Zeichen verkennt, daß die Bedeutung eines Zeichens ein (verstandenes) Zeichen ist. Sie trennt das Zeichen ohne Not, d. h. ohne daß wirklich fraglich ist, was es bedeutet, von der Bedeutung, indem sie *verschiedenen* Zeichen „dieselbe" Bedeutung zuspricht, allerdings ohne sagen zu können, worin sie bestehe. Man kann im Ernst immer nur nach der Bedeutung des Zeichens fragen, das man jetzt gerade, in diesem vorliegenden Zusammenhang, nicht versteht — in einem anderen Zusammenhang könnte man es ja vielleicht doch verstehen — und die Antwort kann nur ein anderes Zeichen sein. Wenn man nach der Bedeutung verschiedener Zeichen fragt und *eine* Antwort genügt, handelt es sich nicht um zwei Zeichen mit „derselben" Bedeutung, sondern um dasselbe Zeichen. Indem man die Zeichen nicht verstanden hatte, hatte man auch dies nicht verstanden.

Es gibt im Verstehen von Zeichen keine Synonymität. Im „unmittelbaren" Zeichenverstehen kommt die Frage nach der Synonymität nicht auf, weil dabei überhaupt keine Frage nach der Bedeutung aufkommt, und wenn ein Zeichen für nicht „unmittelbar" verstandene andere Zeichen stehen kann, werden sie in *einem* Akt verstanden.

Die Zeichenrelation ist nicht arbiträr, weil es nicht willkürlich ist, zu verstehen oder nicht zu verstehen. Ebensowenig ist die Zeichenrelation „von Natur aus". Ein Zeichen bewirkt nicht mechanisch (s. u.) sein Verstehen. Es muß sich jeweils zeigen, ob es verstanden oder ob nach seiner Bedeutung — d. h. nach seiner Austauschbarkeit gefragt wird.

Wenn eine Antwort auf die Frage nach der Bedeutung befriedigt, ist das allein dadurch die richtige Bedeutung. Eine Bedeutung, die nicht *als solche* auffällt, sondern nur ein weiteres Zeichen ist, weil sie vollkommen paßt, ist Prädikat, und das Zeichen, dessen Bedeutung sie wäre, wenn sie auffiele, ist Subjekt eines *Satzes.* Der Unterschied zwischen einem schlichten Satz und der Nennung einer Bedeutung besteht darin, daß im ersten Fall vollkommen verstanden wird, wie jemand die Sprache gebraucht, indem er diesem Subjekt dieses Prädikat zuspricht. In diesem Fall kann nur noch fraglich sein, ob der Satz wahr ist, während im zweiten Fall zuvor deutlich werden soll, was überhaupt unter dem Subjekt zu verstehen ist. – Eine Definition ist, als implizite Definition, ein Satz, an dem eine Bedeutung aufscheint. Als explizite Definition hat der Satz *nur* diese Funktion. Der Normalfall besteht darin, daß die Funktionen des (Aussage-)Satzes und der Definition, die intentio recta und die intentio obliqua nicht getrennt sind. Die Zeichen sind dann sowohl „φύσει" wie „θέσει", also weder nur das eine noch nur das andere.

Auch eine Definition muß Zeichen enthalten, die im Kontext „schlicht", d. h. ohne Frage nach ihrer Bedeutung gebraucht werden. Andererseits wird an jedem noch so „schlichten" Zeichengebrauch eine Nuance von Individualität deutlich, so daß man sagen kann, daß die Extreme der Unterscheidung in Sätze, die über „etwas", und Bedeutungsexplikationen, die über den Sprachgebrauch redeten, sich als Abstraktion darstellen.

# 11. Der Satz

Die Zeichenrelation ist der Schritt vom vorhandenen Zeichen zum verstandenen Zeichen. Das vorhandene Zeichen ist Thema, der Schritt zum verstandenen ist Rhema im Satz. Mit dem Verstandensein ist der Satz, als ein Schritt im Verstehen, vollendet.

Der vollendete, vollkommene Satz ist *ein* Zeichen, denn er als verstandenes Zeichen ist die Bedeutung des alten, zunächst unverstandenen und als Thema vorhanden gewesenen Zeichens. Es hat keine andere, also auch keine offene Bedeutung, wenn es als Antwort auf die Frage nach der Bedeutung des vorhergehenden stehen kann.

Der Satz ist ein im ganzen verstandener Text.

Nur insofern etwas an ihm, unter veränderten Umständen, unverstanden erscheint, wird er seinerseits wieder zum Thema, d. h. Anlaß zur Frage nach seiner Bedeutung. Man kann nach der Bedeutung eines Satzes fragen, indem man nur nach der Bedeutung eines Satz*teiles* fragt. Es besteht dann die Vermutung, daß die Variation dieses Teilzeichens zum Verständnis des ganzen Satzes führe.

Ob diese Vermutung zu recht bestand, muß sich zeigen.

Das Bewußtsein ist syntaktisch, d. h. es besteht im Übergang, im Satz-Schritt vom Thema, als etwas in seiner Bedeutung Fraglichem, zu einer befriedigenden Antwort. Es ist suchend – Heidegger spricht von einer Sorgestruktur –, bis wieder ohne Frage verstanden wird, und insofern unterliegt es der *Zeit*.

Der so verstandene Satz ist nicht ein Teil der Sprache, sondern die der Sprache als Lautsprache *vorausliegende* (transzendentale) Struktur des Bewußtseins als Zeichenverstehen. Nur von ihr aus hat dann auch die Sprache Sätze. Auch außerhalb der Lautsprache wird ein Zeichen unter Umständen erst durch ein anderes, d. h. zusammen mit einem anderen, also im Satz verstanden, und es können sich weite und komplexe *Texte* des Verstehens aufspannen.

Bestimmte Zeichen *geschehen* als Schlüsselzeichen für einen umfassenden Text. Wir verstehen dann das eine Zeichen *durch* das andere, wenn es zur *rechten Zeit* geschieht, denn wir verfügen im Verstehen nicht a priori über Regeln des Satzbaus, sondern Sätze sind eher das, was sich durch Schlüsselzeichen zum Verständnis fügt. Auch in der Lautsprache ist es so. Die Fügungen stellen sich ein. Keineswegs aber muß ein Schlüsselzeichen ein sprachliches Zeichen sein, selbst nicht für sprachliche Texte.

## 12. Satzteile

Ein Zeichen zerfällt in Teile, wenn es sich dadurch einteilt, daß nur nach der Bedeutung von Teilen an ihm *gefragt* wird. Dadurch wird diesen Teilen für sich eine Bedeutung zugesprochen. Das Zeichen ist dann *teilweise* vorhanden. Erst die Frage nach ihrer Bedeutung teilt Zeichen ein (artikuliert sie in der Aufmerksamkeit). Alle Artikulation hebt Teile hervor, die um eine nicht hervortretende, verstandene Mitte des Zeichens spielen. Sonst zerfiele das Zeichen in Teile, die nicht mehr *seine* wären. Ganzes und Teil sind Reflexionsbegriffe.

Wenn ein Zeichen nicht verstanden wird, wird *etwas an ihm* nicht verstanden. Nicht verstehen heißt immer: einen Teil nicht verstehen. Würde überhaupt nichts verstanden, so würde überhaupt nicht verstanden. Nur wenn etwas verstanden wird, kann nach der Bedeutung von etwas anderem gefragt werden, und daß „etwas" nicht verstanden wird, ergibt sich als Folge davon, wie bisher überhaupt zu verstehen versucht und wirklich verstanden wurde. Die Bedeutung, das neue Zeichen, muß sich in Verstandenes *fügen*. Zumindest muß an einem Zeichen verstanden sein, daß es Zeichen ist, so daß es einen *Sinn* hat, d. i. eine Richtung weist, nach *seiner* Bedeutung zu fragen.

Ein Zeichen wird verstanden, d. h. es hat *eine*, nämlich *seine* Bedeutung. Sie ist genau das Zeichen, das „für" es eingesetzt werden kann. Die interne Beziehung zwischen einem unverstandenen Zeichen und seiner verstandenen Bedeutung besteht in dem, was am Zeichen verstanden worden ist. Sie besteht darin, daß es zum Teil (zum nicht an ihm hervortretenden, seine Artikulation zusammenhaltenden Teil) verstanden worden ist.

Das Thema eines Satzes hat eine interne Beziehung zu dem Rhema dieses Satzes. Seine Vorhandenheit (Themasein) stellt die Frage nach dem Rhema.

Wenn wir ein Zeichen nicht verstehen, d. h. wenn wir etwas nicht verstehen, hat das Problematische für uns ein Gesicht. Es verweist dadurch auf seine Bedeutung. Es stellt eine Frage, auf die es nur *eine*, nämlich die *jetzt* befriedigende Antwort gibt. Denn ist sie gefunden, dann ist die Frage erledigt, und es kann jetzt nicht noch weitere sinnvolle Antworten geben.

Auch wenn das Zeichen „Wahrheit" nicht verstanden wird, d. h. wenn nach der Bedeutung dieses Zeichens gefragt wird, kann es nicht *die* richtige Antwort geben, sondern nur eine Antwort, die in einem bestimmten Kontext des Zeichenverstehens, zu einer bestimmten *Zeit* befriedigt. Auch „Definitionen des Wahrheitsbegriffs" befriedigen nur dann, wenn nach einer Bedeutung der definierenden Zeichen zur gleichen Zeit nicht gefragt wird, weil *sie* „ohne weiteres" verstanden werden. So gesehen kann es keine a priori ausgezeichnete Definition von Wahrheit, z. B. eine korrespondenztheoretische oder eine kohärenztheoretische oder irgendeine andere geben. Die ausgezeichnete und wahre Definition von „Wahrheit" ist die, die zu einer bestimmten Zeit eine Antwort auf die Frage nach der Bedeutung von „Wahrheit" sein kann, und welche das ist, hängt auch davon ab, wie „Wahrheit" immer schon, wenn auch jetzt nicht mehr zureichend, verstanden *war*.

# 13. Problemlösung

Ein Problem löst sich auf, wenn es gelingt, etwas so anzusehen, daß es keine unverstandenen Teile hat, d. h. ihm gegenüber den Standpunkt zu gewinnen, von dem aus es so anzusehen ist. Es hat dann überhaupt keine Teile mehr, sondern ist im ganzen verstanden. Es ist, als ein für sich genügsames Ganzes, als etwas aus seiner Umgebung Isoliertes verstanden, und seine Teile erscheinen nur noch als subjektive Einteilung, die in der Problemlösung aufgegangen ist oder die, von diesem Resultat her gesehen, nur zum Zweck der Problemlösung erfolgt war.

Man kann auch sagen: etwas sieht dann so aus, als ob es nur in Verstehbares zerfiele. Zuvor unverstandene Teile an ihm erscheinen jetzt als unechte Teile. Die Artikulation tritt „hinter der Bedeutung" zurück.

Die Einteilung, in der das Ganze verstehbar wird, ist die Interpretation des Zeichens, an dem zuvor etwas unverstanden war. An die Stelle der alten Einteilung ist diese neue getreten.

Das alte Zeichen war in seiner (hervortretenden) Artikulation ein Zeichen, an dem etwas nicht verstanden wurde. Das neue ist in seiner (zurücktretenden) Artikulation die Antwort auf die Frage nach der Bedeutung des alten.

Ein anders eingeteiltes, anders artikuliertes Zeichen ist ein anderes Zeichen.

Wenn ein Zeichen in seiner (zurücktretenden) Artikulation ein anderes Zeichen interpretiert, ist es die *Analyse* dieses Zeichens.

Die Problemlösung sieht das neue Zeichen im Gesicht des alten. Sie sieht ihm die Lösung an. Das neue Zeichen wird dem alten abgelesen. Mit dem neuen wird das alte verstanden. Es stellt sich, mit seiner zurücktretenden Artikulation, vor das alte mit seiner hervorspringenden.

Es läßt sich kein allgemeiner Grund dafür nennen, ob ein Problem lösbar ist oder nicht. Die Angabe eines Grundes ist nur eine Antwort auf die Frage, warum es lösbar war. Sie ist die Lösung *dieses* Problems. Ebenso ist die Angabe eines Grundes für die Unlösbarkeit eines Problems die Lösung des Problems der Unlösbarkeit in diesem Fall.

In der Mathematik steht das Gleichheitszeichen zwischen einem Zeichen und dem es interpretierenden Zeichen. Auch Regeln sind Zeichen. Sie lösen keine Probleme, sondern werden zur Lösung von Problemen eingesetzt. Es gibt keine Regeln, die Lösungen garantierten. Es kommt auf ihre Anwendung an. Ein Problem mit garantierter Lösung *ist* schon gelöst. Ein Computer löst keine Probleme, er ist – *richtig eingesetzt* – die Lösung.

Das Unlösbare bleibt *ohne* Bedeutung. Die Lösung wäre seine Bedeutung. Man kann auch sagen: alles Unlösbare hat dieselbe Bedeutung: es ist unlösbar. Dies ist seine Interpretation. Zeichen, die unverstanden bleiben, weil sich kein anderes, besseres Zeichen für sie finden läßt, sind alle dasselbe Zeichen. Es läßt sich, da sich gar nichts über sie sagen läßt, auch nichts Unterschiedliches über sie sagen. Sie bedeuten ihre pure Vorhandenheit. Alle Problemlösung zielt, als endliche, „ad melius esse" nicht „ad esse"[1].

---

[1] Kant: Kritik der reinen Vernunft, B 759 Anm.

## 14. Dasselbe und Verschiedenes

Ein Zeichen wiederholt sich, wenn es entweder immer „unmittelbar“ verstanden wird – aber dann wiederholt es sich unbemerkt – oder wenn ihm wiederholt dieselbe Bedeutung zugesprochen wird oder wenn es wiederholt unverstanden bleibt. Da es, wenn „ihm“ verschiedene Bedeutungen zugesprochen würden, nicht mehr dasselbe Zeichen wäre, sind Zeichen als solche wiederholbar. Sie sind *das* Wiederholbare. (Alles, was wir verstehen, können wir so noch einmal verstehen.)

Zwar wird „3“ einmal durch „2 + 1“, ein anderes Mal durch „5 – 2“ interpretiert. Insofern wäre es jedesmal ein Zeichen mit einer anderen Bedeutung und folglich auch jedesmal ein anderes Zeichen. Da aber sowohl „2 + 1“ wie auch „5 – 2“ umgekehrt als „3“ interpretiert werden können, sind beide Ausdrücke dasselbe Zeichen. „3“ erfährt durch beide dieselbe Interpretation und bleibt somit dasselbe Zeichen. Diese *Tilgung* der Unumkehrbarkeit der *Zeit* ist in der Mathematik durch eine axiomatische Interpretationsregel sichergestellt. Sie stellt Wiederholbarkeit, d. h. die Identität von Zeichen bei *vordergründig* verschiedener Bedeutung sicher. Sie errichtet einen *Hintergrund.*

Der Platonismus versteht alles von dieser Eigenart der Mathematik her. Er unterstellt damit, daß Verschiedenes als dasselbe zu interpretieren sei. Damit gebietet er Reduktion von Mannigfaltigkeit.

Der außerhalb der Mathematik vorhandene *asymmetrische* Unterschied zwischen „unmittelbar“ und „mittelbar“ verstandenen Zeichen, der den gewöhnlichen Satz ausmacht, soll durch Reduktion getilgt werden. In mathematischen Gleichungen hat das interpretierende Zeichen seinerseits seine Interpretation in dem interpretierten: $(a = b) = (b = a)$. Es bilden sich *Kreise* von Interpretationen: $3 = 2 + 1 = 5 - 2 = 3$. Nur so erhalten verschiedene Zeichen „dieselbe“ Bedeutung. Im außermathematischen Zeichenverstehen wird aber immer ein unverstandenes durch ein verstandenes interpretiert, und das Unverstandene am interpretierenden wird wieder durch ein weiteres Zeichen interpretiert, *solange*, bis am letzten Zeichen nichts Unverstandenes mehr ist, d. h. bis es „unmittelbar" verstanden wird. Die Asymmetrie ist außerhalb der Mathematik nicht auflösbar.

In der Mathematik ist alles unmittelbar *und* vermittelt. Damit jedes Problem eine Lösung habe, werden neue Arten von Zeichen *als* „unmittelbar" zu verstehende erfunden. Damit jede Zahl eine Wurzel habe, wird $\sqrt{2}$ als Zahl interpretiert, als „irrationale" Zahl. Es ist aber nicht unmittelbar zu verstehen, daß es sich hier wie bei den rationalen Zahlen um eine Zahl handeln soll. Es ist eine Zahl in „metaphorischer" Bedeutung, d. h. bestimmte Grundregeln der Arithmetik bleiben in der Übertragung anwendbar.

Jedes Zeichen hat in der Mathematik beliebig viele, aber nicht beliebige Bedeutungen, und jedes ist die Bedeutung von beliebig vielen, aber nicht von beliebigen anderen Zeichen. $3 = 4 - 1 = 5 - 2 = 6 - 3$ und unendlich so weiter, aber nicht $= 4$.

*Allgemeinbegriffe* sind Zeichen, die scheinbar verschiedene andere Zeichen interpretieren. Man sagt, diese bildeten dadurch eine Klasse. Sie sind dadurch aber als dasselbe Zeichen verstanden. Verschiedene Zeichen, die als dasselbe gedeutet werden, sind dadurch als ein Zeichen gedeutet. Wenn x und y als dasselbe verstanden werden, z. B. jeweils als ein Haus, dann „sind" sie dadurch auch dasselbe: Jedes *ist* ein Haus. *Alles*, was an ihnen als fraglich hervortrat, ist dann dadurch befriedigend beantwortet. Sie kommen *jetzt* als nichts anderes in Betracht. Wenn sie unterschieden werden, werden sie dadurch unterschieden, daß sie als Verschiedenes, d. h. verschieden interpretiert werden, z. B. als das Haus rechts und das Haus links. Es ist ein oberflächliches Verständnis zu meinen, es könnte Verschiedenes als dasselbe verstanden werden. Es wäre eben dadurch dasselbe.

Das mathematische Axiom, daß Gleichungen so gut von rechts nach links wie von links nach rechts zu lesen seien, bewirkt erst die Vorstellung von *einer* Interpretation von *Verschiedenem*. Außerhalb der Mathematik, und d. h. auch in aller

Einführung in sie, geht der Weg immer zeitlich in der einen Richtung vom nicht „unmittelbar“ Verstandenen zu „seiner“ Interpretation. Es gilt das principium identitatis indiscernibilium, aber die Ununterscheidbarkeit beruht auf dem Verstehen *als* dasselbe.

# 15. Interpretation und Referenz

Das Mathematische bildet einen Kreis von Interpretationen. Dadurch bildet es ein geschlossenes Ganzes, und es kann sich die Frage nach dessen Bedeutung stellen; sie liegt außerhalb der Mathematik, als Antwort auf die Frage, was Mathematik sei. Diese Antwort kann, wenn sich die Frage stellt, nicht mehr mathematisch sein. Die Mathematik wird so zum Spezialfall.

Die Kritik am Platonismus, der das Viele von einer ihm gemeinsamen Idee her versteht, besteht darin, die Besonderheit des Spezialfalles zu verstehen. Sie führt den Kreis des Mathematischen auf das gewöhnliche Verstehen zurück. Hier führen Interpretationen von Zeichen zu Zeichen, *solange*, bis die Interpretation in einem unübersehbaren Kontext des Zeichenverstehens „unmittelbar" verstanden wird. Darin ist das interpretierte Zeichen auf die Wirklichkeit bezogen. Die Referenz eines Zeichens auf die Wirklichkeit ist immer die *zur Zeit* gelungene, zu Ende gekommene Interpretation. „Wirklichkeitsbezug" ist hier die Tatsache des sich zeigenden „unmittelbaren" Verstehens, in dem Bedeutungen, Intensionen, nicht mehr gefragt sind.

Eine solche „letzte" Interpretation erreicht die Wirklichkeit, sie ist wahr.

Zeichen, nach deren Bedeutung (reflexiv) gefragt wird, stehen in Distanz zur Wirklichkeit. Sie haben eine von ihnen verschiedene Bedeutung, d. h. die Bedeutung ist intensional. Im extensionalen Sinn hat ein Zeichen immer nur eine Bedeutung, nämlich die, nach der wegen des „unmittelbaren" Verstehens *nicht* gefragt wird und die deshalb auch nicht in einem anderen Zeichen angebbar ist.

Man kann nicht sagen, „wie" sich ein Zeichen auf Wirklichkeit bezieht. Wenn man das allgemein sagen will, bedeutet das, daß man es nicht wirklich weiß. Es bezieht sich dadurch auf Wirklichkeit, daß man Zeichen als Antwort auf die Frage nach dem

Wie „unmittelbar" versteht. Da bei jedem Zeichen die Frage nach seiner Bedeutung aufkommen kann, kann die Interpretationskette im *Prinzip* ad infinitum fortgesetzt werden. Der Bezug zur Wirklichkeit läge dann „im Unendlichen".

Sie kann aber nur „im Prinzip" ad infinitum fortgesetzt werden. Daß man sich immer mit einer endlichen Interpretationskette begnügen muß und auch begnügen kann, wenn das Zeichen in der Orientierung fürs Handeln „hinreichend" verständlich erscheint, ist der wahre Bezug zur Wirklichkeit. Er ist in diesem Sinne pragmatisch. – „Postmoderne" Positionen entziehen sich „theoretisch" dem Ernst des *zu jeder Zeit* erforderten Handeln- oder Unterlassenmüssens und verharren insofern in der Position der Metaphysik.

Jede Interpretation erfüllt einen Zweck. Sie ist befriedigend, wenn sie ihren Zweck erfüllt. D. h. aber nicht, daß *ein* Zeichen in verschiedener Hinsicht interpretierbar sei. Es ist, wenn es nicht unmittelbar verstanden wird, die Bezeichnung dessen, was die jeweilige Interpretation besagt. „x" bedeutet „y" oder „z", je nach dem Zweck, in dessen Zusammenhang es Zeichen ist, aber es handelt sich dann einmal um das Zeichen für „y", das andere Mal um das Zeichen für „z", also um verschiedene Zeichen. Unsere Sprache ist so voll von platonistischer Metaphysik, daß wir sagen, ein Zeichen könne verschiedene Bedeutungen haben, je nach Lesart. Aber die Lesart *erkennt* erst das Zeichen. Sie bewirkt auch die Frage nach der Bedeutung als nach einer nicht beliebigen Antwort. Ein von der Art des Verstehens abgetrenntes Zeichen existiert nicht. Homonymie gibt es im Verstehen so wenig wie Synonymie. Wenn man sagt, „x" sei ein Zeichen mit einmal dieser, einmal jener Bedeutung, hat man eigentlich gesagt, es sei ein Zeichen unabhängig von *seiner* Bedeutung. Das ergibt keinen Sinn. Es gibt keinen Vorrat von Zeichen zu beliebiger Verwendung. Erst die jedesmalige Verwendung schafft das Zeichen.

Alles, was wir verstehen, ist Zeichen, weil wir von „etwas" (Seiendem) nur insofern *reden* oder uns nur insofern überhaupt auf „etwas" *beziehen* können, als wir verstehen oder auch – nur in *diesem* Zusammenhang – „etwas" nicht verstehen.

## 16. Zeichen und Sinnlichkeit

Die Redeweise, ein Zeichen sei „etwas Sinnliches", ist eine Interpretation des Zeichens „Zeichen", die Sinn haben kann, wenn *dieses* Zeichen nicht vollkommen verstanden wird und das Zeichen „etwas Sinnliches", eventuell zusammen mit anderen erklärenden Zeichen, „unmittelbar", d. h. ohne seinerseits durch weitere Zeichen ersetzt werden zu müssen, verstanden wird. Diese Redeweise hat also Sinn, wenn das Zeichen „etwas Sinnliches" eher als das Zeichen „Zeichen" verstanden wird. Deshalb kann man auch nicht sagen, ein Zeichen sei *unbedingt* „etwas Sinnliches". — Ist z. B. die *Tatsache*, daß jemand seinen Arm *nicht* erhebt, die ja Zeichen sein kann, etwas Sinnliches? Sind Tatsachen sinnliche Gegenstände? Das würde bedeuten, daß es unter bestimmten Umständen einen Sinn ergäbe, so etwas zu sagen. Es müßte sich zeigen, so wie sich der Sinn *jeder* Zeicheninterpretation jeweils zeigen muß.

Nach Kant z. B. heißt „sinnlich" auch: „alles, was bloß subjektiv gilt"[1], d. h. alles, womit man, dem eigenen Bewußtsein nach, im Fürwahrhalten *allein* bleibt.

Auf die Frage, *was* ein Zeichen sei und was zu ihm wesentlich (dem Begriff nach) gehöre, lassen sich unbestimmt viele, aber nicht beliebige Antworten geben. Aber in der bestimmten Situation, in der die Frage ihren Sinn findet, weil *in ihr* das Zeichen „Zeichen" nicht unmittelbar verständlich ist, genügt *eine* Antwort, nämlich die erste voll befriedigende. — Wenn aber nach den *Formen aller* Erkenntnis, was etwas sei, gefragt wird, ist die einzig notwendige und in diesem Sinn „transzendentale" Antwort, daß dies *Zeichen* seien, die entweder unmittelbar verstanden werden, oder Zeichen, nach deren „Bedeutung" weiter gefragt wird, bis

---

[1] Kant: Nachlaßreflexion 2160

an ihre Stelle Zeichen treten, die unmittelbar verstanden werden. Dieser *Prozeß* ist das „Transzendentale" in aller Erkenntnis.

Wenn Denken Zeichenvariation „ad melius esse" ist – wie es einem für sich selbst im Denken als „Reden mit sich selbst" (Kant) als besser erscheint und wie es einem in der Kommunikation mit anderen, unter Einbeziehung ihres vermuteten anderen Verstehens, als besser erscheint –, dann gilt dies auch für das philosophische Denken. Auch in Überlegungen, *was* „Denken" z. B. im Unterschied zur „Sinnlichkeit" *sei*, kann es sich nur um solch eine Variation gegebener Zeichen in andere Zeichen handeln, die in der Situation des Denkens, Sprechens oder Schreibens darüber als besser erscheinen. Philosophiegeschichte ist dann unter dem Aspekt zu lesen, wie die Autoren sich eine solche Variation als zweckmäßig gedacht haben mögen. Es ist nicht die Frage, ob sie Wahres gedacht haben, denn dafür haben wir so wenig ein *allgemeines* Kriterium wie sie, sondern ob die Art, in der sie mit Zeichenvariationen zu Ende gekommen sind, auch uns als hinreichend erscheint oder ob wir Probleme haben, wo *sie* keine mehr sahen, und auch unsere Sicht kann dabei kein „letztes Wort" sein.

Die Philosophie wird an ihrem Anfang an einen vorphilosophischen Prozeß der Zeichenvariation angeknüpft und sich daraus entwickelt haben. Eine abstrakte Trennung zwischen Theorien und Metatheorien, zwischen „lebensweltlichen" Sprachspielen und philosophischen kann es nicht geben. Wittgenstein kritisiert die Philosophie ja auch eigentlich nur insofern, als sie sich nicht als *auch* ein Sprachspiel, sondern als definitiver Schritt zu letzten Worten „über" andere Sprachspiele versteht.

## 17. Erster Exkurs zu Kant und Hegel

Wenn z. B. bei Kant die Frage, wie die *objektive* Gültigkeit der *Formen* unseres Urteilens und damit über das „Bezeichnen" hinaus „Erkennen" möglich sei, d. h. was (ein möglicher *Begriff* von) Erkenntnis sei, dadurch beantwortet wird, daß mögliche Gegenstände der Erkenntnis Erscheinungen seien, dann ist vorausgesetzt, daß das Zeichen „Erscheinung" eher verstanden werde bzw. eher verdeutlicht werden könne als das Zeichen „Erkenntnis". „Erscheinung" ist aber nur als „Erscheinung von etwas" zu verstehen. Damit wurde der Gegenbegriff des „Dinges an sich selbst", d. h. des Dinges, *nicht* als Erscheinung „betrachtet", erforderlich. Es war als dasjenige zu verstehen, von dem die Erscheinung ausgehe. Nur so war wahre Vorstellung von reiner Einbildung zu unterscheiden. – Es stellt sich nun aber die Frage, was Erscheinung eines *Dinges* sei, wenn dieses *nichts* ist als das, was erscheint und somit im Erscheinen aufgeht. Während man von einem Gegenstand der Erkenntnis sagen konnte, er existiere, auch wenn er nicht erkannt werde, in eben denselben Bestimmungen, in denen er erkannt werden könne, kann man das vom Ding der Erscheinung nicht mehr sagen.

Hegel bestimmt die Erscheinung als „das Existierende vermittelt durch seine *Negation*, welche sein Bestehen ausmacht"[1]. Das Ding ist als erscheinendes seiner Erscheinung nur „vorausgesetzt". Da es nur als Verschiedenheit von ihr *sein* soll, ist *nichts* an ihm, was in der Erscheinung ist, d. h. nichts, was „etwas" (Erkennbares) wäre oder werden könnte. – So spricht Hegel aber auch vom Zeichen, wenn er sagt, die „wahrhaftere Gestalt der Anschauung" sei „ein Zeichen"[2] als die Anschauung, die

---

[1] Hegel: Wissenschaft der Logik, ed. Lasson, Leipzig 1948, II, 124

[2] Hegel: Enzyklopädie (1830) § 459

nicht „positiv" „sich selbst, sondern *etwas anderes*" vorstellt[3]. „Anschauung" ist nach Kant das Vermögen, daß mir etwas *gegeben* ist. Wenn das Gegebene das Gegebene in der Erscheinung ist, geht es in sie über und in ihr auf. Es *besteht* darin, etwas anderes als sich selbst *vorzustellen* und ist darin *Zeichen*. Mit Kant und Hegel ist damit implizit eigentlich schon alles, was wir verstehen, als Zeichen verstanden, d. h. als etwas, das in das übergeht, was es *für* das Verstehen ist, ohne noch „selbst" davon getrennt als Substanz des Verstandenen vorgestellt werden zu können. Nur wenn Verstehen *nicht* gelingt, kommt es, als Reflexion, auf „etwas" zurück, *was sich*, aber nicht hinreichend, zu verstehen „gebe". Man *sucht* dann nach der Bedeutung, d. h. nach einem anderen, besseren Zeichen für „dasselbe".

In Hegels Logik ist für die Grundbegriffe (Kategorien) der Metaphysik ausgeführt, daß jeder nur in einem bestimmten Kontext deutlich werden kann, in dem nach *anderen*, ihn erklärenden *zugleich nicht* weiter gefragt wird. Jeder hat seinen Ort im Geflecht der Grundbegriffe dort, wo er selbst dadurch „Gegenstand" wird, daß er *in seiner Bedeutung fraglich* geworden ist. Die Grundbegriffe werden nicht nacheinander abgeleitet. Vielmehr tritt ein Begriff als (die wahre) Bedeutung und Negation eines anderen als eines Grundbegriffs an dessen Stelle. „Gegenstand" der logischen Erörterung ist immer nur die gerade problematische logische Kategorie, während die anderen, von denen jetzt nicht die Rede ist, zugleich durchaus „gebraucht" werden und zur Erörterung der fraglichen auch gebraucht werden müssen. Die *Negation* einer Kategorie durch eine andere ist hier die („einzige")[4] Methode, aber als Negation, in der sie durch die folgende *ersetzt* wird, die sich als die „wahre" Bedeutung der vorangehenden vor sie stellt und insofern als positives Resultat erscheint. Die je folgende Kategorie ist *nichts anderes* als die „wahre" Bedeutung der vorausliegenden, und so geht es weiter bis zur „absoluten Idee", die ihrerseits nichts anderes ist als der Begriff dieser Methode, in der *eine Person* als „undurchdringliche, atome Subjektivität"[5] für eine *andere Person* als ebenfalls „undurchdringliche, atome Subjektivi-

---

[3] a. a. O., § 458

[4] Hegel: Wissenschaft der Logik, a. a. O., I, 35

[5] a. a. O., II, 484

tät" *da* ist. Der „Begriff" hat „als Person" „in seinem Andern *seine eigene* Objektivität zum Gegenstande". Jede Person *ist* ihr eigener Begriff. Jede hat ihre *eigene* Objektivität. Es ist begriffen, daß keine *vor* anderen in ihrer Bedeutung *definitiv* deutliche Begriffe hat und daß sich demnach auch die sogenannten Grundbegriffe immer nur in Relation zu Begriffen verdeutlichen lassen, die *zugleich* als deutlich genug gelten können.

Die Differenz der Deutlichkeit und der jeweiligen Möglichkeit der Verdeutlichung ist die Differenz der *Zeit*, in der eine Person ihre Bedingtheit, und d. h. ihre Differenz zu *anderen* Möglichkeiten des Verstehens, also ihre Individualität als Person begreift. Dieses Begreifen ist „logisch" (und nicht nur „phänomenologisch"), insofern es einschließt, daß dies kein Defizit gegenüber einem Absoluten ist, sondern zum Begriff des Begriffs gehört. Es ist sich selbst absoluter Begriff. „Phänomenologisch" entspricht dem der Begriff des *Geistes* als der Differenz des Verstehens von Selbstbewußtsein zu Selbstbewußtsein, und d. h. als „absoluter Geist" gegenseitiger Anerkennung dieser Differenz.

Mit Hegels Logik ist begriffen, daß „Metaphysik", als „Erkenntnis rein aus Begriffen", nicht möglich ist, wenn darunter eine Verdeutlichung eines Begriffs durch andere Begriffe in einem absoluten Sinne verstanden sein soll. Dieses Sollen läßt sich nicht erfüllen. Während Kant noch die Metaphysik in ihrem Verständnis als „Erkenntnis rein aus Begriffen" *in Begriffen* kritisiert, indem er mögliche „Erkenntnis" auf „Erscheinungen" restringiert, als auf das, „hinter" das als Produkt unseres Fürwahrhaltens wir etwas Entsprechendes *setzen*, verweist Hegel darauf, daß *niemand* Begriffe anders als durch andere, nur *zur gleichen Zeit* nicht fragliche Begriffe verdeutlichen und damit ihren Gegenstand als möglich darstellen kann, *weder* den Begriff der Erkenntnis und ihres möglichen Gegenstandes allgemein, *noch* den einer Erkenntnis von „Erscheinungen". Damit wird zwar Metaphysik als „Erkenntnis aus Begriffen" wieder unbegrenzt möglich, aber der Begriff ihrer Möglichkeit wird davon abgelöst, daß ein absoluter Standpunkt *definitiver* Erläuterung von Begriffen durch andere Begriffe möglich sei. An die Stelle der Voraussetzung absoluten Begreifens tritt die anerkannte Wirklichkeit der unaufhebbaren *Differenz* von Person zu Person bis in den Begriff des Absoluten hinein. Sie ist nach Hegel auch die Wirklichkeit Gottes, der darin, in Aufhebung seines „transzendenten" Begriffs, Menschen *gleich* geworden ist. Die offenbare Welt ist so eher als Welt von Zeichen denn als Welt von Seiendem zu verstehen. Das ist der nachkritisch nun noch allein mögliche Begriff des Absoluten. (Der *Begriff* des „Absoluten" wird im zweiten Teil der „Logik" Hegels zu einem selbst durch andere Begriffe *auszulegenden*, „sich" in ihnen selbst *negierend* auslegenden, auseinanderlegenden Begriff.)

Damit ist der metaphysische Begriff des Begriffs auf die Wirklichkeit von Zeichen zurückgeführt. Es ist begriffen, daß zur Bestimmung eines Begriffs statt „des" Zeichens für *ihn* immer nur *Zeichen* genannt werden können, die, auch wenn sie von jemandem *jetzt* verstanden werden, zu anderer Zeit — und auch schon jetzt für andere — immer noch weiter zu bestimmen wären, je nach der „Lage" der *besonderen* Subjektivität, *für* die dies geschieht. Der Begriff ist *in jedem Fall* eingebettet in ein besonderes Zeichengeschehen als eine besondere Geschichte.

Ein Zeichen ist, so gesehen, nicht „Erscheinung" (Re-präsentation) eines Dinges, sondern Zeit-Erscheinung. In ihm erscheint nicht „etwas", verstanden als etwas hinter den Zeichen, sondern in ihm hebt sich der Gedanke eines Etwas-an-sich im *Verstehen* des Zeichens auf. Insofern etwas an ihm nicht verstanden ist, verlangt es *andere Zeichen* statt seiner selbst, d. h. es ist *dann* das „An-sich" dieser es „auslegenden" Zeichen. Die ganze Bewegung spielt sich *innerhalb* der Zeit (und damit im Kantischen Sinn innerhalb der Erscheinung) ab.

Die Hegelsche Logik stellt sich dar als der Prozeß des Übergangs von einer Kategorie zur nächst anderen als der wahren Bedeutung der vorangehenden, solange, bis die Wahrheit dieses Prozesses begriffen ist: Die „letzte" Kategorie findet ihre Bedeutung nicht mehr in einer weiteren, nach deren Bedeutung wieder gefragt werden könnte, sondern in der Einsicht, daß das Erkennen[6] als Prozeß sich in einem Verhältnis von *Personen* aufhebt, in dem jede für die andere „undurchdringliche, atome", also individuelle „Subjektivität" ist[7], so daß eine in der anderen „sich" begreift. Sie begreift sich an deren undurchdringlicher Andersheit für sie.

---

[6] a. a. O., 429 ff.

[7] a. a. O., 484

Dieser „Begriff" im Hegelschen Sinn ist nicht mehr „transzendentale" Subjektivität. Das persönliche Verhältnis zur „Einzelheit" des anderen bleibt letzte Instanz für das Geltenlassen „objektiver" Erkenntnis. Erkenntnis bleibt Prozeß, *solange*, bis eine Antwort, *was* „etwas" sei, als solche gilt, und solange, *wie* sie gilt, *besteht* eine Erkenntnis.

Das gilt auch für die transzendentale Frage, *was* „Erkenntnis" bedeute. Das Bedenken, dann sei „alles möglich", übersieht, daß keine Person in ihrem Verhältnis zu „undurchdringlich" anderen Personen „willkürlich" in der Hand hat, was als Erkenntnis gelten kann. Es besteht nicht die Alternative zwischen „objektiver" Erkenntnis und subjektivem Relativismus. Diese Alternative besteht nur unter der Voraussetzung, daß die Zeit selbst *keine Wirkung* habe und Personen zeitlose Subjekte seien. *Wenn* das Subjekt als zeitlos und in diesem Sinne als *unbedingt* vorausgesetzt ist, entsteht allerdings das Problem, wie es denn dann in einer nichtsubjektiven Weise „erkennen" könne. Die Zeit bewirkt nämlich auch, daß es unmöglich *ist und bleibt*, alle Veränderungen auf „etwas" anderes, als deren „Ursachen", zurückzuführen. Es *bleibt* unmöglich, weil die „Gesetze", in denen solche ursächlichen Zusammenhänge formuliert werden, selbst wieder entweder „unmittelbar" verstanden werden oder „weiter" zu erklären sind, *solange*, bis sie unmittelbar verstanden sind, und sie gelten solange, wie sie dann nicht wieder in Frage gestellt werden.

In der Philosophie des Zeichens tritt die Differenz zwischen dem unmittelbaren Zeichenverstehen und der diskursiven Zeicheninterpretation an die Stelle der transzendental-philosophischen Differenz zwischen *Sinnlichkeit* und *Verstand*. Während aber Sinnlichkeit und Verstand in der Transzendentalphilosophie als „Vermögen" *eines* Subjekts zu aller Zeit gelten, ist die entsprechende Differenz zwischen einem unmittelbaren und einem diskursiven Vermögen eine Differenz von Person zu Person und innerhalb „derselben" Person eine Differenz der Zeit. Die Identität der Person im Laufe der Zeit ist zugleich eine gegenüber *anderen* Personen gelingende Identität. In diesem bestimmten Sinne ist das Zeichenverstehen Einheit von Sinnlichkeit und Verstand. – Man kann die Analogie zu den transzendentalphilosophischen Begriffen „Sinnlichkeit" und „Verstand" aber auch umkehren: Ein unmittelbar verstandenes Zeichen ist, weil es unmittelbar *verstanden* ist und somit dem Verstehen in nichts gegenübersteht, immateriell (und damit im transzendentalphilosophischen Sinn „unsinnlich"). Ein Zeichen, das unmittelbar nicht vollkommen verstanden ist, zerfällt *dadurch* in Teile. Es ist nur „etwas an ihm" verstanden. Es ist dadurch materialisiert. – Der „anschauende Verstand" ist das Drehkreuz für diese beiden Möglichkeiten. Auch das, „was" Personen sagen, versteht sich nur auf dem Hintergrund dessen, als was *sie* zuvor verstanden sind und was demnach an *ihnen* verstanden oder nicht verstanden wird. Danach richtet sich ihr „Vermögen". Aber auch nach Kant ist gerade dann „alle menschliche Einsicht zu Ende, sobald wir zu Grundkräften oder Grundvermögen gelangt sind".[8] Man wird auch sie, über ihre Voraussetzung als Faktum hinaus, nur in einer für die Lösung einer bestimmten Aufgabe hinreichenden Weise bestimmen können.

[8] Kant: Kritik der praktischen Vernunft, AA V, 46 f.

# 18. Semantische Positionen

Weil die Metaphysik als die Bedeutung eines Zeichens den *„Begriff“* verstanden hatte, aber mit der Frage nach der *objektiven* Gültigkeit von Begriffen in unlösbare Schwierigkeiten geraten war, sah man sich genötigt, neu anzusetzen, wenn Sprache und Mathematik von den gleichen Voraussetzungen her zu verstehen sein sollten. Beim mathematischen Zeichen ist vorausgesetzt, daß es als isoliertes Zeichen eine und nur eine Bedeutung habe. Es soll, wo immer es vorkommt, *dasselbe* bedeuten. Die Stelle im Kontext soll nicht signifikant sein (A = A). Besonders soll es keine Rolle spielen, ob die Bedeutung eines Zeichens für jemanden (subjektiv) deutlich sei oder nicht. Es ist *vorausgesetzt*, daß sie vollkommen deutlich *ist*, und in diesem Sinne wird nicht gefragt, „worin“ sie bestehe. Sie ist eben genau das, worauf sich das Zeichen als auf „seine“ Bedeutung beziehen soll.

Damit sind *Begriffe* als etwas vorausgesetzt, auf das man sich durch ihre Bezeichnung beziehen kann, d. h. sie sind als seiend vorausgesetzt. Dem steht die andere Voraussetzung entgegen, das wahrhaft Seiende sei das, was im Begriff begriffen sei und nicht der Begriff selbst. Was im Begriff begriffen ist, macht den Umfang (die Extension) des Begriffs aus. Der Begriff selbst ist nur die umfassende Grenze des Umfangs (die Intension). Der Umfang ist ein Quantum, als Anzahl dessen, was unter den Begriff fällt. In direkter, oder, wie Frege es nennt, in „gewöhnlicher“ Rede sind das nicht wiederum Begriffe, sondern „Gegenstände“, die man zählt, insofern sie unter denselben Begriff fallen, und in indirekter, nach Frege „ungerader“ Rede sind Begriffe, *„über“* die man spricht (statt *„in“* ihnen über „Gegenstände“ zu sprechen), die „Gegenstände“ dieser Rede. So bleibt das Seiende, über das man spricht, immer klar unterschieden von den Begriffen, in denen man über etwas spricht.

Das impliziert, daß man in verschiedenen Begriffen über dasselbe, über dieselbe Anzahl von „Gegenständen“ sprechen kann,

z. B. über gleichschenklige und gleichwinklige Dreiecke. Solche Begriffe sind als extensionsgleiche Begriffe verstanden. Begriffe werden damit zur „Art des Gegebenseins“ der „Gegenstände“[1]. Frege nennt sie den „Sinn“ des Zeichens, im Unterschied zur „Bedeutung“ als den Gegenständen bzw., wenn das Zeichen ein „Eigenname“ ist, dem Gegenstand selbst. Im Unterschied zur metaphysischen Tradition bedeuten Zeichen also nicht Begriffe, sondern Gegenstände, die nur noch durch die „Art des Gegebenseins“ unter Begriffe fallen und nicht mehr durch die Art ihres Seins. Wenn etwas seinem Sein nach unter einen Begriff fällt, muß es an ihm selbst von dieser Art *sein*, d. h. es muß sein Sein, in dem es etwas (Bestimmtes) ist, vom Begriff, Platon sagte: von der Idee her haben. Die Ideen sind, indem sie voneinander verschieden sind. Wenn aber der Begriff nur noch die „Art des Gegebenseins“ ist, kann ohne Schwierigkeit von einer (extensionalen) Gleichheit verschiedener Begriffe die Rede sein (A = B). Es handelt sich dabei ja nicht mehr um die Gleichsetzung von verschiedenem Seienden, sondern nur noch um die Gleichsetzung von auf verschiedene Weise begriffenem (gegebenem) Seienden, das nur über die Art, in der es *gegeben* ist, *bezeichnet* und in seinem Sein nur *gezählt* ist. Dem Sein nach ist es nicht signifikant, sondern nur numerisch verschieden.

Die Frage verschiebt sich nun dahin, wodurch bzw. worin Begriffe als der bloße „Sinn“ von Zeichen voneinander *verschieden* „sind“, denn die „Art des Gegebenseins“ kann nach Frege auch nicht etwas nur Subjektives sein, wenn etwa eine Gleichung als Gleichsetzung verschiedener Begriffe (A = B) wahr oder falsch sein soll. Das „bloß“ Subjektive nennt Frege „Vorstellung“. Sie ist das, was man sich individuell bei einem Zeichen vorstellen mag. Freges Antwort auf die Frage nach dem Sein des „Sinnes“ bleibt, obwohl es sich um eine für seine Grundlegung zentrale Frage handelt, rein versichernd: „... man wird wohl nicht leugnen können, daß die Menschheit einen gemeinsamen Schatz von Gedanken hat, den sie von einem Geschlechte auf das andere überträgt“[2].

---

[1] Frege: Über Sinn und Bedeutung (1892), in: G. Patzig (Hrsg.): Funktion, Begriff, Bedeutung, Göttingen 1966, 41

[2] a.a.O., 44

Wenn die Fregesche Unterscheidung von Sinn und Bedeutung auch gewisse Schwierigkeiten der mathematischen Logik beseitigt und damit diese Auffassung von Logik eigentlich erst begründet, indem sie erlaubt, Bedeutungen von Zeichen oder „Gegenstände" als das in oder unter *verschiedenen* Arten seines Gegebenseins Zählbare zu verstehen und damit Relationen zwischen dem in verschiedenen Arten Gegebenen herzustellen, also erlaubt, im Unterschied zu einer rein intensionalen Logik, in der Zeichen Begriffe bedeuten, Zahlen *logisch* zu verstehen, so hängt diese Begründung andererseits an der Voraussetzung eines „gemeinsamen Schatzes von Gedanken" über die subjektiven Vorstellungen hinaus, der doch nach seiner ontologischen Dignität diesseits des eigentlich Seienden liegen soll. Die Begründung hängt an diesem Zwischenreich zwischen bloßer Subjektivität und eigentlich Seiendem, das die Metaphysik in ihrer strikt ontologischen Ausrichtung so – zumindest in solchen Begründungszusammenhängen – nicht kannte, das aber auch bei Frege nicht weiter erörtert wird.

Damit hängt alle sich auf ihn beziehende Logik und Sprachphilosophie, und das ist die „Sprachanalytische Philosophie" weithin, an der *Voraussetzung* einer Gedankengemeinsamkeit im Zeichenverstehen, die sich kategorial in keiner Weise und erst recht nicht empirisch einlösen läßt. Wir setzen *voraus*, daß andere Zeichen so verstehen wie wir selbst, wenigstens *solange*, wie es nicht anders erscheint, d. h. solange, wie ihr Verhalten uns nichts anderes vermuten läßt. Solange das so ist, besteht aber gerade kein Grund, vom Sinn eines Zeichens zu *sprechen*, d. h. ein Zeichen und „seinen Sinn" in irgendeiner Weise zu unterscheiden. Man versteht „es", das Zeichen, „unmittelbar", und nicht etwa seinen „Sinn". (Natürlich auch nicht „seine" Materie, denn auch so etwas tritt erst in der *Frage* nach dem „Sinn" hervor.) Wenn wir dagegen im Falle des Zweifels, in welchem „Sinn" (in Freges Terminologie) jemand ein Zeichen verwendet, *über* den Sinn sprechen, statt uns schlicht *in* Zeichen zu verstehen, ist auch nach Frege der Sinn die Bedeutung[3], d. h. wir benötigen dann andere Zeichen, *in*

[3] a.a.O., 43

denen wir dies tun, ohne daß uns auch diese in ihrem Sinn *jetzt* problematisch werden dürfen.

Quine hat diese Voraussetzung der „Sprachanalytischen Philosophie", die von ihrem Zweck her *unerörterte* Voraussetzung *bleiben* muß, wenn sie überhaupt tragen soll, erörtert. Der „Schatz von Gedanken" bleibt für jeden anderen verborgen, wenn und solange damit ein Schatz von „Sinn" im Sinne Freges gemeint sein soll. Denn als Sinn ist er (in „gewöhnlicher" Rede) gerade *nicht* „Gegenstand". Damit bleibt auch verborgen, ob es ein gemeinsamer Schatz ist.

Diese tödliche Krise des analytischen Zeichenbegriffs versucht die Semantik möglicher Welten aufzuhalten. Sie schlägt vor, die Intension eines Zeichens, also den „Sinn" im Sinne Freges, als das zu verstehen, was „in allen möglichen Welten" gelte, so daß man fragen könne, ob es in der wirklichen Welt „so etwas" gebe. Der Begriff möglicher Welten soll die sonst nicht zu behebende subjektive Realität der Intension, ihr Verständnis als subjektive „Vorstellung" aufheben. Er ist wieder als so etwas wie eine objektive Voraussetzung der wirklichen Welt gedacht, als die Möglichkeit von Zeichen, in der Verknüpfung mit anderen Zeichen etwas darzustellen, das nicht notwendig der Fall ist, sondern der Fall oder nicht der Fall sein kann. Das Mögliche ist der so entstandene „sinnvolle" und darin der subjektiven Willkür entzogene Zeichengebrauch. Es *ist* etwas, insofern es vom willkürlichen (un-sinnigen) Gebrauch als dessen Teilmenge verschieden ist, und das Wirkliche ist wiederum als Teilmenge des Möglichen verstanden. Alle Schwierigkeiten sind damit in eine Ontologie des Möglichen verlegt, letztlich in eine *Unterscheidung* zwischen dem Möglichen als dem der subjektiven Willkür Vorgegebenen überhaupt und dem Wirklichen, eine Unterscheidung, die wir doch aber wieder nur an unterschiedlichen Zeichen festhalten können, indem wir nicht zugleich auch schon nach *deren* Bedeutung fragen. Die Unterscheidung zwischen Seiendem überhaupt, einschließlich des Möglichen, und dem wirklich Seienden kann man nur bezeichnen, ohne definitiv sagen zu können, *worin* der Unterschied bestehe. Die wirkliche Welt ist in ihrer Verschiedenheit von möglichen Welten „zufällig".

Außerdem bleibt es variabel, etwas entsprechend einer Zeichenverknüpfung für möglich zu *halten*, auch wenn dies nicht nur subjektive „Vorstellung“ sein soll. Ob ein Zeichen mit einem bestimmten anderen verknüpfbar ist oder nicht, ist immer schon eine Interpretation des Zeichens. Es läßt sich nicht von einer vorausliegenden Liste oder Struktur möglicher Verknüpfungen her ableiten, sondern zeigt sich, indem es versucht wird. Nur wirklich geschehende Zeichenverbindungen, die als „sinnvoll“ akzeptiert werden, „können“ *dadurch* wahr oder falsch sein, und sie werden im Zusammenhang einer Wirklichkeit als möglich akzeptiert, in der andere Zeichen schon auf eine bestimmte Weise verstanden sind. Dazu gehört auch, daß bestimmte Zeichenverbindungen nicht nur als möglich, als „wahr in allen möglichen Welten“, sondern schon als in „dieser Welt“ wahr akzeptiert sind. Die Rede von der „Zufälligkeit“ „wahrer“ Verbindungen gegenüber möglichen setzt die Notwendigkeit von möglicher, d. h. die Abgeschlossenheit einer Struktur möglicher Verbindungen voraus. Sie sieht davon ab, daß mit jeder Konstatierung einer Verbindung als wahr, nach welchem Kriterium auch immer, auch etwas über das künftige Verständnis der verbundenen Zeichen mitgesagt ist: Daß es wirklich schwarze Schwäne gibt, besagt auch etwas über die Verwendungsmöglichkeit des Wortes „Schwan“, ja genaugenommen sogar über die des Wortes „schwarz“, zumal wenn die „subjektive Vorstellung“ dabei nicht mitspielen soll. Jeder synthetische Satz ist auch von analytischer Relevanz.

In der vorliegenden Untersuchung wird deshalb unter „Bedeutung eines Zeichens“ direkt das verstanden, wonach in indirekter, nach Frege in „ungerader“ Rede in der Absicht *gefragt* wird, ein in seiner Bedeutung fragliches Zeichen durch *jetzt* nicht fragliche zu ersetzen. Die abstrakte Unterscheidung von direkter und indirekter Rede geht an der Wirklichkeit des Zeichens vorbei. Alles Bezeichnen sagt auch zugleich etwas *über* den „Sinn“, in dem Zeichen jetzt gerade gebraucht werden, und ist insofern nicht nur Rede *über* außersprachliche „Gegenstände“ *in* einem *bestimmten* „Sinn“, sondern zugleich Rede *über* den Sprachgebrauch des gerade Redenden und damit auch *über* den „Sinn“.

Ein „gemeinsamer Schatz von Gedanken“ ist also niemals schlicht vorausgesetzt. Er ist sowohl in Frage gestellt als auch vorausgesetzt, nämlich in der Zuversicht, daß man sich über den „Sinn“ eines Zeichens durch die Verwendung *anderer, jetzt nicht* problematischer, sondern *als* „gemeinsamer“, als gleich-sinnig vorausgesetzter Zeichen anstelle des problematischen aufklären lassen kann. Die strikte Trennung von direktem und indirektem Zeichengebrauch sieht von der *zeitlichen* Dimension des Zeichens ab und geht damit von der Möglichkeit einer *restlosen* Angabe des „Sinnes“ in indirekter Rede als Sicherstellung der direkten aus. Der uninterpretierte Rest, d. h. die nach jeder Interpretation *bleibende* weitere Interpretationsmöglichkeit ist aber die Wirklichkeit des Zeichens.

Daß alles, was wir entweder „unmittelbar“ verstehen oder womit wir Probleme haben, daß also alles *Zeichen* sei, ist eine Position, die das ontologische Dilemma zu beheben versucht, das daraus entsteht, daß entweder „begriffsrealistisch“ die Begriffe oder „nominalistisch“ das „unter“ sie Fallende als das wahrhaft Seiende vorausgesetzt wird. Sie versucht dies, indem sie darauf verweist, daß in allem Verstehen ein unverstandener, noch weiter interpretierbarer (irrationaler) Rest bestehen bleibt und somit die Dichotomie zwischen Begriff und Begriffenem nicht „vollständig“ ist. Es bleibt immer die Variation von Zeichen, die Ver-Wendung von Zeichen als Wirklichkeit.

# 19. Zeichen und Sachen (Empfinden, Wahrnehmen, Denken)

Daß „etwas" als Zeichen verwendet werde, ist eine platonistisch-metaphysische Redensart. Sie suggeriert einen absoluten Unterschied zwischen Zeichen und Sachen. Wir machen diesen Unterschied, aber wir machen ihn, indem wir etwas als Zeichen, etwas anderes als davon unterschiedene Sache *bezeichnen*, sofern wir etwas nicht „unmittelbar" verstehen. Wenn wir „unmittelbar" verstehen, stellt sich nicht die Frage, als *was* wir etwas verstehen. Insofern ist der *Unterschied* zwischen Sache und Zeichen immer eine Sache der mehr oder weniger gelingenden Interpretation.

Um diesen interpretativen Unterschied ging es in der Erkenntnistheorie. Sie fragte nach einem richtigen Verhältnis zwischen Zeichen und Sachen, nach richtigen Zeichen für die „Wirklichkeit". Damit fragte sie nach etwas Widersprüchlichem, nämlich nach Zeichen, die man „für" die Wirklichkeit suche. Sowenig man seine Vorstellungen mit einer unvorgestellten Wirklichkeit vergleichen kann, so daß man sagen könnte, man hätte die „richtige" Vorstellung, sowenig kann man sagen, man hätte das richtige Zeichen. Der Widerspruch liegt darin, daß man ein Zeichen auf etwas zu beziehen denkt, was nicht mehr Zeichen in einem Bezug zu anderen Zeichen sein soll. Was man in „Wirklichkeit" sucht, wonach man fragt, sind immer wieder Zeichen.

Die Antwort auf die Frage nach dem „sachlichen" Unterschied zwischen Sachen und Zeichen geschieht immer wieder in Zeichen.

Kants transzendentale Logik bleibt, als „Logik der Wahrheit", auf halbem Wege stehen, wenn sie die Gegenstände durch das Erkenntnisvermögen konstituiert denkt. Die Unterscheidung verschiedener Erkenntnisvermögen, wie Verstand und Sinnlichkeit, geschieht in Zeichen. Man muß *sie* verstehen, um den Unterschied zu verstehen.

Sich auf Unterschiede verstehen heißt, Zeichen in ihrem Unterschied zu anderen Zeichen verstehen. Es geht, wenn man schon

Erkenntnisvermögen und Bezeichnungsvermögen unterscheidet, zuletzt um das Bezeichnungsvermögen.

Nach Kant ist „Erfahrung“ „Erkenntnis der Objekte durch Wahrnehmungen“. Auch Peirce geht von einem fundamentalen Rang der *Wahrnehmungsurteile* aus. Sie sind bestimmt als Urteile, in denen man sich nicht irren könne. Dies mache ihren fundamentalen Charakter für das Wissen aus. Nach Kant ist das Urteil „ich fühle einen Druck der Schwere“ ein Wahrnehmungsurteil, im Unterschied zu dem Erfahrungsurteil „der Stein ist schwer“. Letzteres beruhe auf Verallgemeinerung: Der Stein ist jedesmal schwer, wenn ich ihn trage. Das Wahrnehmungsurteil dagegen drücke unmittelbar die Empfindung aus, die man tatsächlich habe.

Aber es handelt sich immer um die *Interpretation* (das Bewußtsein) einer Empfindung. Die Empfindung von *etwas*, z. B. von einem Druck, ist interpretierte Empfindung. Eine uninterpretierte könnte in kein Urteil eingehen. Denn alles, was *thematisch* wird, wird *als* etwas thematisch, als etwas mit fraglicher Bedeutung.

Durch Interpretation, d. h. durch die sie isolierende Hervorhebung als eine bestimmte *Art* von Empfindung wird es erst möglich, von einem „Gegenstand der Empfindung“ zu sprechen. Eine uninterpretierte Empfindung ist gegenstandslos und in diesem Sinne die Empfindung von nichts. In ihr kann man natürlich nicht irren.

Kant nennt nicht die Empfindung, sondern deren „Gegenstand“ das „Reale“. Es hat nach ihm immer einen Grad[1]. „Druck“ ist ein Gegenstand der Empfindung als Resultat einer auf den Begriff gebrachten, interpretierten Empfindung.

Man kann nicht sagen, wie es von einer ungegenständlichen Empfindung zu dem Gegenstand einer Empfindung komme, weil man über ungegenständliche Empfindungen *nichts* sagen kann. Wir *haben* schon immer interpretiert, wenn wir Empfindungen *haben*.

Wir haben sie, indem wir interpretierende Zeichen verstehen. Wir haben Schmerzen, indem wir etwas *als* Schmerz *haben*. *Deshalb* kann man sich über *seine* Schmerzen nicht täuschen.

[1] Kant: Kritik der reinen Vernunft, B 207

Der Schmerz und das Zeichen des Schmerzes sind dasselbe. Der Schmerz ist ein Zeichen, sobald er *als* Schmerz bewußt ist. Auch dieses Zeichen kann man entweder „unmittelbar" verstehen oder nach seiner Bedeutung fragen.

Es ist unkritisch zu sagen, alles Wissen beruhe auf Empfindungen. Es beruht auf Gegenständen der Empfindung, auf der Interpretation von Empfindungen. Was wir eine bestimmte Empfindung nennen, wie z. B. Licht, Druck usw., ist schon verstanden, und insofern Unverstandenes daran ist, fragen wir nach ihrer Bedeutung.

Nur *am* Verstandenen, auf der Basis von Gewißheit, kann etwas unverstanden sein. Wir sind „immer schon" in einer verstandenen Welt. Heideggers „Daseinsanalyse" geriet in die Ausweglosigkeit, weil er die *Zeit* als die des Seins, nicht als die des Zeichens interpretierte. Das Verstehen *macht* den Unterschied zwischen Verstandenem und Fraglichem *aus*. Es gibt zu einer bestimmten Zeit *hinreichende* Antworten.

Unverstandenes wird dadurch verstehbar, daß es mittelbar auf Gegenstände der Empfindung zurückgeführt wird. Ein Schmerz, nach dessen Bedeutung gefragt wird, z. B. im Versuch einer medizinischen Diagnose, hat *seine* Bedeutung in der Antwort auf die Frage nach ihr, die dadurch eine hinreichende Antwort ist, daß sie dem Arzt als Grundlage für die Therapie hinreichend erscheint.

Aber auch die „Verifikation" physikalischer Theorien besteht darin, daß sie erklären, warum z. B. ein Zeiger einen Wert auf einer Skala anzeigt, d. h. warum etwas derartiges zu *sehen* ist. Die Theorie führt auf einen Gegenstand der Empfindung, d. h. auf eine eingespielte Interpretation zurück.

Wahrnehmungen sind eingespielte Interpretationen von Empfindungen, bei denen keine Fragen entstehen. Die Wahrnehmung eines Hauses besteht darin, daß das Wahrgenommene fraglos *als* Haus wahrgenommen wird. Wenn es auch etwas anderes sein könnte, besteht ein Zweifel. Es ist dann nicht ein Haus, sondern *etwas* wahrgenommen worden, das ein Haus oder sonst etwas sein könnte.

Wenn etwas auch etwas anderes als ein Schmerz sein könnte, ist es eben nicht *als* Schmerz empfunden. Die Sprache der Wahrnehmung ist entschieden. Sie ist sicheres Interpretieren, Sicherheit im Interpretieren.

Erst wenn *an* dem wahrgenommenen Haus etwas merkwürdig erscheint, stellt sich die Frage, was *das* bedeute. Es kann, aber muß nicht bedeuten, daß es doch kein Haus ist, und wenn es als etwas anderes als ein Haus interpretiert wird, wird auch kein Haus mehr wahrgenommen.

Wahrnehmung bezieht sich immer auf das Jetzt des Wahrnehmens. Wahrnehmungsurteile gelten nur jetzt. Sie sind unwiederholbar (Peirce).

Wenn die Wahrnehmung das Fundamentale in der Erkenntnis ist, ist die Wahrnehmung von etwas Unverstandenem *an* dem als etwas Bestimmtes Wahrgenommenen (und damit Verstandenen) ebenfalls etwas Fundamentales. Ich sehe ein Haus, aber ich sehe etwas Unverstandenes daran, so daß die Frage aufkommt, ob es „wirklich" ein Haus sei. Es *erscheint* etwas an ihm als fraglich.

Der Positivismus verbannt alles Fragliche in die Theorie. Er verabsolutiert das Positive der Wahrnehmung. Damit versteht er sie als einen Text, der an keiner Stelle einer Interpretation bedarf, d. h. als definitiv befriedigende Interpretation. Er versteht sie als ein für alle und zu aller Zeit gleiches, absolutes Fundament.

Wäre die Wahrnehmung eine absolute Basis und folglich an ihr selbst an keiner Stelle interpretationsbedürftig, so wäre das Denken überflüssig.

*Erfahrungsurteile* sind Urteile aus dem *Bedenken* der Wahrnehmungen. Denken ist die Interpretation, die an die Wahrnehmung anknüpft, wo sie als fraglich erscheint. Die Wahrnehmung hat an ihren nicht verstandenen Stellen Ansatzpunkte für das Denken. Denken beginnt, wo die Interpretation des Wahrnehmens unsicher wird, also an unverarbeiteten Empfindungen. Es beginnt bei der Unvollkommenheit der Wahrnehmung als dem Vermögen, alles *als etwas* zu empfinden. *Was* hat etwa die Wahrnehmung eines abgeknickten Zweiges zu bedeuten?

Wer nicht zweifelt, *was* etwas sei, denkt nicht.

Wahrnehmen ist die in sich sichere, unbezweifelte Interpretation, Denken der Versuch der Sicherstellung einer unsicheren. Unsicherheit ist – zumal gegenüber der Sicherheit anderer, also in kommunikativer Relevanz – *auch* ein positives Vermögen.

Wenn es zweifelhaft ist, ob etwas ein Haus sei, kann man *denken*, es sei ein Haus oder etwas anderes, das nur als Haus wahrgenommen war, und wenn man zweifelt, ob das z. B. *nacheinander* Wahrgenommene ein „objektives" Nacheinander sei, kann man *denken*, es sei auch „objektiv" nacheinander, oder aber z. B. auch, es sei „objektiv" zugleich. Es bedarf dann einer *Theorie*, nach der gesichert wird, was es „in Wirklichkeit" sei. Das Wahrgenommene erscheint *dann* als Spur einer abwesenden Wirklichkeit.

Eine Theorie ist eine Reihe von Zeichen, die das Fragliche interpretieren und die sich gegenseitig interpretieren, bis die letzten interpretierenden Zeichen „unmittelbar" verstanden werden.

Die *Unterscheidung* zwischen Wahrnehmen und Denken gehört zum Denken. Sie besagt, daß zu unterscheiden sei zwischen dem, als was etwas wahrgenommen sei, und dem, was es als Resultat des Denkens, also in einer über die wahrnehmende Interpretation hinausgehenden Interpretation sei.

Das Denken unterscheidet zwischen Denken und Wahrnehmung. Insofern ist es das „höhere" Vermögen. Es bedenkt die Wahrnehmung, d. h. es ist die anknüpfende und, solange sie gelingt, die jeweils „letztgültige" Interpretation.

Für das Denken ist das Wahrnehmen „nur" auf das Jetzt bezogen, in dem es selbst geschieht, während das Denken in der sich „erinnernden" Einbildungskraft interpretierend auch gewesenes Wahrnehmen einbezieht: Was zuerst als Haus erschien, erscheint jetzt als möglicherweise etwas anderes. Die *Zeit* führt die Wahrnehmung aus der Unendlichkeit ihres Jetzt hinaus und zum Denken.

Auch wenn wir sagen, wir hätten zunächst „Reize", die wir zu „Vorstellungen" verarbeiteten, die dann durch „Wörter" als Lautzeichen „bezeichnet" würden, die man ihrerseits vielleicht wieder durch Schriftzeichen bezeichne, handelt es sich um eine Reihe sich interpretierender Zeichen. Auch hier kommt es darauf an, daß diese Reihe dadurch lückenlos erscheint, daß ein Glied das folgende hinreichend interpretiert. Das Schriftzeichen soll „für" das Lautzeichen, dieses „für" die Vorstellung, diese „für" den Reiz stehen. — Daß Reize Vorstellungen bewirkten, muß als

Erklärung der Vorstellung akzeptiert werden. Reize „sind" dann genau das, was Vorstellungen bewirkt.

Aber eine solche Kette ergibt sich nur unter Absicht davon, daß ein Glied der Kette das vorangehende zwar *jetzt*, zu einer gegebenen Zeit, erklärt, daß es aber zu einer *späteren selbst* fraglich werden kann.

Die Angabe, etwas „sei" *Ursache* von etwas, ist eine mögliche Form der Interpretation, ebensogut wie die Angabe, etwas sei eine *Art* von etwas. Es ist u. U. eine befriedigende Erklärung der Bedeutung eines Zeichens, nämlich dann, wenn nicht *zugleich* nach der Bedeutung von „Ursache" gefragt wird. Wird aber danach gefragt, so hilft möglicherweise die Angabe, eine „Ursache" sei eine „befriedigende Antwort auf die Frage ‚warum?'"[2].

Von „Reizen" ist in dem *Zusammenhang* der Frage nach Ursachen von Vorstellungen die Rede. Insofern sind sie, wie bei Quine, ein Erstes, denn wie sollte man noch nach der Ursache der Reize fragen, wenn Reize schon das „sind" bzw. wenn die Bedeutung von „Reiz" in dem besteht, was „Vorstellungen" zugrunde liegt und unter „Vorstellung" das Bewußte verstanden ist? Es wäre widersinnig, innerhalb des Vorbewußten noch unterscheiden und etwa nach der Ursache von Reizen fragen zu wollen. Denn das hieße, wieder von (unterschiedenen) Vorstellungen statt von ihrer Ursache zu sprechen. „Reiz" *meint hier* (als „letztes" Glied) eine nicht vorgestellte Ursache von Vorstellungen, d. h. etwas *nur* Signifiziertes, bei dem man sich nichts vorzustellen habe. So kann auch nichts *daran* unverständlich sein und mithin keine Frage nach der Bedeutung aufkommen. Man muß hinreichend *wissen*, „was" ein Reiz ist, und dieses Wissen muß, als Verstehen eines Zeichens, ein „unmittelbares" Wissen ohne Restprobleme sein, wie es in allen Erklärungen als Grundlage sinnvollen, zu Ende kommenden Erklärens vorauszusetzen ist.

Wenn also von Reizen als Ursachen von Vorstellungen die Rede ist, ist nicht an akute Reizempfindungen zu denken, etwa an die Empfindung eines Schmerzes, die immer schon interpretierte, hier *als* Schmerz interpretierte Empfindung und damit

---

[2] Vgl. J. König: Bemerkungen über den Begriff der Ursache, in: Joachim-Jungius-Gesellschaft (Hrsg.): Das Problem der Gesetzlichkeit, Bd. I, Hamburg 1949

Vorstellung ist, sondern an nichts, wenn „etwas" immer die Interpretation von etwas *als* etwas ist.

Wenn Kant die Rede von Ursachen und Wirkungen kritisch darauf einschränken will, daß man nur von Wahrnehmungen (und damit auch nur von Vorstellungen) als Ursachen für andere Wahrnehmungen sprechen könne, und zwar dann, wenn man eine *objektive* Folge von Wahrnehmungen behaupte, ist verdrängt, daß rein signifizierende Akte, in denen das Zeichen nicht zu einer Vorstellung führt, die „dunkle" Grundlage allen Redens bilden. Das hat Folgen für seine antinomische Auffassung des Verhältnisses von Kausalität und Freiheit. Denn nur dann, wenn allein Vorstellungen als Ursache gelten, kann man immer weiter nach der Ursache der jeweils zuletzt genannten Ursache fragen. Denn dann zeichnet sich keine Nennung einer Ursache als „befriedigende Antwort auf die Frage ‚warum?'" vor anderen aus. Nur dann kann es zu einem infiniten Regress und zur Antinomie von „durchgehendem" Kausalnexus und Freiheit kommen, denn nur so kommt es zur Vorstellung eines „durchgehenden" Kausalnexus. In der Wirklichkeit des Zeichenverstehens ist es nicht so. Zumeist versteht man, ohne sich etwas „dabei" vorzustellen, nämlich immer dann, wenn man ein Zeichen „unmittelbar", ohne weitere Frage versteht, z. B. wenn gesagt wird, „Reize" seien die Ursache von Vorstellungen, also selbst gerade *nicht* Vorstellung.[3]

Die Kantische Antinomie ist eine *metaphysisch* bedingte Antinomie. Sie resultiert daraus, daß *alles als Vorstellung* gefaßt ist, die dann wieder entweder Anschauung oder Einbildung sein kann, also darauf, daß alles „unmittelbare" Zeichenverstehen ausgeschaltet ist, so daß bei *allem* zu fragen wäre, „was" es oder was sein „Wesen" sei. Damit ist die Wirklichkeit befriedigender Antworten auf solche Fragen ausgeschaltet, ohne die alles Fragen keinen Sinn hat, und *statt dessen* muß nach *einer vorgestellten Grundlage* des Wahren gefragt werden.

Wenn Begriffe immer nur *hinreichend* und nicht adäquat deutlich sind (Leibniz), ist auch eine weitere Verdeutlichung gegenüber der Deutlichkeit, in der sie *gegeben* sind, nur (für einen bestimmten subjektiven Zweck) hinreichend. Ein Urteil, verstanden als Ver-

---

[3] Aber auch nach Kant ist das meiste „dunkel". Er spricht von dunklen, unbewußten Vorstellungen.

deutlichung, stellt also ein Verhältnis zwischen Graden der Deutlichkeit dar, denen gegenüber keine *sachliche*, sondern eben nur eine pragmatisch-subjektive *Differenz* besteht: $d_1:d_2$. Im Urteil wird gesagt, $d_1$ *sei* (dasselbe wie) $d_2$, d. h. die Differenz zwischen beiden Graden, um die es in ihm geht, wird zugleich negiert. Gegenüber einem Allgemeinbegriff ist das einzelne als Vollständigkeit von Bestimmungen (Merkmalen) gedacht, von denen im Allgemeinbegriff nur einige als Merkmale dieses Begriffs gedacht sind. Der Begriff enthält als solcher weniger Merkmale, er ist durch weniger Merkmale bestimmt als das, was „unter" ihn fallen soll, ob damit nun „Unterbegriffe" oder einzelne Dinge gemeint sind, und das einzelne hat mehr Bestimmungen als jeder noch so konkret gedachte Begriff.

Da der Begriff für mehr als *ein* einzelnes Begriff sein soll, fehlt in ihm das für das je einzelne Charakteristische, das man also selbst nicht sagen, nicht auf einen Begriff bringen kann. Das einzelne ist „mehr", als der Begriff enthält, aber dieses Mehr ist als das Individuelle gegenüber dem Begriff nur negativ zu bestimmen. Es ist in seiner Wirklichkeit über seinen Begriff hinaus, in dem es aber jeweils als erkannt gedacht ist. Die Differenz zwischen ihm und seinem Begriff verschwindet in der Erkenntnis. Der allgemeine Begriff dieser Differenz ist die *Kraft*, die sich quantitativ als Grad fassen läßt (als intensive Größe), der von jeder rationalen Bestimmung abweicht, weil er der Grad der permanenten Veränderung gegenüber einer solchen Feststellung ihrer *„Äußerung"* ist. Die Kraft wird als das Verhältnis verschwindender Differenzen „gefaßt", d. h. im *Übergang* von einer begrifflichen Bestimmung zu einer genaueren, deutlicheren, die aber auch selbst wieder nur eine nicht an einer Sache selbst, sondern nur an einem Zweck des Umgangs mit ihr gemessen „bessere" Bestimmung der Sache ist. Die Sache kommt *nur* in diesem Übergang zu besser *erscheinenden* Bestimmungen, nur *als Erscheinung* zur Geltung, als die Kraft, die in jeder *denkbaren* allgemeinbegrifflichen Bestimmung unbestimmt bleibt. Sie drängt über jede Bestimmung hinaus, eben zu anderer Bestimmung *ohne Ende*, so daß die Kraft selbst nur im Verhältnis ineinander *übergehender*, in ihrem jeweiligen Grad *verschwindender* Bestimmungen, aber in keiner Bestimmung selbst erscheint. Sie erscheint im Übergang von ungenügender zu genügender Bestimmung, zwischen denen

„sachlich“ keine Differenz bestehen soll, weil sie alle gleichermaßen *für* die Sache stehen sollen, also *Zeichen* sind. Im Begriff der Kraft und ihrer *Äußerung* wird das Zeichen in die Bestandteile der selbst „unfaßbaren“ Bedeutung und der demgegenüber wesentlich äußerlich bleibenden Erscheinung zerlegt.[4]

---

[4] Vgl. das dialektische Verhältnis von „Kraft und Verstand“ in Hegels Phänomenologie des Geistes.

## 20. Negation als Urzeichen

Das Negationszeichen kann *nur unmittelbar* verstanden werden. Man kann nicht sagen, was es bedeute, ohne es zu verwenden. Man versteht es, wenn man etwas an etwas *als dessen* Negation versteht, z. B. wenn ein Baum quer über einem Weg liegt. Der Weg ist dann kein Weg. Man kann ihm nicht folgen und versteht dies unmittelbar. Es kann auch Zeichen für diese Negativität geben, die das Folgenkönnen nicht „physisch" verhindern, die aber dennoch unmittelbar verstanden werden, z. B. umkehrende Passanten.

Negationszeichen bedeuten, daß andere Zeichen *nicht* in ihrem bisherigen unmittelbaren Vorhandensein als Zeichen fungieren.

Das Negationszeichen setzt andere Zeichen *außer Kraft*. Es ist darin immer *bestimmte* Negation, denn man versteht es nur als Negation eines anderen Zeichens, das man verstehen muß, um „seine" Negation zu verstehen. Die Negation ist insofern immer auch von positiver Bedeutung, als man aufgrund der verstandenen Negation immer auch „etwas" versteht, z. B. daß man umkehren muß, wenn dies *kein* Weg ist, oder daß man fragen muß, was etwas denn sei, wenn es z. B. *kein* Haus ist, nachdem es zunächst alle Zeichen eines Hauses an sich hatte, oder daß es überhaupt nichts, sondern nur eine Täuschung war. Die Negation ist das, was sich *unmittelbar* vor das unmittelbare Verstehen von etwas stellt. Sie ist das unmittelbare Verstehen, daß ein unmittelbares Verstehen gestört ist. Es muß unmittelbar sein, weil es sich gegen das Verstehen eines anderen Zeichens stellt. Etwas nur als Baum zu verstehen statt als Negation eines Weges, d. h. hier nur semantisch und nicht zugleich syntaktisch zu verstehen, führte nicht dazu, zu verstehen, daß dies jetzt *kein* Weg mehr sei.

Die Negation ist das Zeichen, das einen Umschlag im Verstehen bewirkt und gegenüber der Wahrnehmung das Denken in Gang setzt. Sie ist *das* unmittelbar syntaktische Zeichen und damit das

Verstehen der Zeit, indem sie bedeutet, daß das unmittelbare Verstehen von etwas „seine Zeit“ hat.

Das Negationszeichen bedeutet, daß es so nicht weitergeht, d. h. daß man auf einem bestimmten Weg des Verstehens nicht weiterkommt. „Dies ist kein Haus“ ist ein Zeichen, daß das Verstehen von etwas als etwas abbricht, *ohne* daß an die Stelle des nicht verstandenen Zeichens schon ein anderes, besseres gesetzt wäre. Das Verstehen, das Leben geht aber nur weiter, wenn auf das „nicht“ oder „kein“ ein „sondern“ folgt. Dann leitet die „bestimmte Negation“ zum positiven Andersverstehen über.

Absolute Negation würde alles Verstehen „apokalyptisch“ beenden. Genauso endgültig oder „apokalyptisch“ wie die absolute Negation wäre aber auch die absolute Position, die *definitiv* besagen wollte, „was“ etwas sei, und die damit glaubt, im „Begriff“ bei der „Sache selbst“ *angekommen* zu sein. Diese Position schlösse alles „weitere“ Verstehen aus und damit auch die Möglichkeit, etwas so zu verstehen, daß es sich besser in ein Gesamt des Verstehens als in einen Zusammenhang mit neuen Erfahrungen fügt.

# 21. Zeit I

Die Zeit ist selbst ein Element.
Goethe, Maximen und Reflexionen, 93, Hamburger Ausgabe

„Die Zeit selbst kann nicht wahrgenommen werden" (Kant). Aber sie wird erlebt, und zwar dadurch, daß sich etwas „in" der Wahrnehmung erst als etwas, dann als etwas anderes darstellt (vgl. Husserls passive Synthesis). Ein sich „erinnernder" Vergleich, der dies feststellt, bezieht Wahrnehmungen aufeinander, die je für sich ihre Sicherheit haben, und bewirkt dadurch Unsicherheit. Was ist nun wahr, wenn man sich an gewesene Sicherheit erinnert?

Man „vergleicht" nicht *alle* seine Wahrnehmungen, d. h. man ist nicht ihr *Subjekt*, das sie alle in irgendeiner Weise „hätte", sondern nur das Subjekt derer, an die man sich „erinnert". Indem sie dadurch in einen Vergleich miteinander geraten, daß eine mittels einer anderen interpretiert wird, nachdem sie unsicher geworden ist, entsteht ein Bewußtsein, das beide umfaßt. Es bildet sich, *indem sie aufeinander* verweisen.

Die Unsicherheit hat die Form: *Wenn* das ein Haus ist, dann verstehe ich *daran* etwas nicht. Sie resultiert immer aus einer Sicherheit der Interpretation.

Das ursprüngliche Zeitbewußtsein ist Verunsicherung. Darauf ist alles Denken bezogen. Sein Gegenstand ist das, was man am Wahrnehmungsgegenstand nicht versteht, *weil* man ihn als etwas Bestimmtes wahrnimmt.

Insofern richtet sich das Denken auch *gegen* die Wahrnehmung. Vielleicht behebt sich das Unverständnis, wenn man aufhört, etwas z. B. *als* Haus zu sehen. Man könnte *sagen*, es sei eine Luftspiegelung und kein Haus, d. h. man verwendet eine Theorie.

Eine Theorie *sagt* etwas zu den Wahrnehmungen. Sie fügt der Interpretation der Wahrnehmung weitere Zeichen hinzu, indem sie sie interpretiert, d. h. aufklärt, warum diese Wahrnehmung so ist. Sie nennt einen Grund für die Wahrnehmung, der nun statt des Wahrgenommenen als wirklich gilt, *wenn* dieser Zusatz an Zeichen verstanden wird.

Auch *Sprachzeichen* sind in diesem Sinne Dazugesagtes. Das Sprechen erzeugt sie als etwas Wahrzunehmendes. Ein Sprachzeichen ist, wie alles Wahrgenommene, ein Gegenstand der Empfindung, d. h. eine Interpretation der Empfindung als etwas.

Ein Haus zu *sehen* und zu *sagen*, es sei ein Haus, macht den Unterschied zwischen Wahrnehmung und Denken aus. Das Sagen kann sich auch auf vergangene Wahrnehmungen beziehen. Es kann gegen den veränderten Anschein daran festhalten, daß es ein Haus sei, oder sagen, es sei entgegen dem ersten Anschein doch kein Haus. Es verdoppelt die Welt in keinem dieser Fälle, sondern verwendet nur verschiedene Strategien, Welt zu retten, indem es *Zeit tilgt*.

Es vermittelt *so oder so* zwischen dem ersten und dem späteren Anschein, und es ist *frei*, so *oder* so zu verfahren. Es entzieht sich dem Zwang des Anschlusses an eine frühere Interpretation, auch wenn es sich ihr faktisch anschließt. In diesem Fall wird die Theorie zur Rettung des ersten Anscheins entwickelt, im anderen Fall gibt sie ihn preis.

In jedem Fall werden Gegenstände neuer Wahrnehmung erzeugt: die Sprachzeichen (oder Gedanken als „inneres" Sprechen), die man auch verstehen muß, und wenn sie nicht „unmittelbar" verstanden werden, werden sie interpretiert, bis sie verstanden werden.

Ihre Tilgung der Zeit hat selbst ihre Zeit, denn es wird immer wieder neu wahrgenommen.

Es geht im Denken nicht darum, *wie* die Wahrnehmungen notwendig zu interpretieren seien, und damit geht es nicht um ihr bestimmtes, „wahres" Verständnis, sondern darum, daß sie überhaupt verständlich *bleiben*. Sie bleiben es nicht von selbst, weil sie selbst überhaupt nicht bleibend sind. Ihre Identität über Zeit hinweg ist immer Interpretation über sie *hinaus*. Das ist die reale Wurzel des Platonismus.

Daß etwas Dauer habe, ist nicht wahrzunehmen, sondern ein Gedanke. Wahrzunehmen ist nur, daß es *während* der Dauer seiner Wahrnehmung als dasselbe interpretiert bleibt. Dieses Während ist die Dauer der Wahrnehmung, in der es gelingt, etwas als dasselbe in der Wahrnehmung zu behalten. Das Denken kann gerade dies als Täuschung bestimmen. Es *unterscheidet* das dauernde Wahrnehmen der Sache von der Dauer der Sache selbst (Kants erste Analogie der Erfahrung). So entsteht erst das Bewußtsein einer „objektiven" Zeit, also von bewußter Zeit überhaupt.

Wir sprechen nicht *über* Gegenstände, sondern erzeugen sie in einer neuen und in Zeichen manifestierten Einteilung der Welt in Gegenstände. Nur indem andere, „theoretische" Gegenstände dazukommen, *bleibt* es bei bestimmten Gegenständen. Das *nur* Gedachte, als die Bedeutung der die Einteilung markierenden Zeichen, d. h. als das, was gesagt wird, wenn hier nach einer Bedeutung gefragt wird, ermöglicht so, daß das Wahrgenommene (verständlich) *bleibt*.

Das Denken denkt *objektive*, von den Zeitverhältnissen der Wahrnehmung verschiedene Zeitverhältnisse. Daß sie davon verschieden sein sollen, ist die Objektivität. Zeit wird nur in der Wendung der Zeichen vom interpretierten zum interpretierenden gegenständlich, im Ver-gleich der verschiedenen Zeichen im Bewußtsein im Hinblick auf „bessere" Deutlichkeit. Darin wird sie meßbar, als das „Wie oft" des Selben, d. h. als Identifizierung von Verschiedenem unter *einem* Gesichtspunkt.

Das Denken denkt wieder Einheit, wo in der Wahrnehmung etwas an etwas unverständlich wird. Es versucht in diesem Sinne zu heilen. Es *interpretiert* den Bruch im Wahrnehmen, den Einbruch der Zeit in dessen paradiesisches Jetzt. Die Zeit artikuliert dadurch die Wahrnehmungen. Sie läßt etwas an ihnen interpretationsbedürftig, als nach Bedeutung *fragend* erscheinen.

Das *kausale Erklären* ist ein Spezialfall dieser Interpretation. Es versteht verschiedene Wahrnehmungen als notwendige Folge, ob sie nun zeitlich nacheinander oder zugleich wahrgenommen worden sind (Kants zweite Analogie). So denkt es den Bruch in der Wahrnehmung, d. h. daß man etwas an etwas nicht versteht, als etwas Notwendiges und damit wieder als Einheit. Die gedachte Folge ist nun *der* Gegenstand.

Der Satz: ‚Wenn das ein X sein soll, dann verstehe ich daran nicht, daß Y', wird zu dem Satz: ‚Wenn das ein X ist, dann folgt notwendig, daß Y', oder: ,Wenn das ein X ist, dann folgt, *wenn Z*, notwendig, daß Y'.

Nun kann immer, wenn X und Y wahrgenommen werden, angenommen werden, daß Z. Z ist dann die *Bedingung* der Notwendigkeit, d. h. ein gefordertes (theoretisches) Ding. Wenn es gelingt, irgend etwas als Z zu interpretieren, ist das „Gesetz" verifiziert. Die Anwesenheit von Z macht verständlich, daß X, obwohl Y. Es bestätigt die Interpretation von etwas als X. Das Gelingen der Interpretation von etwas als Z macht die Interpretation von etwas als X mit der Interpretation einer Erscheinung Y an diesem X verträglich.

Auch schon die bloße Annahme von Z kann das leisten. Wir nehmen *gerne* etwas an, was wir nicht sehen, wenn dadurch anderes, an dem wir hängen, verständlich bleibt. Wenn es darüber hinaus gelingt, Z wahrzunehmen, d. h. etwas sonst Problematisches als ein Z zu interpretieren, entsteht zusätzliche Freude, *solange* wenigstens, bis wir *an* dem X, Y oder Z etwas entdecken, das neue Probleme aufwirft.

Ein nur gefordertes Z schließt aus, daß man an ihm Problematisches entdeckt. Es gibt *mehr* Sicherheit als das wahrgenommene Z, *an* dem etwas wahrgenommen werden kann, das zum Unverständnis Anlaß ist. Die Annahme nicht wahrnehmbarer Entitäten hat diesen Vorteil, wenngleich das *Erscheinen* der Bedingung der Notwendigkeit Freude bereitet. Es offenbart damit aber zugleich die Zeitlichkeit des Weltbildes, das es zusammenschließt. (Die Freude über das Wahrnehmen eines zunächst nur „theoretisch" Geforderten hat es also in sich, daß sie nicht von Dauer ist.)

Denken ist immer: sich etwas einbilden. Wenn die Geschlossenheit des Bildes zerfällt, muß das Interpretieren weitergehen zur Annahme eines Ultra-Z usw. Es muß weitergehen, weil es seine Zeit hat. Fehlt es dafür an Kraft, so bricht *diese* Weltorientierung zusammen. Die Zeichen bedeuten dann, obwohl sie nicht „unmittelbar" verstanden werden, *nichts mehr*. Sie werden gesichtslos.

Daß ein Zeichen ein Gesicht hat, verweist auf *seine* Bedeutung, d. h. darauf, daß erklärt werden kann, was man an ihm nicht versteht, und zwar mittels dessen, was man „unmittelbar" versteht.

Alles Zeichenverstehen ist emotional. Es bewegt, wenn es gelingt, positiv, und wenn es gestört wird, ist die Emotion negativ. Ein Ton, der auf andere Töne so folgt, daß er deren Disharmonie auflöst, ist deren reine Bedeutung. Sie ist von allem Inhalt und dessen möglichen Folgeproblemen abgelöst und besteht nur in der Freude, den reinen Verstehensgrund auszudrükken. Die Disharmonie ist das Gesicht einer Zeichenfolge, die ihre Bedeutung sucht.

So ist es auch bei Sprachzeichen. Keines hat für sich eine (ideelle) Bedeutung, sondern jedes hat sie in *dem Gefolge* von Zeichen, in dem sie zu finden ist.

Es besteht keine Notwendigkeit zwischen einem Zeichen und „seiner" Bedeutung, sondern ein ästhetisches, d. h. ein *subjektiv* die Not des Verstehens behebendes Verhältnis, durch das erst objektive Notwendigkeit gedacht werden kann, z. B. dadurch, daß Y notwendig an X ist, *wenn* Z. „Z" muß als „hinreichende" Erklärung dieser Notwendigkeit „einfallen", und dann erst kann sich zeigen, ob „es" sich auch wahrnehmen läßt. Würde „es" zuerst wahrgenommen, so hätte es dadurch keine Funktion in der Erklärung. Man wüßte nicht, als *was* es dafür in Frage käme.

Ob etwas wahrgenommen werden kann, heißt, ob etwas als „so etwas" interpretiert werden kann.

Wir sprechen nicht in Zeichen „über" eine bezeichnete Wirklichkeit. Wenn wir sprechen, fügen wir Sprachzeichen zu den Zeichen der Wahrnehmung hinzu, um sie verstehen zu können. Sprache und Wahrnehmung bilden *zusammen* einen Text. Sprache sucht (wie andere Zeichen) die Probleme der Wahrnehmung zu lösen, die bloße Zeitfolge des Wahrgenommenen als objektiven Zusammenhang zu verstehen und so die altmachende, destruktive Zeit zu einer gegenständlichen Weltzeit zu gestalten. Sprache *antwortet* der Wahrnehmung, aber so, daß dies auch wieder zu neuen Fragen führt.

Wenn wir Verschiedenes wahrnehmen, kann das bedeuten, daß wir es in seinem Bezug aufeinander verstehen, aber auch, daß wir desorientiert sind, so daß wir Anlaß zum Nachdenken haben, damit uns etwas „dazu" einfällt.

Verschiedene Wahrnehmungen können *zugleich* sein oder *nacheinander* (bewußt sein). In beiden Fällen können sie zu denken

Anlaß geben. Die Annahme eines „objektiven" Nacheinander ist das kausale Erklären. Die Annahme eines „objektiven" Zugleichseins des zugleich oder nacheinander Wahrgenommenen ist das Denken der zeitlichen Nichtverschiedenheit des in der Wahrnehmung zeitlich Auseinanderliegenden. Man denkt, daß die wahrnehmende Interpretation irre, wenn sie hier unterscheide. Man interpretiert sie um, aber nach einem anderen *Schema* als im *kausalen* Erklären (Kants dritte Analogie).

Daß die Wahrnehmung *irre*, ist aber nur solange *wahr*, wie gilt, was wir *sagen*, oder nur dadurch, daß die Erklärung akzeptiert ist, weil sie in „unmittelbar" verstandene (und in diesem Sinne reine, bedeutungslose) Zeichen einmündet. Daß die Wahrnehmung irre, verweist auf ihre Bedeutung, d. h. auf ihre Uminterpretation nach einem *Schema* des Denkens.

## 22. Denkschemata, Raum und Zeit des Bewußtseins

Denken erfolgt gegenüber der Wahrnehmung und deren Zeitverhältnissen, sie bestätigend oder umdenkend. Es erfolgt damit in einem Zeitschema. Daß die Wahrnehmung sich überhaupt in der Zeit abspielt, ist ihr selbst fremd. Aber der Ansatz des gegen ihre Unwiederholbarkeit angehenden Denkens liegt in ihr. Irritationen in der Wahrnehmung verweisen schon auf das Denken, sind schon Fragen nach seiner Antwort. Das Wahrgenommene hat ein Gesicht, das zum Denken hinblickt. Dieses Gesicht ist das Ästhetische, das zum Denken Anlaß gibt. Es fragt nicht nur, ob es das sei, als was es wahrnehmend gedeutet ist, sondern auch, ob es, wie es in der Zeit bewußt geworden ist, „objektiven" Zeitverhältnissen entspreche oder nicht. Es nimmt sich in die Möglichkeit des Irrtums zurück, damit es, insofern es unverstandenes Zeichen bleibt, seine Bedeutung finden kann. Es bietet für diesen Fall seine Uminterpretation und Ergänzung durch weitere Zeichen an. Nur in diesem Sinne hat auch schon die Wahrnehmung ihre Zeitbestimmung, oder nur in diesem Sinne sind verschiedene Wahrnehmungen zugleich oder nacheinander (im Bewußtsein), d. h. sie werden bewußt.

Das *Bewußtsein* ist der freie Raum, den die Wahrnehmungen ihrer möglichen Uminterpretation einräumen. Es ist der Ort (und Zeitpunkt) der Überlegung, wie darüber zu denken und ob etwas dazu zu sagen (dazuzusagen) sei, als der Punkt, zu dem ein Subjekt von der Unmittelbarkeit seiner Wahrnehmung zurücktritt und *sich* von seinem Wahrnehmen unterscheidet, das es damit als etwas (in der Zeit) Wiederholbares *denkt*.

Eine Hypothese ist das zur Wahrnehmung hinzugesetzte Zeichen, das sie interpretieren soll. Sie kann z. B. die Form haben, daß verschiedene Wahrnehmungen in Wahrheit „dasselbe" seien. Mit ihrer Annahme ergibt sich eine bestimmte Wahrscheinlichkeit, der Hypothese entsprechend auch wahrzunehmen, d. h. etwas ihr entsprechend wahrnehmend zu interpretieren.

Diese Wahrscheinlichkeit bestimmt sich in Abhängigkeit von der Energie, die dafür aufgewendet wird, denn es gibt keine absolut definitiven Interpretationen. Es gibt nur das Verhältnis des Erfolges zur aufgewandten Mühe. Ist die Mühe im Verhältnis zum Erfolg sehr klein, so tritt Gewöhnung ein. Man gewöhnt sich an ein Schema, *so* zu sehen. Große Kraft (Anstrengung des Begriffs, „contentio animi") bedeutet, wenn sie eine weitreichende Hypothese bewirkt, wenig Mühe, also leichte Gewöhnung. Gelingt es nicht, *immer* so zu sehen, wie es die Hypothese besagt, so können bei andauernder Kraft zusätzliche Hypothesen formuliert werden, um dies zu erklären usw., ad infinitum, d. h. *solange* die Energie ausreicht oder bis sich alles in „unmittelbar" Verstandenem auflöst.

Die emotionale Komponente im Verstehenkönnen wird als *Freiheit* erlebt. „Subjektiv" ist diese Freiheit nur insofern, als „Objektivität" immer schon ein Produkt des Denkens und damit der Freiheit ist. Freiheit ist das Verstehenkönnen, das zwischen verschiedenen Möglichkeiten der Interpretation auswählt, z. B. zwischen den Möglichkeiten, ein Nacheinander des Wahrgenommenen als objektives Zugleichsein oder als objektives Nacheinander und ein Zugleichsein des Wahrgenommenen als objektives Zugleichsein oder als objektives Nacheinander zu verstehen, je nachdem, was aussichtsreicher zu einem „unmittelbaren" Verstehen zurückvermittelt.

Auch das Bewußtsein verschiedener Handlungsmöglichkeiten ist ein Bewußtsein der Freiheit, die eigene Lage oder Befindlichkeit — und damit das, was als Verbesserung dessen, was *sei*, zu *tun* sei — verschieden zu interpretieren. Was zu tun sei, setzt eine bestimmte Interpretation dessen, was sei, *voraus*. Die Handlung soll ein gestörtes Einverständnis mit dem Seienden auflösen. Handlungsabsichten ergeben sich mit Interpretationsansätzen des „Bestehenden".

Denken erlebt sich als Freiheit der Interpretation nicht gegenüber „der" Natur, sondern gegenüber früheren Interpretationsansätzen. ‚*Wenn* das ein X ist, dann verstehe ich daran nicht, daß ...' ist ein Problem, das sich auf verschiedene (aber nicht beliebige) Weisen auflösen kann: dadurch, daß gesagt wird, es sei doch kein X, sondern ein Y, oder dadurch, daß erklärt wird, warum es an *diesem* X so sei. Konservativismus und Progressivität sind Abstraktionen von Denkmöglichkeiten.

Die (abduktive) Freiheit im Zeichenverstehen gilt auch für die Induktion. Wenn man *einige* X mit der „Eigenschaft" Y wahrgenommen, d. h. etwas in dessen Gegenwart als X verstanden hat, kann man sagen, *alle* X hätten diese Eigenschaft. „Alle" meint dann: alle in einem objektiven, über alle Wahrnehmungen hinausweisenden Sinn. Man kann aber *auch* sagen, „einige" X hätten diese Eigenschaft, so daß das Urteil unfalsifiziert bleibt, wenn ein X ohne Y wahrgenommen wird. Die Wahrnehmung von Y an X macht es dann leichter, weiterhin etwas als X wahrzunehmen. „Induktion" ist *eine* Möglichkeit des Denkens, der Interpretation von Wahrnehmungen, nämlich die Möglichkeit, „alle" zu sagen, wo man auch „einige" oder „nur dieses eine" hätte sagen können. Es liegt keineswegs näher, es dabei zu „belassen", denn auch dann wird die Wahrnehmung überschritten. „Alle" zu sagen ist nur energischer in der Richtung auf Vereinheitlichung. „Einige" zu sagen ist hartnäckiger in der Richtung auf Spezifikation[1]. Vereinheitlichung und Spezifikation sind gleichberechtigte *Maximen*. Beide erreichen keine letzte Stufe, sondern nähern sich nur „asymptotisch" der Individualität. *Jede* Kategorie der Quantität formt ein Wahrgenommenes in ein Gedachtes um. Der Gebrauch einer jeden erfolgt in einer Wahl. Die Wahrnehmung ist dagegen eine Interpretation ohne Wahl. Sie ist eine sich sinnlich, d. h. subjektiv gewiß aufdrängende Interpretation des Empfundenen.

Es fehlt im Wortschatz offenbar ein positiver Ausdruck für das Gegenteil einer Induktion, so daß dieses Denken nur als unterlassene Induktion verstanden wird.

Freiheit zeigt sich auch im Gebrauch qualitativer Kategorien, nämlich in der Möglichkeit zu sagen, daß es das, was *als etwas* wahrgenommen wird, so gebe oder nicht, und zu sagen, daß es etwas Nichtwahrgenommenes gebe oder nicht. Es geht dabei um das Verhältnis zwischen wahrgenommenen und objektiven (gedachten) Gliederungen.

---

[1] Vgl. Kant: Kritik der reinen Vernunft, Anhang zur transzendentalen Dialektik

Freiheit erlebt sich in *allen* Möglichkeiten, in Entsprechung zur Wahrnehmung oder in ihrer Überschreitung Hypothesen zu bilden. Da Wahrnehmen immer nur unwiederholbar jetzt stattfindet, ist jede Zusammenfassung von Wahrnehmungen schon Denken. Die Kantische „transzendentale Einheit der Apperzeption" ist das Denken, es könne gegenüber dem, wie es *jetzt* im *Bewußtsein* ist, anders sein, und damit eröffnet sich der „Raum" des Bewußtseins.

Freiheit ist das *Bewußtsein* von Zeit, das Sich-*als*-frei-Denken.

Das *Bewußtsein* von Zeit ist das Sich-Lösen aus ihr. In ihm wird Zeit objektiv, als „Ordnung" von Objektivem. Objekte sind Objekte, indem ihnen eine objektive Ordnung in der Zeit zugedacht ist.

Objektive Zuordnung wird als Sich-Lösen aus dem Zwang des Wahrnehmens als einer dem Subjekt aufgenötigten Ordnung gedacht. Dies ist der Punkt, an dem es sowohl *sich als Subjekt* wie Objekte *als* Objekte denkt.

Wir können das Vermögen, objektive Ordnung zu denken, nicht von einem Vermögen, uns selbst zu denken, unterscheiden. Das ist das Kantische „ich denke, das alle meine Vorstellungen muß begleiten können".

„Daß ich denke" zu denken, heißt, *sich* (als frei gegenüber der Wahrnehmung, also die Wahrnehmung *als* solche als vom Denken unterschiedene) zu denken. Es kann, wie Kant sagt, „von keiner weiteren Vorstellung begleitet", d. h. nicht weiter interpretiert werden. Es ist, als die Freiheit in der Interpretation oder als ihr Wesen, „unmittelbar" zu verstehen. Man kann nicht „für alle Zeit" sagen, „was" Freiheit sei bzw. bedeute, da man nur *in* oder *aus* ihr sagen kann, „was" etwas *sei* bzw. bedeute, d. h. man kann ihr Bewußtsein nicht auf irgend etwas anderes zurückführen. Man kann es nicht erklären. Hätte jemand es nicht, so könnte man es ihm nicht mitteilen, denn er verstünde überhaupt nichts.

In allem Erklären muß Freiheit vorausgesetzt *bleiben*. Das ist auch für Kant das Wichtigste in allen Erklärungen. So sagt er von einer von ihm selbst aufgestellten Hypothese, sie habe „das Verdienst", gegenüber der „vermeinten Notwendigkeit" einer anderen Hypothese „den Verstand wenigstens in Freiheit zu versetzen, sich" es „auch auf andere Art zu denken, wenn die Naturerklärung hierzu irgendeine Hypothese notwendig machen sollte"[2]. Sich die Freiheit zur *alternativen* Erklärung zu lassen, ist nach Kant offenbar an sich schon ein Verdienst im Aufstellen von Hypothesen. Diese Freiheit läßt *weiter*leben.

Wahrnehmungen sind Fragen, die uns gestellt werden, Gedachtes sind Antworten, die wir akzeptieren oder in Frage stellen können. Das macht den (Kantischen) Unterschied zwischen der Rezeptivität der Sinne und der Spontaneität des Denkens aus. Die Freiheit liegt schon im Fragecharakter des sinnlich Wahrgenommenen.

Wäre die Welt fraglos, so wäre alles ohne Interpretation, also „mechanisch" verstanden. Es gäbe kein Bewußtsein.

Daß alles mit oder bei den Sinnen, die *in sich verschieden* oder im Plural sind, *anfange*, bedeutet, daß das Erste eine Frage (des Zusammenstimmens des sinnlich Wahrgenommenen) ist.

Die Zeit als Ordnung, als Nacheinander oder als Zugleich von etwas zu *erleben, heißt* schon zu fragen, ob dies auch eine vom Wahrnehmen unabhängige Ordnung sei oder nicht. Die Zeit ist in ihren Bestimmungen reine Frage, die zum Denken Anlaß gibt. Insofern ist sie (und damit die „Endlichkeit") das Erste zur Freiheit.

Jede Notwendigkeit ist als solche *gedacht*, d. h.: man könnte es „im Prinzip" auch anders denken, oder: kein Gedachtes ist ein letztes „Prinzip".

Keine Antwort erledigt die Frage definitiv. Es könnte „im Prinzip" immer weiter gefragt werden. Damit ist auch kein Verstehen oder Akzeptieren einer Antwort definitiv. Die Fragen, d. h. die Wahrnehmungen „schimmern" in allem Anschein definitiver Antworten „durch". Zeit läßt sich nicht definitiv tilgen, das interpretierte Zeichen geht in keiner Interpretation auf.

Jede Antwort, jedes Weltbild hat seine Zeit. Es ist nur scheinbar konsistent, nämlich dadurch, daß sich nur *jetzt* keine Fragen mehr ergeben. *Mit der Zeit* ergeben sich neue Fragen.

Die produzierten Antwort-Zeichen können *für andere* Frage-Zeichen sein, d. h. sie verstehen dann nicht, „was" *wir* machen. Sie verstehen *uns* nicht.

---

[2] Kant: Kritik der reinen Vernunft, B 215 f.

„Ich" ist das, was am Antwort-Zeichen zu verstehen ist, nicht dem Inhalt nach, sondern so, daß man versteht, daß dies überhaupt als Antwort in Frage kommt, auch wenn man selbst anders geantwortet hätte. Gäbe es auf eine Frage nur *eine* zwingende Antwort, so wäre der, der sie fände, das einzige Subjekt. Es wäre keine mögliche andere Subjektivität von ihm zu *unterscheiden*. Es wäre nicht möglich, von *unserer* Subjektivität im Unterschied zu anderer und damit überhaupt von *uns* zu reden.

In unserer Subjektivität oder Tätigkeit antworten wir frei oder *von uns aus* auf die eigenen Wahrnehmungen *und* auf die Antworten anderer.

Wir versuchen, auf beides Antworten aus unserer Sicht zu finden, und zwar so, daß es *für beides dieselbe* (zur Zeit hinreichende) Antwort ist.

Das Begreifen von Verschiedenem als Zugleichsein konstituiert den *Raum*. Deshalb haben die Fragen der Natur die allgemeine Form, ob die Raumordnung, in der sie bisher begriffen war, eine „objektive" Raumordnung ist. Wir stellen, z. B. im Gedanken alternativer Geometrien, dies in Frage. Deshalb gibt es keine absolute Geometrie.

Wir können *alles*, was als objektiv gilt, eben *deshalb* in Frage stellen, aber nicht alles zur gleichen Zeit, weil im *Sinn* einer Frage eine akzeptable Antwort liegt, und sie ist nur möglich als Antwort-Zeichen, das ein Text aus zumindest *jetzt* „unmittelbar" verstandenen Zeichen ist. Sie charakterisieren als solche die Gegenwart als „unsere Zeit".

Die Freiheit hat ihre sittliche Grenze, an der sie sich erfährt, an der Zeit, in der wir leben. Wir leben in ihr, indem wir auf dem Boden des für uns Fraglosen — d. i. das, woran wir wohl im Prinzip, aber *jetzt nicht* zweifeln können — nach einer verständlichen Sprache suchen. An ihr hat unsere Tätigkeit ihre sittliche Grenze. Dazu gehört, ihrer „Vergänglichkeit", d. h. dem ungetilgten Zeitmoment in der Gegenwart Rechnung zu tragen. Sich in die Zeit einzulassen heißt, sich in ihren Fluß einzulassen.

Der Fluß der Zeit zeigt sich in der Individualität des Verstehens gegenüber dem zu erwartenden Allgemeinen.

## 23. Handeln

Handlungen sind die Erzeugung von Antwort-Zeichen gegenüber den Fragen, die sich uns stellen.

In diesem Sinne ist Handeln also nichts anderes als (freie) Interpretation. Die Rede von Handlungen unterscheidet aber nicht *Ergebnisse*, sondern *Arten* von Interpretationen.

In dieser Erzeugung kann alles Mittel werden, was in irgendeiner Weise formbar ist, so daß es durch Gestaltung anders wird, von der Bewegung des eigenen Leibes über den Bau der Pyramiden bis zur Erzeugung von Texten, auch von Kunstwerken. Sie werden verständlich, indem durch sie ihre „natürliche Umgebung" verständlich wird.

Ein Befehl ist die *Frage*, auf die seine Befolgung *oder* Nichtbefolgung die Antwort wäre. Wäre ein Befehl keine Frage, so erfolgte auf ihn keine freie Handlung, sondern etwas Zwangsläufiges. Er ist nur *als* Befehl verstanden, wenn er zuvor als Frage verstanden ist. Anderenfalls wäre er als Ursache verstanden, und die daraufhin erfolgende Veränderung wäre eine Wirkung, aber keine Handlung.

Verkehrszeichen, Straßenbiegungen, Stühle, Krankheitszeichen, all dies sind Anweisungen für bestimmte Handlungen innerhalb einer bestehenden Sittlichkeit, z. B. sich auf Stühle, aber nicht auf Tische zu setzen, nicht geradeaus zu fahren, wo die Straße abbiegt. Man versteht eine Kultur nicht, wenn man hier etwas unabsichtlich falsch macht.

Was für eine Handlung vorliegt, hängt davon ab, *für welches Verstehen* einer Situation sie als Antwort zu verstehen ist. Man versteht eine Handlung, wenn man diesen Zusammenhang versteht, d. h. nur dann, wenn man das Zeichen, auf das hin sie erfolgt, *selbst* versteht. Das ist die Bedeutung der „Einfühlung". Im Versuch, Handlungen zu verstehen, wird eine Hypothese darüber aufgestellt, was ihr Anlaß gewesen sei.

Ein Ding kann kein Anlaß für eine Handlung sein. „Ding“ ist ein Zeichen für das am Zeichen, was *an ihm nicht* als Zeichen fungiert, d. h. was nicht so verstanden wird, daß es eine Antwort verlangte. An jedem hervortretenden Zeichen ist um der Deutlichkeit seiner *Artikulation* willen ein Ding als unbedeutendes Substrat, sozusagen als Lücke zwischen dem Bedeutenden, zu unterscheiden. Reine Dinge *begegnen* uns nicht. Sie wären „an sich“, d. h. nichtssagend.

Die Universalität des Zeichens wird besonders deutlich, wenn wir an Zeichen zwischen Menschen und Tieren denken, ferner zwischen Tieren und Tieren, die wir ja auch verstehen oder mißverstehen, also *als* Zeichen auffassen. Schon die Gestalt des Tieres hat für uns *Bedeutung*. Mit aller Natur sind wir *zeichenhaft* und damit handelnd verbunden. Die Vorstellung kausaler Verbundenheit mit ihr ist sekundär. Sie beruht auf der zeichenhaften Verbundenheit, indem sie auf eine *Regel* der Verbundenheit reflektiert.

## 24. Zeichenkonvention

*Konventionelle* Zeichen sind diejenigen, die eine Kultur ausmachen, wie z. B. der Rasen, der schon seinem Aussehen nach besagt, daß man oder daß man nicht darüber gehen darf, das Verkehrszeichen, das das Überholen verbietet, der Leib eines Menschen, der Berührung erbittet oder verbittet, die Wörter, die viele in gleicher Weise zu verstehen scheinen, weil sie in anscheinend gleicher Weise daraufhin handeln. *Unkonventionelle* Zeichen sind Zeichen, die demgegenüber eher individuell verstanden werden, eine Landschaft im Blick des Malers, Sprachzeichen in der Fügung eines Gedichtes, alle Zeichen, von denen man *nicht* sagen kann, *was* sie besagen sollen, weil sie „etwas" zum erstenmal zu verstehen geben. *Was* sie bedeuten, läßt sich nicht anders, sondern nur so sagen, wie das Zeichen jetzt erscheint. Die geglückte Antwort darauf ist unerhört, aber passend. Sie eröffnet eine neue Art von Handlung über das *Schema* verstehbarer Handlung hinaus. Es ist ein „Urerlebnis" (Nietzsche), auf das innerhalb der Sprachzeichen die *Metapher* die passende Antwort ist. Unkonventionell sind die Zeichen, auf die eine unkonventionelle Handlung die exakte Antwort ist. Sie werden in der Wiederholung konventionell. (Zeichen sind *das* Wiederholbare.)

Das sittlich unpassende Verhalten ist konventionell, da es einem konventionell verstandenen Zeichen nicht folgt.

Weil jede Handlung als Antwort auf Zeichen selbst wieder Zeichen ist, „gibt" es keine definitiv verstandenen Handlungen. Jedes Verstehen einer Handlung unter dem Begriff für eine Handlungsart ist vorläufig. Damit ist es auch vorläufig, etwas überhaupt *als* Handlung, als *freie* Antwort auf ein Zeichen zu verstehen, denn etwas als Handlung verstehen heißt, es als bestimmte Handlung zu verstehen, die als Antwort auf ein bestimmtes Zeichen auch hätte *anders* ausfallen können.

Wenn *alles*, was wir verstehen, Zeichen sind, stellt sich von der Einteilung in Natur und Konvention her die Frage, was Natur,

d. h. nun, was *natürliche* Zeichen seien. Eine generelle Antwort könnte lauten, dies seien alle Zeichen, die man unmittelbar versteht, so daß sich keine Frage nach einer (von ihnen selbst verschiedenen) Bedeutung stellt. Beispiele dafür lassen sich „natürlich" nicht nennen, weil man in ihnen ja sagen müßte, als *was* etwas verstanden ist. Identifizieren läßt sich ein Zeichen nur mittels „seiner" Bedeutung. Natur als solche bleibt unidentifiziert verstanden. Was wir „über" sie sagen, sagen wir über *sie* hinaus. Es ist (kulturelle) Auslegung der Natur, und eine Auslegung hat nur Sinn, wenn etwas nicht bzw. etwas an etwas nicht unmittelbar verstanden ist. Man kann also nicht fragen, ob denn z. B. dieser Baum da ein Zeichen sei und wofür es stehe, denn dann hat man „es" ja schon *als* Baum verstanden. Man befindet sich damit schon in einer eingespurten Interpretation und hat „es" in der Bewandtnis verstanden, die Bäume (kulturell) haben können. Bäume sind nicht „Teile" *der* Natur. Natur hat nur Teile in einer sie erschließenden Einteilung, d. h. nur insofern, als diese Einteilung dem, der sie macht oder dem sie vorgesagt wird, etwas in dem Zusammenhang besagt, in dem er sich in der Natur zu orientieren versucht. Dieser Zusammenhang hat für *ihn* immer schon angefangen. Er ist nicht dessen Origo, nicht originales *Subjekt*, sondern findet sich immer schon *in* ihm und setzt ihn von sich aus fort.[1]

Identität ist eine Bestimmung des als identisch Gesetzten, der gesetzten Relation eines Zeichens zu „seiner" Bedeutung (bzw. zwischen Zeichen, die „dasselbe" bedeuten sollen). Eine Person ist insofern mit sich selbst identisch, als sie „dasselbe" gegenüber verschiedenen Äußerungen sein soll, die damit als „ihre" Äußerungen *gedeutet* werden. Sie wird damit als das „Innere", als ihrer Äußerung zugrundeliegendes Subjekt gedeutet. Daß sie identisch *sei*, hat diese Bedeutung. Von (identischen) Personen ist die Rede, wenn etwas als Äußerung *anderer*, als andere Auslegung „der" Wirklichkeit mit einer möglicherweise anderen Origo des Sinnes verstanden wird, so daß es nicht unbedingt auch als *die* Auslegung der Wirklichkeit in *eigener* Orientierung Sinn ergeben muß, aber „in sich" doch Sinn ergibt, in einem Zusammenhang, in dem die

---

[1] Vgl. Derridas Auseinandersetzung mit Rousseau (Grammatologie, a. a. O., 173 ff.)

„eigene" Auslegung sich im *Unterschied* zu einer möglichen anderen, zu einer anderen Möglichkeit und damit selbst als besondere erfährt, d. h. als „in sich" identische, als *nur in sich* identische. Identität ist immer eine auch ausschließende „Reflexion" in sich, in Differenz zu anderen „Weisen der Welterzeugung" (Goodman).

# 25. Andere verstehen. Übersetzbarkeit

> Namentlich wurde ... verboten: „Kein Lehrer soll sich erkühnen, einen bekannten Satz eines Schriftstellers ... schlechthin oder dem Sprachgebrauch nach für falsch zu erklären; sondern ihn entweder zugeben oder den wahren und falschen Sinn unterscheiden, weil sonst die gefährliche Folge zu besorgen, daß die Wahrheiten der Bibel auf gleiche Weise verworfen würden ..."
> Hegel zu Occam, Geschichte der Philosophie, ed. Glockner, XIX, 189

Dinge (und Handlungen und die Unterscheidung von beidem) „gibt" es nur im *Zusammenhang* des Verstehens. Alle Dingontologie ist dadurch relativ (Quine). Es bleibt aber zu jeder Zeit fraglich, wie ein solcher Zusammenhang „von außen" zu verstehen sei.

Ein Ding ist dadurch als Ding gedacht, daß gedacht ist, nacheinander oder zugleich Wahrgenommenes *seien* „objektiv" zugleichseiende Teile eines Dinges, und ob so gedacht wird, hängt davon ab, ob sich *jetzt* dadurch ein konsistentes Bild der Wirklichkeit gewinnen läßt oder nicht.

Um die Welt von jemandem (und darin jemanden) zu verstehen, muß man Hypothesen darüber aufstellen, *wie er* denkt (um es mit Kant auszudrücken: welche Arten von Verstandeshandlungen er ausführt). Man muß versuchen, ein konsistentes Bild *davon* zu erhalten, ehe man versteht, was in *diesem* Denken Dinge sind, d. h. *inwiefern* es Denken ist.

„Wir haben in unserer Kindheit ... auch den Schlüssel zu dem Geheimnis der individuellen Wirklichkeiten erhalten, die jeden einzelnen von uns mit einer nur von ihm selbst erlebten Wirklichkeit umgeben."[1]

---

[1] Th. v. Uexküll: Zeichen und Realität als anthroposemiotisches Problem, in: K. Oehler (Hrsg.): Zeichen und Realität, Bd. I, Tübingen 1984, 71

Im physikalischen Denken ist z. B. ein Apfel kein Ding, sondern nur ein Verweis auf ein Denken, in dem „er" ein Quantum Materie ist. Das Sein der Dinge ist das Zusammenstimmen der Annahmen von etwas als seiend zum Zweck der Erklärung von zunächst nicht Verstandenem. Solch ein Zusammenstimmen ist nur vorläufig. Es hat seine Zeit. Es hat immer mögliche Alternativen, in die es auch wirklich übergeht. (Das ist die Einheit von „Sein und Zeit".)

Andere (als auch Subjekte) zu verstehen bedeutet zugleich, die Bedingtheit des eigenen Verstehens zu verstehen. Der Gedanke eines „transzendentalen Subjekts" bedeutet, Subjektivität sei eine zeitlose Einheit des Denkens. Er bedeutet damit zugleich die methodische Verschließung gegenüber *anderem* Denken (in anderen „Formen"). Er beinhaltet den Gedanken, andere seien „nur empirische" Subjekte *desselben* Denkens. Es ist der Gedanke der prinzipiellen Übersetzbarkeit vom Denken eines „empirischen Subjekts" in das Denken eines anderen „empirischen Subjekts". Sprache wird damit als bloß „äußere" Bezeichnung „derselben" Gedanken verstanden.

Wir haben andere Personen aber nur in den Zeichen, die sie erzeugen, nur in ihrer Tätigkeit, insofern wir sie als deren *frei* antwortende Tätigkeit verstehen, und diese Zeichen müssen wir von uns aus verstehen.

Wir stellen aus unserer Sicht Hypothesen über das Denken anderer auf, und wir sprechen *so* mit ihnen, wie diese Hypothesen es *uns* nahelegen.

Diese individuelle Gestaltung der Rede trägt der Andersheit des anderen Rechnung. Sie ist unwiederholbar, denn mit der Antwort des anderen auf diese Rede stellt er sich uns schon wieder anders dar. Durch sie finden wir unsere Hypothese über ihn entweder bestätigt oder in Frage gestellt. Auch eine bestätigte Hypothese ist eine veränderte Hypothese. Sie hat einen anderen Grad der Wahrscheinlichkeit gewonnen, und dies wirkt auf die Gestaltung unserer Rede (und aller Zeichen, einschließlich aller Handlungen) ihm gegenüber zurück. Eine in Frage gestellte Hypothese muß nicht gleich aufgegeben werden, denn ohne haltbare Hypothesen kommen wir nicht aus. Wir hätten sonst keinen Anhalt eigener Identität. Aber sie erhält einen geringeren Grad von Wahrscheinlichkeit und wird vorsichtiger gehandhabt.

Andererseits bleibt eine bestätigte Hypothese immer noch eine Hypothese.

In dieser Vorsicht liegt die „Feinheit" des Ausdrucks als Achtung vor anderem Denken. Achtung ist Beachtung der Andersheit. Anderen einen Widerspruch in ihren Reden zu unterstellen bedeutet, an bestimmten Hypothesen über ihr Denken festzuhalten. Es ist das Gegenteil dieser Achtung. Aus Achtung würde der Grund für den erscheinenden Widerspruch in der eigenen Hypothesenbildung über den anderen Sprachgebrauch vermutet.

Ohne diese Achtung *versteht* man nichts. Sie steht dagegen, das zu Verstehende definitiv schon verstanden zu haben. Ihr Gegenteil ist das Vorurteil. Es ist die verfestigte, dogmatisch gewordene Hypothese. Hypothesen müssen variabel bleiben, wenn Verstehen möglich bleiben soll. Ihre Variation wird als in apriorischen Denkformen geschehend gedacht. Der Gedanke apriorischer Denkformen ist die (um der Identität willen notwendige) Verabsolutierung von (denkbaren) *Möglichkeiten* des Denkens.

Die Idee einer universalen (rationalen) Grammatik ist die Idee, die Übersetzung von einem Zeichensystem in ein anderes werde durch eine Struktur gewährleistet. Es ist die Idee einer Struktur, die den Gedanken *während* der Zeit des Übersetzens festhalten soll.

Die transzendentalen *Kategorien* dagegen sind die uns möglichen, d. h. für uns überhaupt denkbaren Formen, etwas *anders* zu denken, also Formen der transzendentalen Freiheit gegenüber vorgegebenen Strukturen des schon Gedachten. Es sind immer *meine* Formen, und es ergibt keinen Sinn zu denken, sie seien bei anderen anders, denn dieses Denken der Andersheit *ist* ja Denken in diesen Formen. Kant sieht auch die Grundelemente einer „transzendentalen Grammatik" nicht in den *Kategorien*, sondern in ihrer Verbindung mit den Anschauungsformen Raum und Zeit, die immer eine *Anwendung* der Kategorien voraussetzt, also etwas, was (aus Freiheit) schon geschehen ist.

Die grammatische Struktur ist gedacht als das Bleibende beim Austausch der Zeichen, das dem neuen Zeichen *den Platz des alten* freihalten soll. Die traditionelle Idee der Bedeutung ist die Idee solcher freien Plätze an Strukturen. Die Idee der *Semantik* (als der Beziehung von Zeichen auf eine nicht mehr zeichenhafte „Realität") setzt universale Strukturen voraus, um eine gemeinsame Bedeutung verschiedener Zeichen voraussetzen zu können.

Versuche, anderes Denken zu verstehen, sind von dieser Idee geleitet. Sie haben das Ziel, sich mit anderen im Selben zu verstehen, und dieses Selbe soll „hinter" den Zeichen liegen. Die Zeichen sollen es nur „vertreten".

Da aber anderes Denken frei bleibt gegenüber den Hypothesen über es, so wie die Bildung der Hypothesen vom Verstehen her frei erfolgt, bleibt es bei den Versuchen. Das Bleiben des hypothetischen Charakters ist die untilgbare Zeit.[2]

Das Individuelle des Versuchs und das Individuelle des zu Verstehenden, d. h. daß es nicht definitiv zu verstehen ist, bleiben sich gegenüber. Sie bleiben einander andere. Die Zeit bleibt (in Fluß), indem dieses Gegenüber bleibt.

Der Vorrang der Formen vor den Inhalten, ja schon die Trennung beider in der europäischen Philosophie drückt den Vorrang des Interesses aus, sich *im Selben* zu verstehen, gegenüber dem Interesse, anderes Verstehen zu verstehen. Das Plotinische Eine ist, so gesehen, die Wahrheit der Platonischen Ideen. Das Dialogische soll in ihm „aufgehen". Das Individuelle *soll nicht sein* (Fichte). Es soll in seiner Tätigkeit ganz und definitiv zu verstehen und dadurch gut sein, und zwar im Lichte einer zeitlosen Instanz. Daß das Individuelle sei, aber nicht sein *solle*, ist der Ursprung des europäischen moralischen Sollensbegriffs. Der Subjekt-Objekt-Dichotomie korrespondiert die Sein-Sollen-Dichotomie.

Wenn Nietzsche hier von einer „Herdenmoral" spricht, als der Moral der Schwachen, dann kann man diese Schwäche als Schwäche im Aushalten der Andersheit anderer begreifen, als Schwäche gegenüber der Zeit oder dem Schicksal. „Amor fati" ist Nietzsches Formel „für die Größe am Menschen".[3]

Der Gedanke der Vollendung der Individuen in einem gegenseitigen Verstehen als Aufhebung der Individualität im „gemeinschaftlichen" Verstehen ist der „humanistische" Gedanke der Vollendung der Individuen in der *Idee* des Menschen, im allgemein Menschlichen. Er läßt keinen Raum für eine Zukunft über das hinaus, was *jetzt* unter solch einer Idee aus der Sicht eines Men-

---

[2] Vgl. E. Lévinas: Die Zeit und der Andere, Hamburg 1984

[3] Nietzsche: Ecce homo. Warum ich so klug bin, 10

schen verstehbar ist, zumal wenn er als der höchste moralische Gedanke verstanden ist. Da die Ausfüllung dieses Gedankens individuell verschieden *bleibt*, muß sich ein bestimmtes individuelles Denken in ihm als das Höchste verstehen, unter der *Vorgabe* eines allgemeinen, dem es sich unterwerfe. Es muß gerade um seiner vorgeblichen Reinheit willen anderes Denken und das Verstehen *anderen* Denkens (und Handelns) von sich fernhalten. Die *Vorgabe* des hohen Ziels, auch als eines nicht erreichten oder schuldhaft verfehlten, versperrt das Verstehen anderer Möglichkeiten.

Der „Übermensch" im Sinne Nietzsches dagegen ist der Gedanke über den *jetzt* möglichen Gedanken des vollendeten Menschen hinaus. Er denkt das Individuum als „ein Absolutes".[4]

Im Wissen der Individualität weiß sich ein Individuum selbst als anderes Verstehen in der Sicht anderer. Es weiß, daß auch die Idee des Menschen als des Menschen, der die Idee vollkommen erfüllt, *seine* zeitbedingte Idee bleibt, so daß *sein* (der Idee nach „vollendetes") Handeln nach ihr für andere *Probleme* des Verstehens aufwerfen könnte.

Im Wissen der eigenen Individualität (oder „Endlichkeit") liegt *Gerechtigkeit* gegenüber dem Anders-Verstehen anderer, auch demgegenüber, daß sie mich anders verstehen, als ich mich selbst verstehe. Das Selbst-Bewußtsein hat in einer Philosophie des Zeichens keine Priorität gegenüber dem Fremd-Bewußtsein. In diesem Wissen liegt Gerechtigkeit auch über die *moralischen* Ideen hinaus. Le langage est justice (Lévinas). Diese Gerechtigkeit erfolgt aus der Stärke im Ertragen des anderen. Anderes als anderes Verstehen zu verstehen setzt *Kraft* dazu voraus („Kraft" im Herderschen Sinne).

Zwar ist das Fremd-Bewußtsein ein *schwerer* Gedanke gegenüber der *Evidenz*, der absoluten Leichtigkeit des cogito-sum. Aber es ist ebenso ursprünglich: „Ich denke, also habe ich einen vom Körper *verschiedenen* Geist". Der Körper ist der undenkbare Rest an der Evidenz, das, was nicht in ihr aufgeht.

Die Kantische Urteilskraft ist das Vermögen, den Begriff für etwas Gegebenes zu *finden*. Nur als „bestimmende" findet sie

---

[4] Nietzsche: N VII 24 [33]

eindeutige Adäquatheit innerhalb einer vorausgesetzten *Einheit* von Subjektivität. Die Kraft zu verstehen gesteht dagegen anderer Urteilskraft ihre *anderen* Begriffe zu. Sie versteht *sie* und *sich* als individuelles Talent (das sie für sich ja auch nach Kant ist). Kant geht davon aus, daß es für alles den *richtigen* Begriff zu finden gebe, wenn es auch, wie nach Leibniz, „bei den Menschen" keine adäquaten Begriffe für Gegebenes geben könne. Die Idee des adäquaten Begriffs wird festgehalten, indem sie von dem gelöst wird, was Menschen möglich ist. Bei Kant wird sie zur regulativen Vernunftidee.

Man kann nicht sagen, daß das Verstehen anderen andere Begriffe für „dasselbe" Gegebene zugestehe, denn ein Selbes (und damit auch ein Etwas) ist etwas nur unter *dem* Begriff, unter den es jeweils gefaßt ist. Das gerechte Verstehen gesteht anderem Verstehen auch schon andere *Fragen* zu, als Ausgangspunkt dafür, „was" zu verstehen und für „was" Begriffe zu finden seien. Es nimmt es in Kauf, sich selbst da nicht hineinzufinden bzw. sich nur *von sich aus* da hineinzufinden. Es macht Ernst mit der Individualität der Urteilskraft.

Wo einer „etwas" zu verstehen sucht, mag ein anderer nicht verstehen, *was* es da überhaupt zu verstehen gibt. Der Versuch einer Verdeutlichung gegenüber anderen, als Zuwendung zu *ihnen*, kann gegenüber Dritten Verdeutlichung in der „falschen Richtung", d. h. Verdeckung schon bestehender Deutlichkeit sein. Gemeinsame Fragen sind gemeinsam fehlende Urteile auf der Basis gemeinsamer Vorurteile.

Alles Glück und Leiden, das nicht als gemeinsames, d. h. nicht so, daß man es auch von sich aus versteht, erfahren wird, sondern nur als Zeichen an anderen, ist sozusagen übermenschlich. Es übersteigt das in den allgemeinen Begriffen für „Affekte" Faßbare. Darin ist es „erschütternd". *Unterhalb* des untersten Begriffes für Menschliches beginnt das Übermenschliche. Es beginnt in der Absolutheit des Individuums als seiner absoluten Verlassenheit im Lichte des „menschlich" Verstehbaren.

Die Klassenlogik faßt das unterscheidende Merkmal als das Allgemeine, z. B. das Rot der Rose unter dem Begriff für alles Rote, während es doch *unter* den Begriff (unter den „Namen" der Rose im allgemeinen) herunter und näher an die individuelle Rose heranführen soll. (Der Hegelsche „spekulative Satz" begreift dagegen das Rot der Rose als ein näher bestimmtes Rot, wie es sich eben an Rosen findet, als „rosenrot". Er führt von der Bestimmtheit, die das Subjekt des Satzes *schon hat*, näher an die Konkretion.) Im Prädikatsbegriff sind alle Bestimmtheiten des Subjektsbegriffs mitzudenken. Sie sind alle in ihm enthalten und differenzieren so den Prädikatsbegriff, der erst in diesem Gebrauch „seine" Bedeutung findet: „rosenrot", etwa ganz im Unterschied zu „blutrot". Der besondere rote Körper färbt von sich aus. Er färbt durch bzw. reflektiert das Rot spezifisch.

In ästhetischer, d. h. wirklicher Auffassung kommt „dasselbe" Rot nicht an verschiedenen Gegenständen vor, weil die Gegenstände die Farben ebensogut differenzieren wie die Farben die Gegenstände. Alle Zeichen wirken, indem sie zusammenwirken. Die Wirklichkeit ist *durchgängige* Bestimmtheit, und dazu gehört nicht nur das als Farbe von Rosen bestimmte Rot, sondern auch das Rot an dieser Rose, in diesem Licht usw., d. h. die jeweils durch das unbestimmte Ganze als ein drittes *interpretierte* Beziehung zwischen einem ersten und einem zweiten. Nur so kommt der Dritte, als Instanz fraglicher „Intersubjektivität", überhaupt „in Betracht".

## 26. Natur-Wissenschaftliche Zeichen

In der Physik werden Farben in ihren Unterschieden *als* unterschiedliche Wellenlängen des Lichts verstanden. Das setzt voraus, daß Licht überhaupt *als* Wellen bestimmter Länge im Spektrum elektromagnetischer Wellen verstanden wird. Daß dies so ist, resultiert daraus, daß solch ein Verstehen des Lichts bestimmte Fragen der physikalischen Optik zu einer gewissen Zeit befriedigend beantwortet hatte. Diese Fragen ergaben sich als Folgeprobleme früherer Problemlösungen *innerhalb* der Optik. Man muß in die Optik hineinfinden, um ihre Fragen und damit auch die Antworten auf sie, um die Metaphern in den Antworten zu verstehen.

Außerhalb einer Wissenschaft und „ihrer" Welt, zu der auch die Apparaturen und der gekonnte Umgang mit ihnen gehören, ist nicht zu verstehen, auf welche Fragen diese Wissenschaft antwortet. Sie erklärt nicht direkt „die" Natur, sondern ihre *eigenen* Zeichen, die schon *Antworten* auf Wahrnehmungen sind. Ein wissenschaftlicher Satz ist nicht nur in seinem Prädikat, sondern schon in seinem Subjekt (Thema) wissenschaftlich.

Indem die Naturwissenschaft sich der *Mathematik* bedient, postuliert sie, daß ein Zeichen rein für sich immer dieselbe Bedeutung habe, d. h. daß es an jeder Stelle seines Vorkommens durch dieselben anderen Zeichen interpretierbar und damit substituierbar ist. v (Geschwindigkeit) = Weg/Zeit. Das Zeichen „Geschwindigkeit" hat hier *immer* diese Bedeutung. Sie enthält eine Anweisung zum Messen, d. h. zu einer Methode, an Zahlen „für sie" zu gelangen. Dies soll für jeden physikalisch *Gebildeten* in gleicher Weise möglich, es soll eine Methode nach Regeln und damit eine allgemein *lernbare* Methode sein. „Mathesis" ist Lernen. „Lernen" ist Ausstatten mit Regeln (Kant). Man versteht die Sprache einer Wissenschaft, soweit man sie *lernen* kann, und soweit ist die Wissenschaft auch mathematisierbar.

Messen ist eine Tätigkeit, in der man zu Zahlen gelangt, und zwar in jeder Wiederholung zu denselben Zahlen. Die Zahlen sind das Ziel dieser Tätigkeit, so daß die Präsentation der Zahlzeichen genügt, um zu sagen, es sei *dieselbe* Tätigkeit gewesen. In einer wissenschaftlichen Gleichung ergibt sich über die Substituierbarkeit von Zahlzeichen, z. B. $v = s/t$, wenn v, s und t Zahlzeichen sein sollen, eine Regel zum problemlosen Identifizieren von Tätigkeiten, d. h. von Antworten auf Fragen der Wahrnehmung. Die Wissenschaft beginnt aber nicht bei den Fragen der Wahrnehmung, sondern bei der Forderung an eine Sprache, ihre Zeichen als Zeichen für Meßvorgänge zu verstehen, um sie dadurch in feste Beziehungen der Substituierbarkeit zu anderen Zeichen dieser Sprache zu bringen. Sie beginnt damit, daß auf die Wahrnehmung nur Antworten in solch einer Sprache zugelassen werden. Jedes Zeichen hat hier zur Bedeutung die Anweisung, wie an Zahlen „für es" zu gelangen ist.

Die Sprache der Wissenschaft besteht mithin in ihren markanten Zeichen aus solchen Anweisungs- oder Hinweiszeichen, und die Antwort auf sie ist ein Zahlzeichen. „Infrarot", „rot" usw. *bedeuten hier* Werte auf einer Skala, so wie sie in anderen Kontexten eher Gefühlswerte bedeuten.

Die Sprache der Wissenschaft antwortet nicht auf Fragen aus solchen anderen Kontexten, so wie deren Sprachen nicht auf Fragen der Wissenschaft antworten. Keine Sprache ist näher an der Wirklichkeit als eine andere; vielmehr entspricht jede *ihrer* Wirklichkeit. Aber die Sprache der Wissenschaft zielt doch auf eine gemeinsame Wirklichkeit ab, nicht aller Menschen, sondern aller nach gleichen Verfahren Messenden. Sie *behält* ihre Bedeutungen über die Zeit hinweg, insofern die Anweisungen ihrer Zeichen gleich verstanden, d. h. durch das gleiche Verhalten befolgt werden. *Daß* alle diszipliniert messen können, d. h. bei wiederholtem Messen zu den gleichen Meßergebnissen kommen oder sich nicht „vermessen", ist die Voraussetzung der gleichen Bedeutung dieser Sprache für alle. Sie impliziert, daß sich die Welt zwischen den Meßvorgängen nicht verändert habe, es sei denn, es handele sich um eine meßbare Veränderung.

So ist umgekehrt Gegenstand der Wissenschaft „alles, was man messen kann" (Planck). Er wird im Befolgen der Zeichen als Meßanweisungen konstituiert, also darin, daß man zu Zahlen

„für" diese Zeichen, z. B. für das Zeichen „Geschwindigkeit" gelangt, d. h. darin, daß dieses Zeichen *keine andere* Bedeutung mehr finden kann. Dadurch ist individuelles Verstehen ausgeschlossen, und damit auch jedes sprachrelative Verstehen. Auf diesem negativen Weg ist die Sprache der Wissenschaft intersubjektiv.

Man muß in der Wissenschaft an reinen Bedingungen für die Geltung der Gesetze, als der Beziehungen zwischen den Werten für Zeichen, *arbeiten* können (Hegel). Solange man dies kann, aber auch solange man dies will, *gelten* die Gesetze. Eine Brücke, die nach den Gesetzen der Statik gebaut wurde, hält *solange*, wie man an den Bedingungen zum *Erhalt*, d. h. zum beliebig wiederholbaren Abfragen und Stabilisieren der Werte *arbeiten* kann oder will, die beim Bauen der Brücke maß-gebend waren. Schon die Einrichtung einer Versuchsanordnung ist solch eine Arbeit an reinen Bedingungen zum Erhalten derselben Zahlen bei wiederholtem Messen.

Während die Pythagoräer dachten, die Natur *sei* das Verhältnis von Zahlen, nicht als unmittelbare Erscheinung, aber in ihrem *Wesen*, müßte die moderne Wissenschaft sich als das Subjekt einer nie zu beendenden *Arbeit* denken. Ein Monochord muß *gemacht* und ständig gestimmt werden, damit sich Harmonie nach dem Verhältnis ganzer Zahlen ergibt. Die Natur stimmt sich nicht selbst. Wir verstehen sie, indem wir zugleich an der bleibenden *Geltung* unseres Naturverständnisses arbeiten, *solange* Kraft und Wille dazu reichen. Anderenfalls versuchen wir, sie *anders* zu verstehen, und die Freiheit dazu ist für uns, angesichts endlicher Willenskraft, das Wichtigste *ihr gegenüber*. Daß eine Saite leichter zu stimmen ist, als eine so gewaltige Apparatur wie einen Teilchenbeschleuniger „stimmig" zu machen, ist kein unwichtiger, aber doch nur ein gradueller Unterschied. Gegenüber aller Natur-Bestimmung ist die Wirklichkeit „unsäglich anders kompliziert"[1].

Nicht eine Harmonie der Natur, sondern eine „Anstrengung des Begriffs" (Hegel), eine „contentio animi" (Descartes) liegt ihrem Objektsein zugrunde. Nicht die Natur entspricht unseren

---

[1] Nietzsche: N VII 34 [249]

Vorstellungen, sondern wir entsprechen in unserer Arbeit unseren Vorstellungen von ihr, solange die Kraft und der Wille dazu reichen. „Kraft“ und „Wille“ sind wieder Zeichen, in denen wir uns unsere Stellung zur Natur verständlich zu machen versuchen, weil wir sie uns nicht mehr auf die „leichte“ Weise der Pythagoräer und Platoniker verständlich machen können. Sie erscheint uns als „schwer“. Aber in unserer Weise wird doch eher spürbar und verständlich, inwiefern es hier überhaupt um Machen und Können geht. Der Wechsel des Weltbildes wird seinerseits im *neuen* Weltbild verständlich, *uns wenigstens*, und das muß für uns das Hinreichende sein.

Zu sagen, daß alles, auch „Sein“, Zeichen sei — statt zu sagen, auch Zeichen *seien* und das Sein sei deshalb ein „höchster“ Begriff —, ist das Leichtere geworden. Die Philosophie des Zeichens macht auch die Dingontologie verständlich, indem sie etwas „darüber“ sagt, d. h. sie in anderen Zeichen interpretiert, und es muß sie nicht stören, daß wir damit über die Zeichen, wie wir sie verstehen, nicht hinausgelangen, *solange* wir verstehen.

Würden wir über *unser* Verstehen, wie es uns *jetzt* möglich ist, hinausgelangen, so geschähe dies wieder in einem Jetzt, und es geschähe wiederum dadurch, daß neue Zeichen als Interpretation der Zeichen fungierten, in denen wir uns jetzt etwas verständlich machen. Es geschähe, weil an diesen Zeichen dann etwas unverständlich *geworden* wäre.

Es ist allerdings fraglich, ob dieses dann noch *unsere* Zeichen und ob *wir* es noch sind, die sich dann etwas verständlich machen. „Wir“ als Einheit von Subjektivität, die sich durch die Zeit hin durchhält, sind es nur, wenn wir noch dabei sind, und zwar so, daß uns die neuen Zeichen als Wahrheit der alten erscheinen, so daß wir uns auch in einer Geschichte des Verstehens als dessen Identität verstehen können.

Das Zugeständnis, daß zukünftiges Verstehen über *uns* hinweggehen kann, unterscheidet die Philosophie des Zeichens von der Transzendentalphilosophie, nach der jedes Subjekt sich von einer auch es umfassenden Einheit (transzendentaler Subjektivität) her reflektiert. „Zeit“ ist hier nur deren Anschauungsform. Nach der Philosophie des Zeichens hat dagegen jede Form von Subjektivität, ja sogar die sich *als* Subjektivität überhaupt *reflektierende* Weise des Verstehens „ihre“ Zeit. — Das bedeutet nicht Verlust des Bewußtseins eigener Identität, sondern nur, daß es sich ständig neu, und zwar unter der Perspektive der *letztmöglichen* Identität, formiert und frühere Formierungen damit verarbeitet. Daß eine spätere Theorie die frühere „enthalte", sagt nichts über deren Wahrheit gegenüber den früheren, sondern nur die Trivialität, daß sie als spätere die Fragen der früheren in sich aufgenommen habe.

Die *Anwendung* wissenschaftlicher, z. B. physikalischer Gesetze ist der nächste *Versuch* einer Versuchsreihe, aber unter ernsteren Bedingungen. Man setzt nun etwas aufs Spiel, z. B. Menschenleben, u. U. das eigene, weil die Versuche *bisher* immer gelungen waren. Dabei war eine hinreichende „moralische Gewißheit" (Hume, Kant) entstanden. Sie steht in Relation zu dem, was auf dem Spiel steht. Die Induktion hängt *davon* ab. Sie hat keinen „sachlichen" Grund, nach dem wir zu objektiver Gewißheit gekommen wären, denn der Versuch mit der Nummer n + 1 ist unter gleichen Ausgangsbedingungen nicht gewisser als der Versuch mit der Nummer n. Aber man weiß immer besser, was man tun muß, damit es gelingt. Man lernt es, *bildet* sich zu einer kompetenteren Subjektivität, verleibt es *sich* ein, *verändert* damit die subjektiven „Bedingungen der Möglichkeit" der erscheinenden Sache und ist zunehmend geneigt, immer mehr aufs Spiel zu setzen, aber man weiß doch, daß es Spiel bleibt. Die entstandene moralische Gewißheit entspricht einem immer besser gelernten und gekonnten Spiel, das hohe Einsätze verträgt.

Es ist abgearbeitetes Staunen, Übergang von der Lust an der freien Einbildung zur diszipliniert gekonnten Gewohnheit. Man versteht sich immer mehr „ohne Frage" auf etwas, *solange*, bis dadurch neue Probleme entstehen, die man dann ihrerseits entweder zu verstehen, zu beherrschen sucht oder auch nicht, wieder je nach dem, was dabei einzusetzen ist. Erscheint der Einsatz als zu hoch, so betrachtet man den Ausgang als zu ungewiß. Man verwirft das „Gesetz".

Ob man sich seiner gewiß ist, zeigt sich in dem, was man dafür einzusetzen bereit ist.[2] Es ist aber keine Frage, daß man Spieler *bleibt*. Man „weiß" nie definitiv, d. h. man gelangt nie vom

[2] Kant: Kritik der reinen Vernunft, B 852

Zeichenprozeß über ein „letztes Wort" zur Sache selbst. *So* ernst kann *kein* Zeichen sein. Man re-signiert. Das meinte Goethe mit dem Hinweis auf „Urphänomene". Sie seien die Erscheinungen, in Analogie zu denen als dem Unerklärlichen, unmittelbar Verstandenen anderes seine Erklärung finden kann. Man komme aber über das Phänomenale nicht hinaus zu Sachen selbst. Gegenüber der dadurch bewirkten „Resignation"[3], ja „Art von Angst", belebe nur „das ewige Spiel der Empirie"[4].

Auch die Naturwissenschaft ist in ihren Zeichen nicht bloße Erkenntnis der Welt. Sie entstehen *in* ihr, kommen zu ihr *hinzu* und wirken in ihr verändernd.

---

[3] Goethe: Maximen und Reflexionen, 20

[4] a. a. O., 16

## 27. Zeichen und Zeit. Mensch und Staat

Die Philosophie des Zeichens übersteigt ihre *eigene* Zeit, indem sie *alles* „Verstehen als ..." als etwas Zeitbedingtes versteht. Darin ist sie (absolute) Philosophie.

Zu jeder Zeit gibt es Möglichkeiten, etwas zu verstehen und von daher anderes zu erklären, aber diese Möglichkeiten ändern sich dauernd. So verschiebt sich mit der Zeit die Differenz zwischen unmittelbarem und vermitteltem Verstehen. Wenn es bei Hegel heißt, es gebe nichts, was nicht sowohl unmittelbar wie auch vermittelt sei,[1] ist damit ausgedrückt, daß das *jetzt* Unmittelbare eine vermittelte Unmittelbarkeit und überhaupt die für das Bewußtsein unmittelbare Differenz zwischen dem für es Unmittelbaren und in ihm Vermittelten etwas Vermitteltes sei. Darin ist das Bewußtsein selbst ein Vermitteltes. Die „logische" Einheit von Unmittelbarkeit und Vermittlung wird durch die Zeit „phänomenologisch" getrennt.

Derrida spricht von der Zeit des Menschen als von der Zeit, in der „Mensch" als das absolut zu Verstehende gilt, z. B. indem „menschliches" Verhalten gefordert, nach dem Sinn „menschlichen" Lebens, dem Unterschied zwischen Mensch und Tier usw. als nach etwas zu oberst Leitendem gefragt wird, aber nicht etwa nach dem Sinn eines individuellen Lebens als einem Obersten, wie es Nietzsche tat, der sich insofern in der Zeit „des" Menschen als unzeitgemäß versteht. Kants Frage „Was ist der Mensch?" fragt nach einer unter zeitgemäßen Bedingungen *allgemein* zu akzeptierenden Antwort. Eine Zeit hat ihre leitenden Signifikanten, nach deren Bedeutung sie fragt. Diese Signifikanten sind die Grundbegriffe der Philosophie einer Zeit, wie „Gott", „Mensch", „Selbstbewußtsein", „Subjekt" usw. Philosophische Texte einer Zeit gruppieren sich um ihre Auslegungen oder um Auslegung

---

[1] Hegel: Enzyklopädie (1830), § 12

mit ihnen nach dem Schema: „X ist ein Mensch, und ein Mensch ist ...". In diesem Schema werden Menschen zunächst und allgemein „als solche" verstanden und an dem gemessen, was nach herrschender Auslegung den „Inhalt" des Begriffs „Mensch" ausmacht, d. h. an dem, was als „Erklärung der Bedeutung"[2] von „Mensch" unmittelbar verstanden wird.

Eine Zeit hat so gesehen eher Grundzeichen als Grundbegriffe, so z. B. das Grundzeichen „Mensch" als Signum für alles, was darunter fällt und *was* „Mensch" bedeutet. Die Zeichen einer Zeit sind, als „herrschende Gedanken", Mittelbegriffe, um die sich das Denken schart. Die Fragen nach Extension und Intension solcher Begriffe sind *die* Fragen der Zeit.

Extension und Intension sind *zugleich* fraglich. Das Übergehen (oder Überhören) des Signifikanten gibt vor, die Intension – und damit auch die Extension – stünden fest, so daß auch feststünde, was es bedeute, unter den Begriff zu fallen, z. B. für einen Menschen. Die Synonymie von „Bedeutung" und „Begriff" unterstellt Bedeutungen, die selbst nicht mehr zeichenhaft sein sollen. Dieses Übergehen des Signifikanten versteht das Signum in der Verabsolutierung des eigenen, individuellen Verstehens.

Der Vorrang des *lautlichen* Zeichens in der europäischen Philosophie rührt daher, daß man sagen kann, der Laut verschwände an ihm selbst „hinter" seiner Bedeutung. In Wahrheit ist die Bedeutung, wenn überhaupt nach ihr gefragt wird, aber auch wieder Zeichen: oft ist sie sogar eine ausgebreitetere Zeichenfolge als das erste Zeichen, wie z. B. die umfangreiche Literatur zur Beantwortung der Frage nach dem „Wesen" des Menschen.

Man weiß zwar, was ein Mensch ist; man weiß es aber nur in bestimmten Zusammenhängen hinreichend „unmittelbar". Aber das ist etwas ganz anderes, als die Bedeutung angeben zu können, die nur fraglich ist, wenn man „Mensch" nicht „unmittelbar", d. h. nicht ohne Angabe der Bedeutung versteht. Wenn man sich sagen lassen muß, was es *bedeute*, ein Mensch zu sein, kann sich einem die Frage stellen, ob man dann wirklich einer sei. Der Ursprung dieses Zweifels, der aus einer Identifizierung von „unmittelbarem" und vermitteltem Verstehen entsteht, ist der Ur-

---

[2] Wittgenstein: Philosophische Untersuchungen, Nr. 560

sprung der moralischen Frage nach der tätigen Erfüllung des Begriffs, „unter" den man in einer bestimmten Auslegung des Zeichens „für ihn" fallen *soll*.

Augustin sagte, er wisse selbstverständlich, was Zeit sei, solange, bis er (nach der Bedeutung von „Zeit") *gefragt* werde.

So weiß man heute „im allgemeinen", was „Demokratie" bedeutet. Man kann dieses Signum der Zeit verwenden. Schwierig wird es nur, wenn einzelne Staaten sich so bezeichnen und andere sie nicht so bezeichnen, so daß zur Klärung der Extension des Begriffs nach der Intension *gefragt* wird.

Die *Staatsphilosophie* ist um eine allgemein akzeptable Auslegung des „Begriffs" „Staat" bemüht. Sie muß notwendig als *Geschichte* der Staatsphilosophie auftreten, weil sie sich über keine wirkliche Auslegung dieses Begriffs mit ihrer eigenen hinwegsetzen darf, wenn sie in der Bestimmung, „was" ein Staat sei, nicht doktrinär auftreten will. Die Bestimmung der Intension ist unvermeidlich „normativ" gegenüber abweichenden Bestimmungen und damit politisch-polemisch. Ein „wahrer" Begriff wäre ein nicht *weiter* auszulegender Begriff, aber alle Auslegung behält Spielräume.

Insofern ist die Staatsphilosophie von Hobbes die konsequenteste: Wenn der Begriff des Staates als definitiv ausgelegter Begriff das „menschliche" Leben in ihm bestimmen soll – und nur ein definitiv ausgelegter Begriff kann bestimmend sein –, dann kann es nur *eine* Souveränität geben, der das *Recht* zur Auslegung zukommt. Anderenfalls behielten andere sich das Recht zum Widerspruch gegen die bestimmende Auslegung vor. Hobbes' Staatsphilosophie besteht eigentlich darin, ihre definitive Ausführung – wenn schon nicht mehr die *Ideenschau* den Staat und damit die Philosophenherrschaft begründen soll – an den Souverän zu delegieren. Denn wenn im Staat sonst *noch jemand* zu sagen hätte, was ein Staat seiner Struktur nach sei und damit, wie ein wirklicher sein solle, um seinem Begriff zu genügen, dann wäre der Souverän dadurch daran gehindert, seine eigentliche Aufgabe zu erfüllen. Wenn das Volk der *Souverän* ist, steht der Begriff des Staates nicht nur zur Diskussion, sondern zur Abstimmung.

Kant will die *Diskussion* um den besten Staat zulassen, aber nicht das politische Handeln der Diskutanten im Sinne ihrer jeweiligen Position. Auch nach ihm darf, um des adäquaten, der

Realität des Politischen entsprechenden Begriffs vom Staat oder um des „inneren Friedens" als der „inneren Form" oder der realen Möglichkeit eines Staates willen, nur *ein* Wille nach *seinem* Begriff handeln; die anderen dürfen nur diskutieren, d. h. ihre Gedanken bleiben bloße Gedanken, *solange sie divergieren*, und sie divergieren solange, wie sie nicht die eines Souveräns sind, d. h. solange sie die Machtverhältnisse nicht wirklich schon verändert haben, als die Zeit bewegende Gedanken oder als geschehende Zeichen der Zeit. Wenn Kant sich von der Diskussion eine Veränderung erhofft, versteht er Gedanken als Momente eines wirklichen Zeit- oder Zeichengeschehens und nicht nur als bloß „äußerliche" Begriffe.

Auch „oberste" Begriffe sind Zeichen. Dies „im" Begreifen zu übergehen bedeutet, das eigene Verstehen im obersten zu verabsolutieren. Das gilt auch für oberste Einteilungen. Eine sich selbst gegenüber kritische Philosophie muß Philosophie des Zeichens sein, d. h. den Zeichencharakter gerade bezüglich der sogenannten „obersten Begriffe" und „Prinzipien" und der „obersten Einteilungen" reflektieren.

Die Einteilung in theoretische und praktische Philosophie oder die Einteilung von „subjektiven Vermögen" in „Anschauung" und „Denken" ist zwar *signifikant* für eine bestimmte Philosophie, aber es ist unkritisch, dies nicht zu sehen und „unmittelbar" zu verstehen, was diese Zeichen, bzw. die sie erklärenden Zeichen, *bedeuten*. Es gibt auch eine Borniertheit des „unmittelbaren" Verstehens gegenüber den *Fragen* der Zeit, d. h. gegenüber dem Verstehen der Zeit.

Kritische Philosophie kennt ihre Signifikanz, sie weiß sich dadurch *charakterisiert*. Sie weiß sich als besondere zeitbedingte Philosophie, als „ihre Zeit in Gedanken erfaßt"[3]. Zeichen sind *Charaktere*.

Auch das Zeichen „Zeichen" ist ein Charakter, über es nachzudenken ist für eine Zeit charakteristisch. Über die Bedeutung von irgendwelchen Zeichen denkt jede Philosophie nach. Darin zeigt sich, wie die Zeit sie beansprucht. Insofern kann sich die Philosophie des Zeichens als einzige auf sich selbst anwenden.

---

[3] Hegel: Grundlinien der Philosophie des Rechts, Vorrede.

Sie erreicht darin eine gewisse Vollendung, ein „Ende" der Philosophie (Hegel), ohne doch, ihrem Verständnis nach, „definitiv" an ein Ende kommen zu können.

Die Probleme der Philosophie sind Probleme mit der Interpretation bestimmter Zeichen, die zu gegebener Zeit in ihrer Fraglichkeit dominieren, ohne daß man ohne weiteres bei ihrer Bedeutung wäre. Daß es immer dieselben seien, besagt nur, daß es schon lange dieselben gewesen sind und daß eine bestimmte Epoche noch andauert. Auch die Interpretation von „Philosophie" hat ihre Zeit, so wie nach Derrida die von „Mensch". Die Philosophie des Zeichens besagt aber, daß auch nach dem Ende dieser Epoche es immer noch *Zeichen* sind, die interpretiert, das heißt, die durch andere, jetzt „leichter" zu verstehende Zeichen ersetzt werden, selbst wenn das Zeichen „Zeichen" nicht mehr darunter sein sollte. Das ist das Äußerste, was wir aus unserer Zeit heraus über sie hinaus sagen können.

## 28. Das Zeichen „Sein“

Aus der Sicht der Philosophie des Zeichens ist *Ontologie* die Interpretation des Zeichens „Sein“, einschließlich seiner grammatischen Varianten.

Hegel z. B. interpretiert „Sein“ als „das unbestimmte Unmittelbare“,[1] offenbar unter der Voraussetzung, daß der interpretierende Ausdruck zumindest in diesem Kontext selbst keiner Interpretation bedürfe. Er meint: Man soll alles andere fernhalten, sich weiter *nichts* dabei denken, die Vorstellung „Sein“ von keiner anderen begleiten lassen. Daß „Sein“, *so interpretiert*, nicht von „Nichts“ unterschieden sei, weist darauf hin, daß es sich um ein Zeichen handelt, dessen Verständnis besonders schwierig wird, wenn es nicht (mehr) „unmittelbar“ verstanden wird. Die Interpretation als „das unbestimmte Unmittelbare“ – und das ist die ganze „Wissenschaft der Logik“ – versucht ja gerade, keinen Gedanken „von außen“ mitzubringen und sich nur auf die Bedeutung von „Sein“ einzulassen, d. h. sie versucht, dem Sinn des Interpretierens, das ja *andere* Zeichen verlangt (das zu definierende Zeichen soll z. B. in der Definition nicht selbst wieder vorkommen), *nicht* zu entsprechen und besagt daher nichts. Die Schwierigkeit aller Ontologie besteht darin, sagen zu wollen, *was* „Sein“ sei, *was* „Sein“ bedeute. Sie geht damit entweder hinüber in die *Differenz* zu „Sein“ oder sie besagt *nichts*.

Ontologie hat, als Frage nach dem „Sinn von Sein“, d. h. als Verweilen bei diesem Zeichen als einem unverstandenen Signifikanten, in sich selbst einen Zug zur Mystik.

Die Absicht, etwas „über“ das Sein (hinaus) zu *sagen*, erfüllt sich nur, wenn, wie im Finden des Mittelbegriffs zu einem Syllogismus, die abstrakte Kopula „ist“ durch einen konkreten inhaltlichen Begriff ersetzt wird, z. B. „Sokrates *ist* sterblich“ durch

[1] Hegel: Wissenschaft der Logik, a. a. O., I, 66

„Sokrates ist ein Mensch; Menschen sind sterblich“. Auf diese Weise wird ein zunächst nicht notwendig zu akzeptierender Satz als apodiktischer (Schluß-)Satz ausgelegt. Das *Finden* des Mittelbegriffs ist das Finden der Bedeutung des Schlußsatzes, die dann, wenn der vermittelnde Mittelbegriff „anstelle“ der Kopula gefunden ist, in den Prämissen „gegeben“ ist.

Wenn jemand einen Satz nicht „unmittelbar“ versteht, fragt er nach seiner Bedeutung als nach etwas „unmittelbar“ zu Verstehendem, und wenn jemand einen apodiktisch gemeinten Satz nicht in seiner Apodiktizität versteht, ist es zweckmäßig, über das Finden eines dafür geeigneten Mittelbegriffs den Satz *als* Konklusion aus Sätzen, die „unmittelbar“ akzeptiert werden, zu verstehen zu geben.

Prämissen werden gelten gelassen, wenn sie selbst die verkappte Notwendigkeit von Konklusionen haben. (Peirce spricht von unbewußten, d. h. nicht verdeutlichten, nicht expliziten Schlüssen.)[2]

„Apodiktizität“ kann somit als *vermittelte* Akzeptanz verstanden werden. Überall, wo „ist“ steht, kann ein *anderes*, und *das heißt*, wenn „ist“ *das allgemeine* Verbindungszeichen sein soll, ein konkreteres Zeichen eingesetzt werden. Welches es ist, d. h. wie vom allgemeinen zum konkreten Zeichen des Übergangs überzugehen ist, muß sich in dem Versuch zeigen, anderen etwas zu verdeutlichen. Es kommt auf deren recht vermutetes Vorverständnis an.

Man kann auch sagen: wenn „ist“ *nicht* durch ein konkreteres Zeichen ersetzt zu werden braucht, leitet es, als „Kopula“, „unmittelbar“ in Akzeptanz über. „Sein“ hat die Bedeutung, daß die Überleitung vom Subjekt zum Prädikat als eine Auslegung des Subjekts „unmittelbar“, also ohne Umweg über ein weiteres inhaltliches und deshalb im Vergleich mit „ist“ konkreteres Zeichen verstanden wird. „Sein“ ist das Zeichen für solch ein „unmittelbares“ Gelingen, für den Anschein, sich im Selben zu verstehen, so daß *nichts* mehr dazu zu *sagen* oder, was dem gleichkommt, nichts *dazuzusagen* ist. „Sein“ ist hier gedeutet als Zeichen dafür, daß Reflexion nicht nötig ist. Sie erhielte erst Sinn, wenn diese Unmittelbarkeit nicht mehr gelten würde, wenn ihr Ansehen als

---

[2] Peirce: Vgl. z. B. CP 5.303, CP 5.181(3)

*Schein* aufgedeckt oder diese „Gestalt des Lebens“ dadurch „alt geworden“ wäre[3], daß sie überhaupt als besondere Gestalt in den Blick gekommen war. Ontologie kommt so gesehen immer zu spät, nämlich erst dann, wenn sich die Reflexion bereits ihrer Grundlage bemächtigt hat. Schon das Aufkommen des Zeichens „Ontologie“ im 17. Jahrhundert zeigt das Ende einer Epoche und den Beginn des „kritischen Zeitalters“ an.

Aus der Sicht einer Philosophie des Zeichens ist es problematisch zu sagen, *nur der Name* „Ontologie“ sei so spät aufgekommen, die Sache sei viel älter. Der Ontologie selber kann nichts wichtiger sein als Gleichgültigkeit gegen ihren Namen. Und doch war die „Sache“ nicht vor dem Zeichen „für“ sie, das dasein muß, damit man fragen und sagen kann, „was“ es „sachlich“ bedeute. *Mit* dem Aufkommen des Zeichens *war* die Sache dagegen schon vor ihm da.

Aristoteles fragte nach dem ὂν ᾗ ὄν, indem er fragte, was dem Seienden als solchem *zuzusprechen* sei. Das muß immer etwas *anderes* als das Sein sein, bestimmtere Kategorien. (Heideggers Vorwurf der „Seinsvergessenheit“ richtet sich gegen das *Verstehen* des Seins als etwas Bestimmtes.)

Konkretere Verknüpfungen als die durch „ist“ (Sein) sind andere Zeichen als „ist“. Wir interpretieren sie als grammatische Zeichen, wenn wir nach *Konstanten* oder nach einem *Schema* fragen, nach dem Zeichen verknüpft werden. So kann man z. B. sagen, das Gattung-Art-Verhältnis sei ein solches Schema. Es ist ein Schema der Interpretation, in dem man die Frage nach der Bedeutung eines Zeichens dadurch beantwortet, daß man unter Verzicht auf Differenziertheit sagt, etwas sei die Art einer Gattung, z. B. „X“ sei eine Blume. So kann man Typen der Beantwortung der Frage nach der Bedeutung zusammenfassen. Wenn die Aristotelische Metaphysik fragt, was dem Seienden als solchem zukomme, fragt sie, in welchen Schemata etwas als Seiendes *gedacht* wird; wir sagen: wie sich das Denken als Übergang vom Zeichen zu „seiner“ Bedeutung in Typen fassen läßt. Denn in diesem Übergang wird das Zeichen von seiner Bedeutung *unterschieden*, d. h. man kommt zum Bezeichneten oder zum Seienden

---

[3] Hegel: Grundlinien der Philosophie des Rechts, Vorrede

dadurch, daß das Zeichen, das als Bedeutung genannt wird, „unmittelbar“ verstanden wird und damit als Zeichen (im Bewußtsein) nicht „vorkommt“.

Die Kategorien der Grammatik sind Hypothesen über den Sprachgebrauch hinsichtlich der Arten von Möglichkeiten, über die Zeichen hinweg zu Seiendem zu kommen, d. h. den Signifikanten zu übergehen. Sie zu bestimmen gehört zu der Epoche, in der es primär ums „Sein selbst“ als um die Gewähr von unmittelbarem Verstehen („Anwesenheit“) geht, in dessen Licht dann auch das Fragliche deutlich werden kann. „Sein“ bezeichnet den Charakter dieser Epoche, und zu sagen, „was“ das Sein selbst sei, ist unmöglich. Die Antwort nennt immer gemäß dem „Sinn von Sein“ ein konkreteres Seiendes und letztlich etwas zu gegebener Zeit „unmittelbar“ Verständliches. Zu einer Art die Gattung zu nennen hat Sinn, wenn die Angabe der Gattung die Frage nach der Bedeutung des Artzeichens *hinreichend* beantwortet.

Es ging also gar nicht um Ontologie, sondern um den Übergang von unverstandenen Zeichen zu verstandenen und um die apriorische Typologisierung von „Möglichkeiten“ solchen Übergehens. Im Grunde waren diese Typologisierungen und die entsprechende Aufstellung universaler Grammatiken Hypothesen über Möglichkeiten „sachbezogenen“ Redens als des Hineinfindens in ein allgemeines Verstehen, in dem — im Unterschied zur *Rhetorik* und in Verdrängung der rhetorischen, am Signifikanten orientierten Aspekte der Sprache — die Individualität des Verstehens, für die sich das Zeichensein eines *jeden* Zeichens gegenüber einem „unmittelbaren“ Verstehen *immer wieder* aufdrängen kann, „unwesentlich“ wird. Es ging in dieser Epoche eigentlich nicht ums Sein, sondern um das „Wesen“. Das „Wesen“ galt als das eigentlich Bezeichnete, als im *Denken* vermittelte Unmittelbarkeit; das Sein galt als das demgegenüber unsagbar Individuelle (Individuum est ineffabile).

Der Universalienrealismus ist ein Wesensrealismus. Er setzt dem Interpretieren von Zeichen durch Zeichen ein *sachliches* Ende voraus, das zu erreichen sei, und zwar in *jedem* Gebrauch bestimmter Zeichen gleichermaßen.

In der Zeichenreihe definitiv zu Ende und „zur Sache“ zu kommen gelten hier als dasselbe, und die „Sache“ ist das, was man mit der Wiederholung der Zeichenreihe ebenfalls wieder-

*holen*, was man sich *wieder* holen, beliebig oft herbeischaffen kann. Das Wesen ist die vom Zeichen verschiedene, aber in dessen Wiederholung wiederzuholende, „anwesende" Sache.

Das ideale Zeichen muß von daher ein Zeichen sein, das sich „an ihm selbst" hinwegnimmt, indem es die Sache hervorbringt. Besonders Hegel sah im Ton und in der Stimme solch ein sich selbst hinwegnehmendes, verklingendes Zeichen, „eine Realität, die unmittelbar in ihrem Entstehen aufgehoben wird". Es habe sozusagen „an ihm selbst" die Bedeutung, nämlich dadurch, daß es ein Negatives an ihm selbst sei und damit auf sein anderes verweise.[4] Das andere des Zeichens ist aber ein anderes Zeichen, ad infinitum, d. h. solange, bis *nicht mehr* nach der Bedeutung gefragt wird. Das andere des Zeichens ist also zwar die Bedeutung, aber als anderes Zeichen, und wenn ein Zeichen nicht mehr in andere Zeichen übergeht, steht es für sich selbst und gerade nicht mehr „für" etwas. Das Stehen „für" etwas ist ein Charakter des Zeichens aus der rückwärtsgewandten Reflexion, die schon weiß, wie es interpretiert werden soll. Sie ist *Reflexion* aus einer *vorherrschenden* Interpretation. X *ist* Y heißt: X ist *als* Y verstanden. Wer es sagt, signalisiert damit *anderen* seinen *eigenen* Verstehenshorizont. Er gibt mit dieser Zeichensetzung zugleich sich als ein *Selbst* zu verstehen. So gesehen kann sich *nur* das Individuelle ausdrücken (repräsentieren).

Das für sich selbst stehende Zeichen ist das eigentlich ideale Zeichen. Da es nicht mehr in andere Zeichen übergeht und somit eine potentielle Unendlichkeit sich interpretierender Zeichen abschließt, kann man es eine aktuale Unendlichkeit nennen.

Ich verstehe Hegel auch so, daß das verklingende Tonzeichen im Verklingen nicht mehr auf andere Zeichen, sondern auf *nichts anderes* mehr verweise und damit in sich unendlich sei. In sich reflektierte Zeit ist hier Ewigkeit.

Die *Hegelsche Logik* enthält so gesehen drei Stufen:

1. Die Reihe sich in einer potentiellen Unendlichkeit interpretierender (ineinander „übergehender") Zeichen (Seinslogik),
2. die Reihe von Zeichen, die in einer der Zeichenreihe transzendenten Bedeutung, dem „Wesen", zum Schluß und damit zur Sache kommt (Wesenslogik),

---

[4] Hegel: Enzyklopädie (1830) § 401, Zusatz

3. die sich in sich selbst vollendende Zeichenreihe, in der es im Fragen nach der Bedeutung nicht immer wieder zu weiteren Zeichen kommt, sondern zum insgesamt „unmittelbar“ verstandenen Zeichen, das keine Bedeutung mehr außerhalb hat (Begriffslogik). – Die europäische Philosophiegeschichte ist also keineswegs im Sinne Derridas durchweg als Geschichte der Verdrängung des Signifikanten zu lesen.

Nach Nietzsche sind Aphorismen die „Formen der ‚Ewigkeit‘“[5]. Was er von Horaz sagt, ist darauf zu übertragen: ein „Mosaik von Worten, wo jedes Wort als Klang, als Ort, als Begriff, nach rechts und links und über das Ganze hin seine Kraft ausströmt, dies minimum an Umfang und Zahl der Zeichen, dies damit erzielte maximum in der Energie der Zeichen“[6].

Nietzsche nennt es einen „*Mangel an Philologie*: einen Text als Text ablesen können, ohne eine Interpretation dazwischen zu mengen“. Dies sei „die späteste Form der ‚inneren Erfahrung‘, – vielleicht eine kaum mögliche ...“[7]. Eine solche „innere Erfahrung“ wäre als in sich *geschlossenes* Textverständnis zugleich inneres Sprechen mit sich selbst und deshalb ohne das Problem eines abweichenden, also noch erklärend zu vermittelnden Sprachgebrauchs. Der Text müßte dabei durch den gegenseitigen Bezug seiner Zeichen – „nach rechts und links und über das Ganze hin“ – *in sich* zu verstehen sein. „Verstehen“ wäre dann eben *nicht* mehr Interpretation.

Das Interpretieren steht als solches in einem Dilemma. Es ersetzt Zeichen durch andere, „leichter“ zu verstehende Zeichen. Aber es geht dabei zugleich von einer Gleichwertigkeit der Zeichen aus, die „einander“ ersetzen sollen, also davon, daß sie *dieselbe* Bedeutung hätten, die im späteren Zeichen nur deutlicher sei. Deutlichkeit ist dabei als ein unwesentlicher *Grad im Haben* der Bedeutung verstanden, auf den es wohl jetzt, aber im „Prinzip“ nicht ankomme. Dann kommt es „im Prinzip“ auch nicht auf den Unterschied der Zeichen an, d. h. die Sprache wird gegenüber der möglichen „copia verborum“ reduziert. Gegen diesen reduzierenden (philologischen) Verstehensbegriff setzt Nietzsche seinen „naiven“: „ ‚verstehen‘ das

---

[5] Nietzsche: Götzen-Dämmerung, Streifzüge eines Unzeitgemäßen, 51

[6] Nietzsche: a. a. O., Was ich den Alten verdanke, 1

[7] Nietzsche: N VIII 15 [90]

heißt naiv bloß: etwas Neues ausdrücken können in der Sprache von etwas Altem, Bekanntem"[8]. Die Fügung der Zeichen bereichert hier die Sprache, indem sie eine durch die Fügung — und nicht „semantisch" — *vermittelte Unmittelbarkeit* des Verstehens hervorbringt. „Spät" ist diese Möglichkeit, weil sie über die an sich endlose Interpretation von Zeichen durch immer andere Zeichen im Fragen nach der Bedeutung und damit in der *Differenz* zu ihr zum „unmittelbaren" Verstehen zurückvermittelt. Die Bemerkung, daß sie „kaum möglich" sei, verweist darauf, daß sie nur im individuellen Gelingen und nicht nach einer apriorischen Regel möglich ist, nur als Kunst, die über reflektierbare und als Schema der Fügung von Texten wiederholbare (grammatische) Möglichkeiten hinausführt. Sie ist immer das Späteste, d. h. das *eben jetzt* Geglückte als jetzt, aber nicht auf Dauer geglückte Tilgung der Zeit.

Kann man sagen, „alles" sei Zeichen? Man *kann* alles sagen, und man wird etwas sagen *wollen*, wenn es Sinn zu geben scheint. Man wird aber schwerlich sagen können, etwas Bestimmtes, wie z. B. „daß alles Zeichen sei", sei in *keinem* denkbaren Zusammenhang sinnvoll. Man kann ja nicht alle Situationen antizipieren. Alles — und überhaupt etwas — *als* Zeichen zu verstehen, hängt vom Sinn ab, den dies ergeben soll, so wie alles Verstehen von etwas *als* etwas davon abhängt. Es gibt keine a priori sinnvollen, aber auch keine a priori sinnlosen Sätze. — Insofern *bleiben* alle Sätze, auch wenn sie „in ihrer Bedeutung" verstanden werden, dennoch Zeichen.

Zu sagen, alles *sei* Zeichen, ohne die philosophischen Probleme im Sinn zu haben, die sich dadurch lösen sollen, wäre zumindest eine in dieser Isolation überflüssige Aussage. Etwas *in* einer, aber nicht in jeder Situation *als* etwas Bestimmtes zu verstehen, macht ja gerade den (zeitbedingten) Zeichencharakter von etwas aus. Vor satten Löwen fürchten sich die Antilopen nicht.

A priori wahre Sätze der Tradition wie die sogenannten Vernunftwahrheiten bei Leibniz gelten als wahr in *jeder* möglichen Welt und damit auch in jeder möglichen Sprache. Nach Nietzsche muß der Satz, daß $2 \times 2 = 4$ sei, weil er gewiß, d. h. unbezweifelbar ist, noch nicht wahr sein (ebenso ist es ja auch schon nach Descartes).

---

[8] a. a. O.

Sätze dieser Art, als in allen möglichen Sprachen als wahr geltende Sätze, sind nicht *vor* oder unabhängig von den verschiedenen wirklichen Sprachen wahr, sondern *in jeder* dieser Sprachen, d. h. innerhalb der Voraussetzung einer inneren Festigkeit der Perspektive solch einer Sprache, derzufolge eine Einteilung der Dinge in Klassen so besteht, daß *daraufhin* gezählt werden kann. Wir zählen, *nachdem* wir, wie auch immer, eingeteilt *haben*, und *so gesehen* sind die mathematischen Wahrheiten und alle Vernunftwahrheiten aposteriorische Aussagen. Die mathematischen Sätze beziehen sich erst zusammen mit der Zweckmäßigkeit unserer Einteilungen auf die Wirklichkeit, d. h. sie halten sich an die *Zeichen*, die in einem „unmittelbaren" Verständnis fraglos *für* Klassen stehen, in die wir uns zum Zwecke unserer Orientierung die Wirklichkeit eingeteilt denken. Es genügt, daß die verschiedenen Zeichen für verschiedene Klassen stehen, gleichgültig, ob sie aus nur „gedachten" oder aus bewährten Einteilungen resultieren.

Die Verwunderung darüber, daß mathematische Strukturen auf „die" Wirklichkeit zutreffen, vor allem, wenn sie zunächst ganz zweckfrei gefunden zu sein scheinen, kann nicht größer sein als die Verwunderung darüber, daß irgendeine Einteilung der Wirklichkeit auf sie „zutrifft". Was sonst sollte denn überhaupt zutreffen? „Zutreffend" *kann* doch nur das Prädikat von *Zugriffen* sein. Die Mathematik in einer Wissenschaft ist die Konsequenz in der Verfolgung des besonderen Ansatzes dieser Wissenschaft. Es ist die Konsequenz in der Verwendung von Zeichen, aus der die Extension eines Begriffs, d. h. sein Zutreffen auf Fälle folgt: Was in *einer* Verwendung des Zeichens durch es bezeichnet wird, soll in *jeder* Verwendung durch es bezeichnet und als *letzte* Interpretation einer Zeichenkette geltengelassen werden, so daß sich eine *Anzahl* der Verwendungsweisen feststellen läßt. Die Mathematik gründet in der Wiederholbarkeit der Verwendung eines Zeichens für verschiedene Fälle. Das Zählen ist die Operation unbegrenzter Wiederholung desselben Zeichens.

Nach Aristoteles beginnt die Philosophie mit dem Staunen. Aber bezeichnenderweise ist für ihn das Erstaunliche nicht das Aufgehen, sondern das Nichtaufgehen im Maß, das Inkommensurable[9].

---

[9] Aristoteles: Metaphysik, 983 a

Wenn man lange Zeit alles unter dem Aspekt seines Seins zu verstehen versucht hat und einige Zeit unter dem Aspekt seiner Möglichkeit, erkannt zu werden, hat man eigentlich schon alles unter dem Aspekt seines Zeichenseins verstanden. Was etwas „ist", ist es unter seiner „richtigen" Bezeichnung, und „erkannt" wäre es, wenn es als „richtig bezeichnet" *verstanden* werden könnte. Man kann erkennen, was man „richtig" bezeichnen kann, und man hat es immer dann „richtig" bezeichnet, wenn die Bezeichnung „paßt", d. h. wenn die Frage nach der richtigen Bezeichnung, für die man über ein absolutes Kriterium nicht verfügt, sich *nun* nicht mehr stellt. Das Bedürfnis nach Erkenntnis entsteht, wenn etwas so, wie es zuletzt bezeichnet wurde, noch nicht „richtig" bezeichnet zu sein scheint. Das *Be*kannte sei noch nicht *er*kannt[10]. Das ist der Fall, wenn sich innerhalb des Bekannten – in der Form, in der es bekannt ist – Widersprüche ergeben, die man durch Interpretation, also durch das Hinzufügen weiterer Zeichen beheben möchte, solange, bis die Frage nach der Bedeutung im Gefühl der „Übereinstimmung" wie in der Bereitschaft, sich *handelnd* auf eine *gegebene Version* der Sache zu verlassen, wieder zur Ruhe kommt. „Sein" ist der Fortgang in der Interpretation, der Übergang vom interpretierten zum interpretierenden Zeichen: Erkanntsein ist der *Schein* einer definitiven Interpretation, des Gefundenseins einer letzten Bezeichnung gegenüber der Vorläufigkeit *aller früheren.*

---

[10] Hegel: Phänomenologie des Geistes, ed. Hoffmeister, Hamburg 1952, 28

## 29. Nietzsches Ablösung der Ontologie

„Erkennen wollen, wo der Schein eben die Erlösung ist", ist für Nietzsche ein kunstfeindlicher „Instinkt zum Nichts"[1]. „Erlösung" ist hier die Erlösung vom Zwang *unendlicher* Zeichenketten.

Ein Begriff ist *ein* Zeichen für eine ganze Fülle von Zeichen. Wenn ein unverstandenes Zeichen durch dasselbe Zeichen interpretiert oder verständlich wird, durch das schon ein anderes interpretiert werden konnte, fallen beide unter denselben Begriff. Das Verstehen des einen ist dann dasselbe wie das Verstehen des anderen. Als Erkanntes *ist* beides dasselbe (wie z. B. Licht und elektromagnetische Wellen). Als dieses ist es auch mitteilbar, in Zeichen, die *für* Begriffe stehen, die wir *nicht* haben. Solch eine Erkenntnis nennt Leibniz „symbolisch".[2] „Die Worte bleiben: die Menschen glauben, auch die damit bezeichneten Begriffe!"[3] Das je letzte Zeichen steht in der *Auffassung* als letztes für alle früheren. Es ist *in dieser Funktion* deren Wahrheit.

„ — alle *Bewegungen sind als Gebärden aufzufassen*, als eine Art Sprache, wodurch sich die Kräfte verstehn. In der unorganischen Welt fehlt das Mißverständnis, die Mitteilung scheint vollkommen. In der organischen Welt beginnt der *Irrtum*. ‚Dinge', ‚Substanzen', ‚Eigenschaften', Tätig-‚keiten' — das alles soll man nicht in die unorganische Welt hineintragen! Es sind die spezifischen Irrtümer, vermöge deren die Organismen leben. Problem von der Möglichkeit des ‚Irrtums'? Der Gegensatz ist nicht ‚falsch' und ‚wahr', sondern ‚*Abkürzungen der Zeichen*' im Gegensatz zu den Zeichen selber. Das Wesentliche ist: die Bildung von Formen,

---

[1] Nietzsche: N VIII 2 [119]

[2] Leibniz: „caecam vel etiam symbolicam"; Meditationes de cognitione, veritate et ideis, in: C. J. Gerhardt (Hrsg.). Die philosophischen Schriften, Bd. IV, (Berlin 1880), Nachdruck Hildesheim 1960, 423

[3] Nietzsche: N VIII 1 [98]

welche viele Bewegungen *repräsentieren*, die Erfindung von Zeichen für ganze Arten von Zeichen."[4]

Das „Organische" legt sich alles auf *seine* Weise aus, es verleibt es *sich* ein. Und auch noch „der Intellekt" kann sich in seiner Begriffsbildung, in der er ein *für ihn letztes* Zeichen an die Stelle anderer setzt, „nicht selbst kritisieren, eben weil er nicht zu vergleichen ist mit andersgearteten Intellekten ..."[5]. Er kennt nur *seine* Weise einzuverleiben, zu verstehen, und als besondere trifft sie nicht die Wirklichkeit, die „unsäglich anders kompliziert"[6] ist. Da *alles* Interpretieren von Zeichen auf *seine Art* interpretiert, ist alles Interpretieren, d. h. alles Verstehen von „unmittelbar" Unverstandenem, einverleibende Vereinfachung. Alles „Besser"-Verstehen ist zugleich, weil es die entschiedenere Abbreviatur ist, als Abbilden in der *eigenen* Sprache, auf die man sich versteht, der tiefere „Irrtum". Das „Zeichen selber" statt seiner „Abkürzung" zu verstehen aber hieße, nicht nach seiner Bedeutung zu fragen, zu verstehen, ohne zu fragen, *wie* man hier zu verstehen habe.

Wenn Nietzsche „alle Bewegungen" „Gebärden" und damit Zeichen nennt, „wodurch sich die Kräfte verstehen", meint er zunächst das „unorganische" „unmittelbare" Verstehen *ohne* Interpretation und damit ohne Irrtum. Zu diesem „mechanischen" Verstehen hat die Mathematik einen Zugang, denn in ihm liegen die „Bedeutungen" in dem Sinne fest, daß sich die Frage nach ihnen nicht stellt. Die Variablen stehen für „unmittelbar" verstandene Zeichen, so daß das *Problem* des Verstehens, das sich dem Organischen und dem Intellekt stellt, nicht erst aufkommt. Wenn es aufkommt, ist die Grenze der Mathematisierbarkeit gegeben. Besser würde man, von Nietzsches Wortlaut abweichend, sagen: Überall, wo sich das *Problem* des Verstehens nicht stellt, stellt sich auch nicht das Problem, auf eine *Art* des Verstehenkönnens festgelegt zu sein. Es stellt sich nicht das Problem der „inneren Form" des Organischen und damit nicht die Notwendigkeit, etwas *als* Organisches zu verstehen, d. h. als etwas, das artspezifische *Probleme des Weltumgangs* und damit „seine Zeit"

[4] Nietzsche: a. a. O., [28]

[5] Nietzsche: N VIII 5 [11]

[6] Nietzsche: N VII 34 [249]

hat. Es stellt sich nicht das Problem der Erhaltung dieser Art, der Behauptung des Welt*bildes*, der Selbst-Behauptung.

Einen Text ohne Interpretation verstehen zu können, wäre die Möglichkeit, ihn ohne den Hauptsinn der Selbstbehauptung – ohne „Ressentiment“ – verstehen zu können. Es wäre die Wiederholung eines vororganischen Verstehens von Kräften, „*der völlig gleiche Verlauf*“, *aber*, als seine Wiederholung im Intellekt, „*die höhere Ausdeutung des Verlaufs!!* Die mechanistische Einerleiheit der Kraft, aber die Steigerung des Machtgefühls! ‚Das zweite Mal‘ – aber es gibt kein ‚zweites Mal‘“[7]. – Es wäre, als Wiederholung des vororganischen Verstehens zwischen Kräften nach dem „Irrtum des Organischen“, das Gefühl, eine eigene Art des Verstehens, ein schemagebundenes Verstehen und damit den grundsätzlichen Irrtum in allem Verstehen nicht mehr nötig zu haben, als das Gefühl, das andere im anderen unmittelbar, d. h. ohne *aneignende* Vermittlung verstehen zu können. Ein solches „zweites Mal“ „gibt“ es aber nicht, weil jedes Jetzt schon eine neue Perspektive bedeutet.

Der *Gedanke* der ewigen Wiederkehr des Gleichen *denkt* die Wiederkehr eines „anorganischen“, nicht einverleibenden „Verstehens“, das ein Stehenlassen des anderen ist. Er *bejaht* sie und hat allein darin die Stärke, das andere in *seiner* Art, das Fremde als Fremdes, als Individuum *unter* dem untersten, also konkretesten, aber als *Begriff* doch immer noch von mir aus gedachten Begriff anzuerkennen. Es ist der „schwerste“ Gedanke, der die meiste Kraft erfordert, ein „kaum möglicher“ Grenzbegriff und als Denken *unseres* Verstehens in Analogie zum Anorganischen eigentlich eine Metapher.

Man meidet den Irrtum, wenn man *mit ihm* unterzugehen droht, aber man hält doch im Interesse der Selbstbehauptung der eigenen Perspektive an ihm fest, solange es möglich ist. Irrtümer werden wie sinkende Schiffe verlassen, in der Hoffnung, daß sich tragfähigere, „gründlichere“ Hypothesen anbieten, die allerdings wieder zu Irrtümern werden können.

---

[7] Nietzsche: N VIII 1 [119]

# 30. Philosophische Fragen

Ob es so etwas wie z. B. „Dinge an sich“, einen „Kausalnexus“ oder z. B. auch etwas, das durch „ich“ „richtig“ bezeichnet wird, „gibt“, hängt von dem jeweiligen *philosophischen* Kontext ab, in dem solche Fragen Sinn haben und der durch das *Urteil*, es „gebe“ „so etwas“ bzw. es „gebe“ „so etwas“ nicht, *in sich* plausibel ist. Es hängt von der in diesem Kontext behandelten Frage und der Art ihrer Beantwortung ab. Daß der Kontext solcher Fragen philosophisch ist, ist dasselbe wie der Umstand, daß man außerhalb der Philosophie nach „so etwas“ nicht fragt bzw. daß man solche Fragen als philosophische bezeichnet, um eine Richtung ihrer Beantwortung anzugeben.[1]

Die Angabe der Richtung soll denen, die so nicht zu fragen pflegen, sagen, daß es doch *Zusammenhänge*, in denen dies ernste Fragen sind, „gibt“, in die man, wie in andere, durch *Bildung* finden kann. Wie alle Fragen stellen auch sie sich aus bestimmten, *besonderen* Zusammenhängen, aus deren innerem Verständigtsein in etwas anderem, aus der esoterischen Besonderheit eines „im allgemeinen“ funktionierenden Sprachspiels. Daß Philosophie nur durch und als Bildung zu verstehen sei, die als solche Entfremdung ist,[2] kann kein Einwand gegen sie sein.

Vor allem sind philosophische Fragen nicht durch „Beispiele“ zu erläutern, die im Ernst *keine* Fragen enthalten. Wenn man fragt, was Gerechtigkeit sei, kann man nicht einen Vergleich zur Gesundheit ziehen und, wie Sokrates, sagen, die kranke, ungerechte Seele müsse *analog* zum kranken Leib behandelt werden. So wie das Wissen um die Medizin eine bestimmte Kunst von Wissenden

---

[1] Vgl. Nietzsche: N VIII 2 [61], VIII 14 [122]

[2] Vgl. R. Rorty: Der Spiegel der Natur. Eine Kritik der Philosophie, Frankfurt/M. 1981, 387 ff. – Vgl. Hegel: Phänomenologie des Geistes, „Der sich entfremdete Geist; die Bildung“

sei, in deren Behandlung man sich um der Gesundheit willen begebe, sei auch das Wissen um Gerechtigkeit eine bestimmte Kunst. Der *Unterschied* zwischen Gesundheit und Gerechtigkeit besteht aber gerade darin, daß man mit der Frage, an wen man sich wegen der Gesundheit wenden solle, im allgemeinen keine Probleme hat, wohl aber hinsichtlich der Gerechtigkeit. Philosophische Fragen ergeben sich, wenn man etwas nicht versteht, gerade weil man einiges *auf eine bestimmte Weise* versteht und daran nicht zweifelt (nicht zweifeln *kann*). Die Lösung der philosophischen Fragen setzt die Auflösung gewisser Fraglosigkeiten voraus, z. B. die Auflösung gewisser Grundeinteilungen, an deren Berechtigung zu einer bestimmten Zeit kein Zweifel bestand.

Insofern lösen sich philosophische Fragen „mit der Zeit", nämlich dann, wenn sich bisher Unbezweifeltes, bisher Unbezweifelbares auflöst. Sie lösen sich dadurch, daß dies geschieht und geschehen *kann*, weil sich inzwischen anderes anbietet, nicht dadurch, daß „jemand" sie rein von sich aus löste. Nietzsche spricht von der „*Überwindung der Philosophen* durch *Vernichtung* der Welt des Seienden"[3]. Die Vorstellung eines isolierten *Subjekts* der Lösung wird abgelöst durch die Vorstellung einer *aufkommenden* Fähigkeit, anders als bisher *interpretieren* zu können, durch das Aufkommen einer „Morgenröte" in dieser Hinsicht. Sokrates' Erfindung des Philosophen als des Fachmanns für das Gerechte und Gute war schon die Erfindung des *Subjekts* des Allgemeinen, d. h. des Subjekts gegenüber *allem* Erdenklichen. Die Fähigkeit zu anderer Interpretation ist ausgeschlossen, solange Zeichen als Zeichen für „Seiendes" gelten und damit „Sein" als das Gemeinsame von allem Bestimmten gilt und nicht die „Bildung" der Personen, durch die es jeweils zur Geltung einer bestimmten Interpretation für die *so und nicht anders* Interpretierenden gekommen ist. Philosophische Fragen lösen sich durch Um-Bildung, insofern sie an der Zeit ist. Das ist kein Relativismus. Die Philosophie des Zeichens enthält durchaus eine Ethik, aber einschließlich einer Ethik der Philosophie.

---

[3] Nietzsche: N VIII 9 [60]

## 31. Zeichenwahrheit und Seinswahrheit

Der Einwand, auch Zeichen *seien* und insofern sei „Sein“ *der* Grundbegriff, übersieht, daß „Sein“ zunächst ein Zeichen ist. Der Satz „Gott ist“ interpretiert „Gott“. Ein Gottesbeweis sucht einen konkreten Mittelbegriff zwischen den Begriffen „Gott“ und „ist“, um „Gott ist“ als notwendigen Satz darzustellen, z. B. „Gott ist vollkommen; Vollkommenes ist (als Einheit aller positiven Prädikate, einschließlich der Existenz im Unterschied zum „bloßen“ Gedachtsein); also ist Gott“. Wem dies noch nicht als notwendig erscheint, dem kann man dadurch weiterhelfen, daß man weitere Mittelbegriffe einfügt, z. B.: „Gott ist M; M ist vollkommen; Vollkommenes ist N; N ist; also ist Gott“. So kann man ad infinitum texterzeugend verfahren, *solange*, bis man die Akzeptanz bei dem Adressaten erreicht hat. Das Entscheidende ist, daß auf diese Weise ein Satz formuliert wird, der die Form hat, „ist“ zum Prädikat und nicht nur zur Kopula zu haben, und der *in dieser Form* unmittelbar akzeptiert wird. Er ist in ihr dann unmittelbar verstandenes Zeichen. Anders als in solch einer sich zum anderen Verstehen „herablassenden“ Form gelingt kein Existenzbeweis. Also steht die (Form der) Bezeichnung *vor* dem Sein; „Sein“ ist als „innere“ Notwendigkeit gedacht.

Eine Aussage gilt als *falsch*, wenn sie *als* nur subjektiv bestimmt ist, als Aussage aus einer bestimmten Sicht, d. h. wenn sie ihrerseits aus einer anderen, von dieser verschiedenen Sicht in ihrer Bedingtheit interpretiert wird. Man kann dann den *Grund* des Irrtums angeben. Als *wahr* gilt sie, wenn keine andere Sicht möglich erscheint, „wenn man es so sehen muß“ – die absichtliche Unwahrhaftigkeit, d. h. die absichtliche Verstellung der Zeichen ausgenommen. Die Sicht, aus der keine andere möglich erscheint, ist die in sich vernagelte Sicht. Hier liegt das Motiv für Descartes' „bösen Geist“, der mich täuschen könnte, gerade wo *ich wie an mir selbst* nicht zweifeln *kann*. Die „wahre Sicht“ ist die letzte Position, die zwar andere Positionen, aber nicht sich selbst in ihrer Besonderheit bzw. sich *noch nicht* als besondere begreifen kann. Sie übersteigt „ihre Wahrheit“ nur, wenn sie sich vorgreifend doch als auch nur eine besondere, als auch nur eine andere begreift, also nur negativ. (Hegels dialektisches Grundprinzip, daß das Negative nicht nur nichts sei, *ist* schon „absolute Idee“.[1])

Unwahrhaftigkeit besteht im Wählen von Zeichen, die aus eigener Sicht andere täuschen können, weil sie *einem selbst* nicht als Wahrheit erscheinen, d. h. einem selbst nichts besagen (z. B. zu sagen, ich habe keine Schmerzen, wenn man eine Empfindung doch als Schmerz versteht). Ihr Gegenteil ist nicht, *die* Wahrheit zu sagen, sondern das zu sagen, was aus eigener Sicht als Wahrheit erscheint, und das ist das, was man *sich selbst* auf die Frage nach der Bedeutung gewisser Zeichen sagen kann. Die Unwahrhaftigkeit besteht darin, etwas als Erklärung der Bedeutung gelten zu lassen, was *einem selbst keine* Erklärung ist. Aber auch sie ist eine Antwort auf eine Konstellation zu *anderem* Verstehen.

Unwahrhaftigkeit sagt, als Antwort auf das Dasein des anderen, was einem selbst nichts besagt, um sich dessen Versuch zu verstehen zu entziehen. Sie *will* die Differenz, aber von sich aus, d. h. sie will sie *bestimmen*. In diesem Sinne ist bewußte Verabsolutierung des eigenen Standpunktes *als des bestimmenden* unwahrhaftig.

Es war Parmenides' Einfall, das unbedeutende Sein zum Inbegriff von allem zu erklären. Unbedeutend ist etwas, wenn es mit ihm nichts auf sich, wenn es keine „Bewandtnis“ hat. Man denkt an ein Sein, das nicht für Menschen ist, das überhaupt nicht Sein *für* ..., sondern „schlicht“ und unverstanden ist, weil man jeden Verstehenden wegdenkt, wie z. B. bei etwas vor seiner Entdeckung. Es fehlt dann jede *Perspektive* auf das Sein. Seit Parmenides gilt Perspektive als unwahre, zumindest als unzulängliche Betrachtungsweise. Der Betrachter denkt sich (seine „Subjektivität“) im Gedanken des Seins selbst weg. Kant dachte, daß dies nur möglich sei unter Kategorien, die *statt* des „subjektiven“ Bezuges, *aber von diesem ausgehend*, einen „objektiven“ Bezug

[1] Vgl. Hegel: Wissenschaft der Logik, a. a. O., II, 495

von Gegenständen *zueinander* denken – aus dessen Zusammenhang sich das Subjekt damit „selbst" herausnimmt – z. B. unter der Kategorie der Kausalität ein von der subjektiven Wahrnehmung *unterschiedenes*, „objektives" Nacheinander. Parmenides wollte dagegen konsequent *alle* Bestimmtheit vom wahren Sein fernhalten. Aber auch dies ist ein Gedanke, ein Einfall (des Parmenides), es ist etwas Besonderes, das mit Parmenides begann. Man kann nicht genug staunen über den Gedanken eines bewandtnisfreien, für niemanden und für nichts „etwas" bedeutenden, unterschiedslosen Seins, der dann zu denken erlaubt, *das Sein* werde mittels der Zeichen in einer seine Einheit verfälschenden Weise eingeteilt, und der insofern ein erkenntnis- und sprachkritischer Gedanke ist.

Von ihm her muß sich andererseits aber konsequenterweise *jedes* Reden über das Sein als unwahres Gerede zurücknehmen. Schon Platon dachte deshalb das unbestimmte Sein von der Idee her als Schein. Das Sein erhielt dadurch, wenn es *wahr* sein sollte, wieder Bestimmtheit. Aber in parmenideischer Tradition wurden nun die Ideen als Grund der Bestimmtheit, wieder als Seiendes, als das Seiende jenseits aller Bezüge zum Menschen gedacht, nicht als Zeichen, sondern als gegen seine Bezeichnung gleichgültiges Bezeichnetes. Im „Kratylos" wird gefragt, ob die Namen „richtig" seien, d. h. ob die Zeichen dem Sein entsprächen oder ob sie nur willkürlich vereinbart seien, und es wird nicht gefragt, ob man nicht von dem Bezeichneten nur reden könne, weil man *die Zeichen verstehe*, d. h. von Zeichen zu Zeichen übergehe, statt auf ein einzelnes fixiert zu sein. So aber *ist* es. *Daß* es so ist, ist die Bedeutung von Sein, und daß das Verstehen immer von einem Jetzt und nicht von einem *Ende* der Zeit aus geschieht – Hegel spricht vom „selbstbewußten *Jetzt*" in der „Kraft des Sprechens als eines solchen"[2] –, ist der Zusammenhang von Sein und Zeit.

Die Philosophie sah sich zu aller Zeit in der Notwendigkeit, Sein als ein „unerschütterliches Fundament" zu *erschließen*, zunächst über Gottesbeweise, dann in einer Kombination des cogitosum mit Gottesbeweisen. „Beweise" setzen aber Prämissen voraus, an denen „zur Zeit" des Schließens kein Zweifel besteht,

---

[2] Hegel: Phänomenologie des Geistes, a. a. O., 362 f.

„zur Zeit“, d. h. für das betreffende Subjekt, und d. h., daß sich für es ein Mittelbegriff *findet*, der im Schlußsatz nicht vorkommt, mit dem man aber, wenn man einen geeigneten gefunden hat, auch schon die Prämissen gefunden hat, aus denen sich der Schlußsatz dann notwendig ergibt. Der Mittelbegriff: „etwas, über das hinaus Größeres nicht gedacht werden kann“ vermittelt im ontologischen Gottesbeweis zwischen „Gott“ und „existiert notwendig“. Obersatz: Gott ist das, demgegenüber Größeres nicht gedacht werden kann. Untersatz: Das, demgegenüber Größeres nicht gedacht werden kann, existiert notwendig, weil seinem *Begriff* nach. Schlußsatz: Gott existiert notwendig.

Daß „ich“ den Mittelbegriff denke, bedeutet, daß ich in ihm „Existenz“ denke, *wenn* das Denken der „Existenz“ des Gedachten „mehr“ sein soll als dessen Gedachtsein ohne die Existenz, d. h. *wenn diese Voraussetzung gemacht wird.*

„Ich“ muß sie aber nicht machen, wie Kant zeigt, d. h. „ich“ kann auch anders denken; „ich“ kann den Begriff des vollkommenen, das Nichtsein ganz aus sich ausschließenden Seins *so* fassen, wie es der ontologische Beweis tut, „ich“ kann aber auch *sagen*, wie Kant es in seinem „kritischen“ Ansatz tut, daß die Existenz von etwas nicht zu dessen *begrifflichen* Bestimmungen gehöre. Es kommt also darauf an, wie „ich“ es jeweils verstehe, indem „ich“ in einem „Beweis“ Zeichen durch andere Zeichen so ersetze, daß für mich, nach *meiner* Lesart oder Interpretation, die Bedeutung dieselbe bleibt. Denn daß verschiedene Zeichen dieselbe Bedeutung hätten, hängt an der Lesart der Zeichen, d. h. daran, daß mir in meinem Horizont die neuen (für bestimmte Zwecke) als *besser* erscheinen als die zuerst gegebenen, mit denen sie *dadurch* als bedeutungsgleich *gesetzt* werden.

Sein ist erschlossenes Sein, und alles Schließen erfolgt vermittelst eines Mittelbegriffs, der so ausgelegt wird, daß er in seinen Merkmalen die Vermittlung leisten kann. Sein erschließt sich also vermöge dieser Auslegung, in der ein Zeichen eine bestimmte Deutlichkeit erlangt, nämlich die, in der es für den gegebenen Zweck des Schließens als deutlich genug erscheint. Die Vernunfttätigkeit des Schließens kann daher, wie Kant aufweist, keine objektive (notwendig für alle geltende) Gültigkeit erlangen, also auch nicht als Erschließung von Sein.

## 32. Kant über Zeichen und Sein, Sinnlichkeit und Verstand

Nach Kant erschließt das Subjekt im Ausgang von der subjektiven Wahrnehmung objektive Erfahrung dadurch, daß es Gegebenes in der Anwendung einer der Kategorien des Verstandes *als* bestimmt *ansieht*, d. h. darin mit seiner Bestimmung zum Schluß kommt. Damit erhebt Kant kritisch das *Ansehen als* zum Prinzip für Objektivität. Sie ist damit auf Erscheinungen (und nicht auf Sein) bezogen, und der Gedanke, die Erscheinungen müßten doch die Erscheinungen von Seiendem sein, ist nur noch in der Notwendigkeit des subjektiven Denkens begründet, weil „das Wort Erscheinung schon eine Beziehung auf etwas anzeigt“[1]. Es entspricht darin dem *Wort* „Zeichen“, und die *Wirklichkeit* der Beziehung besteht darin, daß das Subjekt die Erscheinung für Realität nimmt, d. h. *sich* auf sie, wie sie ihm jetzt deutlich geworden ist, verläßt. Sie ist *ihm* darin zur Zeit (fürs Handeln) deutlich genug. Anderenfalls *bleibt* das Ansehen *als* bestimmt bloß „Meinung“ und damit kommunikabel.

Wenn Kant auch keine explizite Zeichentheorie entwickelt hat, so hat doch niemand so bestimmt wie er den Zusammenhang von Zeichen und „Erkenntnis“ erfaßt, nämlich in der *Unterscheidung* zwischen mathematischen und (allen) anderen Zeichen. Die Zeichen der Mathematik sind nach Kant „sinnliche Erkenntnismittel“, in deren Gebrauch man „mit derselben Zuversicht, wie man dessen, was man mit Augen sieht, versichert ist, auch wissen“ kann, „daß man keinen Begriff aus der Acht gelassen, daß eine jede einzelne Vergleichung nach leichten Regeln geschehen sei usw. Wobei die Aufmerksamkeit dadurch sehr erleichtert wird, daß sie nicht die Sachen in ihrer allgemeinen Vorstellung, sondern die Zeichen in ihrer einzelnen Erkenntnis, die da sinnlich ist, zu

[1] Kant: Kritik der reinen Vernunft, A 252

gedenken hat. Dagegen helfen die Worte, als die Zeichen der philosophischen Erkenntnis, zu nichts als der *Erinnerung* der bezeichneten allgemeinen Begriffe. Man muß ihre Bedeutung jederzeit unmittelbar vor Augen haben. Der reine Verstand muß in der *Anstrengung* erhalten werden, und wie unmerklich entwischt nicht (nur) ein Merkmal eines abgesonderten Begriffs, da nichts Sinnliches uns dessen Verabsäumung offenbaren kann; alsdann aber werden verschiedene Dinge für einerlei gehalten, und man gebiert irrige Erkenntnisse."[2]

Das mathematische Zeichen *bedeutet nichts anderes* als das, was im Zeichen *gegeben* ist. Es bedeutet nur eine den Unterschieden der Zeichen entsprechend *unterschiedene* Bedeutung, ohne zu sagen, *was* sie je bedeute. Der Begriff *entsteht* erst durch seine Bezeichnung, z. B. der Begriff des Kreises dadurch, daß zumindest in der Einbildungskraft ein Kreis wirklich als dieser einzelne Kreis gezeichnet wird. Es ist nichts *weiter* dabei zu denken. *Alle* möglichen Merkmale des Begriffs sind in dessen Zeichen ihrerseits bezeichnet. Aus dieser Gleichzeitigkeit der Anwesenheit wird dann in der „Kritik der reinen Vernunft" die Anschauung im Raum, in dem die Geometrie ihre Begriffe konstruiert, indem sie sie in *allen* ihren Merkmalen lückenlos oder kontinuierlich *bezeichnet*. Das dehnt Kant ausdrücklich von der Geometrie auf die „Buchstabenrechnung" aus[3]. Auch hier steht alles sinnlich deutlich *da*, was zum Denken benötigt wird, etwa im Unterschied zum Rechnen mit Zahlen, bei dem die Werte für die irrationalen Zahlen nur andeutungsweise oder symbolisch hingeschrieben werden können. *Worte* sind dagegen generell Zeichen für Begriffe, deren Merkmale nicht (alle) zugleich bezeichnet sind, so daß dem Denken *eigene* „Anstrengung" übrig bleibt. Irrtum, aber damit eigentlich auch dessen Gegenteil, Wahrheit wird so erst möglich: Man nimmt das, was da steht, *für* den ganzen Begriff, das Zeichen *für* die Sache. Der Begriff des Allgemeinbegriffs besteht in der *Negativität* der Beziehung zwischen Zeichen und Sache, darin, daß *gewußt* ist, daß das Zeichen mit seiner Struktur nicht auch schon die einer Sache vorstellt, daß *seine* Möglichkeit nicht auch

---

[2] Kant: AA II, 291 f. Herv. und Klammerzusatz v. Vf.

[3] a. a. O., 292

schon für die *Möglichkeit einer Sache* steht, d. h. daß die Sache nicht sinnlich gegeben, sondern zu *denken* ist.

Der Ort dieses Denkens ist der Verstand. Er ist seinerseits gedacht als das subjektive Vermögen der *Unterscheidung* zwischen Zeichen und Bedeutung oder des in seinem Charakter als *bloßes Ansehen* reflektierten Ansehens der Sache *als bestimmt* in der gegebenen Form des Urteils als Form einer abgeschlossenen Erkenntnis. Der Verstand ist gedacht als das Bewußtsein der Arbitrarität des Zeichens, demgemäß das Zeichen *nicht* mit dem Bezeichneten gleichgesetzt, sondern von ihm unterschieden wird. Der Verstand ist das Wissen, daß gar nicht alle Merkmale und alle Merkmale von Merkmalen bezeichnet sein können, weil sie nicht alle gegeben sein können. Somit ist er, als Denken des Nichteinzelnen oder Allgemeinen, das Vermögen der Diskursivität, des Denkens über das gegebene Zeichen hinaus, das, als in der Anschauung Gegebenes, etwas einzelnes ist. Der Verstand ist das Vermögen des Weiterdenkens auf der Grundlage des Bewußtseins der Vorläufigkeit des jeweils Gedachten und in Zeichen Gefaßten. Er *artikuliert* den Gedanken, indem er ihn bezeichnet und sich zugleich von der Identifizierung des Gedachten mit einem Bezeichneten abstößt.

Damit ist aber auch gedacht, daß der Verstand als dieses Vermögen an kein Ende kommen *kann*. Er denkt über *jede* Zeichensequenz hinaus und bleibt damit in dem, „was" er denkt, unsicher. Er ist schon, wie Leibniz feststellt, unsicher darin, ob das, was er gedacht hat, beim Weiterdenken überhaupt „möglich", d. h. widerspruchsfrei *bleibt*, und damit ist er unsicher, ob er überhaupt „etwas" denkt. Die „Bedeutung des Wortes" bleibt in der Zeit eine unsichere Angelegenheit, aber an ihr muß der Verstand dennoch ansetzen, z. B. wenn gesagt wird, daß „Körper von einander *entfernt*" seien, „wenn sie einander *nicht berühren*"[4]. Ein Wort erklärt das andere, aber gegeben sind nur die Zeichen, und eine hinreichende Bestimmung der Bedeutung gelingt nur, wenn das Zeichen, das die Erklärung darstellen soll, *zur gleichen Zeit* selbst nicht erklärungsbedürftig ist. Sie gelingt in diesem Sinne

[4] a. a. O., 288

nur zufällig. Sonst muß der Diskurs weitergehen, solange, bis (zu-fällig) ein Zeichen als deutlich genug erscheint.

Wenn *nur* die Mathematik dieser Zufälligkeit und Zeitbedingtheit nicht ausgesetzt ist, liegt das nach Kant daran, daß sie die Zeichen im strikten Sinn *für* die Sachen nimmt, ohne zu fragen, „was" dabei bzw. darüber hinaus zu denken sei. Die größte Gefahr besteht daher nach Kant, im Gegensatz zu allem Platonismus, in der Verwechslung der philosophischen (einschließlich der naturwissenschaftlichen) *Methode* mit der der Mathematik. Selbst die in der „Kritik der reinen Vernunft" durchgeführte Analyse der Natur des Verstandes und seiner Kategorien geschieht nur „bis auf den Grad ..., welcher in Beziehung auf die *Methodenlehre hinreichend* ist"[5]. Sie kann nicht bis zu einem „natürlichen" Ende, nicht bis zu einem adäquaten Begriff vom Verstand durchgeführt werden, weil „Verstand" ja kein mathematischer Begriff ist, der durch die Bezeichnung erzeugt würde. Die Analytik des Verstandesvermögens dient der Methodenlehre als der Unterscheidung zwischen Zeichen in und außer der Mathematik.

Außer ihr reihen sich Zeichen (diskursiv) an Zeichen, im Prinzip ohne Ende, d. h. ohne endgültigen Übergang in ihre Bedeutung. Die Bedeutung eines Zeichens ist das Zeichen, das, weil es *zu gegebener Zeit besser* als das zuerst gegebene erscheint, an dessen Stelle gesetzt wird. Die Philosophie macht keine Begriffe „*ad esse*", sondern nur „*ad melius esse*"[6], und der Verstand ist der Ort, in dem das neue Zeichen als besser *erscheint*, ohne daß er wieder über ein allgemeines Kriterium dafür verfügte, daß es besser *sei*. Er muß es damit versuchen, und er *bleibt* im Versuch. Darin ist er endlich, nicht archetypisch, sondern ektypisch. Er denkt im Denken seiner selbst als eines Vermögens wesentlich einen *anderen* Verstand, der es besser machen könnte als er selbst, d. h. er denkt *sich* als problematisch, als Vermögen des Fürwahr*haltens* und nicht der ausgemachten Wahrheit. Dementsprechend denkt er in kritischer Analyse seines Vermögens seine Kategorien, in denen er seine Urteile sich seinem Horizont gemäß bildet, als Formen des Ansehens von etwas „*als* bestimmt", und dieses „Ansehen als" stellt die der verdeutlichenden *Analyse*, die im

---

[5] Kant: Kritik der reinen Vernunft, B 108, Hervorh. v. Vf.

[6] a. a. O., B 759 Anm.

Prinzip ohne Ende weiterzuführen wäre, entgegenarbeitende *Synthese* des *pragmatisch* zu Ende kommenden „objektiv gültigen" Urteils dar.

Die *Unterscheidung* der Zeichen von denen der Mathematik, d. h. von Zeichen, die die Sachen selbst vorstellen, führt zu einem Begriff von Zeichen, denen nicht mehr Seiendes entsprechen soll, sondern nur noch die *Position* eines Verstehens gegenüber *anderem* Verstehen, aus dem *Selbstbewußtsein*, daß *jede* Position, als ektypische, sich dem Einwand anderer Position aussetzt. Sie bleibt in diesem Sinne eine ausgesetzte, sich selbst der Kritik aussetzende Position, und darin bleibt sie kommunikabel. Kritik bedeutet die Aussetzung des ontologischen Anspruchs im Denken außerhalb der Mathematik als des einzigen Bereichs, in dem die Zeichen in ihrer Isomorphie mit den Sachen schon die Sachen selbst sein sollen.

Insofern ist *Sein* nur zu denken als Identität von Form. Im mathematischen Zeichen *ist* die Form im Zeichen *fertig* anwesend, d. h. sie ist darin, daß das Zeichen geformt ist, selbst gegeben. Zeichen und Sache werden *in einem* zu Ende geformt, also alles, was das Zeichen bedeuten soll, wird selbst bezeichnet. Es ist insgesamt oder *vollkommen* anwesend, wie z. B. der Kreis *im* gezeichneten Kreis, das Allgemeine *im* einzelnen. „Sein" ist die Identität von einzelnem und Allgemeinem, und nur in Analogie zum Mathematischen kann darüber hinaus von Sein die Rede sein.

Kant hat schon früh darauf hingewiesen, daß diese Analogie nicht trägt. Das Mathematische bleibt das einzige Paradigma der Ontologie, und Irrtum entsteht durch Mißachtung dieses Umstandes. Schon die *Anwendung* der Mathematik auf Nichtmathematisches, bei der für die Buchstaben der „Buchstabenrechnung" Meßwerte eingesetzt werden, ist nur möglich, indem auch die Mathematik, wie bei den irrationalen Zahlen, die genannte Identität aufgibt. Eine irrationale Zahl ist kein Zeichen, das sie so bezeichnete, daß der Wert am Zeichen im System ganzer Zahlen abzusehen, abzuzählen wäre. Das Zeichen bleibt Aufgabe und die Mathematisierung gelingt nur insoweit, als es für bestimmte praktische Ansprüche an Genauigkeit *als hinreichend* erscheint.

So ergibt sich die Einsicht, „daß nichts der Philosophie schädlicher gewesen sei als die Mathematik, nämlich die *Nachahmung* derselben in der Methode zu denken"[7]. Außerhalb der Mathematik, in der gewöhnlichen Sprache und damit auch in der Philosophie wäre ein Begriff vollkommen deutlich, wenn die verdeutlichenden Begriffe oder die Merkmale des Begriffs zuletzt „unauflösliche", nicht mehr weiter zu verdeutlichende Begriffe wären, also einfache Ideen. „Allein man sieht gleich zum voraus, daß es unvermeidlich sei, in der Zergliederung auf unauflösliche Begriffe zu kommen, die es entweder an und für sich selbst oder für uns sein werden, und daß es deren ungemein viel geben werde"[8], ja die „Entdeckungen" in dieser Hinsicht „werden niemals ein Ende nehmen"[9].

Man wird also kaum eine *Übersicht* über solche Grundbegriffe erlangen, um dann auf dieser „Grundlage" alle anderen Begriffe definieren zu können, und die *Kritik* Kants bezieht sich im Grunde schon in der sogenannten vorkritischen Zeit auf die Erschleichung eines Standpunktes allgemeiner Übersichtlichkeit, den man vor anderen einnehme. Der subjektive Faktor bleibt schon angesichts gegebener Unübersichtlichkeit, die eine Auswahl verlangt, unaufhebbar, und wenn Kant sich auch gegen die Position von Crusius wendet, nach der „kein anderer Grund der Wahrheit könne angegeben werden, als weil man es unmöglich anders als für wahr *halten* könne"[10], dann bedeutet das, daß „das Gefühl der Überzeugung", es mit „unerweislichen", nicht noch weiter zu begründenden Erkenntnissen zu tun zu haben, nur „ein Geständnis, aber nicht ein Beweisgrund davon, daß sie wahr sind", sei[11]. Wir unterscheiden zwar zwischen „an und für sich selbst" und nur „für uns" unauflöslichen Begriffen, die am Ende jeder Erklärung von etwas als Antwort auf die Frage nach der Bedeutung von *Worten* stehen müssen. Aber wir haben, wenn ein Begriff „für uns" unauflöslich erscheint, kein allgemeines Kriterium für diese Unterscheidung und kommen über das, was „für

[7] Kant: AA II, 283

[8] a. a. O., 280

[9] a. a. O., 281

[10] a. a. O., 295; Hervorh. v. Vf.

[11] a. a. O.

uns" unauflöslich ist, unmöglich hinaus. So bleibt es dabei, daß die „Zeichen der philosophischen Betrachtung ... niemals etwas anders als Worte" sind[12].

Ob das in der Mathematik zuletzt anders ist, d. h. ob ein Beweis der Widerspruchsfreiheit eines formalen Systems, in dem mit endlich vielen Zeichen operiert wird, mit den Mitteln dieses Systems selbst möglich ist, ist nicht entscheidend dafür, daß die Philosophie wenigstens sich gegen eine solche Möglichkeit methodisch abzugrenzen hat. In der Philosophie gibt es jedenfalls *„unzählige"* *„unauflösliche Begriffe und unerweisliche Sätze"*[13], so daß in ihr die Subjektivität nicht zu beheben ist. In ihr könnte ein Begriff, der „unauflöslich" zu sein scheint, „an und für sich selbst" auflöslich sein, wenn nur die dazu geeigneten explizierenden Begriffe „gegeben" wären bzw. dem Subjekt einfielen. Die Philosophie kann sich methodisch nicht an der Vorstellung orientieren, daß eine *Übersicht* über solche Begriffe bestünde, so daß man in dieser Beziehung sicher sein könnte.

Damit ist aber auch der Cartesische Satz „cogito ergo sum" als notwendig gewisser Satz kritisiert. Ob er eine „notwendige Verbindung" (conjunctio necessaria) ausdrückt oder nicht, bleibt unentscheidbar. Er bleibt, wie jede Zeichensequenz, von nur subjektiver Gewißheit, die besteht, solange nicht gefragt wird, was denn, wenn schon aus dem „cogito" analytisch das „sum" folge, dann das „sum" bedeute. Wenn die Zeichen Worte sind, besteht eine Folgebeziehung ja nur unter der *Voraussetzung* der Eindeutigkeit bzw. der Vollständigkeit der Bezeichnung.[14] Kant stellt bekanntlich diese Frage und antwortet, daß es sich keineswegs um eine denkende *Substanz* handeln könne, da die Kategorie der Substantialität eine der Formen sei, in denen wir unsere Urteile dadurch zu Ende bringen, daß wir in ihnen etwas „als bestimmt" *ansehen*[15]. Das Subjekt ist dabei niemals selbst zu bestimmen, sondern gerade das Subjekt des Ansehens von etwas *als* bestimmt, d. h. des Ansehens von etwas *als* etwas. Man kann nicht sagen, daß es als Subjekt *sei* (existiere), weil es eben das Ansehen von etwas *als* etwas unter einer genannten Bestimmung Existierendem

[12] a. a. O., 278

[13] a. a. O., 279

[14] Vgl. hierzu: Descartes: Regulae ad directionem ingenii, XII 13, 27

[15] Kant: Kritik der reinen Vernunft, B 128; Hervorh. v. Vf.

„ist", und auch dieses letzte „ist" bedeutet den subjektiven *Versuch* zu sagen, „was" das Subjekt sei. Subjektivität „ist" also der Zeichenprozeß selbst, insofern er an kein definitives Ende kommt, auch nicht in der „Reflexion" auf „sich selbst". Sie besteht gerade darin, daß auch die philosophische Reflexion der Subjektivität eben doch „nur" Philosophie ist und nicht Mathematik, und daß auch ihre Zeichen „niemals etwas anders als Worte" sein können. So können die Zeichen auch niemals so *geformt*, d. h. intern aufeinander bezogen sein, daß an ihnen selbst die Form eines Bezeichneten abzulesen wäre. Subjektivität bedeutet, paradox geredet, das Sichverstehen in und auf *unendliche* Verdeutlichungsdiskurse, einschließlich der diskursiven Klärung, „was" Subjektivität „sei".

Zeichen, die weder mathematisch noch „Worte" sind, sind nach Kant z. B. die Zeichen der (pragmatischen) Menschenkenntnis. Der „natürlichen (nicht bürgerlichen) Zeichenlehre" oder *semiotica universalis* entnimmt er den Begriff des „Charakters"[16]. Darunter versteht er „Unterscheidungszeichen" an Menschen für andere Menschen, für den Umgang miteinander und mit allem anderen, sowohl in der Unterscheidung von allem anderen, z. B. durch den „aufrechten Gang" als Verstehen, *was* ein Mensch sei, wie auch der „verschiedenen Charaktere" gegeneinander, so daß man von diesen Zeichen her erkennt (meint oder in einer für das Handeln hinreichenden Gewißheit glaubt), ob man es überhaupt mit einem Menschen und wenn, mit *was für einem* Menschen man es zu tun habe. Eigentliches Wissen und damit Wissenschaft ist auf dieser Basis nicht möglich, weil man solche Orientierungszeichen nicht in allgemeingültige Begriffe übertragen und folglich das Verstehen ihrer Bedeutung auch nicht *objektiv*, d. h. auf *allgemein* zu verstehenden Symbolen begründen kann. Wenn man sich auch pragmatisch im Verständnis dieser Zeichen und Charaktere einrichtet, kann man doch in einer endlichen Begriffsfolge nicht sagen, *was* sie bedeuten. Die „Anthropologie in pragmatischer Hinsicht" betont die Unsicherheit in diesem Zeichenverstehen. Sie warnt davor, den Zeichen definitiv eine bestimmte Bedeutung, z. B. in physiognomischer Ausdeutung, zuzuschreiben.

---

[16] Kant: Anthropologie in pragmatischer Hinsicht, AA VII, 285 ff.

In einer bügerlichen Zeichenlehre weiß man dagegen Bescheid. Hier sind Zeichen, die allgemein gelten, für ihre Bedeutung *gesetzt*, wie z. B. Rechtszeichen zur Bezeichnung des Eigentums an etwas, Grenzpfähle, Verkehrszeichen usw. Eine bestimmte Lesart kann hier äußerlich erzwungen werden.

In seinem moralischen Charakter ist ein Mensch nach Kant von den physischen Charakteren, die er je für andere annimmt, unterschieden. Man „sieht" ihn überhaupt nicht sinnlich oder in nur subjektiver Geltung, auch nicht in der ungewissen Weise, in der man, z. B. an Gesten und Gebärden, physische Charaktere in pragmatischer Hinsicht zu erkennen meint oder glaubt. In seinem moralischen Charakter *bleibt* der Mensch gegenüber *jeder* Ausdeutung frei. Davon – und nicht von den Charakteren – geht das moralische Handeln aus.

Es bleibt eine Frage des pragmatisch *hinreichenden* Zeichenverstehens, *woran* man erkennen soll, ob etwas unter einen bestimmten Begriff fällt. Daß dabei ein „Schemabild" leite, ist nur ein Name für ein Problem. Man muß das Schema ohne Begriff erfassen, oder man erfaßt es überhaupt nicht. Dasselbe gilt für die weiteren Unterscheidungen, z. B. des Menschen im allgemeinen oder der besonderen Charaktere, auf deren Erkenntnis ohne Begriff man sich im Umgang „prima facie" verläßt. Es gibt nicht *das* entscheidende Anzeichen für die „richtige" Unterscheidung. Sie zu finden ist eine Kunst „in den Tiefen der menschlichen Seele"[17], aber eine ungewisse Kunst, die man nicht auf Regeln bringen kann.

---

[17] Kant: Kritik der reinen Vernunft, B 181

# 33. Zeichenphilosophie und Transzendentalphilosophie

Die Transzendentalphilosophie spricht von „Bedingungen der Möglichkeit" und denkt die Möglichkeit objektiv gültiger „synthetischer Urteile a priori" darin, daß wir „sagen", „die Bedingungen der *Möglichkeit der Erfahrung* überhaupt" seien „zugleich Bedingungen der *Möglichkeit* der *Gegenstände* der *Erfahrung*"[1]. Wir müssen es *sagen* und *verstehen*, *was* wir damit sagen, d. h. wir müssen darin mit der Interpretation der Zeichen, in denen wir es sagen (bzw. lesen), zu Ende kommen. Wir müssen *Kant* in seiner Sprache und in seinen Absichten verstehen. Dies ist die *letzte* Bedingung, die Möglichkeit synthetischer Urteile a priori, d. h. die objektive Gültigkeit aller unserer Urteile ihrer *Form* nach zu verstehen.

Die Philosophie des Zeichens bedenkt diese bei Kant selbst durchaus genannte Bedingung. Sie bedenkt, daß sie sich je *erfüllen* muß und insofern den Bereich der Transzendentalphilosophie überschreitet. Denn Erkenntnis kann das, was der oberste Grundsatz aller synthetischen Urteile *sagt*, nicht selbst schon sein. Er spricht ja erst von den apriorischen Bedingungen der Möglichkeit von Erkenntnis, nicht von „den" Bedingungen, sondern nur von „Bedingungen der Möglichkeit der Gegenstände der Erfahrung". Sonst handelte es sich um eine Realdefinition der Gegenstände der Erfahrung, d. h. um ihre Erkenntnis rein aus Begriffen ohne Erfahrung. In der Philosophie des Zeichens ist oberste Reflexion, daß alles *Sagen*, *was* Bedingungen der Möglichkeit von etwas seien, sein Ende zu einer *bestimmten Zeit finden* muß und daß deshalb von „den" Bedingungen der Möglichkeit von etwas, z. B. der Erfahrung, nicht in einer transzendentalphilosophisch zu bestim-

[1] Kant: Kritik der reinen Vernunft, B 197

menden Weise *die Rede sein* kann. Alle Rede von „den“ Bedingungen der Möglichkeit von etwas muß *dadurch* zu Ende kommen, daß sie akzeptiert wird, weil etwas an dem Erfülltsein solcher Bedingungen gelegen ist. Hamann hat als erster (Meta-)Kritiker Kants darauf verwiesen. Wir akzeptieren das, was Kant zu sagen vorschlägt, weil uns daran gelegen ist, daß die *Formen* unserer Urteilsbildung a priori objektiv gültig seien. Sonst könnten wir sie nicht wirklich als Formen des Für*wahr*haltens von Inhalten gebrauchen. Die Philosophie des Zeichens führt transzendentale Überlegungen auf die allgemeinen Bedingungen zu denken, *was* etwas sei, zurück und führt damit zugleich aus der Voraussetzung des Erfülltseins dieser Bedingungen zu jeder Zeit heraus.

Im Sinne von Aussagen, „was“ etwas definitiv *sei*, z. B. was „Erkenntnis“ zuletzt und eigentlich, also in einer Realdefinition sei oder wie sie möglich sei, sagt die Philosophie des Zeichens nichts. Sie besagt nur die Vorläufigkeit und Bedingtheit *aller* solcher Aussagen und ist in diesem umfassenden Sinne selbst transzendental. Sie ist nicht nur transzendental gegenüber Aussagen über Gegenstände, sondern auch gegenüber Aussagen der Transzendentalphilosophie über „Bedingungen der Möglichkeit“ solcher Aussagen. Sie geht hinter die Unterscheidung von Genesis und Geltung zurück, indem sie aller Geltung Bedingungen des Geltens vorhält, als Erfülltsein der Zeit, in der, ohne daran zweifeln zu können, gedacht werden kann, daß etwas zu aller Zeit gelte. Selbstverständlich erhebt sie selbst Geltungsansprüche, doch im Bewußtsein, selbst „ihre Zeit“ zu haben, d. h. nicht ohne *kommunikative* Selbstreflexion.

# 34. Zeit II

> Wenn ich mich beim Urphänomen zuletzt beruhige, so ist es doch auch nur Resignation; aber es bleibt ein großer Unterschied, ob ich mich an den Grenzen der Menschheit resigniere oder innerhalb einer hypothetischen Beschränktheit meines bornierten Individuums.
> Goethe, Maximen und Reflexionen, 20

Denken ist nach Kant Synthesis zur Einheit, Konsistenz im Verstehen, so daß das Verstehen des einen das Verstehen des anderen fördert und nicht umgekehrt erschwert oder gar ausschließt und man sagen müßte: Wenn das so und so zu verstehen ist, dann verstehe ich aber nicht ... Denken versucht, „im Ganzen" zu verstehen, also das schon Verstandene als so Verstandenes zu bewahren. Suum esse conservare, durch die Kraft der Einbildung im Bild *bleiben* zu können ist sein Zweck. Wenn das gelingt, entsteht Lust, sonst Unlust[1]. Doch dauernde Lust schlägt, nach einer gewissen *Zeit*, wieder um in Unlust, ohne daß sich von außen irgendeine bewußte Störung des Zustandes ergeben haben muß. Auch nach Kant bleiben die meisten unserer Vorstellungen „dunkel". Hegel sagt, eine „Gestalt des Lebens" werde „alt". Die erreichte Ich-Identität im Verstehen und im Sich-selbst-Verstehen bleibt sich selbst nicht genug. Sie *sucht* geradezu die Störung, die Irritation, wird sich selbst unerträglich. So versucht sie, sich neu, anders zu verstehen.

Jede Lust durch Identitätsfindung hat *ihre* Zeit, für die sie dauert, und ist allein schon dadurch begrenzt oder qualifiziert. Sie hat temporäre Qualität. Zeit ist Gegenkraft gegen alle Anstrengung der Erhaltung von Ich-Identität. So gesehen behält kein Zeichen „seine" Bedeutung; es ändert sich in dem, was es bedeutet. Von einer bestimmten Bedeutung her verstanden, wird

---

[1] Vgl. Kant: Kritik der Urteilskraft, B XXXIX f.

es bedeutungslos. So könnte man mit Heidegger sagen, das durch es bedeutete *Sein* entzöge sich. Das wäre dann die späteste Version der Parmenideischen Philosophie, die in allem das bewandtnislose und daher in allem selbe Sein sah. Verstehen *bleibt* Anstrengung, es mündet nie definitiv in eine Einheit des Bildes, in dem alles in *seiner* Bewandtnis mit der Bewandtnis von *allem* übereinstimmte. — Ein satter Löwe, vor dem sich die Antilope nicht fürchtet, *wird* hungrig. — Die Natur ist nur als Idee der stabile Zweckverband, als den Aristoteles sie dachte. Alle Bewandtnis verliert sich *von selbst*. Verstehen verändert sich, ist an ihm selbst Andersverstehen, weil es zum Zeichen als Zeichen gehört, daß es nur für eine gewisse Zeit eine bestimmte Bedeutung hat und daß auch das Verlieren dieser Bedeutung als „bestimmte Negation" selbst schon wieder „von Bedeutung" ist.

So geht es dem Verstehen eigentlich nicht um ein „suum esse conservare". Es geht in einem unbestimmten Sinn darüber hinaus, nur daß man hier nicht mehr von einem „subjektiven" Willen sprechen kann. Es handelt sich ebensogut um einen Unwillen an subjektiver Identität, um „gewollte" Auflösung eines erreichten Zustandes, einer gelungenen Selbstheit, die dann eben nicht mehr das Subjekt dieses Willens ist. „Die Zeit selbst" kann man zwar, wie Kant wiederholt sagt, „nicht wahrnehmen", aber doch erfahren. Allerdings ist dabei kein bleibendes Subjekt der Erfahrung mehr vorausgesetzt. Es ist eine das Subjekt mitnehmende Erfahrung, nicht der Zeit als Gegenstand, sondern als Zeit der Gegenstände, ihrer entstehenden und vergehenden Bewandtnis, in der sie für ein Subjekt überhaupt dadurch etwas *sind*, daß es sich etwas durch etwas erklären und sich nur dabei als subjektives, d. h. zugrundeliegendes „Vermögen" reflektieren kann.

Die Zeit bewirkt den Wechsel, nicht nur der Individuen durch Geburt und Tod, sondern auch im einzelnen Individuum, insofern es nicht „Herr" über sie wird. Es ist darin Individuum, daß es nicht „dasselbe", d. h. nicht etwas Allgemeines bleibt und daß ihm nicht immer dasselbe unmittelbar verstehbar bleibt, so daß es anderes auf dieser bleibenden Grundlage verstehen könnte. Wir vermehren nicht nur unser Wissen quantitativ, sondern wissen von Zeit zu Zeit auch auf ganz andere Art und Weise, werden ein *anders* denkendes Ich. „Wir" wollen auch „unsere" Nichtidentität, aus Unlust am Ich, so wie wir es uns bisher dachten. Wir wollen ein Schema des Verstehens überwinden und uns unter neuen Zeichen verstehen. Das ist die *affektive* Dimension der Endlichkeit. Die Philosophie konnte sie nur als kognitive oder nur als ethische Endlichkeit und damit nur als Bedingtheit und Unvollkommenheit im Blick haben, solange sie Identität nur unter dem Gesichtspunkt einer gewollten Identität sah. Verstehen heißt, ohne Vorbehalt eines bleibenden Grundverständnisses verstehen, sich auf die Zeichen einlassen, die als solche auch immer Zeichen der Zeit sind. Hegel spricht im Zusammenhang mit der Sprache von einer „Aufopferung so vollkommen als im Tode"[2]. Man versteht etwas, z. B. einen Text oder einen Menschen, wenn man in *ihm* und nicht im gegenwärtigen eigenen Verstehenkönnen Wahrheit sucht.

Das Zeichen hat Autorität, und seine Wahrheit ist *vorausgesetzt*, wenn wirklich versucht wird, es zu verstehen. „Wirklich" bedeutet hier, daß man das gewonnene Verständnis für wahr nimmt und *sich* darauf verläßt. So wären wir *füreinander* Zeichen, aber solche, die nicht in „ihrer" Bedeutung aufgehen, d. h. nicht nur verständliche Rede, sondern auch ungedeuteter Leib. Das Unverstandene zieht in seiner verbleibenden Körperlichkeit an.

Diese Dimension der Wirkung der Zeit hat keine äußere Ursache der Veränderung. Der Gesichtspunkt der Kausalität ergibt sich aus der Voraussetzung von Seienden, die deren Identität einschließt, so daß man sagen muß, jede Veränderung habe eine (äußere) Ursache. Nur so kann man aus *diesem* Gesichtswinkel Veränderung verstehen. Ein Zeichen verändert *sich*, *indem* es verstanden wird, d. h. indem für es ein anderes Zeichen, seine „Interpretation", gesetzt wird. Was *bekannt* ist, ist eben darum nicht *erkannt* (Hegel). „Erkennen" heißt: eine Interpretation vorschlagen, sagen, *was* etwas sei. „Erkennen" ist insofern Veränderung. Es bringt den Gegenstand mit anderem in einen Zusammenhang, indem es ihn erklärt, d. h. es hebt dessen Selbstbezüglichkeit auf und läßt ihn in einem umfassenderen Zusammenhang aufgehen. Kausales Denken formuliert Hypothesen über eine *Folge* von Veränderungen, von denen aber jede „von selbst" erfolgt. Eine erfolgende Veränderung ist die „Ursache" dafür,

---

[2] Hegel: Phänomenologie des Geistes, a. a. O., 362

daß man sie kausal erklären will, und man will das, wenn man darin nichts Selbst-Verständliches sieht, wenn etwas *daran* fraglich erscheint.

Daß etwas *sich* (in der Zeit) verändert, ist die ursprüngliche (Bedingung der) Erfahrung. Sie geht der *Erklärung* der Veränderung im kausalen Denken voraus. Man *muß* keine Erklärung der Veränderung haben, denn viele Veränderungen verstehen sich von selbst. Jede Erklärung mündet in eine nicht erklärungsbedürftige Veränderung als letztgenannte Ursache. Sonst wäre Erklären nicht möglich. Die letztgenannte Ursache muß eine Veränderung „von selbst" (causa sui) bleiben, die sich dann auch „von selbst" versteht. Erklären muß sinngemäß in ein interpretationsloses Verstehen münden, *d. h.* in eine Veränderung ohne anzugebende Ursache. Das „erste" muß eine *Veränderung* ohne (Frage nach der) Ursache und nicht ein unbewegtes Sein sein, weil es sonst nicht als Ursache von Bewegung, d. h. überhaupt nicht als Ursache gelten könnte.

Daß sich Erklärungen finden, hängt nicht davon ab, daß es Ursachen „gibt", sondern vom jeweiligen Erklärungsmuster, in dem sie sich finden lassen. Es ist unmöglich, daß sich in *einem* Erklärungsmuster für alles eine Erklärung finden läßt. Es muß um der Möglichkeit von Erklärung willen innerhalb des Musters immer auch Veränderungen geben, die sich „von selbst" verstehen. Die Kantische zweite „Analogie der Erfahrung" widerspricht dem nicht, denn sie gibt nur einen Grund dafür an, daß man überhaupt von objektiven Folgen sprechen kann, d. h. dafür, daß man Veränderungen überhaupt in Beziehung *zueinander* setzen kann. Es werden *Veränderungen* in Beziehung gesetzt, nicht Substanzen, und es wird keine Ursache für „Veränderung als solche" genannt. Es wird im Gebrauch der Wenn-dann-Relation nur eine Hypothese über eine Beziehung *zwischen* Veränderungen aufgestellt.[3]

Veränderung, nicht Sein, ist für eine Philosophie des Zeichens das Erste. Es *geschehen* Zeichen, d. h. sie *werden* verstanden oder sie bleiben solange unverstanden, bis sie in verstehbare Zeichen transformiert werden können. Diese Transformation — die auch

---

[3] Vgl. Kant: Kritik der reinen Vernunft, B 123

eine des verstehenden Subjekts über dessen Vorstellung als Identität hinaus ist — ist das Zeichengeschehen. Das Subjekt wird vom Zeichen über seine Identität hinaus in eine andere hinein mitgenommen. Von der neuen her versucht es dann, sich wieder im Ganzen identisch zu verstehen.

Der Versuch, Veränderungen in Beziehung *zueinander* zu setzen, ist der Versuch, etwas Bleibendes *und sich* als dessen bleibendes Subjekt zu denken, d. h. eine *Regel* des Verstehens zu gewinnen. Sie würde das Verstehen rationalisieren.

Die Reduktion von allem auf eines — wie bei Thales auf „Wasser", bei Anaxagoras auf „νοῦς", bei Demokrit auf „Atome" — ist der rationalisierende Weg vom geschehenden Zeichen zu einer Indifferenz, in der alles „dasselbe" und damit nichts mehr *bedeutet*. Alles wird von nur *einem* unmittelbar Verständlichen her erklärt. Das Verstehen und Nichtverstehen wird damit von den zeitbedingten Umständen, unter denen etwas verständlich oder erklärungsbedürftig ist, zu lösen versucht. Dieser Weg vollendet sich darin, wie Parmenides alles nur noch *als* „*Sein*", d. h. überhaupt nicht mehr *als* etwas Verstandenes zu verstehen. Das Verstehen bleibt sozusagen beim bloßen Ist-Sagen stecken: „alles ist Wasser", „alles ist". „Alles ist" bedeutet soviel wie: „es hat weiter *nichts* damit auf sich", es hat keine weitere Bewandtnis damit. Die ontologische Betrachtungsweise, zu der sich die Philosophie bei den Vorsokratikern entwickelt hat, ist so gesehen eine nihilistische Betrachtungsweise, eine „Aufklärung", nach der es in der „Natur" keine Zeichen mehr gäbe und wir miteinander nur über das reden könnten, was eh schon ist. Daran hat sich dann auch der Wahrheitsbegriff orientiert: wahr ist das Reden, das vom *Seienden* sagt, daß es ist und vom Nichtseienden, daß es nicht ist, also das Reden, das bloße Wiederholung, Widerspiegelung ist. Es ist damit im *Wahrheitsbegriff* schon ausgeschlossen, daß das Reden als Verstehen von Zeichen, die *geschehen*, etwas sagt, was bisher (noch) nicht ist, und so über bisherige Möglichkeiten von Seinsverständnis hinauskommt.

Die „Aufklärung" als Entsemiotisierung des Geschehens im Begriff der einen „Natur" als des einen Gewordenen ist der Abschluß, die dogmatische Kanonisierung *einer Art* des Verstehens, die gleichwohl keine *besondere*, keine besonders *genannte* Art sein soll („Dialektik der Aufklärung"). Neue Zeichen werden gegenüber dem einen, anonym „herrschenden" Erklärungsmuster irrationalisiert. Sie sollen, sofern sie geschehen, „in the long run" doch noch nach geltendem Muster zu verstehen sein. Diese Aufklärung eliminiert alle Zukunft, indem sie *sich* Zukunft, als das auf *sie* als ein Identisches Zukommende, projiziert. Ihre Erklärungen sind, wie alle Fortschritts- und Verwirklichungs*ideen* einschließlich der Idee der „Selbstverwirklichung", *festgeschriebene* Weisen zu verstehen. „Zeit" ist darin nur die Ordnung dessen, was diesem Verständnis nach *ist* bzw. sein *kann* und in diesem Sinn dann sein *wird*. Dieses Bewußtsein kann sich nicht vorstellen, daß *darüber hinaus* Zeichen geschehen. Es verbietet sich diese Möglichkeit um seiner Identität willen. Zeit wird auf die Zeit des im *Prinzip* schon Vorhandenen reduziert.

„Natur" im Sinne dieser ontologischen Aufklärung ist das von *einem* Prinzip her zu Verstehende. Das axiomatische Verstehen ist ihr gegenüber nur ein Vorverständnis, weil es noch von mehreren Prinzipien ausgeht. Im Begriff des Vorverständnisses liegt der des erst vorläufig verstandenen, d. h. eine bestimmte Weise des Verstehens vorschreibenden *Objekts* als des endgültig im Verstehen zu Erreichenden. Ein Wechsel im Verstehen als Verstehen von geschehenden Zeichen her erscheint gegenüber dem Vorverständnis der Natur, nach dem alles besondere Verstehen Vorverständnis ist, als etwas Irrationales, eben als bloße Subjektivität, als relativistische Beliebigkeit. Es verdrängt im Begriff das Verstehen von Zeichen, in dem die Zeichen und das Zeichenverstehen in *einem* geschehen. Ihm fehlt der Begriff eines Verstehens ohne dazwischengeschaltete Erklärung dessen, *was* das Zeichen im Sinne des schon Verstandenen bedeute. Ihm fehlt der Begriff der Wirklichkeit des objekt- und damit auch subjektlosen Verstehens über die Vorbegriffe von Objektivität und Subjektivität hinaus.

Selbst die Frage, *warum* erkannt werden solle, muß unbeantwortet bleiben. Der „βίος θεωρητικός" wird zum höchsten und damit unerklärbaren Ziel. Das Erkennen hat mit der so verstandenen Natur eigentlich nichts zu *tun*. Es steht ihr ohne Interesse gegenüber. Unmotiviert versucht es, sie zu erfassen, ohne daß die Natur dem Erkennen *sagen* könnte, ob es ihr wirklich nähergekommen sei, wenn die Auskunft, „Erkennen" bedeute, die Natur nach dem zu einer Zeit geltenden Vorbegriff von ihr und gemäß der geltenden *Methode* des Zugangs zu ihr besser zu erkennen, nicht genügt. Sie kann nicht genügen, wenn die Natur dem Erkennen gegenüber gleichgültiges Sein sein soll. Schon jede *Einteilung* der Natur bliebe dann ihr gegenüber äußerlich und unwahr, wie Parmenides konsequenterweise gesagt hat. Und ohne Einteilung gibt es keine Naturerkenntnis.

Alle Erkenntnis versteht sich als *Thematisierung* eines Aspekts der einen Natur, d. h. sie teilt ein, und das Schema der Einteilung soll der Natur in ihrer Selbsteinteilung „entsprechen". Wenn sie sich aber nicht artikuliert und von sich aus nichts mitteilt, hat sie nichts von dem an sich, was unsere Sprache über sie enthält. Sie ist der Gegenstand der prinzipiellen Unübersetzbarkeit in unsere Sprache. Daß diese Sprache eine Sprache „über" sie sei, bleibt unendliches Sollen. Bestimmtes Sein ist Teil einer Einteilung sein, die keine „natürliche" Grenze hat, sondern im Prinzip, durch Verdichtung der diakritischen Zeichen, immer weitergetrieben werden kann.

Das schlägt auf die Philosophie und deren „Lehre vom Sein" zurück. Auch ihre Einteilungen, vorweg die in „Sein" und „Nichts", die das Grundmuster aller weiteren, als „vollkommen" verstandenen Dichotomien ausmacht, könnten weitergetrieben werden, „im Prinzip" ad infinitum. Jede geltende Einteilung hat „ihre Zeit". Deshalb ist die *Geschichte* der Philosophie das radikalste Mittel philosophischer Selbstkritik und Selbstbestimmung. Bei Hegel ist dies ins Zentrum des philosophischen Bewußtseins getreten. Nach ihm „ist keine Philosophie widerlegt worden. Was widerlegt worden, ist nicht das Prinzip dieser Philosophie, sondern nur dies, daß dies Prinzip das Letzte, die absolute Bestimmung sei". Nur ein Prinzip, das sich selbst als das letzte *wissen* könnte, könnte andere Philosophien widerlegen. Es dürfte dann nicht mehr zeitlich sein und müßte sich als selbst zeitlose Metatheorie *alles* anderen Denkens verstehen können. Da dies in sich widersprüchlich ist, muß das „Verhalten gegen eine Philosophie" notwendig „eine affirmative und eine negative Seite enthalten; dann erst lassen wir einer Philosophie Gerechtigkeit widerfahren"[4].

Ein Affirmatives, das an ihm selbst negativ ist, das sich in seiner puren Affirmation seiner selbst aufhebt, ist ein Zeichen.

---

[4] Hegel: Geschichte der Philosophie, Einleitung, ed. Glockner, XVII, 67

Eine Philosophie des Zeichens muß zu der Einsicht kommen, daß jede Philosophie — so sehr sie *ihre* Gründe hat, sich gegenüber früheren Philosophien zu formulieren — „ihre Zeit“ hat, nach der diese Gründe in Frage stehen werden. Sie ist darin gerecht gegenüber den Gründen anderer Philosophien, also darin, daß sie in ihrer eigenen, für sie selbst reflektierbaren Subjektivität *nicht* die Grundlage aller möglichen Philosophie sieht. So wird für sie jetzt etwa die als „Moderne“ bezeichnete Epoche etwas Vergangenes. Sie versteht sich selbst darin als „postmodern“. Sie weiß aber unmittelbar, daß eine solche Unterscheidung von der Moderne oder gar der Metaphysik im Ganzen nur gelingt, wenn sie zugleich „gerecht“ gegen diese *jetzt* vergangenen Epochen ist. Sie wird diese Gerechtigkeit gegen anderes Denken — bis hin zu differenten Rationalitätskonzeptionen und ihren entsprechenden Einteilungen in Rationales und Irrationales — als etwas den großen Philosophien Gemeinsames entdecken können, statt in ihnen, im Unterschied zu sich selbst, nur das Zeitbedingte zu sehen. Sie wird sehen, daß vielleicht auch die *Einteilung* in Epochen, von denen die „Moderne“ eine *sei*, ihre Zeit haben wird und daß die *uns* gewohnte Einteilung ihre Zeit gehabt hat. So wird sie sich selbst in anderen Philosophien vorbereitet finden, gerade indem sie dem Besonderen in der Philosophie gerecht zu werden sucht und es nicht von der Anmaßung eines eigenen, allgemeineren Gesichtspunktes aus abwertet, weil es „nur“ etwas Besonderes sei.

Aus dem Gesichtspunkt eines besonderen Verstehens, das sich „axiomatisch“ seine Identität sichert, *ist* das andere Verstehen. Es ist für es etwas (anderes als es selbst). Das „cogito sum“ Descartes' reflektiert sich als etwas Seiendes in seiner *Besonderheit*. Die Besonderheit besteht darin, an bestimmten Propositionen nicht zweifeln zu können. Woran „wir“ nicht zweifeln können, die „conjunctiones necessariae“, daran könnte ein anderer Verstand möglicherweise zweifeln. Daß wir es nicht können, läge dann an „uns“, d. h. „wir“ wären „etwas“, etwas von einem anderen Verstand Verschiedenes. „Cogito sum“: ich bin die Identität eines besonderen Verstehens, dem Bestimmtes nicht fraglich werden *kann* und dem in dieser Hinsicht nichts *geschieht*. Sum *substantia* cogitans. Mich nimmt „im Grunde“ nichts mit, ich bin „maître et possesseur de la nature“.

Leibniz denkt sich die besonderen Verstehensidentitäten (Monaden) als Teile einer *göttlichen* Einteilung oder eines Kosmos, d. h. als *nicht weiter und nicht anders* einzuteilende Welt von Perspektiven aufeinander. So fängt er das Verstehen doch noch in einer Seinsordnung auf: Eine göttliche Einteilung ist eine perfekte, d. h. ihre Teile sind In-dividuen. Die gerechte Güte der göttlichen Einteilung läßt jede Weise des Verstehens als individuelle sein, wie sie ist, als Teil der besten aller möglichen Welten. Leibniz denkt, daß anderes möglich, aber doch nicht gut wäre. So wird hier auf dem Boden einer Philosophie des Verstehens das Bestehende zwar als nur eine von unendlich vielen Möglichkeiten gedacht, die sich mithin verändern könnte. Es könnte dem, was in seiner Identität ist, etwas geschehen, indem es im Verstehen von geschehenden Zeichen über diese Identität hinaus mitgenommen würde, aber eine aus dieser Identität heraus nicht unbedingt zu verstehende göttliche Güte steht dem entgegen. Die Frage: „Warum ist überhaupt Seiendes und nicht vielmehr nichts?", d. h. warum hält sich etwas für eine Zeit in seiner Identität? findet ihre Antwort nicht mehr ontologisch, sondern im Verweis auf diese *Güte*. Sie hält alles in seinem Sein, bewahrt alles vor einem es jederzeit mitnehmenkönnenden Zeichengeschehen, so daß jedem Verstehen ein identischer „Kern", sein Vorverständnis oder Vorurteil erhalten bleibt. Verstehen steht somit weiterhin im Dienst des suum esse conservare. *Sein* bleibt, auch wenn es nur noch als das Sein des einen Verstehens gegen das andere aufgefaßt ist, grundlegend.

## 35. Kommunikatives Seinsverständnis

Sein ist Teil einer Einteilung sein. Aber wenn die Einteilung als göttlich gedacht ist, ist sie dem Verständnis entzogen, nur einem Verstehen zum Verstehen zu verhelfen. Sie ist dann nicht freier Entwurf einer zu verstehen *suchenden* Einbildungskraft, der auch anders versucht werden könnte, sondern „ontologische" Zuteilung. Es sei denn, Gott ließe sich selbst in ihr zu dem jeweils individuellen Verstehen herab, um gerade *ihm* die Welt so zu bereiten, wie es sie *von sich selbst aus verstehen* kann. In Cusanus' Bild sieht sich jeder, wo immer er auch steht, vom Bild Gottes direkt angeblickt.[1] Hamann versteht die Welt als Schöpfung von Geschöpfen in ihrer Verständlichkeit und Zuträglichkeit *füreinander*. Alles ist allem Zeichen, „Rede an die Kreatur durch die Kreatur",[2] die über die Identität des jeweilig erreichten Selbstverständnisses hinaus mitnimmt. Die Parmenideische Entsinnlichung der Welt zu einer Welt von Seiendem in seiner Identität mit seinem Gedachtsein ist überwunden. Die Welt ist wieder Inbegriff dessen, was, je nach der „Lage" des Verstehenden, entweder unmittelbar verständlich ist oder nach dessen Bedeutung gefragt wird, *weil* es aus dieser bestimmten „Lage" heraus nicht unmittelbar verständlich ist, so daß die Frage nach der Bedeutung sinnvoll wird, wenn aus *anderer* Sicht eine Antwort als möglich erscheint.

Daß alles Zeichen „*sei*", ist eine Formulierung in ontologisch geprägter Sprache als Kritik der Ontologie. Sie drückt aus, daß „Sein" nur als Prädikat dessen in Frage kommt, mit dem es etwas auf sich hat, so daß es entweder verstanden oder zu verstehen versucht wird. Nur im letzteren Fall ist es „Gegenstand", z. B. der Wissenschaft. Andere Menschen sind, insofern wir sie als

---

[1] Vgl. Cusanus: De visione Dei

[2] Hamann: Aesthetica in nuce, ed. Nadler (= N), Wien 1950, II, 198

Zeichen verstehen, „Nächste“, und insofern wir uns dagegen stellen, „Fernste“. In dem Maße, in dem sie uns nicht bewegen, sind sie fern. Die *Sollensethik* subsumiert alle *gleichermaßen* unter dieselben Normen gemäß dem Begriff vom Menschen als dem, was an allen schon a priori verstanden *ist*. Sie will, in der Kantischen kritischen Version durch den Rekurs auf die Vernunftidee der *Freiheit* „des“ Menschen, ausschließen, daß der andere geschehendes Zeichen ist, das einen selbst mitnehmen könnte, etwa dadurch, daß seine Tat die Normen eines moralischen Urteils erschüttert, statt „unter“ sie zu fallen. Sie versteht sich als Autonomie gegenüber individueller Andersheit. In der Sprache von Lévinas ist der andere dagegen in einem nicht zu antizipierenden Sinn als „Antlitz“ da. Er spricht an als jemand, der normatives Verhalten gegenüber anderen im ganzen verändern könnte.

## 36. Unendliche Deutlichkeit

Nach Augustinus haben nur Wörter, als *Sprach*zeichen, Bedeutung.[1] Andere Zeichen haben keine Bedeutung, sondern bezeichnen unmittelbar. Bedeutung ist hier das Wissen oder die *Erkenntnis* (cognitio) der *Sache*, die im Zeichen bezeichnet ist. Man könnte sagen, Wörter hätten deshalb Bedeutung, weil sie als *diskrete* Zeichen verstanden sind und die Sprache (Logos) als *Zusammensetzung* von Wörtern verstanden ist. Die Grammatik regelt diesem Verständnis nach die Zusammensetzung der Wörter, die Logik die Zusammensetzung der Bedeutungen oder des Wissens zu einem Gesamtwissen von etwas, das nicht dem einzelnen, sondern dem zusammengesetzten Zeichen, der Zusammensetzung (Synthesis) korrespondieren soll. Die Wörter haben eine Bedeutung, die entweder selbst wieder Zeichen (als Teil der Zusammensetzung) oder die Sache ist. Das Wort „Zeichen" hat zur Bedeutung Zeichen, aber diese „reflexive" Bedeutung[2] ist nur möglich, wenn die Zeichen insgesamt (in ihrer Zusammensetzung) auf etwas anderes als andere Zeichen, *d. i. auf Sachen* abzielen.

Zeichen, die nicht wieder Zeichen bedeuten, sind hier möglich, weil man sich „zwischen" den Wörtern als diskreten Zeichen Lücken denkt, die man dadurch ausfüllen *kann*, daß man eine Interpretation „dazwischen" mengt, wie Nietzsche sagt. Die höchste Kunst besteht nach ihm aber – am Ende einer langen Epoche, an deren Anfang Augustin steht, der den *einzelnen* Menschen aus der Zwiesprache mit Gott und nicht mit anderen Menschen begreift – in einer Fügung von Zeichen, die so dicht ist, daß keine Interpretation mehr dazwischengefügt werden kann. Sie ist dann „unendlich deutlich", d. h. sie kann nicht durch Interpre-

---

[1] Augustinus: De magistro

[2] Vgl. T. Borsche: Macht und Ohnmacht der Wörter. Bemerkungen zu Augustins ‚De magistro', in: Kodikas/Code. Ars Semeiotica 8. 1985

tation deutlicher gemacht werden, weil es eine lückenlose, unendlich dichte Fügung ist. Jede Stelle am Zeichen geht unmittelbar in seine Interpretation über; die Zeichen fließen damit ineinander, und doch folgt eines auf das andere in einer wohlgeordneten Folge, so wie jeder Zeitpunkt unmittelbar in den nächsten übergeht. Es wäre sonst kein *Zeit*punkt. — Es kommt nicht nur auf die Fügung, sondern auch darauf an, eine Zeichensequenz *so zu verstehen*, daß kein Raum mehr für ein Verstehen bleibt, nach dessen Selbstverständnis die Zeichen auf etwas *anderes* als auf weitere Zeichen deuten könnten, weil man sich Abstände zwischen Zeichen denkt, die nicht selbst auch Zeichen seien und die noch auszufüllen wären durch die Antwort auf die Frage, *was* die anderen Zeichen bedeuteten.

Die (platonische) Idee von gewußten oder durch die Zeichen zu erinnernden *Sachen* entsteht mit dem *Mangel an Kunst* des Verstehens von Zeichenfolgen in „unendlicher" Deutlichkeit[3] als eines Verstehens ohne Interpretation, d. h. ohne vorausliegende *Frage* nach der Bedeutung, die nur einer endlichen, beschränkten Deutlichkeit entspringen kann. Bei Nietzsche liegt die unendliche Deutlichkeit aber nicht mehr in einer Idee oder in einem göttlichen Verstehen, sondern in der Kunst, in der im Extrem auch die Pause und damit auch das Tempo, auch das Weglassen eines „normalerweise", d. h. grammatisch zu erwartenden Zeichens usw. immer noch ein weiteres Zeichen wäre. Es gäbe keine Abstände *zwischen* den Zeichen und auch keine Regel ihrer Fügung aneinander. Die Idee von Sachen, deren *Erkenntnis* das Erfassen der Bedeutung der Zeichen der Sache wäre, ist hier ein defizienter Modus der Kunst „unendlicher Verdeutlichung" durch unendlich dichte, Interpretation ausschließende Komposition und das ihr entsprechende Verstehen ohne jede Interpretation, in dem *alles* Zeichen ist, „alles" nicht im Sinne einer abzählbaren, sondern einer überabzählbaren Menge.

Die Teile der Rede wären dann kleiner als durch Analyse angebbar, jeder analytische Begriff der Sprache versagte. Man könnte auch sagen: jeder noch so kleine Teil im Sinne einer Analyse wäre schon eine *Synthesis* von noch kleineren Teilen.

---

[3] Nietzsche: N III 2 [10]

Damit wäre die Wirklichkeit im Sinne von Wirksamkeit der Zeichen gedacht: Jede Nuance, und nicht nur lexikalisch aufzählbare und abzählbare Zeichen, jede Pause, jedes Tempo und jedes Weglassen wäre „von Bedeutung", aber von einer Bedeutung, die nur durch ihre Stelle im Kontext „gegeben" wäre. Sie könnte nicht als Bedeutung eines isolierbaren Teils identifiziert werden. Sie wäre nur im *Übergang* zu weiteren Zeichen zu verstehen, als Gebärde, Rhythmus, allgemein gesagt als *Spur*.

„Spur" ist nach Hegel[4] das, was nach der Negation von etwas übrigbleibt, also das an einem Zeichen, was von ihm im „nächsten", im folgenden Zeichen nachklingt. Solch ein Zusammenhang von einander folgenden Zeichen ist ein Text. Ihn *„als Text"* zu verstehen heißt auch nach Nietzsche, ihn ohne Interpretation zu verstehen.

[4] Vgl. Hegel: Jenaer Systementwürfe III, ed. Horstmann, Hamburg 1986, 4; vgl. auch: Phänomenologie des Geistes, a. a. O., 26

## 37. Zeichen und Sprache

Es muß Bewegung sein, damit wir affiziert werden und etwas erfahren können. Wir erfahren in der Deutung dessen, was uns bewegt. Die Ontologie setzt *dahinter* ein bewegendes Sein und *davor* ein bewegtes Subjekt als „Substanzen", *an* denen Bewegung sei. So deutet sie die deutende Erfahrung. Sie unterscheidet zwei Seiende, das Bewegende und das Bewegte, um Bewegung zu erklären. Dieses kategoriale Gerüst, nach dem Bewegung „Substanzen" voraussetzt, resultiert aus dem ontologischen Vorverständnis, nach dem Bewegung immer etwas *an* etwas Unbewegtem als dem eigentlich Seienden und somit etwas Akzidentelles, Sekundäres ist.

Dieses Vorverständnis greift auch auf den „Begriff" des Zeichens über. Es ist, wenn es als Zeichen verstanden ist (als Zeichen im allgemeinen und nicht in dem, was es als dieses bestimmte zu verstehen gibt), zunächst etwas, das für etwas steht (stat pro aliquo) und sich somit diesem Etwas gegenüber durchaus verändern und auch ausgetauscht werden kann.

In Hegels Zeichentheorie ist ein Zeichen eine „Anschauung", die „die wesentliche Bestimmung" hat, „nur als aufgehobene zu sein"[1]. Das „Aufheben" versteht sich aus dem ontologischen Primat des Seins vor dem Zeichensein. Nach Hegel ist das Aufgehobensein aber „die wahrhaftere Gestalt der Anschauung". Das Zeichensein ist „wahrhafter" als Dasein (in der Anschauung) schlechthin. Demnach ist auch der andere Mensch als Zeichen „wahrhafter" da als in „seinem" schlicht angeschauten Dasein, in dem er nur als in seiner Individualität gleich-gültiger *Fall* eines anderen Menschen da ist. Für Hegel ist das Dasein als Zeichen zwar ein „zweites", aber ein „höheres" als das „unmittelbare Dasein".

---

[1] Hegel: Enzyklopädie (1830) § 459

Es ist wichtig, daß Hegel die Beziehung zwischen dem ersten und dem zweiten Dasein des Zeichens als *rein* negative Beziehung versteht. Beide gehen „einander nichts an"[2]. Das Zeichen wird „frei" in Gebrauch genommen, d. h. die erste Anschauung ist in keiner Weise von Bedeutung für den Zeichencharakter. „Unmittelbares" Dasein ist es nur in seiner Abgrenzung gegen anderes Dasein, so wie dieses gegen jenes umgekehrt seine Bestimmtheit hat[3]. Man muß etwas schon in einer bestimmten Weise verstanden haben, um in den Zirkel eines solchen „symmetrischen" Verstehens des einen in Abgrenzung gegen anderes hineinzufinden. Dieses vorgängige Verstehen kann nur ein ursprüngliches Verstehen sein, in dem etwas *an ihm selbst* verstanden, d. h. Zeichen ist. Das „zweite" Dasein ist also in Wahrheit das „erste". Es ist ein Verstehen, in dem nicht erst etwas *da* ist, ohne schon verstanden zu sein, so daß man das Verstehen als einen „zweiten" Zugang zu ihm verstehen könnte.

Entsprechend ist der andere, insofern er mir unmittelbar etwas über meinen Vorbegriff hinaus (be-)sagt, nicht „erst" da, sozusagen als „etwas", das außerdem spricht. Das meint Lévinas' Metapher des „Antlitzes". Zeichensein und damit auch Sprechen ist kein Akzidens an einer „im allgemeinen" stummen Substanz. Man kann es nicht „mechanistisch" als an einer Substanz bewirkte und an anderen Substanzen etwas bewirkende Bewegung verstehen. Das kategoriale Schema der Substanz erreicht das Zeichen nicht. Es wird nicht unter dem allgemeinen Begriff „Zeichen*sein*" erreicht, sondern darin, daß es verstanden wird, so daß ein bloßes Sein erst gar nicht „da" ist. Auch wenn es nicht „unmittelbar" verstanden wird, ist es nicht erst ein Seiendes, sondern ein zu Verstehendes, das verstanden sein will. Es ist dann als Problem, als drängende Frage da.

Das gilt, wie gesagt, auch für das „Seinsverständnis", d. h. für das Verständnis des *Zeichens „Sein"*. Dieses *Zeichen* ist *die* Unmittelbarkeit des Seins. Entweder versteht man es unmittelbar, oder man versteht es vermittelst anderer Zeichen, die man unmittelbar versteht, als Aussage darüber, „was" das Sein sei, oder man versteht nichts, weil man es nicht unmittelbar versteht, aber auch

[2] a. a. O., § 458

[3] Vgl. Hegel: Wissenschaft der Logik, a. a. O., II, 104 ff.

nichts „anderes“ als seine Bedeutung gelten lassen will, eben weil man es als es selbst zu verstehen sucht.

Wenn Hegel den *Ton* als ein Zeichen versteht, das ein aus der „eigenen Natürlichkeit“ der Intelligenz „hervorgehendes *Gesetztsein*“ ist[4], dann ist das eine Redeweise aus der Sicht der Ontologie, die etwas „zuerst“ als Seiendes (bestimmter Art und Beschaffenheit) und erst in seinem „zweiten“, wenn auch „höheren“ „Dasein“ als Zeichen versteht. Aber diese Redeweise versteht das „Natürliche“ schon als etwas, das sich dieser Sicht nicht fügt. So wird bei Hegel zuerst von einer „(anthropologischen) eigenen Bestimmtheit“ der „Intelligenz“ gesprochen. Die Sprache ist in *diesem Zusammenhang*, wie Hegel ausdrücklich betont[5], „Produkt“ der Intelligenz, „ihre Vorstellungen in einem äußerlichen Elemente zu manifestieren“. Dies nennt Hegel eine *„eigentümliche Bestimmung“* der Sprache. Es ist eine *Ansicht* von ihr als Auslegung des Zeichens „Sprache“ unter dem metaphysischen Vorverständnis einer Substanzontologie des „Geistes“, und unter *diesem Vorverständnis* erscheint der Ton als das „natürliche“, weil sich in seiner Äußerlichkeit selbst aufhebende, verklingende Zeichen. In diesem Zusammenhang ist der Ton das ausgezeichnete Zeichen, das sein „erstes“, unmittelbares Dasein seiner eigenen Natur nach aufhebt und damit „von Natur aus“ dem substanzontologischen Begriff der Natur zuwider ist. Das Vorverständnis besteht darin, *erst* von einem Menschen „anthropologisch“ zu reden, der sich bei Gelegenheit, d. h. akzidentell, „äußere“ und dabei selbst identisches *Subjekt* der Äußerung als seines „Produkts“ *bleibe*. Wenn etwas auf diese Weise zuerst als Produkt einer subjektiven Intelligenz betrachtet ist, kann es erst in zweiter Hinsicht in seinem Zeichensein verstanden werden, und deshalb erscheint der Ton als „natürliches“, in seiner vorzeichenhaften Vorhandenheit an ihm *selbst* verklingendes, sich *selbst* zum Zeichen machendes Zeichen. Am Ton wird der *Philosophie* inne, daß auch schon die Rede von (substantiellen) Subjekten und deren (akzidentellen) Produkten Zeichenverstehen *voraussetzt*. Ihr wird die Wahrheit inne, selbst Zeichenverstehen zu sein.

---

4 Hegel: Enzyklopädie (1830) § 459

5 a. a. O.

Was auch immer begegnet, es begegnet in der Bewegung eines Zeichenzusammenhangs, in dem bedeutet ist, was es damit auf sich hat. Erst von daher begegnet es dann eventuell als etwas Fragliches in der Form: *Wenn* sich das so verhält, *dann* verstehe ich daran aber nicht, daß ... Fraglich, d. h. auch: als etwas *bewußt* ist etwas immer nur auf dem Hintergrund eines Vorverständnisses, und so fragen wir auch nach dem „Wesen" der Sprache, des Zeichens usw. immer nur aus der (geschichtlichen) Perspektive, aus der wir *zuvor* verstanden hatten. Demgemäß geht auch Heidegger von einem Vorverständnis von Sein aus, und so kommt auch Hegel zu *seiner* Zeichentheorie, nach der das Tonzeichen das eigentliche, weil sein vorzeichenhaftes „Sein" an ihm selbst aufhebende Zeichen ist. In Derridas „Dekonstruktionen" werden solche historischen Kontexte zu wenig bedacht.

Für eine *bestimmte Philosophie* ist also der Ton das „eigentliche" Zeichen. Im unreflektierten Zeichenverstehen selbst kommen Unterschiede der Zeichen*materie* überhaupt nicht vor. Was vorkommt, kommt in einem Kontext von Zeichen über solche Unterschiede hinweg vor, in dem etwas entweder unmittelbar verständlich ist (so daß es für sich nicht vorkommt) oder in dem es als fraglich erscheint, so daß nach „seiner" Bedeutung gefragt wird. Im Zeichenkontext können die aufeinander verweisenden Zeichen sehr unterschiedliche „Materialien" sein: Menschen, Steine, Stimmen usw. Aber *davon* zu reden wäre ein anderer Kontext.

Jede Philosophie ist eine bestimmte Philosophie. Eine Philosophie des Zeichens weiß dies auch von sich. Sie weiß, daß sie „ihre Zeit" hat und daß Zeichen ihre einzige „Unmittelbarkeit" sind, von der sie „mitgenommen" wird. Sie reflektiert, daß keine Reflexion aus diesem „Schicksal" herausführt und hat ihre Wahrheit in der Zustimmung dazu. Darin erfaßt sie *ihre* Zeit.

Wie Hegel verstehen wir die Sprache aus einem ontologischen Vorverständnis heraus, wenn wir „über" Sprache als Gegenstand nachdenken. Dasselbe gilt für die *Philosophie* des Zeichens in dieser so verstandenen Sprache. Sie nötigt uns, vom Sein des Zeichens, von seiner Produktion usw. zu sprechen, so daß es *schwer* ist, sich davon frei zu machen. Eine darüber hinausgehende Philosophie des Zeichens muß, wie alles Denken, gegen das in der Sprache bewahrte Vorverständnis andenken, d. h. so formulieren, daß in einer ontologisch gespurten Sprache das ontologische Vorverständnis als Vergangenheit erscheint.

Nach Humboldt hat der Geist seine nie abzuschließende „Arbeit“[6] mit der Sprache als einem Sediment *früheren* Sprachgebrauchs. Er denkt dagegen an. Denken ist hier als Arbeit verstanden, die auch den Arbeiter prägt. So erst vernimmt er Zeichen, die über das Vorverständnis von ihnen hinausbewegen.

Wenn der späte Heidegger die Philosophie in die Nähe der Dichtung rückt, hat er erfahren, daß auch in der Philosophie nicht zwischen einer subjektiven Produktion und einem objektiven Verstehen von Zeichen unterschieden werden kann bzw. daß dieses Unterscheiden dem Vorverständnis angehört, *von dessen Thematisierung* her nun gerade diese unterscheidende Reflexion fraglich erscheint. Philosophie ist aber nicht „dasselbe“ wie Dichtung, nur weil sie mit ihr darin übereinstimmt. Nur das Festhalten an ihrem bisherigen Vorbegriff sieht das so, weil es sich, anders als in der Dichtung, nicht „mitnehmen“ lassen, sondern im Gegenteil seine Identität erhalten möchte, d. h. im Grunde, weil es die Philosophie nicht ernst nimmt, indem es sich in die reflektierende Vergewisserung, *was* Philosophie zu *sein* habe, einspinnt, um von daher notfalls auch noch das „Wesen“ der Dichtung bestimmen zu können.

6 Vgl. W. v. Humboldt: Akademie-Ausgabe (= AA), ed. Leitzmann, Berlin 1907, VII, 45 ff.

## 38. Die Sprache der Philosophie und ihr „Wesen"

Philosophie und Wissenschaften sind auf *bewußte*, nennbare, aus einem benannten Vorverständnis heraus formulierbare Probleme bezogen, keineswegs aber, wie die Ontologie es oder wie sie sich versteht, auf alles, denn das meiste versteht sich „von selbst". Die Ontologie suggeriert einen „theoretischen", wie „von außen" zuschauenden Standpunkt gegenüber *allem*, so daß sie fragen kann, was dem Sein „als solchem" zukomme.

Im Unterschied zu den Wissenschaften reflektiert die Philosophie das jeweilige Vorverständnis, auch das ihrer selbst. Sie vermeidet nicht den Zirkel, den die Wissenschaften habituell vermeiden. Zwar ist auch für die Physik „alles" Gegenstand, was nach ihrem Seinsverständnis *ist*. Aber ihre rein theoretische, zuschauende Position wird dadurch eingeschränkt, daß für sie alles unter der Bedingung Gegenstand ist, daß man es messen kann, also unter einer praktischen Bedingung. Sie will „alles" nur unter der (sie allerdings selbst an ihre Grenze führenden) Bedingung der Meßbarkeit verstehen. Es „ist" für sie sonst nichts, denn sie will zu Zahlen *für* alles kommen.

Dieses quantitative Seinsverständnis ist für Hegel wahrer als das Verständnis des Seins als „unbestimmte Unmittelbarkeit", aber auch wahrer als das qualitative, weil es die Bestimmtheit von etwas in der Aufgehobenheit dieser Bestimmtheit in ihrem quantitativen *Verhältnis zu anderer* Bestimmtheit betrachtet. Dessen Wahrheit sieht Hegel in der infinitesimalen Bestimmtheit als Differentialquotient, in dem auch noch die Quantitäten in ihrem reinen *Verhältnis zueinander* verschwinden.[1] Zeichen für reelle Zahlen bezeichnen überhaupt eher als natürliche Zahlen ein Verfahren, messend oder im Vergleich von Verschiedenem *zu Zahlen zu kommen*. Es sind Zeichen für die eigentlich „physikalischen"

---

[1] Hegel: Wissenschaft der Logik, a. a. O., I, 255 f.

Zahlen, d. h. für Zahlen, die nicht vom Zählen von Verschiedenem ausgehen, von dem *jedes für sich* eine Einheit sei, sondern vom Vergleich von Verschiedenen, von denen eines den Maßstab des *anderen* abgeben soll, man könnte auch sagen, in dessen Licht es zu bestimmen versucht wird, ohne je darin aufgehen zu können. Es setzt dem seine eigene Natur entgegen. Hegel spricht in diesem Zusammenhang von einer „Mathematik der Natur".[2]

Dichtung ist dagegen ein Sprachgeschehen, in dem das Subjekt nicht von im Ansatz formulierten Fragestellungen aus denkt, sondern gestaltend zugleich mitgenommen wird. Die Sprache stellt sich hier erst her, indem sie sich aus ihrer gewöhnlichen „Verwendung" und überhaupt aus ihrem Verständnis herausbewegt, Produkt des sprechenden Subjekts zu sein, das sie im Beherrschen der Sprachregeln beherrsche. Dichtung ist das sich in Sprache äußernde Zeit- und Zeichengeschehen. Ihre Zeichen nehmen den bisherigen Sprachgebrauch gegen das Bewußtsein seiner Identität und Regelhaftigkeit „mit". Sie bewegen Autor und Leser aus dem Gewohnten heraus. Auch wo die physikalischen Wissenschaften „revolutionär" im Sinne Kuhns sind, findet Sprachgeschehen statt, soweit es den Grundsatz der Meßbarkeit bestehen läßt. Hielte die Physik nicht daran fest, daß sie zu Zahlen kommen möchte, so verlöre sie ihre Bestimmtheit gegen Dichtung. Die Philosophie hält daran fest, ihre Probleme aus ihrem Vorverständnis, d. h. aus ihrem geschichtlichen Gewordensein heraus zu formulieren. Sie gibt Antworten auf Folgeprobleme früherer philosophischer Problemlösungsversuche, z. B. auf Platon, Aristoteles, auf Kant und Hegel, im Anschluß an deren Formulierungen, indem sie deren Vorverständnisse *thematisiert*. Von daher wird die Philosophie als Versuch, die (Zeichen der) Zeit in Gedanken zu erfassen, wesentlich ein gegenüber der Zeit zurückhaltendes, reflektiertes Verhalten sein, das *vom Alten her* das *Problem* im Neuen sieht, *das* an ihm, was man *nicht* versteht, *wenn* man, wie notwendig, von bestimmten Verhältnissen ausgeht. Insofern ist das Negative ihre Wahrheit, aber als ein Negatives, das nicht nur nichts (Hegel), sondern vom Alten her eben etwas (Fragliches) ist. Rortys Kritik an der Philosophie identifiziert sie

---

[2] Hegel: a. a. O., 353

allzusehr mit ihrem alten Selbstverständnis, in dem sie sich als reine Theorie, als rein zuschauende Haltung gegenüber allem, als „Spiegel" von allem verstand. Sie ist aber Erfahrung der Fraglichkeit von allem im „Laufe" der Zeit, des Altwerdens von allem, einschließlich des Bildes des menschlichen Geistes als eines „Spiegels der Natur".

Philosophie *ist* demnach ihre Geschichte, ein Geschehen. Mit Hegel ist sie von ihrem Begriff als Theorie in den Begriff einer sie mitnehmenden Zeiterfahrung und *dadurch* in ihren letztmöglichen apriorischen Begriff übergegangen. Philosophiegeschichte hätte von da aus zu fragen, was „zwischen" philosophiehistorischen Positionen jeweils *geschehen* ist. Sie hätte nachzuvollziehen, wie in der Geschichte der Philosophie die philosophischen Individuen, als „Söhne ihrer Zeit" (Hegel), je von der Zeit mitgenommen wurden und wie die späteren von daher ihre Vorgänger verstanden. Identität im Verstehen wäre daher zwar vorauszusetzen, aber kaum festzustellen. Wir haben nur die *Variation der Zeichen* vom einen zum anderen, und sie setzt sich bei uns fort. Warum sollten wir sonst noch etwas „dazu" sagen und (geschichtlich) philosophieren?

Wollte man nicht mehr auf dem Boden des bisherigen philosophischen Vorverständnisses und nicht mehr in der Form philosophieren: „*Wenn* sich das so verhält, dann fragt sich ...", dann bräche die Philosophie, wie sie bisher gewesen war, ab. Ihre Fragen und also auch ihre Antworten hätten dann keinen *Sinn*, keine Richtung mehr. Da aber niemand das Studium der Tradition, ohne das man diesen Boden nicht hat, von sich allein aus bestimmen kann, beruht philosophisches Wissen auf der Freiheit in der Anknüpfung an die Tradition. Wer sich in *kein* Vorverständnis einläßt, hat kein Problem, aber auch nichts verstanden. Man hat Probleme nur, indem und weil man überhaupt, und d. h. auf eine *bestimmte Weise*, „etwas" verstanden hatte.

Die Wahrheit philosophischer Aussagen kann also nur darin bestehen, daß sie *philosophische* Fragen beantworten, in einer Sprache, die zur Sprache der Fragen *paßt*. Die Fragen resultieren daraus, daß man sich zuvor schon bestimmte Antworten hat geben lassen, z. B. dadurch, daß man bestimmte *Einteilungen* der Wirklichkeit als wahr gelten läßt. Etwa zu fragen, ob es Freiheit des Willens „gebe", setzt eine semantische Einteilung voraus, die zwischen „Natur" und „Freiheit" unterscheidet und „etwas" jeweils unter einem dieser Begriffe versteht, so daß es von allem abgegrenzt ist, was unter dem anderen verstanden ist. Alle Aussagen „über" Natur oder „über" Freiheit, auch wenn sie die Existenz des einen oder des anderen bestreiten, sind dadurch bedingt, daß die semantische *Einteilung* in Natur und Freiheit als zutreffend gilt. Das gilt natürlich für alle Bereiche auch außerhalb der Philosophie.

Es kann aber immer auch geschehen, daß etwas gegen eine bestimmte Einteilung *spricht*, und dann fragt es sich, ob man dies übersieht oder sich davon ansprechen und mitnehmen läßt.

Das wird davon abhängen, was dabei „im Spiele" ist[3]. Man kann z. B. die Menschen nach Merkmalen des Geschlechts, der Rasse usw. einteilen, aber es fragt sich, *wozu* man das tut und *wozu* man es für „besser" hält. Das *Gewicht* des Zwecks zu einer bestimmten Zeit bewirkt, daß man etwas den Einteilungen Entsprechendes für wirklich hält. Bei veränderter Gewichtung können diese Einteilungen als unangebrachte Subjektivität, als -ismus irgendeiner Art erscheinen. Das zunächst rein „theoretisch" gemeinte Einteilen verfällt dann dem moralischen Verdikt. Schon die *Sprache* der Philosophie kann sich der Frage nach ihrer Berechtigung nicht entziehen, nicht nur die Antworten, die sie in ihr gibt. Philosophie ist dabei darauf angewiesen, daß ihr Gerechtigkeit widerfährt.

Man *benutzt* eine Sprache nicht nur, um „in" ihr die Wahrheit zu sagen. Man hat, indem man sie benutzt, schon vieles gesagt und als wahr beansprucht, und andere haben das in „derselben" Sprache auf andere Weise getan. Das bewirkt, daß man manches nicht versteht, weil man an anderem nicht zweifeln kann und von daher „seine" *Gewißheit* hat. Von einem radikalen Zweifel aus, und sei er auch nur „methodisch" gemeint, läßt sich *nichts* sagen. Der methodische Zweifel Descartes zweifelt nicht wirklich an allem. Er will nur herausfinden, woran man *nicht* zweifelt, um es zur Grundlage gewissen Wissens zu erheben.

Wenn man sagt, es gäbe keine Freiheit des Willens, sondern „nur" Naturgeschehen, dann ist darin doch ein *Verständnis* des

---

[3] Kant: Kritik der reinen Vernunft, B 853

„freien Willens" enthalten und damit auch der gegen *ihn* abgegrenzten Natur. Es ist dann *damit* auch gesagt, *was* Natur sei.

Eine Sprache sprechen heißt, eine unübersehbare Menge von Aussagen als wahr gelten lassen.

# 39. Besondere Sprachen

Wer z. B. die Sprache der Physik spricht, läßt sich damit auf deren Einteilung der Wirklichkeit als auf etwas ein, das auf die Wirklichkeit zutreffen und also wahr sein soll. Er wird, solange es geht, an diesen Einteilungen als wahren festhalten wollen, auch und gerade dann, wenn er sagen sollte, daß es bestimmte Teile dieser Einteilungen nicht „gebe", sondern „nur" bestimmte andere Teile. Er würde sonst die Möglichkeit des Sprechens verlieren. – Aus einer Sprache kommt man nur heraus, *indem* man in eine *andere* hinübergeht (W. v. Humboldt). Diese andere ist *immer wieder* „nur" eine besondere. Auch als „Metasprache" ist sie nur eine *andere* Sprache, nicht eine „höhere". Der Satz „‚p' ist wahr, wenn p" täuscht nur vor, daß p (ohne Anführungszeichen) im Unterschied zu ‚p' (mit Anführungszeichen) kein Zeichen, sondern ein „Sachverhalt" sei. Es ist eben ein „unmittelbar" zu verstehendes Zeichen.

Es spricht nicht gegen die Physik, daß sie ihre *eigene*, besondere Sprache hat und daß es keine Bestimmtheit der Übersetzung ihrer Sätze in andere Sprachen gibt. Dies gilt nämlich für *alle* Sprachen, aus denen oder in die man nach Regeln zu übersetzen versucht. Es gilt mithin für alle Erkenntnis, insofern sie zu formulieren versucht wird. Das ist kein Relativismus. Relativismus wäre es vielmehr, wenn eine Sprache als *notwendig* „unmittelbare" Sprache aufgefaßt würde, als Sprache eines ungebrochenen, unentfremdeten Zugangs zur Wirklichkeit. Damit wären alle anderen Sprachen als „nur andere", als relativ zu dieser einen und die Wirklichkeit als relativ zu ihr verstanden. Die Übersetzbarkeit in diese eine wäre *das* absolute Wahrheitskriterium.

Man kann aber nur reden, wenn in derselben Sprache, *in* der einiges fraglich (geworden) ist, nicht alles fraglich erscheint. „Quis ignorat quid sit motus?",[1] heißt es in Descartes' „Regulae". Nur

[1] Descartes: Regulae ad directionem ingenii, Regula XII, 23

wenn das fraglich wäre, wäre „Bewegung" zu definieren, natürlich in zur gleichen Zeit nicht fraglichen Begriffen. Es wäre von dem her, was fraglos feststeht, „festzustellen", *was* „Bewegung" bedeute. Der andere Sprecher spricht immer auch eine andere Sprache, insofern ihm etwas *anderes als mir* „unmittelbar" verständlich ist. Es gibt keine in *jeder* Beziehung „gemeinsame" Sprache für mehr als einen Sprecher und auch nicht für einen Sprecher für alle Zeit.

Was wir „eine Sprache" nennen, ist in seiner Zeichennatur mit allen anderen Zeichen verwoben, vor allem auch damit, „was" *der Sprechende für uns* bedeutet.

Die Ansicht, man könne sich nicht verständigen, wenn man nicht „dieselbe" Sprache spreche und das Gesagte nicht für alle Sprechenden „dasselbe" bedeute, geht von dem *Problem* aus, *wie* man sich verständigen könne. Diese Frage entsteht im Ernst nicht, solange das, was einer sagt, einem anderen „etwas" bedeutet.[2] Es entsteht dann nicht die Frage, ob es „dasselbe" „etwas" sei. Erst wenn man nach einer *Möglichkeit* der Verständigung *sucht*, erhält eine Antwort auf die Frage nach „Bedingungen der Möglichkeit" *Sinn*, und die Antwort „stimmt", wenn sie diese Frage beantwortet, d. h. wenn sie akzeptiert wird, *ohne* zu fragen, ob sie denn auch nun ihrerseits ringsum „dasselbe" bedeute. Man müßte sonst wiederum sagen können, „was" diese selbe Bedeutung sei, d. h. man müßte noch etwas anderes dazu sagen, in der Hoffnung, daß doch dies nun ohne die Frage nach der Bedeutung, also auch ohne die Frage nach der Identität der Bedeutung akzeptiert werde. An einem Punkt muß dies aufhören, wenn das Ganze Sinn haben soll.

Wenn ich ein Zeichen verstehe, verstehe ich damit auch schon die *Möglichkeit*, es von anderen Zeichen *unterscheiden*, d. h. es *anders als andere* Zeichen interpretieren zu können.

Das Fragen „εἰς ἄπειρον" führt nicht nur an kein Ende. Es nimmt auch aller Bestimmtheit des bereits Gesagten die Grundlage der Bestimmtheit. Man kann einem Zeichen nur unter der Bedingung Bedeutung zusprechen, daß an irgendeinem Punkt

---

[2] Vgl. J. Simon: Wahrheit als Freiheit, Berlin/New York 1978, 23 ff.

*nicht* mehr nach Bedeutung – und also schon gar nicht nach ihrer („intersubjektiven") Identität – gefragt wird.

Setzt man dann die Identität der Bedeutung schlicht voraus? „Identität" ist ein Reflexionsbegriff, d. h. er hat nur Sinn im *Fragen* nach Identität oder Nichtidentität. Man will sagen: Was einer sagt und was ein anderer hört, hat dieselbe Bedeutung. Dazu muß man überhaupt nach der Bedeutung fragen, d. h. es muß zurückgefragt worden sein. Man sagt auch: „Hast du gehört, was ich gesagt habe?", d. h. hast du „es" verstanden? Man meint: Hast du mich verstanden? Wenn die Antwort „ja" lautet, entsteht keine Frage nach der Bedeutung. Man hat die Frage verstanden *und* beantwortet. Damit „schließt" die Rede. Sie schließt notwendig um ihres Sinns willen so, daß zuletzt offen bleibt, „was" überhaupt verstanden worden ist. Der Abschluß schließt die Frage danach um des Sinns der ganzen Rede willen aus, einschließlich des Sinns der „zwischendurch" erfolgten Fragen nach der Bedeutung des Gesagten und nach der Identität der Bedeutung. Das Letzte muß um des Sinns des Ganzen willen das „unmittelbare" Verstehen der Zeichen sein, ohne Rück- oder Zwischenfrage nach einer Bedeutung.

Die Frage nach einer Bedeutung als derselben „zwischen" den Beteiligten ist notwendig eine *Zwischenfrage*. So kann auch alle Philosophie der „Bedeutung" seit der Platonischen Ideenlehre nur ein Zwischenspiel der Geschichte der Philosophie gewesen sein.

Es gibt keine Bedeutungen *vor* dem Gebrauch, sondern nur in *dem* Gebrauch, in dem etwas fraglich wird. „Wir sagen, die Menschen, um sich miteinander zu verständigen, mußten über die Bedeutungen der Wörter miteinander übereinstimmen. Aber das Kriterium für diese Übereinstimmung ist nicht nur eine Übereinstimmung in bezug auf Definitionen, z. B. hinweisende Definitionen, – sondern *auch* eine Übereinstimmung in Urteilen. Es ist für die Verständigung wesentlich, daß wir in einer großen Anzahl von Urteilen übereinstimmen."[3] – Da Urteile aber ständig gebildet werden, falsifizierbar sind und auch falsifiziert werden, *ändert* sich die Übereinstimmung in Urteilen ständig. Damit

---

[3] Wittgenstein: Bemerkungen über die Grundlagen der Mathematik, Schriften, Frankfurt a. M. 1984, VI, 343; vgl. auch Philosophische Untersuchungen Nr. 242

ändert sich dann auch die Voraussetzung für die Verständigung, d. h. die Zeichen ändern „ihre" Bedeutung. Sie ändern sie dadurch, daß sich die Urteile, also die Ansichten ändern, deren Gesamtheit eine Weltansicht (Humboldt) ausmacht. Denn wenn sich etwas an den Bedingungen der Verständigung ändert, ändern sie sich insgesamt. Es gibt keine dauernden apriorischen Bedingungen der Verständigung, weil man nicht wissen kann, in welchen Urteilen man mit dem anderen übereinstimmt, mit dem man *jetzt* gerade spricht. So verändern sich die Zeichen in ihrer Bewandtnis. „Unmittelbar" verstandene verlieren ihre „unmittelbare" Verständlichkeit, andere gewinnen sie, d. h. Zeichen *geschehen*. Sie sind an ihnen selbst zeitlich. Das stellt die feststehende Differenz zwischen synthetischen und analytischen Urteilen in Frage.

Wenn die sich an Wittgenstein anschließende „Analytische Philosophie" versucht, auf gemeinsame, vorgegebene Regeln als Voraussetzung für die Möglichkeit von Verständigung zu reflektieren oder Sprache von der *Logik* her zu verstehen, übersieht sie, daß schon nach Wittgenstein alles Verstehen (und Sich-Verstehen) von Urteilen und damit von einem Fürwahrhalten oder Glauben abhängt. Die Logik setzt in ihren Variablen normativ Zeichen voraus, die an jeder Stelle ihres Vorkommens *dieselbe* Bedeutung haben sollen. Das aber schließt aus, daß das Gesagte mir oder einem anderen etwas besagt, denn dadurch würde sich mein Fürwahrhalten ändern. Wer mit einem anderen spricht, hat dabei ein *Urteil* über den Sprachgebrauch dieses anderen, und dieses Urteil kann sich im Gespräch ändern. Oder er glaubt ihm etwas, d. h. er läßt sich etwas von ihm sagen, und auch dadurch ändern sich seine Urteile und damit auch seine These vom Sprachgebrauch (der „inneren Sprachform") des anderen. Es ändern sich dadurch die Bedingungen der Verständigung insgesamt. Gerade im sinnvollen Gespräch, das die Beeinflussung von Urteilen beabsichtigt, ändern sich auch die Bedingungen der Verständigung, und es *geschehen* Zeichen, wie es sie zuvor *nicht* gab. Jedes *Verstehen* von Zeichen ist auch ein *Geschehen*, ein Werden von *neuen* Zeichen.

Wären vorgegebene gemeinsame *Regeln* die Voraussetzung für Verständigung, so stünde a priori fest, was überhaupt zu verstehen ist und damit auch, was als seiend zu verstehen ist. Es gäbe ein festliegendes „Seinsverständnis". Auch andere Menschen wären nur von geltenden Regeln her zu verstehen, einschließlich ihrer Handlungen als guter oder böser. Sie hätten nur die nach diesen Regeln verständliche Bedeutung für uns. Das a priori Gemeinsame wäre allein bedeutsam. Es stünde dagegen, daß andere uns darüber hinaus, d. h. überhaupt als andere *etwas* besagen könnten und uns darin Bedeutung neu aufginge. Wir könnten nur Urteile, die wir nach den vorausgesetzten Regeln bilden könnten, falsifizieren, ohne daß uns neue Möglichkeiten der Urteilsbildung erwüchsen. Wenn aber, wie Wittgenstein sagt, eine Übereinstimmung in Urteilen zu den Bedingungen des Sich-Verstehens gehört, dann ändert die Änderung dieser Übereinstimmung zugleich die Bedingungen des Sich-Verstehens, d. h. auch der Möglichkeit der sinnvollen Formulierungen von Urteilen in „dieser“ Sprache. Es ändert sich die Identität „dieser“ Sprache.

Man könnte sagen, um in Urteilen übereinstimmen zu können, müsse man diese Urteile *zuvor* verstehen. Ob ein Urteil von mehreren in gleicher bzw. entsprechender Weise verstanden wird, zeigt sich an einem „entsprechenden“ Verhalten und seiner Interpretation, also niemals unmittelbar, sondern nur in Zeichen. In Zeichen zeigt sich alles, was sich überhaupt zeigt.

## 40. Grenzen der Sprachzeichen

Was heißt es, ein Urteil zu verstehen? Heißt es nicht, sich so zu verhalten, *„als ob"* man es verstanden hätte? Kann man überhaupt eine Differenz zwischen dem „als ob" und dem „wirklichen" Verstandenhaben (anderen oder auch nur sich selbst) *deutlich* machen, so daß diese Frage sinnvoll wäre? Man versteht etwas immer auf dem Boden, auf dem man etwas anderes für wahr hält, einschließlich der Meinung, was der andere für wahr halte. Man hat für sich etwas verstanden, wenn man es „unmittelbar" verstanden hat oder wenn alle Fragen nach der Bedeutung für einen selbst zur Zeit beantwortet sind, und man hat in der Sicht anderer etwas verstanden, wenn man sich so verhält, daß die *anderen sich* nicht mehr fragen, ob oder in welcher Bedeutung man es verstanden habe. Die Differenz zwischen dem „als ob" und dem „wirklichen" Verstandenhaben ist die Differenz zwischen innerer und äußerer Perspektive. Sie läßt sich nicht aufheben, d. h. es ist nur eine Differenz zwischen diesen beiden Perspektiven. Insofern der andere für mich nicht nur Zeichenproduzent, sondern Zeichen ist, kommt es auf *mein* Verstehen allein an. *Ich* verstehe *ihn* so, als ob er mich verstanden hätte, und weiter kann ich nicht kommen. Nur wenn wir fraglos und sprachlos in dem *Urteil* übereinstimmen, daß wir uns *gegenseitig* verstünden, kann es zu einem „unmittelbaren", den Dialog abschließenden Verstehen von weiteren Zeichen kommen.

Es darf nicht alles „zur Sprache kommen" müssen, wenn dies gelingen soll. Der „Diskurs" lebt — wie alles — davon, daß er begrenzt ist. Das Zur-Sprache-bringen-Wollen oder Sollen *der* „Bedingungen", unter denen verstanden wird, ist unmöglich und die *Rede* von „idealen" Bedingungen widersinnig.

Die metasprachliche Rede vom „wirklichen" Verstandenhaben über die dialogische Differenz hinweg beansprucht das Verstehen des anderen als Identität mit dem eigenen. „Gegenseitiges" Verstehen ist und bleibt Gegenstand eines falsifizierbaren *Urteils*. Es zeigt sich nur, *solange* der andere sich so verhält, „als ob" er verstanden hätte. Wird das Urteil darüber falsifiziert, so gewinnt auch nachträglich noch alles, was der andere sagte, für mich eine andere Bedeutung gegenüber der, die es bislang zu haben schien, und das kann *jederzeit geschehen*.

Alles verändert sich (gegenüber dem Begriff, unter dem es etwas Bestimmtes ist), wenn es nicht die Kraft hat, in dieser Bestimmung *von sich aus* zu beharren. „Es" ist *frei*, insofern es sich den Begriff von sich selbst aus dieser Kraft heraus vorgeben kann (im Sinne der autonomen Gesetzgebung, sich durchweg als dasselbe verstehen zu wollen), und „es" ist *determiniert*, insofern *andere* an Bedingungen der Geltung der Gesetze arbeiten, unter denen es von ihnen als etwas Bleibendes verstanden ist. Beides ist bei Heidegger als „Sorge" verstanden. „Sorge" ist die Arbeit, in der es darum geht, *zugleich* an der Bewahrung des eigenen Selbstverständnisses und an dem Verständnis von allem anderen *festhalten* zu können. „Suum esse conservare" ist die Seinsformel aus dem Blickpunkt der Ontologie, nach der alles ums Beharren zu tun ist, so daß „Beharrungsvermögen" als Grundzug der Wirklichkeit gilt. *Dies* nötigt, einerseits von einem freien, andererseits von einem determinierten Seienden zu sprechen. Würde wirklich alles in seinem Sein beharren, d. h. wäre Sein der Grundzug der Wirklichkeit, dann könnte natürlich, wie Zenon wußte, *nichts geschehen*.

So ist der Satz „Alles verändert sich, wenn es nicht die Kraft hat zu beharren" nur die kritische Umkehrung des „ontologischen" Grundsatzes „Alles beharrt, wenn es nicht durch eine Kraft bewegt wird". Mit den Ausdrücken „alles" und „es" versucht auch die Umkehrung immer noch in der *Sprache* der Ontologie zu *verharren*. Insofern wir, „uns" identifizierend, „wir" sagen, suchen *wir* in ihr zu verharren. Der Satz ist seiner grammatischen Form nach von einer „Sorge" geprägt, die gegen die Zeit anarbeitet.

Wir stimmen mit anderen in Urteilen in der Weise überein, in der der Forscher mit der Natur übereinstimmt. Er arbeitet experimentell an möglichst reinen Bedingungen für die Geltung der hypothetischen Naturgesetze, die er formuliert. Ebenso versucht man — „sich" als Identität disziplinierend — sich möglichst so zu verhalten, daß man mit bestimmten anderen Personen im Urteil übereinzustimmen scheint *und* sich sein Urteil über sie bewahren kann. „Man" sucht ein Gleichgewicht zwischen der Bewahrung eigener Identität und der des Urteils über (bestimmte) andere zu erhalten. Aus diesem Grund steht alle Möglichkeit der Verständigung über die dafür vorauszusetzende Übereinstimmung in Urteilen mit Normen für ein Verhalten in Zusammenhang, das als Voraussetzung für mögliche Verständigung geboten erscheint. Ob man sich versteht oder nicht, ist auch eine Frage der faktischen Erfüllung solcher (ethischen) Normen, die aber immer nur Normen des Verhaltens gegenüber *bestimmten* anderen Personen sein können, nämlich gegenüber *den* Personen, die für uns eine entsprechende *Bedeutung* haben, eine Bedeutung, die wir — wie die Bedeutung aller Zeichen — entweder „unmittelbar" verstehen, indem wir uns „unmittelbar" ihr gemäß verhalten, oder nach der wir fragen, so daß uns solange etwas „dazu" gesagt werden muß, bis wir wieder „unmittelbar" verstehen.

Auch ein Urteil ist in seiner Äußerung ein Zeichen, das auf verschiedene Weise verstanden werden kann, ohne daß die jeweilige Weise anders als wieder in Zeichen vorhanden ist. Es drückt ein Fürwahrhalten aus, und wenn wir wissen wollen, was andere für wahr halten, so müssen wir *sie* fragen, und *wir* müssen verstehen, „was" sie daraufhin sagen. Eine „Gemeinschaft des Bewußtseins"[1] ist ein unkritischer, weil in keiner Erfahrung einzulösender Begriff, zudem ein unnötiger. Es ist der *Freiheit* in der Gemeinschaft zuträglicher, auf ihn zu verzichten. — Beweise, in denen die Akzeptation gewisser Urteile als notwendig dargelegt wird, werden nicht aus gemeinsamen Prämissen als gemeinsamen Überzeugungen, sondern aus Zeichen gewonnen, auf die man sich gemeinsam bezieht, *ohne* daß gefragt würde, wie jeder sie versteht. Dies *Negative* ist das „Gemeinsame".

In formalen Sprachen haben die Variablen die Bedeutung, daß ihre Wörter immer „dieselbe" Bedeutung haben sollen, nach der man aber *nicht* fragt. Das bedeutet der Grundsatz Fichtes „A = A". Eine „Gemeinschaft des Bewußtseins" wäre nur möglich, wenn die Sprache formal, d. h. ein geschlossenes System von sich ge-

[1] Fichte: WW, ed. I. H. Fichte, II, 50

genseitig interpretierenden Zeichen ohne Bezug auf weitere, „außersprachliche“ Zeichen wäre, und weil dies in der Philosophie nicht der Fall ist, muß eine Philosophie des *Zeichens* ihre selbstkritische Dimension sein.

## 41. Zeichen und Beziehung

Können sich Zeichen überhaupt auf „etwas" anderes beziehen als auf andere Zeichen? Kann überhaupt etwas anderes als ein Zeichen sich auf etwas *beziehen*? Personen beziehen sich als oder mittels Zeichen auf etwas und aufeinander, in Zeichen, die sich als solche in einer gerichteten Weise auf andere Zeichen beziehen. Nur in diesem Verweisungszusammenhang sind es Zeichen, und in ihm haben sie eine Grammatik. Das Schild am Straßenrand ist *in seiner Aufstellung* ein Verkehrszeichen, so wie ein sprachliches Zeichen in seinem Kontext in einem Bezug auf andere Zeichen (innerhalb und außerhalb der identifizierten Sprache) steht. Es gibt („isolierende") Sprachen, in denen die Grammatik fast nur in der Stellung im Kontext, aber unter Einschluß sozialer Kontexte besteht. In anderen („flektierenden") Sprachen haben Zeichen Bestandteile, die einen bestimmten Bezug auf andere Zeichen erfordern oder ausschließen. „Subjekte", „Prädikate" usw., „Täter" und „Tätigkeiten" gibt es in dieser Klassifizierung vom Verständnis der Grammatik her. Von ihr kann man sich aber immer nur hypothetisch ein vom Gebrauch abstrahiertes Bild machen. Das Bild, das man vom Funktionieren der Sprache hat, ist die Vorstellung von ihr, auf die man sich entsprechend *wirklich* verläßt. Es begründet den sprachlichen Bezug zur Wirklichkeit.

Ohne Zeichen „gibt es" kein Bezeichnetes, denn nur Zeichen halten Einteilungen fest, und die „Beziehungen" zwischen den Teilen sind die zwischen den einteilenden Zeichen. Ordo et connexio signorum idem est ac ordo et connexio rerum. Man muß in ein *bestimmtes* Zeichenverstehen hineinfinden, ja schon darin sein, um vom Verstehen eines Zeichens zu einem Be-zeichneten als seiner Bedeutung zu finden, d. h. man muß die Grammatik des Zeichens verstehen, in der es an ihm selbst zu einem anderen Zeichen als zu „seiner" Bedeutung hinleitet. Ohne seine Grammatik zu verstehen, versteht man an einem Zeichen nichts (nicht

„etwas"). Aber sie ist nichts anderes als es selbst. Sie und das Zeichen zu verstehen ist dasselbe.

Jedes hat „seine" Grammatik, und sie besteht darin, daß sie von ihm, von seinem Verstehen, zu anderen Zeichen, zu deren Verstehen hinführt. Zeichen sind in ihrer Grammatik, d. h. in ihrer Beziehung auf andere Zeichen verständlich. Zwei Zeichen haben dann dieselbe, gemeinsame Grammatik, *wenn* das eine auf das andere verweist, aber sie haben sie nicht als ein davon abgelöstes Regelsystem, als eine Bedingung a priori für das Verstehen beider für sich. – Eine Grammatik als Regelsystem verstanden ist ein System von Hypothesen zum Verstehen des Verstehens, also der „wirklichen" Grammatik als des Übergangs von Zeichen zu Zeichen, der sich nicht ein für allemal feststellen oder erforschen läßt.

Bei Kant konstituiert „Synthesis" den Gegenstand überhaupt. Aber er meint eine Synthesis von Begriffen, nicht von Zeichen. Sie geschieht nach ihm als Leistung des Subjekts, als dessen Denken des Objekts. Der „Begriff" ist dabei ein Bezeichnetes: „Bedeutung" ist die „Beziehung aufs Objekt", die das Subjekt denkend leistet[1], also gerade *nicht* Beziehung auf ein anderes Zeichen, die ja nicht freie Leistung des Subjekts, sondern vom ersten Zeichen „bedeutete" Beziehung wäre. Ein Begriff ist hier gleichgültig dagegen, durch welches Zeichen er bezeichnet wird, so daß man sagen könnte, verschiedene Zeichen hätten in ihm „dieselbe" Bedeutung. Aber wenn man sagen will, welche sie denn hätten, muß man ein weiteres Zeichen nennen, das dann wiederum „dieselbe" Bedeutung haben soll wie die, deren Bedeutung es bezeichnen soll. Die Kantische Synthesis soll eine Verknüpfung „rein" zwischen Begriffen sein, aber manifest wird auch sie nur in der Verweisung eines bestimmten Zeichens auf ein anderes Zeichen. Das andere des Zeichens bleibt auch hier ein anderes Zeichen. Auch Beziehungen „aufs Objekt" sind immer noch Beziehungen zwischen Zeichen.

Die Kantische „Kopernikanische Wende" deutet aber schon darauf hin, daß „Beziehung" nichts ist, was zwischen Dingen besteht, sondern etwas, was zwischen Zeichen oder auch zwischen

---

[1] Kant: Kritik der reinen Vernunft, B 300

Personen geschieht, insofern sie einander Zeichen „sind" oder „geben" (oder wie man sich auch immer in einer Sprache aus ontologisch geprägter Sicht ausdrücken mag). Für die Ethik bedeutet dies, daß der „Nächste" für mich derjenige ist, der für mich *Bedeutung* hat bzw. erlangt, der mir in diesem Sinne, ob *ich* will oder nicht, nahe kommt – wie der Samariter dem, der überfallen wurde und hilflos war. „Beziehung" habe ich zu *den* Menschen, die für mich Zeichen sind und *in deren Präsenz* meine Explikationen von Begriffen wirklich, d. h. *jetzt*, zu Ende, zur Sache kommen, aber nicht zu allen, die mit mir zusammen unter denselben Begriff „Mensch" oder unter einen anderen „gemeinsamen", aber als solcher nie adäquat deutlichen Begriff fallen. Der Samariter kam nahe, während die beiden anderen, der Priester und der Levit, vorübergingen und somit nach dem Gleichnis *nicht* Nächste wurden. Nächster ist, wer es wirklich *wird*. Wer es ist, läßt sich nicht begrifflich definieren, sondern nur im Gleichnis eines *Geschehens* erzählen.

Zeichen haben Bedeutung nur in der Beziehung auf andere Zeichen. Sie sind *das* Bezügliche. Für viele Zeichen einer Sprache lassen sich nach Humboldt „die Ideen gar nicht abgesondert von ihr aufzeigen"[2], d. h. es ist nicht möglich zu sagen, was ihre Bedeutung außerhalb *derselben* Sprache sei. Sie haben keine sprachexterne Bedeutung. Wenn es aber in Sprachen solche Zeichen gibt, haben Sprachen in der Gesamtheit ihrer Zeichen keine sprachexterne Bedeutung. Denn die Zeichen bestimmen sich in ihren Bedeutungen alle gegenseitig im Ganzen der Sprache, in der sie im wirklichen „jedesmaligen Sprechen" *miteinander* Sinn ergeben, und es gibt in diesem Sinn so viele „Sprachen", wie es Akte des Sprachgebrauchs gibt. Niemand hat die Sprache, die er spricht, als etwas Abgrenzbares sich gegenüber. Insofern kann man auch sagen, daß es nur *eine* Sprache gebe, die des „jedesmaligen Sprechens", deren Zeichen ihre Bedeutung allerdings zusammen mit allem finden, was zu dieser Zeit bedeutend geworden ist.

Es besteht die Vorstellung, daß etwas „außerhalb" der Sprachen existieren müsse, um Sätze wahr zu machen. Damit ist „etwas"

---

[2] W. v. Humboldt: AA VII, 602

gemeint, das selbst *nicht Zeichen* sei; es ist davon abgesehen, daß Sprachzeichen nicht ohne Beziehung auf andere, „außersprachliche" Zeichen sind. Der Satz „es regnet" ist wahr, wenn es regnet, und das soll kein Zeichen, sondern eine „Tatsache" sein. Man sagt aber im Ernst nur, daß es regne, wenn man dazu *bewegt* worden ist, z. B. durch eine Frage oder auch, weil man es in irgendeiner Weise „bezeichnend" findet (natürlich auch, wenn man nach einem passenden linguistischen Beispiel sucht), und in dieser Form kann man es nur sagen, wenn die Sprache das zuläßt und „Regen" ein Teil einer verständlichen Einteilung des Wetters, „Wetter" wieder Teil einer Einteilung ist usw. „Was" auch immer durch die Möglichkeiten einer Sprache eingeteilt ist, es ist etwas Bestimmtes nur, weil es selbst schon Teil einer besonderen sprachlichen Einteilung ist, die im Prinzip auch anders sein könnte.

Wir können, in sogenannten „analytischen Hypothesen" (Quine), allerdings Beziehungen zwischen Ausdrücken verschiedener Sprachen behaupten, und wir können uns so verhalten, daß diese Hypothesen möglichst zutreffen. „Es regnet" als Satz der Sprache S ist wahr, wenn ‚es regnet'. Eine „Metasprache" ist immer auch nur eine *andere* Sprache. Man kann sie als Maßstab für die Wahrheit von Ausdrücken anderer Sprachen anlegen, die man im Verhältnis zu ihr „Objektsprachen" nennt, aber für dieses Anlegen hat man dann nicht wieder zugleich einen Maßstab. Sprachen an anderen Sprachen zu messen führt, wie alles Messen von einem an dem ihm gegenüber anderen, in eine „schlechte" Unendlichkeit im Sinne Hegels. Der Satz „es regnet" ist wahr, wenn es außer ihm *Zeichen* für Regen gibt, die man als solche unmittelbar versteht. Daß man sie mißversteht und sich täuscht, ist solange möglich, wie sich noch ein weiterer Maßstab, noch Zeichen aus einer weiteren Sprache denken lassen, also *immer* noch. Nur haben wir immer in einer Sprache (die wir deshalb eine Sprache unmittelbar über Wahrnehmungen nennen) *Gewißheit*. Sonst hätte es keinen Sinn, von Wahrheit zu sprechen. Der Sinn von Wahrheit besteht in der Sicherheit *eines* Zeichenverstehens, an dem wir alles andere messen, weil wir in ihm Zeichen „unmittelbar", d. h. in demselben Maße verstehen, in dem wir von „uns" als Identität des Verstehens reden[3]. „Ich weiß doch,

---

[3] Vgl. Kants transzendentale Einheit der Apperzeption; s. o. 96

wann es regnet" heißt: es gibt doch Zeichen *dafür*, die ich unmittelbar verstehe, ohne unsicher zu werden.

Wirklich ist, was uns „zum Zeichen" wird, das wir ohne Frage (nach der Bedeutung) verstehen, indem wir es für wahr halten und uns *darauf* verlassen. Alles *dazwischen* ist Reflexion.

„Reflexion" ist die Bewegung vom Zeichen, an dem etwas nicht verstanden ist, zum interpretierenden Zeichen, das interpretiert, weil es *jetzt* vollkommen verstanden ist. „Intention" ist der *Versuch* zu verstehen, solange er noch nicht gelungen ist, solange da noch etwas zu verstehen ist, auf das ich deshalb *mich* beziehe. „Ich beziehe *mich* auf etwas", d. h. ich suche *gegenüber* diesem Zeichen noch meine Identität im Kontext der Zeichen, die ich „unmittelbar" verstehe. Ich suche meine Identität an diesem Gegen-stand und erlebe „mich" in der Kraft *gegenüber* dem Verstehensproblem. Ich erlebe mich als Selbstbewußtsein in diesem Gegenüber, also in diesem Problem. Eine sich auf dem „Ich" begründende Philosophie verabsolutiert dieses *Moment*. Die Frage, „was" ich *sei*, ist selbst wieder eine andere Reflexion, nämlich die, die nach der Bedeutung von „ich" fragt und als Antwort dieses Zeichen in seiner Funktion, individuell *mich* zu meinen, durch andere, jetzt „unmittelbar" verständliche Zeichen ersetzen will.

Daß die Beziehung zwischen signum und res negativ, arbiträr sei, ist erst der erste Schritt zur Philosophie des Zeichens. Ein weiterer Schritt besteht in der Einsicht Hegels, daß signum und res „einander nichts" angehen. „Beziehung" ist eben immer die zwischen Zeichen, die allerdings wesentlich *nicht* – sondern nur gegebenenfalls jetzt für mich – *aufgeht* und *insofern* über sich hinaus weist. Keine Grammatik, auch keine „transzendentale", reicht in ihren Regeln für Beziehungen zu „Sachen selbst" und *soll* es auch nicht. Daß sie es nicht *soll*, ist das entscheidende Argument gegen den Skeptizismus. Bemerkenswerterweise versteht Husserl das Verhältnis zwischen Zeichen und Bedeutung unter dem Wort *„Erfüllung"*. Der bedeutungsintendierende Akt soll „in einem korrelativen Akt" der Bedeutungserfüllung „gleichsam sein Ziel erreichen". Als „Beispiel" dafür wird zunächst „das sich Erfüllen eines Wunsches" genannt. „Die Wunschintention kann nur dadurch ihre erfüllende Befriedigung finden, daß die ihr zugrundeliegende bloße Vorstellung des Gewünschten sich in die konforme Fürwahrnehmung verwandelt." „In diesem synthetischen Charakter" konstituiere sich das *„es ist wirklich und wahrhaft so ...*", was freilich nicht ausschließe, „daß dieses Wirklichsein nur ein vermeintliches, zumal es in den meisten Fällen ein inadäquat Vorstelliges ist". So gibt es keine Gewißheit dafür, daß es sich um eine definitive Erfüllung handelt. Für Fälle der Bedeutungsintention „außerhalb der Sphäre der Gemütsintentionen", für Fälle von Erkenntnis soll deshalb das Verhältnis zwischen Wunsch und Erfüllung auch „nur Gleichnis" sein, so daß noch nach dem Spezifikum der Erfüllung „einer signitiven Intention durch eine intuitive"[4] zu fragen bleibt, in der sich „objektivierende Akte"[5] vollziehen.

*Dafür* nimmt Husserl nun ein Beispiel aus der Arithmetik. Es ist, vom Beispiel eines Wunsches und seiner „Erfüllung" her, ja noch offen, was ein Kriterium für ein objektives Ziel sei, zu dem „die vorwärts stürmenden Gedankenreihen"[6] als zu ihrer *definitiven*, unüberholbaren Erfüllung hinstreben, so daß man von dem Ziel her sagen könnte, sie kämen ihm als einer „idealen Grenze" näher und die „Erfüllungsrelation" habe „etwas vom Charakter einer Steigerungsrelation an sich"[7]. „Jede in einer Definitionskette sich entfaltende mathematische Begriffsbildung" zeigt uns nach Husserl „die Möglichkeit von *Erfüllungsketten, die sich Glied für Glied aus signitiven Intentionen aufbauen*". Die „definitorische Vorstellung" zu dem „Begriff $(5^3)^4$" als der „Zahl, welche entsteht, wenn man das Produkt $5^3 \cdot 5^3 \cdot 5^3 \cdot 5^3$ bildet", gilt als Verdeutlichung dieses Begriffs, die man aber weiter verdeutlichen kann, indem man den Begriff $5^3$ durch „$5 \cdot 5 \cdot 5$" verdeutlicht, und weiter den Begriff 5 durch die Definitionskette „$5 = 4 + 1$, $4 = 3 + 1$, $3 = 2 + 1$, $2 = 1 + 1$", so daß zuletzt „die vollständig explizierte Summe von Einern" dastehe und man sagen könne, nicht nur dem „Endresultat, sondern schon jedem einzelnen Schritte" entspräche „wirklich ein Akt der Erfüllung"[8].

---

[4] Husserl: Logische Untersuchungen, VI, § 13

[5] a. a. O., § 14 a

[6] a. a. O., § 15

[7] a. a. O., § 16

[8] a. a. O., § 18

Das Bemerkenswerte ist die Mischung von Beispielen aus der „Sphäre der Gemütsintentionen", in der die definitive Wunscherfüllung fraglich bleibt, und aus der Sphäre der Mathematik, in der *Definitionen* ein „Endresultat" ermöglichen, weil *in ihr* nach der Bedeutung der „Summe von Einern" *nicht mehr weiter* zu fragen möglich ist. Nur diese Mischung läßt eine Interpretationsreihe als auf ein objektives *Ziel und Ende* „vorwärts stürmende Gedankenreihe" und damit Erkenntnis als sowohl „unendlich" weiterstrebende wie auch als ihr wahres *Ende* findende Tätigkeit verstehen. Sie scheint als Synthesis, sozusagen als Wunsch zum Ende, irgendwie zwischen der Unendlichkeit von Wünschen und definitiv zu Ende kommenden mathematischen Definitionsreihen zu liegen. Aber sie ist als dieses Dazwischenliegende gerade selbst noch nicht bestimmt.

Das deutet schon auf ihre Verankerung in der „Lebenswelt" im Sinne des späteren Husserl. In ihr besteht keine scharfe Dichotomie zwischen einem „unmittelbaren" Übergang eines Zeichens in „seine" Bedeutung wie bei den „allereinfachsten" mathematischen Fällen einerseits und „mittelbaren" Übergängen wie bei komplexeren Beispielen andererseits, bei denen die endgültige Erfüllung zwar nicht „für uns", aber doch „an sich" möglich sein soll. In der Lebenswelt lassen sich einfache und komplexe Fälle nicht ohne weiteres unterscheiden, und es muß sich jeweils zeigen, ob eine Explikations*reihe* erforderlich ist oder nicht und an welcher Stelle sie als hinreichend durchgeführt erscheint. Die Lebenswelt ist keine bestimmte „Sphäre", in der es so etwas wie „Einerreihen" gäbe. Es besteht hier keine durchgehende Kommensurabilität als Auflösbarkeit von allem in gleiche Einheiten, und deshalb lassen sich in ihr Wünsche und Gedanken nicht nach einem vorgegebenen Kriterium der nichtdefinitiven oder definitiven Erfüllbarkeit unterscheiden. Es existiert hier keine *rational* bestimmbare Differenz zwischen dem Irrationalen und dem Rationalen wie in der Mathematik, sondern nur der Gesichtspunkt der fürs Handeln als hinreichend erscheinenden Auslegung zu einer bestimmten Zeit.

Der metaphysischen Tradition galt Erkenntnis vorherrschend als nach mathematischer Methode *zu Ende kommendes*, sich in der Präsenz von „Sachen selbst" *restlos* erfüllendes (intentionales) Denken, als sich in solcher Präsenz als wunschlosem Glück aufhebende Repräsentation. Darin sollten sich *seiende* (statt nur verweisende) Beziehungen präsentieren. Derrida vereinfacht allerdings diese Tradition, wenn er sie mit Husserl auf den Begriff gebracht sieht.[9] Er wird ihr darin, wie alles subsumierende Begreifen mit definitivem Anspruch, nicht „gerecht".

Die phänomenologische Reduktion sieht von der „Seinsthesis" ab, d. h. davon, daß wir uns auf eine „Außenwelt" bezogen wissen und so Wahrnehmen und Denken unterscheiden. Sie sieht davon ab, daß wir *denken*, ob das, was in unserer Wahrnehmung ist, einschließlich der „kategorialen", auch *so ist*, wie es uns erscheint und darin *Phänomen* ist. Mit diesem Absehen aber bleibt die Phänomenologie gerade im Schema der Metaphysik, die das Denken dem Sein zuordnet und das Sein vom Phänomen *unterscheidet*. Die Reduktion auf die Phänomene setzt diese Unterscheidung voraus. Sie nimmt sie lediglich ins Bewußtsein, als dessen Leistung, zurück und interpretiert sie als Unterschied zwischen Intention und Erfüllung.

Heidegger kommt von der Phänomenologie zur „Fundamentalontologie" des Daseins, indem er sich dem Seienden zuwendet, dem es in seinem Sein um *sein* Sein geht. Das Dasein ist das Seiende, das die Akte vollzieht, in denen sich Intention und Erfüllung unterscheiden. Damit stellt sich die Frage, welcher Art die „fundamentalontologische" Zuwendung zu diesem Seienden als „Daseinsanalyse" selbst ist. Was ist in dieser Zuwendung selbst die Unterscheidung zwischen Intention und Erfüllung, mit anderen Worten: wie und wann erfüllt sich die Daseinsanalyse selbst als wahr? Was heißt es z. B., wenn Heidegger *ausführt*, „jede Verweisung" *sei* „eine Beziehung, aber nicht jede Beziehung" *sei* „eine Verweisung"[10], und wenn er weiter „fundamentalontologisch" Verweisung und Zeigen so unterscheidet, daß „Verweisung" allgemeiner sein soll als „Zeigen"? Diese Unterscheidungen *kommen* in der zur „Fundamentalontologie" gewordenen phänomenologischen „Einstellung" in dieser Weise und Ordnung *vor*, aber sonst so nicht. Auch die in der Sicht Heideggers fundamentale Unterscheidung zwischen „Ding" und „Zeug", „Vorhandenem" und „Zuhandenem" kommt nur in dieser Einstellung *vor*,

---

[9] Vgl. J. Derrida: Die Stimme und das Phänomen, Frankfurt/M. 1979

[10] Heidegger: Sein und Zeit, Tübingen 1972, 77

die zuletzt selbst eine gezeigte ist; man kommt in diese Einstellung, indem man den Weisungen des Phänomenologen bzw. des Fundamentalontologen, eigentlich den *Zeichen* folgt, die ihre Bücher ausmachen, denn auch nach ihrem Ansatz ist diese Einstellung keineswegs „natürlich". *In* ihr erst werden Zeichen zu Seiendem, zu einem „Zeug", das in dieser Einstellung aber keineswegs schlicht in seinem Verweisungscharakter „zuhanden" ist, sondern „vorhanden". Der analytische Blick ist darauf gerichtet, so daß man *daraufhin* sagen kann, unter den Zeichen „gäbe" es „Anzeichen, Vor- und Rückzeichen, Merkzeichen, Kennzeichen" usw., denen je eine „angemessene Umgangsart mit Zeigzeug" zugeordnet sei[11]. All dies versteht man, indem man die Zeichen versteht, die dies so beschreiben und die durchaus auf die metaphysisch-ontologischen Unterscheidungen in Gattungen und Arten von Seiendem zurückverweisen.

Daß Sprache nicht „bloßes Zeichen" sei, ist ein Diktum, das einen *bestimmten Begriff* vom Zeichen voraussetzt, nämlich den Begriff, nach dem Zeichen nur eine *Art* von Verweisung sei, deren spezifische Differenz zur Gattung der Phänomenologe bzw. der Daseinsanalytiker so in Zeichen zu fassen hofft, daß die Analyse in ihnen *zu Ende* komme, um eben „Fundamentalontologie" sein zu können. Auch hier bleibt Sein das *zuletzt* Gesagte, das letzte Zeichen. Philosophie erhält einen *bestimmenden* Charakter. Der Philosoph wird vor anderen zum Ort und Vorsager der Wahrheit. Der Daseinsanalytiker bleibt aber, wenn er *sagt, was* das Zeichen „Zeichen" bedeute oder was ein Zeichen *sei*, darauf angewiesen, daß er die Sprache findet, nach deren Bedeutung nicht noch einmal gefragt wird. Er *bedarf* der Akzeptation. So *muß* sich die Daseinsanalyse in einem Rückgang auf die Sprache verlieren. Sie muß in ihr ihren fundamentalen Charakter und sich als Philosophie auflösen. Dies ergibt sich von *diesem* Ansatz her und nicht unbedingt.

Heideggers Kritik daran, die Sprache als „bloßes Zeichen" zu betrachten, bezieht sich auf das metaphysische Verständnis des Zeichens als „bloßes" Stehen für etwas anderes. „Die Sprache ist in ihrem Wesen nicht Äußerung eines Organismus, auch nicht

---

[11] a. a. O., 78

Ausdruck eines Lebewesens." So wäre sie nach Heidegger von dem Ansatz der Metaphysik her gedacht, den Menschen in seinem „Wesen" von der „Animalitas" her zu denken, von dem aus man nie zur „Humanitas" des Menschen als „Ek-sistenz" gelangen könne. Als „Ek-sistenz" vernehme er in seiner Sprache zugleich die des Seins, vor aller Festlegung des Seienden in Gattungen und Arten, von der die metaphysischen Wesensbestimmungen ausgehen. „Daher" lasse die Sprache sich „auch nie vom Zeichencharakter her, vielleicht nicht einmal aus dem Bedeutungscharakter wesensgerecht denken. Sprache" sei „lichtend-verbergende Ankunft des Seins selbst"[12].

Aber Heidegger spricht doch wie die Metaphysik vom „Wesen" (des Menschen und der Sprache), das man in der Metaphysik verfehlt habe. Mit „Wesen" meint er offenbar das Wahre. Wer sagen kann, „was" der Mensch, entgegen seiner metaphysischen Bestimmung, und was die Sprache, losgelöst von den Bestimmungen der Metaphysik, in Wahrheit oder in ihrem Wesen, in „wesensgerechter" Bestimmung *sei*, der müßte vom Sein her das letzte Wort über sie erfahren haben oder doch zumindest vom Sein her erfahren haben, was sie *nicht* sei. Wer aber ge-hört als Denker in dieser Weise vor anderen, vor allem vor dem „man", zum Sein und ek-sistiert darin wesentlich? Das macht die Schwierigkeit der sogenannten „Kehre" von „Sein und Zeit" zu „Zeit und Sein" aus[13]. Es führt zunächst zum mystischen Schweigen, bis *das Sein* (wieder) spricht.

Heidegger verweilt in der Metaphysik, wenn er dem, als was die Sprache in der Metaphysik gilt, entgegensetzen „möchte", was sie *ist*, was nach ihm selbst nur jemand „vermöchte", den das Sein anspricht und mag[14]. Es entsteht, wie zu Beginn in der Frage der Abgrenzung zwischen Philosoph und Sophist, das Problem der Gewißheit hierüber, also wieder ein metaphysisches Problem. Das Denken gerät in diese Sackgasse, indem es nicht bedenkt, daß die *Differenz* zwischen Zeichen und Bedeutung, auf die sich Heidegger ausdrücklich beruft, eine Differenz nur insoweit sein kann, als ein Zeichen temporär *als* letztes und damit *als*

---

[12] Heidegger: Über den Humanismus, Frankfurt/M. 1986, 16; Sperrung v. Vf.

[13] Vgl. a. a. O., 17

[14] Vgl. a. a. O., 7

Bedeutung gelten gelassen wird, weil jemand in seinem Horizont diese Auslegung in dem Maße für wahr *hält*, in dem er etwas, vielleicht viel, im Extremfall „sich selbst" aufs Spiel setzt. Heidegger reflektiert in seiner *grundsätzlichen* Position gegen die Tradition, von der wohl auch Derrida sich zu sehr inspirieren läßt, nicht, daß *alles* Sagen, was etwas (in Wahrheit oder in „wesensgerechter" Aussage) sei bzw. was es *nicht* sei, seine Zeit und alles Fürwahrhalten an anderem Fürwahrhalten seine (gerechte) Grenze hat, ohne dadurch in Beliebigkeit abzugleiten. Es mißt sich in seinem Ernst an dem, was damit aufs Spiel gesetzt wird.

## 42. Das Zeichen „ich“ und die Freiheit

Zum Zeichengeschehen gehört, daß „etwas“ *beginnt und aufhört*, für uns zu deutendes Zeichen zu sein. So haben die indogermanischen Sprachen seit je das Zeichen *„ich“* als eines der Personalpronomen. Die Antike und das Mittelalter empfanden aber kein Bedürfnis, dieses Zeichen zum Thema zu machen und nach seiner Bedeutung zu fragen. Auch Descartes tut das eigentlich noch nicht. Er bezeichnet *sich* als denkende Substanz im „klaren“ Unterschied zu Körpern, und unter den Begriff einer „res cogitans“ fallen nach ihm auch andere, mit denen man reden kann. Nicht „ich“, sondern denkende Substanzen werden als Pole des Miteinanderredenkönnens angesehen. Erst mit der *Deutung* von „ich“ als Bewußtsein seiner selbst tritt *das Ich* als (weiter zu deutendes) Problem in die Philosophie.

„Ich“ *ist* nicht Reflexion. Es gerät *in* die Reflexion, indem es nicht mehr „unmittelbar“ aus dem Zusammenhang einer Sprache, zu deren Zeichen es gehört, verstanden und infolgedessen nach seiner Bedeutung *gefragt* wird. (Im Deutschen Idealismus geschah das in dem Moment, in dem ihm Begründungsfunktionen aufgelastet wurden und es selbst nicht mehr als Substanz unter Substanzen vorausgesetzt blieb.) Als Antwort auf die Frage nach seiner Bedeutung befriedigt die Antwort, die wieder zu einem „unmittelbaren“ Verstehen zurückführt. Das war eine Antwort, derzufolge „ich“ als Zeichen für *verstehendes* und das Denken – auch in der Kategorie „Substanz“ – begründendes Sein verstanden werden konnte. Die Paradoxie eines verstehenden – und nicht nur verstandenen – Seins schien so bewältigt und damit Ontologie auf neuer Grundlage restauriert. So entsteht als Folgelast erst die Paradoxie, daß etwas *sich selbst* verstehen soll. Es wird sich aber wesentlich *als etwas* verstehen müssen, d. h. durch eine Ersetzung des nicht mehr „unmittelbar“ verstandenen Zeichens „ich“ durch andere Zeichen. Erst indem das Zeichen „ich“

nicht mehr „unmittelbar“ verstanden wird und insofern „vorkommt“, kann man „sich selbst“ *als* „ich“ klassifizieren und als „Selbstbewußtsein“ grundsätzlich und grundlegend von allem anderen unterscheiden und dann *fragen, was* „ich“ *sei.* Man kann auch dann erst nach Gründen für dieses „Vorkommen“ eines bislang als reines Verweisungszeichen „unmittelbar“ verstandenen Zeichens fragen. Aber man kann nicht mehr in den alten Zustand der Fraglosigkeit zurück.

Welche Antworten auf die *nun* zu stellende Frage nach der Bedeutung von „ich“ befriedigen, hängt davon ab, aus welcher Fragestellung heraus gefragt wird. Die neuzeitlichen Fragen nach der „Natur“ des Verstandes sind Fragen nach „Bedingungen“ der Erkenntnis, also Fragen, die in sich paradox sind, weil sie, als Fragen nach dem Ich als dem zuletzt Begründenden, als Antworten unbedingte Erkenntnisse erwarten. Es sind Fragen, die sich ihrer Fragelogik gerade *nicht* bewußt sind, weil sie nicht reflektieren, daß die Antworten auf sie an irgendeinem Punkt „unmittelbar“, d. h. ohne Reflexion auf Bedingungen des Verstehens verstanden werden müssen.

Wie alle Fragen müssen auch die Fragen nach der „Natur“ oder dem „Wesen“ von „ich“, wenn sie sinnvolle Fragen sein wollen, sich temporär befriedigende Antworten geben lassen, die solange gelten, wie deren Zeichen unproblematisch sind. Die Ich-Philosophie ist eine Erscheinung innerhalb von Sprachen, in deren System von Zeichen das Zeichen „ich“ zunächst einen unproblematischen Platz hatte und nun als etwas Fragwürdiges hervorgetreten ist, so wie es vorher schon mit dem Zeichen „sein“ geschehen war und in später Folge davon. Nach Gründen dafür zu fragen, konnte aber nur *innerhalb* von Sprachen geschehen, in denen sich diese Zeichen zuvor so gebildet hatten, daß sie lange Zeit „unmittelbar“ zu verstehen waren.

Die Analytische Philosophie möchte in diesen Zustand zurück, aber sie übersieht die Dynamik dieses geschichtlichen Geschehens. Es gehört zu Sprachen, daß sie ihre eigenen Zeichen in sich gegenseitig verdeutlichenden Beziehungen zueinander entwickeln, zu denen sich in anderen Sprachen oft nur mühsam Entsprechungen finden lassen, etwa indem man „analytische Hypothesen“ über solche Entsprechungen aufstellt. Aber es gehört ebenfalls zu Sprachen, daß sie sich ändern und manches von ihren

Besonderheiten aufhört, „unmittelbar" verstanden zu werden, so daß *versucht* wird, es als synonym mit *anderen* Zeichen zu verstehen. Die Ich-Philosophie, als Philosophie des eigenen und des fremden Ich unter den Reflexionsbestimmungen von Identität *und* Differenz ist solch ein Versuch. In ihm wird die Selbstverständlichkeit von „ich" gerade aufgelöst.

Zeichengeschehen ist immer auch Zeitgeschehen. Ein Zeichen hat nur insofern eine Entsprechung außerhalb des Zeichensystems, dem es angehört, als ihm eine solche Entsprechung nach Maßgabe der Grammatik dieses Systems hypothetisch zugesprochen wird und diese Hypothesen sich bewähren, d. h. solange man sich so verhalten kann, als ob sie zuträfen, oder solange sich unter der Voraussetzung ihrer Geltung Identität behaupten läßt. Solche Hypothesen, deren Wahrheit in dem „sublimen Schwung" besteht, den sie ihrem Urheber verleihen (Nietzsche), sind und bleiben das Hypokeimenon des Weltverstehens, als *zusätzliche* Zeichen zur ferneren Bewährung eines bestimmten „heimischen" Verstehens. Es sind Zeichen, die sich als solche der Einbildungskraft verdanken und insofern nur in *dem* System Sinn haben, zu dessen Stabilisierung sie dazugesagt worden sind. Die Verschiedenheit der Systeme „vergrößert sich eher" (Humboldt), wenn in jedem zu verstehen versucht wird, wie sie einander entsprechen könnten. Und da im Grunde jedes Individuum seine eigene Sprache spricht, wie es sie im Zusammenspiel mit seinen „Urteilen" (und keineswegs nur mit deren „Bezeichnung") gelernt hat, wird die Eigentümlichkeit individuellen Verstehens vergrößert oder bereichert, wenn es sich ein Bild davon zu machen versucht, wie andere (es) verstehen könnten.

Zeichen sind das, was zu denken *Anlaß* gibt. Sie werden wesentlich individuell verstanden, d. h. die *Einbildungskraft*, die in der Sprache der philosophischen Tradition ein körperliches, also individuelles Vermögen ist, stiftet hypothetisch eine Beziehung zwischen Zeichen und Sachen. Schon nach Descartes schließen wir von Wörtern auf Sachen, aber natürlich nicht in der Form eines Syllogismus, sondern durch Erzeugung einer Vorstellung, allgemeiner: eines Verhaltens im Zeichenverstehen, mit dem wir eine Interpretationskette sich schließen lassen. Wir *denken*, indem wir dabei uns, d. h. unsere Einbildungskraft oder Phantasie in einer bestimmten Weise disziplinieren; wir stellen uns bei ästhetischer Gleichheit der Zeichen gleiche Sachverhalte vor, *über die Zeit hinweg*, also „jedesmal". Es kann dabei nicht darum gehen, ob wir das können. Sonst hinge das Denken von einem körperlichen Vermögen als einer Kraft *gegen die Kraft der Zeit* ab. Es kann sich nur darum handeln, daß wir das *sollen*. Denken ist nur als Sollen begreiflich, als gesolltes Einhalten von Regeln.[1]

Soweit und solange wir uns zum Denken disziplinieren können, ergeben sich für uns „notwendige Verbindungen", an denen wir nicht zweifeln können. Sie stellen für uns einen Zusammenhang im Verstehen dar, auf der Basis, daß verschiedene Zeichen „dasselbe" bedeuteten, trotz ihres Vorkommens an verschiedenen Stellen und zu verschiedenen Zeiten. „Ich" ist das Setzen verschiedener Zeichen als dasselbe Zeichen, es ist die Einheit in diesem Setzen, für die die verschiedenen Zeichen dasselbe Zeichen sein *sollen*. Fichte erörtert dieses Vorkommen von Ich in seinen drei Grundsätzen der Wissenschaftslehre. Aus der Einheit Ich = Ich folgt die Setzung A = A (erster Grundsatz). Der zweite Grundsatz lautet, daß ein dermaßen im Ich identifiziertes Zeichen sich in seiner Bedeutung gegen mindestens ein anderes Zeichen mit anderer Bedeutung abhebt (A nicht = Nicht-A), mit dessen Bedeutung es demnach in einer notwendigen Verbindung steht. So ergibt sich ein dritter Grundsatz, demzufolge die identifizierten Zeichen *Einteilungen* sind und damit die Vorstellung eines einteilbaren, körperlichen Seins bewirken, von dem das setzende Ich in seinem Setzen „sich" unterscheidet. „Ich" wird sich darin seiner „selbst" bewußt. Es unterscheidet sich als setzendes Ich von anders setzendem, also von anderem Ich und setzt sich damit in seinen Setzungen „wissenschaftlicher" Zeichen oder von Zeichen, die logischen Operationen zugrunde gelegt werden können, eigentlich als *Einbildungskraft*, als „körperlich" – und nicht der frei setzenden Tätigkeit nach – von anderem Ich unterschiedenes Ich.

Daß die Einbildungskraft körperlich sei, heißt, daß sie (beliebig) einteilbar sei. So ist sie auch als veränderbar und als disziplinierbar zu denken. Die disziplinierte, auf *Denken ausgerichtete* Einbildungskraft ist beschränkte, nicht in ihrer ganzen Fülle

---

[1] Vgl. Kant: Logik, AA IX, 13 f.

betätigte Einbildungskraft. Sie ist durch ein *Schema* gelenkt. Nach Nietzsche ist die Grammatik solch ein Schema, das wir zwar als solches durchschauen, durch das wir aber nicht hindurchkönnen. Aufgrund der Struktur einer besonderen, historisch entwickelten Grammatik *denken* wir *überhaupt* und *zugleich* in einer *bestimmten Form*. Die mit ihr auferlegte Disziplin im Zeichenverstehen lenkt vom Denken *überhaupt* zugleich in ein *bestimmtes* Denken, in *dessen* Vollzug sich das „cogito, ergo sum" ergibt.

Man kann nun aber nicht sagen, daß sich nur innerhalb der Grammatik eines bestimmten Denkens diese Gewißheit ergebe und nicht aus dem „Denken überhaupt". Denn es gibt kein „Denken überhaupt", das nicht einer bestimmten, als bestimmte aber doch auch wieder nur *vorausgesetzten* Grammatik folgte, d. h. das nicht seine *Arbeit* damit hätte, den *ihr gemäß* „artikulierten Laut zum Ausdruck des Gedanken fähig zu machen"[2]. Die so bedingte Diszipliniertheit oder Normiertheit macht die sonst körperliche Phantasie erst zum (gerichteten) Denken. Sie erst suggeriert der zeichenproduzierenden Phantasie Bedeutungen und Arten von Bedeutungen. Zur Besonderheit *unserer* Grammatik gehört die Notwendigkeit, dem Denken ein „Subjekt" als den Ort der zum Denken führenden Disziplinierung zuzudenken. Es ist dieser *Grammatik* nach — so wie die spezifische Beschaffenheit eines zu bearbeitenden Materials bei seiner Bearbeitung (als *causa materialis*) das eigentlich Disziplinierende ist — die „Ur-Sache" im Denken von Sachen, zufolge einer ersten Einteilung des Seins.

Man kann ja deshalb nicht alles machen, weil man nicht *aus allem alles* machen kann, aus Wolle z. B. keine Säge, wie Aristoteles sagt. So kann man auch nicht alles denken, weil der artikulierte Laut von der Sprachgeschichte her bereits eine Form hat. Er ist nicht πρῶτη ὕλη, und so findet das Denken schon etwas vor, wonach es sich richten muß und woran es sich bildet, wie der Handwerker, indem er lernt, sich nach der Natur der Sache zu richten, die er bearbeitet. Denken wird sich niemals rein einer Absicht gemäß äußern können, sondern nur von einer Absicht geleitet sein. Und nur in der Weise, wie es sich wirklich äußern kann, im Resultat aus seiner „Kraft", sich in die Sprache einzu-

---

[2] W. v. Humboldt: AA VII, 46

bilden, und der Gegenkraft der Sprachform findet das Denken Bestimmtheit.

„Ich denke, also habe ich einen vom Körper verschiedenen Geist" (Descartes). Diese *erste* Einteilung nennt Descartes natürlich nicht ein Produkt der Einbildungskraft, denn Geist soll ja dem Schema, also der bereits disziplinierten Einbildungskraft nach das „Subjekt" *allen* Einteilens sein, das sich des Schemas „bediene". So befreit sich das Ich vom Schema, dem es das Denken seiner selbst verdankt, indem es von ihm gelenkt wird. Es war das Schema, das es ermöglichte, seiner Vorgabe gemäß ein von allen *anderen* Gedanken verschiedenes, unkörperliches (d. h. nicht *weiter* einteilbares, nicht weiter zu analysierendes) Ich zu denken, das damit nicht ebenso wie alles andere *Teil* einer Einteilung, sondern eben deren „Subjekt" sein soll.

Andererseits weiß Descartes durchaus, daß Denken immer ein in einer *besonderen* Weise diszipliniertes, geregeltes Denken ist. Die „notwendigen Verbindungen" sind Propositionen, an denen „wir" nicht zweifeln können, d. h. an denen „unsere" Freiheit ein Ende hat. Nun meint er wohl alle denkenden Wesen. Es gehört aber zu *meiner* Unfähigkeit, an Bestimmtem zu zweifeln, daß ich mir auch nicht denken kann, wie andere anders als ich selbst denken könnten. Zur Evidenz gehört, daß evident ist, das Evidente müsse für alle evident sein. Sonst wäre es keine Evidenz. Sähen wir eine Möglichkeit, an den „notwendigen Verbindungen" zu zweifeln, dann wäre dies eben damit auch schon *unsere* Möglichkeit. „Wir", das sind zwar alle, aber es sind alle, die gemäß unserer Möglichkeit, überhaupt zu denken, als denkende Wesen gedacht sind.

Indem wir uns an das halten, woran *wir* nicht zweifeln können, kommen wir notwendig zu dem Gedanken eines vollkommenen, existierenden, nicht boshaften Gottes und damit zu dem Gedanken der Übereinstimmung „unseres" Denkens mit einer von „uns" unabhängigen Realität. Nietzsche spricht davon, daß wir Gott nicht loswürden, solange wir an die Grammatik glaubten,[3] d. h. solange das Schema der Grammatik uns im Denken bestimmt, solange es *dieses* Schema ist, das uns überhaupt Denken ermöglicht. Es gibt für ihn kein Denken *ohne* Schema, also in diesem

[3] Nietzsche: Götzen-Dämmerung, Die „Vernunft" in der Philosophie, 5

Sinn kein „reines" Denken, und wir können uns auch kein *anders* schematisiertes Denken wirklich denken, und selbst wenn wir uns das theoretisch-hypothetisch *bewußt* machen wollen, bleiben wir durch das Schema gelenkt. Wir könnten es nur überwinden und zugleich denkende Wesen bleiben, wenn wir in ein anderes Schema hineingingen, aber dessen Struktur können wir von „uns" aus, d. h. von dem Schema her, zu dem die Einteilung in „ich" und „alles andere" grundlegend gehört, wie gesagt nicht denken. Daß wir dies nicht können, heißt ja, daß wir in unserem Schema, also „überhaupt" denken.

Dieses Schema setzen wir uns als zu erfüllendes Sollen voraus, und damit setzen wir eine zu erfüllende Vorstellung von uns „selbst" voraus. Man kann aber ebensogut sagen: in dem Schema *sind* wir als Erfüllung eines Sollens vorausgesetzt. Wir sollen *etwas* so *zu Ende* denken, daß wir uns *selbst* auf die zuletzt erreichte *Version* des Gedachten als auf „Wirklichkeit" zu verlassen gedenken. Wir setzen uns selbst aufs Spiel, indem wir uns als Subjekt der Wirklichkeit und damit eine Version von Zeichen als hinreichend geklärte Vorstellung des Wirklichen denken. Daß wir *uns* jeweils dabei einsetzen, macht die *frei* gedachte Wahrheit des Gedachten aus.

Der Tradition nach gehört die Freiheit zum intelligiblen Charakter, d. h. ihr Begriff beruht auf der Einteilung in Noumena und Phänomena der hier so einteilenden Einbildungskraft. Nach einer Philosophie des Zeichens vollzieht sich Freiheit im Zeichenverstehen. Sie ist Inbegriff eines diesem Verstehen entsprechenden (Antwort-)Verhaltens. Das wird besonders manifest im Verstehen und Beachten von Zeichen, die *Rechte* bezeichnen.

Das primäre Zeichen der Freiheit ist (in der „Grammatik" unserer Kultur) der Leib, wenn er das Recht auf unversehrtes Leben bedeutet, und im elementaren Sinn ist deshalb alle Freiheit ein kulturell garantiertes Verhältnis von Leibern, die sich gegenseitig in dieser Bedeutung verstehen. Zeichen sind eher Zeichen „für" Freiheit als „für" feste Bedeutungen. Fernere Zeichen der Freiheit sind Zeichen „für" Bewegungsfreiheit, Eigentum (Verfügungsfreiheit) usw., z. B. als Grenzzeichen, als Zeichen für Befugnisse und Verbote, die insgesamt ein System bilden, in dem sie einander deuten können. Selbst das Aufstellen eines simplen Verkehrszeichens ist nur in einem umfassenden Bewandtniszusammenhang möglich, in dem es verstanden wird. Zeichen der Freiheit sind auch alle Zeichen, die ein Können zu verstehen geben, wie Werkzeuge, Fahrzeuge, Artefakte aller Art einschließlich der Kunst, die ein bestimmt geprägtes Hörenkönnen, Sehenkönnen usw. signalisieren, eingedenk des Umstandes, daß auch hier das allgemeine Können sich immer nur als besonderes Können, in der Disziplin einer *Art* zu sehen, zu hören usw. vollzieht.

Schließlich sind in einem abgeleiteten Sinn *alle* Zeichen als solche Freiheitszeichen. Sie bedeuten die Freiheit, in ihrer Deutung auf je eigene Art temporär zum Schluß zu kommen und *sich* auf eine erreichte Version *selbst* zu verlassen, und wenn alles, was überhaupt von Bewandtnis ist, Zeichen ist, dann ist alles, womit wir es überhaupt zu tun haben, Freiheitszeichen, an dem sich das Tun hinsichtlich seiner Ermöglichung auch gegenüber anderem Tun, als dem Tun anderer und als andersgeartetem Tun, in dessen Sinn wir im Extremfall nicht hineinfinden, orientiert, d. h. als möglich begreift. Die Grenzen zwischen „natürlichen" Zeichen, wie z. B. dem Leib, und „künstlichen", wie z. B. Verkehrszeichen, sind dabei fließend, da doch auch diese noch in dem Kontext des Leibzeichens als des Zeichens für Recht auf Unversehrtheit ihre Stelle haben. (Man würde ein Vorfahrtszeichen falsch verstehen, wenn man meinte, man hätte an dieser Stelle mit der Vorfahrt das Recht, Menschen zu überfahren.) Ein solcher Kontext ist der einer Kultur, und, insofern wir nicht in ihn hineinfinden können, der einer fremden Kultur und Sprache. Darin ist auch das jeweilige Naturverständnis „selbstverständlich" einbezogen, wenn auch auf eine Weise, die dann *unserem* Naturverständnis nicht „entspricht". Aber auch hier begegnen uns immer noch Zeichen, über deren „Entsprechung" zu Zeichen unseres Systems wir Vermutungen (Hypothesen) aufstellen, die sich für unser Verstehen der fremden Kultur mehr oder weniger gut bewähren.

Im Prinzip ist jedes Zeichen *auch* ein Zeichen eines *fremden* Systems, d. h. es kann auch aus einem anderen Kontext als dem unseren verstanden werden. Sonst wäre es letzten Endes nur privat, da jeder von sich aus versteht und somit in einem „anderen System". Freiheit findet ihre Grenze an *anderer* Freiheit. Sie zeigt sich in ihrer uns wichtigen konkreten Eigenart an anderer Freiheit, die, von *uns* aus gesehen, Zwang bedeuten kann. Es gibt nicht „die" Freiheit, sondern immer nur die im Zeichen abgegrenzte, bedeutete und *dadurch* gewährte konkrete Freiheit. Freiheit ist kein „ontologisches“, sondern ein semiotisches Faktum, das problematisch wird, wo seine Zeichen interpretationsbedürftig werden, mit dem Ziel, definitiv zu bedeuten, wie es ist.

Die überindividuell *geltende* Interpretation der Freiheit ist das institutionalisierte Recht. Rechtliche Urteile formulieren Zeichen, wo verschiedenes Verstehen der Freiheit sich wirklich, d. h. letzten Endes leiblich berührt, notfalls so, daß das „subjektive“ Verstehen der Zeichen demgegenüber zurücktreten (re-signieren) muß. Der leibliche „Zwangscharakter“ des Rechts wendet sich gegen die Vorstellung vom „subjektiven“ Zeichenverstehen angeblich konventioneller Zeichen. Er erscheint dieser Vorstellung gegenüber als Zwang, weil sie das fremde Zeichen nicht in einem Kontext zu sehen vermag, der auch der der eigenen Freiheit ist. Das bleibt bedeutungslos, solange es nicht das gleiche Recht anderer tangiert. Dann kollidieren nur die Auslegungen. Schon ein „übersehenes“ Verkehrszeichen ist ebenso wie ein überhörtes Wort ein Sich-Verlesen in einem Kontext der Freiheit. Man ist damit sozusagen auf dem Weg zu einer Privatsprache, die für andere befremdlich wird, weil sie hier nicht mehr von sich aus verstehen können, ohne zu zusätzlichen, erklärenden Hypothesen für „solch ein“ Verhalten zu greifen, d. h. ohne eine Komplizierung in Kauf nehmen zu müssen, die sie schließlich an irgendeinem Punkt nicht mehr auf sich nehmen („ertragen“) können. So muß dann der Täter statt dessen die Vollstreckung des allgemeinen Urteils als Einschränkung *seiner* Freiheit zwangsweise, leiblich ertragen, ob *er* es nun (verstehen) kann oder nicht.

Da Zeichenverstehen auf Einbildungskraft beruht, beruht es auf Kraft. Auf die Frage, was das Zeichen „Zeichen“ bedeute, muß als Antwort etwas anderes als „Zeichen“, es müssen *andere* Zeichen akzeptiert werden, z. B. „Kraft des Verstehens“. Freiheit (im Zeichenverstehen) ist Sache der Einbildungs-Kraft.

Philosophische Systeme versuchen, das Verstehen zu verstehen, d. h. zu sagen, „was“ es *sei*, worauf es beruhe usw. Sie erzeugen dazu Zeichen und verändern dadurch die Sprache. Ihre Wahrheit besteht darin, auf diese Weise Fragen zu beantworten, *solange* die Kraft ausreicht, dadurch aufgeworfene weitere Fragen durch weitere Zeichenproduktion zu befriedigen, im Einklang mit dem Recht (z. B. auf „Meinungsfreiheit“) und seinem Zwang oder gegen es. Es kann wegen der Zeichennatur des Rechts kein letztlich rechtsirrelevantes Zeichen geben. Wenn eine *Philosophie*, wie die Platonische, selbst zum Recht werden will, verabsolutiert sie ihre „Wahrheit" so, daß sie aus konsequenter Ehrlichkeit den Anspruch einräumen muß, *selbst* lügen zu dürfen[4] und alle *andere* Zeichenproduktion außer der, die ihrer ratio folgt (*andere* Mythenbildung), zu verbieten.[5] Eine Philosophenregierung hätte in einer politischen „Verwirklichung" ihrer Philosophie das Recht auf *letzte* Zeichenproduktion, auf letzte Auslegung, als das Recht, „der Feinde oder der Bürger" wegen zum „Vorteil des Gemeinwesens" zu lügen. Die Lüge diente der Stützung, der Interpretation der Wahrheit aus der Sicht von „oben". Es obsiegte ein bestimmtes Verstehen des Verstehens. Andere Philosophien wären demgegenüber subversiv oder revolutionär, soweit ihre Kraft, gemessen an der institutionalisierten Kraft, dazu ausreichte. Solch ein Spiel der Kräfte setzt ein, wo eine Kraft nicht hinreicht, anderes Verstehen, insofern es „nicht mehr zu verstehen" (zu verkraften) ist, doch bestehen zu lassen. Platon erzählt, daß die *Information* der dem Gemeinwesen nützlichen Wahrheit den Regierenden und Kriegern selbst „wie im Traume" widerfahre[6], damit von oben Einheit sei, nachdem sie selbst entsprechend „unter der Erde innen geformt und aufgezogen" worden seien. Diesen Mythos von einer „selbstverständlichen" Information als Anfang der Wahrheit erzählt der Philosoph, um die *Institutionalisierung* dessen plausibel zu machen, was aus seiner Sicht die wahre (letzte) Auslegung des Begriffs „Gerechtigkeit" sein soll, um so das Polemische, gegen anderes Verständnis Gewandte (und insofern Befremdliche daran) als *allgemeine* „Idee" erscheinen zu lassen. Esoterik ist, wo sie sich exoterisch wendet, in irgendeiner Weise notwendig polemisch, und sei es durch „Feinheit" des Ausdrucks (Nietzsche) im Eingehen auf das Vorverständnis anderer um der Vermittlung der eigenen Vorstellung willen.

„Ich" bezeichnet die Sicht, die sich einer *anderen* Sicht jeweils als „auch eine" Sicht mitteilt, d. h. als eine, die sich als andere gegenüber anderen, also als freie Weltinterpretation zu behaupten

---

[4] Platon: Politeia, 414 b—415 d

[5] a. a. O., 377 a ff.

[6] a. a. O., 414 d

sucht. „Ich“ bezeichnet Welt*behauptung* nicht nur gegen die Zeit, sondern auch gegen andere Weisen, sich gegen die Zeit und ihre Zeichen zu behaupten. Selbst-Behauptungen gegen die Zeit versuchen, sich *zugleich* gegeneinander zu behaupten, sich gegenseitig Zeit streitig zu machen, außer sie hätten die Kraft, gerecht zu sein gegen andere, indem sie ihre Zeit als ihre eigene, von ihrer Individualität nicht abzutrennende, ihr angemessene Zeit akzeptierten, einschließlich des Daseins der Zeit-Genossen. Indem alle Polemik gegen anderes Verstehen im Behaupten des eigenen *auch gegen die Zeit* steht, hat sie stets ihre begrenzte Zeit. Sie kann sich nur begrenzt behaupten. Dies „tragische“ Wissen kann sie gerecht sein lassen.

Eine Ordnung „ist“ nicht, sie muß erblickt, verstanden werden, und es gibt viele Möglichkeiten, an etwas eine Ordnung zu erblicken. Es ist eine Sache der Kraft, den Blick durch- oder auszuhalten. Man kann eine Regel nur anwenden, wenn man sie *an* dem erblickt, worauf sie angewendet werden soll.

In dem Maße, in dem man verschiedene philosophische Systeme verstehen kann, rücken sie zusammen, aber sie konvergieren doch nicht: Indem sie zusammenrücken, tritt auch ihre Individualität hervor.

# 43. Tod als Zeichen

Nach Nietzsche hatte der Tod für den „Typus Jesu" keine Realität. Er war für ihn „nur ein Zeichen mehr",[1] eine weitere Interpretation eines gegebenen Zeichens durch ein anderes als Verdeutlichung des Lebens. Aber *kann* man das so sagen, d. h. als fürs Leben deutlich genug *für* wahr *halten*? Nach Nietzsche kann *man* das nicht. Er will nicht sagen, was *man* oder alle Welt sagen kann. Das wäre ohnehin unnötig, weil jeder es sich selbst sagen könnte. Aber wie kann denn *jemand* so etwas sagen? Aus dem gleichen Grund, aus dem jemand überhaupt etwas sagen kann, was andere so nicht sagen können: Er hat die Kraft, die Macht dazu, in diesem Fall die Kraft, den Tod als Verdeutlichung des Lebens, ihn aus dem Leben heraus zu verstehen, aus der sich „angesichts" des Todes *erhaltenden* Fähigkeit der aneignenden Orientierung, der Erhaltung einer Perspektive des Führwahrhaltens.

So ist für Nietzsche das Leben „nur eine Art des Toten, und eine sehr seltene Art".[2] Er beantwortet die Frage nach dem Wesen des Lebens nach dem gleichen Schema, nach dem er auch die Frage nach dem Wesen der Wahrheit beantwortet, als *Art des Gegenteils*. Leben ist eine Art des Toten, so wie Wahrheit eine „Art des Irrtums" ist. Denn die Frage, was etwas *sei*, kann nur in der Reduktion des Fraglichen auf Bekanntes beantwortet werden, wenn die Antwort befriedigen, jemandem etwas besagen soll. Nur so kann das Fragen *zu Ende* kommen. So ist das Unbelebte das Bekannte, wenn nach dem Leben *gefragt* wird. Denn dann will man wissen, wie man es auf etwas anderes reduzieren, d. h. einen *Begriff* von ihm erlangen kann. Es ist ein Fall des Toten, es fällt unter dessen Begriff. Wenn man fragt, was es *sei*, fragt man schon nicht mehr nach dem Leben, sondern nach

---

[1] Nietzsche: N VIII 11 [295]

[2] Nietzsche: Die fröhliche Wissenschaft, III, 109

dem Sein, das als solches nicht lebt. So fragt auch der, der nach der Wahrheit, nach ihrem allgemeinen Begriff fragt, was Wahrheit *sei*. Er fragt, weil er nicht weiß, weil ihm die Gewißheit der Wahrheit fehlt, als die Kraft des Fürwahrhaltens, und damit *ist* er schon im Irrtum. Ihre Definition oder Wesensbestimmung *muß* ja bei einem anderen Begriff als dem der Wahrheit ansetzen, weil das zu Definierende in der Definition nicht vorkommen darf. Die Wiederholung des zu definierenden Begriffs ist mit Sicherheit nur ausgeschlossen, wenn man vom logischen Gegenteil her definiert, so wie z. B. auch nach Leibniz die Sprache der Analysis „Ruhe" als „Art ihres Gegenteils", nämlich als „unendlich kleine Bewegung" definiert. Sonst könnte der zu definierende Begriff immer noch verdeckt wiederholt werden. Erst die spezifische Differenz soll den Unterschied bestimmen und z. B. sagen, *was für eine* Art von Bewegung Ruhe, was für eine Art von Irrtum Wahrheit und was für eine Art von Totem Leben „ist". „*Wahrheit ist die Art von Irrtum*, ohne welche eine bestimmte Art von lebendigen Wesen nicht leben könnte."[3] So verbindet Nietzsche die Wahrheitsdefinition mit der des Lebens. *Die* Definition des Lebens ist wahr, die dem Leben dient. Nur nennt Nietzsche im Fall des Lebens nicht die spezifische Differenz. Er sagt nur, es sei eine „sehr seltene Art". Offenbar gelingt das Leben nur schwer. Es scheint ein Glücksfall zu sein.

Der Tod als die höhere Gattung zum Leben bleibt in dessen Begriff gegenwärtig, weil der Begriff als Allgemeinbegriff als solcher das Allgemeinere, Abstraktere ist und die Frage, was etwas *sei*, zuletzt nach dem Sein als dem Abstraktesten und nicht nach etwas Speziellerem fragt. Daß Leben Leben sei, wäre eine tautologische Antwort. Das Leben will aber eine nicht-tautologische, aufschlußreiche Antwort finden. Es geht ihm auch in der Frage nach dem Begriff des Lebens nicht um Wahrheit im Sinne einer Adäquation mit Sein, sondern „nur" ums Leben. Um des Lebens willen versteht es „Leben" als eine Art des Toten, d. h. es will es in einer spezifischen Differenz zum Toten, aber damit doch *von diesem her* verstehen, z. B. wenn es fragt, wie man es physikalisch „erklären" könne. Es geht dem Leben gewisserma-

---

[3] Nietzsche: N VII 34 [253]

ßen um einen tötenden Begriff, um des eigenen Lebens willen. Es geht ihm um die Macht über (anderes) Leben und damit um eine (anderes) Leben ausschließende Perspektive, um den Erhalt seiner selbst in der Bestimmung seiner Grenze.

Nun sagt Nietzsche aber auch, wir hätten vom „Sein" „keine andere Vorstellung ... als *‚leben'*. – Wie kann also etwas Totes ‚sein'?"[4]. Er sagt nicht, daß Totes sei, sondern nur, daß *Leben* eine Art des Toten sei. Vom Toten zu *reden* kommt nur vor, weil es ums Leben geht. Das Symbol des Toten dient nur der Definition des Lebens innerhalb und zum Zweck des Lebens. Wenn man nach dem Leben in dessen Horizont fragt, und anders ist dies nicht möglich, dann bezieht man sich in der Antwort auf den Tod, man verwendet das Symbol „Tod". Man verwendet es, um *im* Leben „Leben" zu verstehen. *Darüber hinaus* hat es keine Bedeutung. Es gibt keine Realität, die dem Symbol „entspräche", so wie Zeichen überhaupt nicht die Funktion haben, eine ihnen „entsprechende" Realität zu repräsentieren. Sie dienen *alle*, im Spiel ihrer gegenseitigen Interpretation, dem Leben.

Das ist natürlich nicht das biologische Leben. Die Biologie ist selbst nur *eine* Erklärung des Lebens für das Leben aus einer bestimmten Perspektive. Diese Perspektive ist begrenzt. Von ihr her gesehen hat der Tod des Individuums eine Funktion im Leben der Gattung. Er findet diese „Erklärung". Davon unterscheidet aber das Individuum seinen *eigenen* Tod. Für es geht es nicht um das Leben der Gattung. Das Denken an den eigenen Tod wird ihm zum Zeichen des Lebens, insofern es in ihm kein Ende, keine Realität sieht, sondern „nur ein Zeichen mehr", kein *letztes* Zeichen, das als solches unmittelbar Realität bedeutete, sondern ein Zeichen wie andere auch, die in immer anderen Zeichen die Erklärung ihrer Bedeutung finden, und zwar dadurch, daß die Erklärung jetzt, d. h. *im* Leben, etwas besagt, so wie ja auch die biologische Erklärung des Todes nur im Leben „etwas" bedeuten kann. Das Zeichen „Tod" findet, wie alle Zeichen, wenn es *überhaupt* eine Bedeutung hat, diese Bedeutung als „ein Zeichen mehr" in seiner Deutung im Zusammenhang des Lebens, d. h.

---

[4] Nietzsche: N VIII 2 [172]

im Zusammenhang anderer lebensdienlicher Deutungen als in einem Sinnzusammenhang *eingesetzter* Tod.

Wie bei allen Deutungen, die „wirklich" hinreichend zu Ende kommen, gelingt dies aber nur individuell. Es gelingt nur, wenn das Zeichen „Tod" nicht bedeutet, daß an ihm alle anderen Deutungen zu Ende kommen, d. h. in ihrem Sinn scheitern, so daß man sagen müßte, sie reichten nur bis zu dem Zeichen „Tod". An diesem Zeichen versagten dann die lebensdienlichen Interpretationszusammenhänge, so daß es als unverstandenes Zeichen alle anderen gelungenen Interpretationen relativierte, weil sie vor ihm scheiterten. Es löste dann diese Zusammenhänge auf.

Heideggers „Fundamentalontologie" versteht das Dasein (des Menschen) als „Sein zum Tode". Sie versteht den Menschen von seinem Sein, d. h. von dem her, was Menschen mit allem (ob und wie sie „es" verstehen oder nicht verstehen) gemeinsam haben, auch wenn sie sich von dem Verständnis des Seins als des „allgemeinsten Begriffs" absetzen möchte. „Sein" ist für sie kein Begriff. Dem ist zuzustimmen, denn wenn es schon keinen „untersten" Begriff geben kann, der als solcher keine Unterbegriffe mehr unter sich haben dürfte, dann kann es auch keinen „obersten" geben, der keinen Begriff mehr „über" sich hätte, von dem her er weiter zu verdeutlichen wäre. „Sein" ist deshalb kein Begriff, denn als solcher müßte es „oberster" Begriff sein. Heidegger geht den Weg der Daseinsanalyse, um so *exemplarisch* über Sein sprechen zu können. Das exemplarische Reden will vom Begriff weg, es will aufweisen, daß und wie es dem Dasein „um sein Sein geht" und was Sein in *diesem Zusammenhang* ist. Es stößt dabei auf das Existential der „Sorge". In ihr verhält Dasein sich zu seinem Sein, aber in einer „uneigentlichen" Weise. „Eigentlich" ist es gegenüber aller Sorge und aller ihr entstammenden Weltauslegung „Sein zum Tode", gegen das die Sorge sich stellt und von dem her sie sich versteht.

Dieses „eigentliche" Sein führt auf ein Seinsverständnis, das dem des gewöhnlichen Weltumgangs aus Sorge, dem Weltverständnis des „man" oder der Uneigentlichkeit entgegensteht. Es ist nach Heidegger die „Wahrheit" des uneigentlichen, wenngleich es sich nicht artikulieren läßt. Vor ihm versagt die Sprache, deren Artikulation der Welt der Sorge entstammt. Die Wahrheit liegt so in dem, vor dem die Sprache versagt. Damit wird deutlich, daß die Daseinsanalyse ein negatives Ergebnis hat und daß die sogenannte Kehre in Heideggers Denken schon in ihr angelegt ist: Sie führt, indem sie das Sagbare vom „Eigentlichen" abhebt, vor das Nichts an Sagbarem, das im „Sein zum Tode" gegenwärtig ist und alle Zeichen relativiert. Sie bleiben an lebensdienliche Auslegungen als an ihre Bedeutungen gebunden, an Auslegungen, die „nur" in diesem Zusammenhang zu Ende kommen und ihre Zeit haben. „Sein" liegt aber über alle Zeitbedingtheit dieser Art hinaus, als *Zeitigung* in dieser Zeit.

Im „Sein zum Tode" ist das Dasein demnach „eigentlich" in seinem Sein. „Eigentlich" heißt hier, daß es nicht mehr sagen kann, „was" dies sei und „was" dies bedeute. Auch die Daseinshermeneutik wird auf diese Weise durch sie selbst, d. h. dadurch, daß sie auf dieses „Eigentliche" hinführt, relativiert, denn sie ist ja selbst Auslegung in der verfügbaren Sprache. Sie biegt das „Eigentliche" ins Medium der „Uneigentlichkeit" um, sie reflektiert. Das Sein verschlägt die Sprache im Zeichen des Todes, das damit die *eine* Bedeutung hat, daß alles „eigentlich" *nichts* bedeute und daß Bedeutung nur das sei, worin die Auslegung innerhalb des „Uneigentlichen" zu Ende komme.

Nietzsches Deutung des „Typus Jesu" geht dagegen vom *Leben* aus, das Kraft hat, auch den Tod zu deuten, indem es ihn in seinen Deutungszusammenhang einbezieht als „nur ein Zeichen mehr". Diese Kraft kann nicht mehr als *allgemein* zum Dasein gehörig verstanden sein, sondern nur noch als *individuelle* Kraft einer Person, die dementsprechend lebt (*sich* einsetzt). Das „allgemeine" Verhalten demgegenüber ist nicht mehr das Verstehen, daß es „so etwas" geben könne, sondern das Ressentiment gegenüber einer Lebenspraktik aus solch einer Kraft des Verstehens.

Nur einzelne können „an guten Tagen" die Kraft aufbringen, „so etwas" *ohne* Ressentiment anzuerkennen und ihm gegenüber gerecht zu sein.[5] Dieses Gelingen der Gerechtigkeit ist nicht nur ohne Begriff, nach dem es lehrbar und überhaupt mitteilbar wäre. Es „ist" auch nicht in dem Sinne, in dem man es noch als irgend etwas anderes verdeutlichen, in einer Interpretation wenden

---

[5] Nietzsche: N VIII 1 [182]

könnte. Es ist nicht nur ohne Begriff, sondern auch ohne Sprachwendung, denn es ist die Kraft, auch den Tod, das einschneidende Nicht-Zeichen, noch als Zeichen zu verstehen. Es ist die vor „nichts" aufhörende Sprachkraft oder das Wort als Ursprung des Lebens.

## 44. Die Zeichen und das Innere der Dinge

Was wir verstehen, ist uns Zeichen und daher nicht „ad esse" ausinterpretierbar, uns selbst eingeschlossen. Auch „Selbstbewußtsein" kann nicht adäquates Wissen von sich selbst sein, sondern nur Selbstdeutung, einschließlich der Deutung, ein „Selbst" zu sein. Wir verstehen Zeichen im Übergang zu anderen Zeichen. Uns selbst verstehen wir, indem wir sagen, „was" wir seien, „was" es bedeute, „ich" zu sagen, und das ist alles, was wir *dadurch*, daß wir als „selbstbewußtes Jetzt" *„ich"* sagen, erfahren, alles, was uns *dadurch* widerfährt.

Dinge verstehen wir, indem wir im Geltenlassen einer jetzt letzten Version, „was" sie seien, *uns* auf sie verstehen und dies sagen können. Wir beziehen uns dabei auf das Ding als *Einheit* „seiner" Prädikate. Das sind die Prädikate, mittels derer wir uns die Frage nach der Bedeutung des Zeichens „für" ein Ding zur Zeit hinreichend beantwortet haben. Wir setzen es, wie Leibniz sagt, dabei als „innere" Einheit *voraus*. Der „äußerliche" Zugang soll sich dieser unbekannten, inneren Form „annähern", um so mehr, je mehr Merkmale dem Begriff des Dinges zugesprochen werden, ohne daß dies bisher zu einem Widerspruch geführt hätte. Wir erfahren das Innere in seiner Erscheinung, seiner Äußerung, *indem* wir immer *mehr* Prädikate als Prädikate *desselben* Dings verstehen und gewisse andere als bloße Akzidentien auch wieder fallenlassen können.[1] Die Einheit des Dinges zeigt sich in der zeitweilig geglückten Versammlung von Prädikaten auf *ein* Ding. Es ist, wie Hegel sagt, „weiß, und *auch* kubisch, *auch* scharf usf."[2] Kant hatte schon bemerkt, daß die Vernunft nicht nur die Maxime verfolgt, auf diese Weise Einheiten zu fixieren, sondern ebensogut die entgegengesetzte Maxime weiterer Spezifizierung,

---

[1] Vgl. E. Heintel: Grundriß der Dialektik, Bd. II, Darmstadt 1984, 117 ff.

[2] Hegel: Phänomenologie des Geistes, a. a. O., 96

so daß keine Spezies eine ‚infima species' sein muß.[3] Es gibt keine Gewißheit, daß etwas, was bisher grammatisch als Subjekt vieler und immer weiterer Prädikate festgehalten werden konnte, auch weiter festgehalten werden kann und daß es ein „wirkliches" Etwas sei, das alle ihm zugesprochenen Eigenschaften „auch" hat. Es kann sich als zweckmäßig erweisen, den Begriff „für es" doch besser als *bloßes Zeichen* einer nur „äußerlichen" Einteilung aufzufassen und damit dem Bezeichneten den Charakter eines Dings von „innerer" Zweckmäßigkeit abzusprechen. Daß dies sich *erweist*, ist die „Bewegung des Begriffs" (Hegel) als Aufhebung der bisher geltenden Objektivität einer Bezeichnung unter einem dies erweisenden anderen Zeichen.

Da wir die „innere Form" von Dingen, auch nach Leibniz, nicht kennen, sondern nur insofern erfahren, als es („äußerlich") zweckmäßig *bleibt*, in der Versammlung von Prädikaten anzunehmen, wir näherten uns damit der „inneren Form" oder „inneren Zweckmäßigkeit" eines Dinges, muß die „äußere Zweckmäßigkeit" allein entscheiden, *wie lange* wir an der Voraussetzung einer „inneren" festhalten wollen. Leibniz ist hier sehr konsequent: „Will man indessen aus Vorsicht, um nur ganz Gewisses zu sagen, bloß vom Äußeren reden, so bleibt hier ein gewisser Spielraum übrig, und in diesem Falle darüber zu streiten, ob ein Unterschied spezifisch ist oder nicht, wäre ein Wortstreit"[4].

Der Spielraum ist der einer subjektiven Gewißheit. „Quis ignorat, quid sit motus?"[5] fragte Descartes. „Bewegung" ist ganz klar das Gegenteil von „Ruhe", in einer Einteilung, die *gewiß* ist, sich auf etwas und nicht auf nichts zu beziehen, *solange*, bis etwa Leibniz in der „Sprache der Analysis" „Ruhe" nicht mehr als das Gegenteil, sondern als eine „Art von Bewegung", als „unendlichkleine" Bewegung bezeichnet.[6] Er tut dies aus Gründen „äußerer" Zweckmäßigkeit. – Die Gewißheit des „richtigen" Einteilens hat offenbar gegenüber biologischen Arten am wenigsten Spielraum. Wenn wir hier wissenschaftlich auch zuletzt an die Möglichkeit von „Realdefinitionen" im Leibnizschen Sinne denken

---

[3] Kant: Kritik der reinen Vernunft, B 683

[4] Leibniz: Nouveaux Essais, Philosophische Schriften, ed. C. J. Gerhardt, V, 305

[5] Descartes: Regulae ad directionem ingenii, Regula XII, 23

[6] Leibniz: Brief an Varignon v. 2. 2. 1702

mögen, d. h. an Definitionen gemäß einer „inneren" teleologischen Möglichkeit der Dinge selbst, so setzen wir doch andererseits hier am entschiedensten voraus, daß die Wesen sozusagen aus einem arteigenen „inneren" Formprinzip heraus für uns in ihrer Phänomenalität „da" und in Arten unterschieden *seien*.

Es geht nicht darum, ob Dinge solch ein inneres Formprinzip „haben". Diese Redeweise ist ja nichts anderes als dessen *Voraussetzung* innerhalb unserer, also einer ihnen gegenüber „äußerlichen" Zweckmäßigkeit der Weltorientierung, die von ihren Bedürfnissen her von Dingen, von Substanzen so spricht, *als ob* sie die Eigenschaften, die wir „ihnen" als etwas an sich Seiendem zusprechen, von sich selbst her hätten. Es geht aber allein darum, ob wir *erkennen* können, ob dieses „äußerliche" Zusprechen „innere" Zusammenhänge trifft oder nicht. Davon ist weder bei Leibniz noch bei Kant die Rede. Wir können nur zusehen, *wie lange* wir diese Voraussetzung aufrechterhalten wollen, d. h. wie lange sie zur *Konsistenz* unserer Einteilung beiträgt.

Dafür haben wir nun allerdings keine Regel. Daß wir keinen Anlaß zur Änderung einer Art der Spezifikation erkennen und folglich im „Spielraum" unserer Gewißheit verharren, heißt nicht, daß das so bleiben muß. Es könnte, vor allem im Bereich des Biologischen, erscheinen, als sei dies unabsehbar lange gewährleistet. Das Biologische *sei* nun einmal etwas anderes als das rein Physische, d. h. diese Einteilung sei „von Natur aus". Sie sei keineswegs nur ein Produkt der Einbildungskraft in „äußerer" Zweckmäßigkeit. Daß wir so denken, hat gewiß eine große sittliche Gewißheit und damit einen sittlichen Wert. Deutlicher wird das noch, wenn wir uns auf den Menschen beziehen und uns etwa angesichts einer Mißgeburt fragen, was die „Merkmale" für den wahren Begriff des Menschen seien. Dabei erscheint dieses alte Beispiel nach jüngeren Erfahrungen noch als harmlos. Welche Spielräume wir tolerieren, d. h. wo *für uns* der „Wortstreit", das Meinen aufhört und um unseres Handelns und vermeintlicher Bedürfnisse willen die Ontologie beginnt, ist *für uns* bezeichnend. Keine Bezeichnung zielt nur aufs Objekt. Jede ist in ihrer Zeit auch für den bezeichnend, der sie vornimmt.

Wer die Differenz zwischen Physischem und Biologischem als „bloß" äußerlich einteilende Bezeichnung versteht, *sagt* damit etwas. Man kann dies tun, aber es hat Folgen, wenn es geglaubt wird und dieser Sprachgebrauch sich als gemeinsames Urteil einer Zeit, d. h. als Basis für Handlungen niederschlägt. Außerhalb der Sprache, in der dies geschieht, erscheint das dann als bezeichnend für diese besondere Sprache und ihre Sprecher, dafür, „was für ein Mensch“ das sei, der so spricht, es sei denn, man wüßte, daß er sich des Umstandes bewußt sei und nur gelegentlich diese besondere Sprache mit ihren besonderen, vom „normalen“ abweichenden Einteilungen spreche, eben um besonderer Zwecke willen, so wie Leibniz um pragmatischer Problemlösungen willen die „Sprache der Analysis“ von der der „Metaphysik“ unterscheidet, die in ihren Einteilungen „wahres Sein“ erfassen möchte. Man *kann* Menschen als physische Gegenstände betrachten (und muß es auch oft, etwa wenn es darum geht, daß ein Flugzeug nicht überladen wird), und man *kann* auch von etwas, wenn andere es als Menschen bezeichnen, sagen, daß es „noch kein“ Mensch oder „nicht mehr“ ein Mensch sei. Es ist aber ein Unterschied, ob man dann zugleich glaubt, *wesentliche* Unterscheidungsmerkmale zu haben, oder ob man dies nicht glaubt und sich der Abhängigkeit der Einteilung vom (äußeren) Gesichtspunkt eines besonderen Zweckes *bewußt* ist.

Wenn sich aber angesichts von etwas die *Frage* stellt, ob „es“ Mensch sei, ist „es“ allein dadurch – und nicht durch allgemeine Merkmale – als Mensch und Nächster im Spiel. Allgemein geltende Merkmale ergeben sich nur aus der bewahrten Identität eines Bestimmungs*schemas*. Sie können nur als Rechtszeichen von definitiver Bedeutung sein.

Wesentliche Gesichtspunkte sind solche, die unter allen Umständen gelten sollen. Es ist bezeichnend für einen Menschen, welche Gesichtspunkte für die Bestimmung des Menschen, also für sein Selbstverständnis als Mensch er für „wesentlich“ hält. Konsequent kann nur sein, daß die Freiheit in der Bestimmung des Wesentlichen für wesentlich angesehen wird. Nur so kann man sagen, es sei für einen Menschen bezeichnend, was *er* für wesentlich *hält*. Die *Wertung*, die sich daran anschließen kann, als das Urteil, ob es gut oder böse sei, „so etwas“ als für den Menschen wesentlich zu halten, geschieht wiederum „von außen“, von einem weiteren Standpunkt aus, der sich damit wiederum selbst bezeichnet. Andere mögen sagen, es sei für einen Menschen bezeichnend, daß er den Umstand, daß ein anderer gewisse Kriterien dafür habe, was ein Mensch und was menschlich sei, verurteile, usw.

Wenn Kant sagt, „jede Art“ enthalte „nach dem Prinzip der Spezifikation“ „Unterarten“, so daß es immer vom „logischen Horizont“ abhänge, was als von ihr selbst her bestimmte und damit als ontisch fundierte, unterste Art angesehen werde, so heißt das auch, daß es hier keinen *absoluten* „Standpunkt des Zuschauers“ gebe, sondern nur einen „Horizont“, der ausmache, was aus demselben „vorgestellt und gleichsam überschaut werden“ könne. „Der logische Horizont besteht nur aus kleineren Horizonten (Unterarten), nicht aber aus Punkten, die keinen Umfang haben (Individuen).“[7]

Wie jemand bezeichnet, das bezeichnet seinen Horizont als das, was er zu einer bestimmten Zeit überschauen kann; er bezeichnet sich damit selbst für andere, so daß sie wissen, woran sie mit ihm sind. Er bezeichnet sich so als „ich“, als die Hier- und Jetztstelle, von der aus *so* gesprochen, *so* eingeteilt wird. Kant spricht vom „Mittelpunkt“ des Horizontes“[8]. Wäre er für alle derselbe, dann wäre Identität der Einteilungen von Seiendem gewiß. Da dies nicht der Fall ist, entsteht der „Spielraum“, von dem Leibniz spricht. Man toleriert ihn, solange man im Gespräch bleiben will und kann, weil man (noch) nicht handeln muß.

Mit diesem Spielraum gewährt die Sprache einen sittlichen Raum. Nur in seinen Grenzen werden Einteilungen fraglich. Aber er ist nie fest umrissen. Es steht nur fest, daß es ihn geben muß, damit Einteilungen überhaupt zur Disposition stehen und korrigiert werden können, aber auch, damit in bezug auf bestimmte Zeichen für eine angemessene Zeit gewiß bleibt, daß sie etwas von ihm selbst her Seiendes bezeichneten. Die Namen für biologische Arten haben offenbar eine relativ große, aber doch auch keine absolute Tragfähigkeit. Sie haben sie als Begriffe von Erscheinungen, deren semantische Synthesis *zugleich* emotionale Bindungen bedeuten kann, so daß dann Zeichen der Auflösung dieser Synthesen Enttäuschung, Schmerz und Trauer bewirken. Denn ein „ich“ kann sich als „Mittelpunkt“ seiner „Ontologie“ nur in einem anderen „ich“ erleben, in einem „du“, das diese „Ontolo-

---

[7] Kant: Kritik der reinen Vernunft, B 686

[8] a. a. O.

gie" *nicht in allem* in Frage stellt, sondern nur in einigem, so daß es sich wohl von ihm unterscheidet, aber doch wenigstens in dieser Unterscheidung und dem sich daran Anknüpfenden mit ihm einig weiß. — „Natürlich" haben auch solche Gewißheiten „ihre Zeit". Auch sie resultieren — wie Kant es für Einteilungen überhaupt sagt — daraus, daß sie „mit guten Glücke gebraucht werden, ohne daß man doch eine transzendentale Deduktion derselben zustande bringen kann"[9]. Es ist das Glück oder Unglück geschehender Zeichen, der Gewißheit bestätigender *oder* aus ihr heraus mitnehmender Erfahrungen. Der „Nächste" ist in seinem *Dasein* solch ein Zeichen. Nächstenliebe ist amor fati und umgekehrt.

[9] a. a. O., B 691 f.

## 45. Freiheit in der Zeicheninterpretation

Zeichen werden, wenn nicht „unmittelbar", dann durch Interpretation verstanden, d. h. im Übergang zu anderen Zeichen. Dieser Übergang ist in der *Intention* „besserer" Versionen gegenüber den „gegebenen" nicht willkürlich, aber frei. Er geschieht durch Einbildungskraft. Dieser traditionsreiche philosophische Begriff meint die Fähigkeit, sich ein Bild zu machen, sich über etwas ins Bild zu setzen. Indem wir uns ein Bild zu machen versuchen, gehen wir zwar von dem aus, was wir „zu einer bestimmten Zeit überschauen" können (Kant), aber damit dies dennoch ein stimmiges Bild werden kann, gehen wir zugleich darüber hinaus, z. B. wenn wir Allsätze bilden, obwohl wir doch nicht alles überschauen, oder wenn wir von notwendigen Zusammenhängen reden, obwohl doch alles auf die Zufälligkeit unserer Wahrnehmungen bezogen bleibt. In diesem Transzendieren des Horizonts ist die Einbildungskraft produktiv und insofern frei. Nicht willkürlich ist sie, solange sie ihre Freiheit zweckmäßig ausrichtet, so daß die Aussicht auf ein Bild, in das man sich (als sein Subjekt) zu setzen versucht und das somit immer zugleich auch ein Selbstbildnis ist, sich zu erfüllen scheint, z. B. wenn es gelingt, eine entworfene Einteilung des Seienden weiter aufrecht zu erhalten, wenn immer mehr und eventuell immer mehr irritierende Phänomene in das Bild einzubringen und in seiner Einteilung unterzubringen sind. Von der jeweiligen Kraft solch einer Ausrichtung der Einbildung hängt die Einheit des Selbstbewußtseins ab. Kant nennt sie „Urteilskraft".[1]

Peirce unterscheidet drei Arten, von Zeichen zu Zeichen sinnvoll überzugehen, die Induktion, die Deduktion und die Abduktion. Letztere ist das eigentlich produktive Verfahren und deshalb das Entscheidende; sie wirkt auch in den beiden anderen Arten.

---

[1] Kant: Kritik der reinen Vernunft, B 171 ff.

Man muß hinzufügen: sie teilt schon in solche Arten ein. – *Induktion* ist das Verfahren der empirischen Überprüfung einer Hypothese. Zu diesem Zweck muß sie aus der Form „alle x sind P" umgeschrieben werden in die Form „$x_1$ ist P", „$x_2$ ist P", usw. Die produktive Leistung liegt in der zweckmäßigen Einteilung von x in $x_1$, $x_2$ usw., die ja sagt, was alles als x angesehen wird. – Die *Deduktion* ist das logische Schließen. Seine Produktivität liegt darin, daß man von möglichen Schlüssen die zweckmäßigen ausführt. – Die *Abduktion* selbst ist das produktive Finden zweckmäßiger Hypothesen. Man könnte sagen, daß schon ein zweckmäßiges Aufteilen von x in $x_1$, $x_2$ usw. als Voraussetzung einer Induktion hypothetisch sei. Denn man wird sich vorbehalten, es in Frage zu stellen, wenn sich zeigt, daß etwa $x_3$ nicht als P zu verstehen ist. Ebenso könnte man das Ziehen der *zweckmäßigen* logischen Schlüsse eine Hypothese nennen, denn man würde diesen Weg verwerfen, wenn er etwa nicht zur Lösung eines Problems beitrüge. Warum sollte man auf dem Weg des logischen Schließens ein Zeichen durch ein anderes ersetzen, wenn das nicht als „gut" erschiene? Ob es sinnvoll ist, von einem Zeichen zu einem anderen überzugehen, steht unter keiner allgemeinen Regel. Es ist Sache des Ingeniums.

Die Tradition zählte die ingeniöse Einbildungskraft, die „imaginatio vel phantasia" (Descartes) zu den subjektiven Vermögen und rechnete sie dem Körper als dem Individuellen des Menschen zu. Wir können nach unseren Überlegungen sagen, daß eben dies schon ein Produkt der Einbildungskraft war, das zu seiner Zeit sinnvoll erschien, weil es sich in dem „Spielraum" der Gewißheit hielt, in dem zu dieser Zeit eingeteilt wurde, in Subjekt und Objekt, Geist und Körper. Wir bewegen uns heute, seit etwa bei Kant eine gelingende Einteilung als Glück und Quelle von Lust aufgefaßt ist,[2] in anderen Spielräumen. Kann man sagen, man sei „Subjekt" seines Glücks? Eigentlich kann man schon seit Leibniz sich nicht mehr als „Subjekt" seiner Einteilungen verstehen. Sie sind hier zwar zum Teil noch ontologisch und nicht nur logisch gemeint. Aber kann man Subjekt eines Spielraums sein, den man

---

[2] Kant: Kritik der Urteilskraft, B XXXIX f.; vgl. J. Simon: Glück der Erkenntnis, in: G. Bien (Hrsg.): Die Frage nach dem Glück, Stuttgart-Bad Cannstadt 1978

hat, um etwas in subjektiver Gewißheit als ein in sich oder „gut" fundiertes Phänomen vorauszusetzen? Es handelt sich nach Leibniz um einen zum Glück *gewährten* Spielraum, um „grace".[3] Diese Semantik irritiert eine sich auf „Vermögen des Subjekts" gründende Philosophie. Wir können hier zusehen, wie sich Zeichen verändern: Die „Entdeckung" der Funktion der freien produktiven Einbildungskraft in der Erkenntnis *führt* dazu, daß man Erkenntnis eigentlich nicht mehr als „Vermögen des Subjekts" *bezeichnen* und nach ihrer Möglichkeit in *dieser* Bedeutung fragen kann. Dadurch, daß die Einbildungskraft als ein „unentbehrlicher" Teil (Kant) in der Einteilung der Erkenntnisvermögen aufgefaßt wird, wird das Eingeteilte seiner Substantialität beraubt. Es ist kein Ganzes mehr, das diese Teile umfaßte. *Dieses* Bild gelingt nicht mehr. Wir können von „Grundkräften oder Grundvermögen" *sprechen*. Doch in ihrer weiteren Analyse ist dann „alle menschliche Einsicht zu Ende".[4]

Wenn die Einteilung in Objekt und Subjekt (in Vorgestelltes und dem Zugrundeliegendes) selbst schon eine „freie" Einteilung gemäß dem diakritischen Unterschied der *Zeichen* „Objekt" und „Subjekt" ist, dann ist auch die Frage, wem das Prädikat „frei" zukomme, z. B. ob nur mir selbst oder auch anderem, eine Frage der Bezeichnung, d. h. nicht der Willkür, sondern der Frage, „was" man unter „frei" versteht. *Davon* hängt die Prädikation „... ist frei" ab. Sie hängt davon ab, ob das ohne Rückfrage nach der *Bedeutung* akzeptiert wird, und ob das geschieht, hängt sicherlich auch davon ab, welchem Subjekt sie zugesprochen wird. Wird sie einem Subjekt zugesprochen, dem man sie selbst nicht ohne weiteres zusprechen würde, z. B. einem Tier oder auch einem Kind oder anderen „Subjekten" mit — wie man sagt — mangelnder oder nur bedingter Zurechnungsfähigkeit, dann entsteht *dadurch* möglicherweise die Frage, „was" unter „frei" verstanden sei. Es *entsteht* die Frage nach der Bedeutung von „frei", weil in *dieser* konkreten Verwendung dieses Zeichens etwas nicht (mehr) unmittelbar verstanden wird.

---

[3] Leibniz: Principes de la Nature et de la Grace fondés en raison, ed. Gerhardt, a. a. O., VI, 598

[4] Kant: Kritik der praktischen Vernunft, AA V, 46

Es gibt keinen *allgemeinen* Grund, irgend etwas „Freiheit" zu- oder abzusprechen. Wenn das eine oder andere ungewöhnlich erscheint, muß sich *zeigen*, ob dieser ungewöhnliche Sprachgebrauch sich durch die Erklärung einer Bedeutung beheben läßt oder nicht. Wer bereit ist, sich dies zeigen zu lassen, läßt sich auf die Individualität des Sprechers ein. Denn die Frage, ob „etwas" frei sei oder nicht, setzte — um eine *allgemeine* und definitive Antwort zu finden — voraus, daß man die „Merkmale" des Begriffs, unter dem dieses „etwas" als Subjekt eines Urteils begriffen ist, soweit kenne, daß man sagen könnte, ob sie mit dem Merkmal „frei" ohne Widerspruch zu vereinbaren seien oder nicht, und eben dies setzte ferner voraus, auch die Merkmale von „frei" soweit explizit gemacht zu haben, daß man dies fragen könnte. Man kann die Unmöglichkeit des Prädikats „frei" (in einem „unendlichen" Urteil) a priori nur beweisen, wenn es durch Merkmale verdeutlicht ist, die zu denen des Subjekts in einem *offenkundigen* (*deutlich* gewordenen) Widerspruch stehen.

Der Sprachgebrauch und damit alle Zeicheninterpretation sind frei, inklusive der Verwendung oder Interpretation von „frei". Man kann eben deshalb nicht *generell* sagen, „was" frei bedeute und *wie* dieses Zeichen notwendig zu verwenden sei. Bier kann „frei" von chemischen Zusätzen, der Warenverkehr „frei" von Zöllen oder ein Mensch „frei" von Krankheit, aber auch „frei" von Determination sein. Ebenso kann sehr Verschiedenes „frei für etwas" sein. Es kommt darauf an, wie man es je meint, und danach kann, wenn es nicht verstanden wird, immer *gefragt* werden. Ob ein Sprachgebrauch sinnvoll ist, hängt nur davon ab, ob es — wenn er schon nicht unmittelbar einleuchtet — gelingt, ihn in andere Zeichen zu übersetzen, die in diesem Gebrauch unmittelbar verstanden werden. Das Zeichen „frei" teilt dieses Schicksal mit allen Zeichen. Es gilt nicht nur in einem für es reservierten Sprachspiel, etwa einem „praktischen Diskurs", und man muß seinetwegen auch nicht unbedingt eine andere, etwa von der phänomenalen abgetrennte „intelligible" Welt voraussetzen, wie Kant es tut, wenn er Freiheit vom Sollen her versteht (das Sittengesetz als ratio cognoscendi der Freiheit). Das setzt ja eine ratio essendi von Freiheit voraus, d. h. es verbindet Freiheit als *wesentliches* Prädikat mit einem bestimmten Sein. Es setzt eine von uns zwar nicht erkennbare, aber doch „an sich" *bestimmte*, qualifizierte Welt voraus, die man als Welt freier Wesen *denkt, ohne* sie zu erkennen. Das Postulat einer intelligiblen Welt ist *eine* Möglichkeit, einen Gebrauch von „frei" zu verdeutlichen, hier eben den, moralische Schuld dadurch zuzurechnen. Man versteht ein Zeichen selbst *oder seine Bedeutung* immer in derselben Welt. Sonst wäre es nicht „seine" Bedeutung. Dieses Sich-*als*-frei-Denken ist also Imagination und als solche der wirkliche Zugang Kants zur Freiheit. Man *denkt* sich (im „inneren" Reden mit sich selbst) *als* frei, und „eo ipso", d. h. darin *ist* man es[5]; man *ist* es, solange man nicht (von „außen") gefragt wird, „was" man *damit* sagen wolle, d. h. was man mit verständlicheren Zeichen *statt dessen besser* sagen würde, um verständlich zu bleiben oder es wieder zu werden.

Wenn im Zusammenhang dieser Untersuchungen also *von Freiheit die Rede* ist, z. B. von Freiheit in der Zeicheninterpretation, dann muß der Kontext sagen, „was" darunter zu verstehen sei. Es ist unmöglich, unabhängig davon eine „allgemeine" Bedeutung eines Zeichens, dieses Zeichens *vorauszusetzen.* Eine solche Voraussetzung würde selbst einen Kontext darstellen, etwa den einer Definition, und die weitere Verwendung einer darin festgelegten Bedeutung eines Zeichens oder eines Begriffs hätte die zusätzliche Schwierigkeit, nun statt des einen definierten, im Kontext der Definition verdeutlichten Zeichens mehrere Zeichen, nämlich die definierenden, im umfassenderen Kontext des Gebrauchs in der Abhandlung so deutlich werden zu lassen, daß keine weiteren Fragen nach der Bedeutung dieser Zeichen zu erwarten sind. Eine Definition oder auch schon nur eine Explikation von „Freiheit" und „frei", die für eine ganze Abhandlung gelten sollte, könnte demnach nur die Funktion haben, die definierenden Zeichen als vermittelnde „Mittelbegriffe" zwischen dem fraglichen Zeichen, hier dem Zeichen „Freiheit", und dem Kontext einzuführen, in der Erwartung, daß „‚Freiheit' bedeutet N" leichter verstanden wird, wenn man sagt: „‚Freiheit' bedeutet M, und ‚M' bedeutet N".

Nach der Philosophie des Zeichens wäre M im Obersatz dieses Schlusses die Bedeutung des Zeichens „Freiheit", also Begriff in

---

[5] Kant: Vorlesungen über die philosophische Religionslehre, AA XXVIII, Berlin 1968, 1068

traditioneller Terminologie, im Untersatz aber selbst zu interpretierendes Zeichen mit der Bedeutung N. N wäre hier Begriff, aber nur solange, wie niemand nach der Bedeutung von N fragt. Würde danach gefragt, so träte es als selbst noch zu interpretierendes Zeichen hervor; es würde seinerseits Mittelbegriff, der als solcher sowohl Begriff wie auch Zeichen (und darin ein „perfekter", existierender Begriff) ist, usw., ohne daß es einen letzten, d. h. an ihm selbst voll begriffenen Begriff geben könnte, sozusagen als *alle* Bedeutung eines Zeichens. Wenn zur Verdeutlichung eines Begriffs nach einem (weiteren) Merkmal dieses Begriffs gefragt wird, dann ist der Begriff *insofern* ein Zeichen, nach dessen (deutlicherer) Bedeutung man fragt.

Freiheit liegt *in* der Interpretation, auch in der Interpretation von „Freiheit". Insofern ist dieser „Begriff" für die Zeichenphilosophie zentral. Daß er nicht dasselbe wie „Willkür" bedeutet, ergibt sich schon dadurch, daß alle Interpretation von Zeichen bezweckt, daß sie temporär zum Schluß kommt, und zwar so, daß das interpretierende Zeichen, das neue anstelle des alten, besser sei als das alte und damit die Interpretation selbst gut.

In der Einheit von Wahrheit und Freiheit findet die Philosophie auch ihre Einheit von Gegenstand und Methode.

In seiner Freiheit ist einer dem anderen undurchdringliche *Person*, die als solche nicht in dem aufgeht, als „was" sie je begriffen ist. Sie *bleibt*, wie alle *Natur, die verstanden wird*, immer auch *ungedeutetes* Zeichen, „atome" Subjektivität[6], als *Rest* gegenüber allen möglichen Versuchen der Einteilung in verstehbare Teile.

[6] Hegel, Wissenschaft der Logik, a. a. O., II, 484

# 46. „Innere Sprachform“

Zeichen können für Mengen von *unendlich* vielen Zeichen stehen. Man kann dann zwar nicht alle diese Zeichen, die das erste Zeichen bedeutet, hinschreiben. Aber man kann doch das *Verfahren* zur Erzeugung unendlich vieler Zeichen bezeichnen. Die Mathematik bietet dafür Beispiele.

Das Zeichen „die deutsche Sprache“ steht für die Gesamtheit aller Zeichen, die nach dem Verfahren erzeugt werden, das man „Deutschsprechen“ nennt. Aber was ist dieses Verfahren? Die beste Antwort darauf wäre, deutsch zu sprechen. Denn die Sprache wird im Übergang von Zeichen zu Zeichen frei, d. h. individuell in Gebrauch genommen. Für Humboldt existiert eine Sprache deshalb eigentlich nur im „jedesmaligen Sprechen“. Gibt es dann aber noch bestimmte Sprachen, wie etwa „die deutsche Sprache“? Müßte man, wenn es sie geben sollte, nicht Regeln angeben können, nach denen ein Sprechen bei aller Individualität immer noch als „Deutschsprechen“ gilt, weil es sich selbst in seinem „Inneren“ an sie hält? Wir würden Grammatik und Wörterbuch des Deutschen als solche Regeln verstehen.

Aber „gibt“ es denn so etwas? Die Grammatik ist nur eine Sammlung von Hypothesen über die „innere Form“ des Deutschen, und es wird an immer adäquateren Grammatiken „des“ Deutschen gearbeitet, ohne daß man sagen könnte, man sei „ihm“ näher gekommen. Dennoch hält sich der individuelle Sprecher in der freien Redefügung zugleich an etwas, natürlich nicht an die von Linguisten formulierten Regeln des Deutschen, aber an sein „Gefühl“ für diese Sprache.

Daß dies eine linguistisch unbefriedigende Antwort ist, bewirkt den Sinn der linguistischen Tätigkeit. Sie sucht nach linguistisch befriedigenden Lösungen, die der Sprechende (als „native speaker“) nicht sucht, weil er sie nicht braucht. Genau dies meint die Rede vom „Gefühl“. Der Sinn der Linguistik und der Versuche der normierenden Explikation des Sprachgefühls liegt demnach in der Lösung eines Problems, das nicht das Problem des Sprechenden ist. Die linguistischen Regeln sind „äußerliche" Versuche der sprachlichen Fassung des Sprachgefühls. Sie versuchen, von den individuellen Sprachhandlungen verallgemeinerungsfähige Merkmale zu abstrahieren. Es ist auch hier ein Horizont im Spiel, in dem sprachliche Erscheinungen „zu einer bestimmten Zeit" überschaubar sind. Wir können auch in bezug auf die Einteilungen der Sprache in Einzelsprachen und Sprachgruppen bzw. -typen nur von mehr oder weniger glücklichen Versuchen sprechen.

Der Zweck der Linguistik ist dem des Sprechenden äußerlich. Der Zweck des Sprechenden ist nach Humboldt der Ausdruck seiner Gedanken. Er macht dazu die Sprache, wie sie für ihn „vorhanden" ist, „zum Ausdruck des Gedanken fähig".[1] Humboldt benutzt dafür den Ausdruck „Arbeit des Geistes".[2] Denn die Sprache ist, wie sie jetzt für jemanden vorhanden ist, von anderen für andere Zwecke, zum Ausdruck anderer Gedanken fähig zu machen versucht worden und ist dadurch schon geprägt. Sie trägt *Spuren* davon an sich. Solcher Vorarbeit, die für die neuen Zwecke förderlich, aber ebensogut hinderlich sein kann – und nicht dem, was die Linguisten der Sprache als Merkmale zurechnen –, sieht sich der Sprechende „jedesmal" und jedesmal wieder in anderer Weise gegenüber, einschließlich seines eigenen bisherigen Sprachgebrauchs, in dem er sich die Sprache unter den verschiedensten Zwecken, und keineswegs unter dem abstrakten Zweck, eine bestimmte Sprache zu erlernen, erworben hat. Humboldt nennt dieses „Vorhandene" der Sprache den „artikulierten Laut". So wie sie zum Ausdruck des Gedankens jedesmal neu fähig gemacht werden muß, mit mehr oder weniger Kraft und Erfolg, Lust oder Unlust, so muß auch der von anderen produzierte Laut in einer entsprechenden „Arbeit" jedesmal neu zu verstehen versucht werden. Der „Zusammenhang der Klänge" des *fremden* Gebrauchs muß in die Möglichkeit des *eigenen* Verstehens übersetzt werden, denn gewissermaßen ist alles von *anderen* Individuen Gesagte eine *fremde* Sprache. Es ist die Sprache in

---

[1] W. v. Humboldt: AA VII, 46

[2] Vgl. auch a. a. O., 49

einem *fremden* Gebrauch zu niemals rein verwirklichten und deshalb auch nicht ohne weiteres abzulesenden Zwecken.

„Die" Sprache, insofern man es mit ihr zu tun und „Arbeit" mit ihr hat, ist die in früherem Sprechen bearbeitete und insofern schon artikulierte Sprache, die der neuen Arbeit, sie zum Ausdruck des eigenen Gedankens fähig zu machen, zum Teil entgegenkommt, zum Teil widerstrebt, so daß der jedesmalige „Versuch" im Maße seiner „Kraft" nur zum Teil gelingt. Er gestaltet das „Vorhandene" zwar um, aber er kommt damit nie ganz zum Ziel. So hat der Verstehende es mit einem „Zusammenhang der Klänge" zu tun, in dem der Zweck der Rede nicht unmittelbar erscheint. Er muß deshalb *von sich aus* zu verstehen suchen, und er knüpft in seiner Erwiderung an *sein* Verständnis an, das er nun seinerseits in seiner Sprache, wie sie *ihm* historisch überkommen ist, zu artikulieren versucht. Der Einbildungskraft in der Umgestaltung von Zeichen in andere Zeichen sind also vom „artikulierten Laut" oder der „Sprachform" her Grenzen gesetzt, zwar keine feststehenden und objektivierbaren Grenzen, die für alle Sprecher „einer" Sprache dieselben wären, aber Grenzen nach Maßgabe der individuellen Sprachkraft, gemessen an dem, was für den einzelnen je als „seine" Sprache „vorhanden" ist.

Eine *bestimmte* Sprache ist die in ihrer Widerständigkeit gegenüber dem Ausdruck des Gedankens bzw. dem Verstehen erfahrene, *fremde* Sprache. In ihrer unverstandenen Fremdheit *und damit in ihrer Individualität* gegenüber dem *allgemeinen* Begriff der Sprache als Verständigungsmittel wird sie zum *Gegenstand*, demgegenüber ein Bedürfnis nach Verdeutlichung, nach Übersetzung ins Verstehbare besteht. So kann Humboldt sagen, daß einerseits die Sprache für alle Menschen dieselbe sei — nämlich insofern sie Sprache und damit etwas ist, was man verstehen will (sie ist zum Verstehen *da*) —, daß sie aber andererseits zerfällt in Nationalsprachen und Klassensprachen (Soziolekte), nämlich insofern, als man an ihr versteht, daß sie in dem Maße fremd bleibt, in dem man nicht zu einer bestimmten Nation oder zu einer bestimmten Klasse gehört und man, in diesem angebbaren Sinn, ihr gegenüber Außenseiter ist. Und schließlich gibt es nach Humboldt so viele Sprachen, wie es Individuen gibt (Idiolekte), und darüber hinaus sogar so viele, wie es Sprechakte („jedesmaliges Sprechen") gibt, denn es bleibt an *allem* Ausdruck, auch „innerhalb" der kleinsten

Untergliederung von Sprache, ein „unverarbeiteter" Rest und damit eine Fremdheit bestehen, die zu weiteren Verdeutlichungen, Explikationen, allgemein gesprochen: zu einer weiteren Übersetzung in andere Zeichen auffordert. An jeden „gewagten Versuch"[3] schließt ein neuer sich an. Was überhaupt an der Sprache objektiviert wird, ist die Fremdheit an ihr, d. h. das Unverstandene, der „Zusammenhang der Klänge", der gleichwohl entsprechende Versuche des Verstehens evoziert, weil er *anspricht*. Auch nach Wittgenstein ist „das Verstehen eines Satzes der Sprache ... dem Verstehen eines Themas in der Musik viel verwandter, als man etwa glaubt"[4]. Nach Nietzsche ist sogar „etwas Beleidigendes darin, verstanden zu werden",[5] d. h. in der Perspektive des Verstehenden sozusagen klanglos, im völligen Absorbiertsein des Körpers durch Bedeutung aufgehen zu sollen.

Aus diesem Grund findet sich bei Humboldt kein Platz für eine *Sprachursprungstheorie*, wie sie zuvor das Sprachdenken beherrschte. Die Sprachen „entstehen" als etwas für sich Bestehendes, indem sie dem Verstehen *fremd* werden, so daß das bislang naive Sichverstehen auf Zeichen „aller Art" sich als etwas in sich Begrenztes, Besonderes erfährt. Sie „entstehen" in ihrer Verschiedenheit. „Verschiedenheit" ist in Humboldts Sprachbegriff nichts Akzidentelles, der Sprache Zugestoßenes, sondern eine Wesensbestimmung der Sprache. Eine Sprache ist dem Wesen ihres Entstehens, ihrem Bewußtwerden als einer Art von Gegenständen nach etwas, was man *unter bestimmten Bedingungen* versteht, nämlich unter der Bedingung der „inneren" Zugehörigkeit zu denen, die sie und darin zugleich die Welt und sich verstehen. Hegel spricht von einer „Entfremdung", die „allein in der Sprache"[6] geschehe. Es ist die Erfahrung der eigenen Abgesondertheit vom Allgemeinen, das sich damit selbst als ein Besonderes konstituiert und in das man sich in einer „Aufopferung" eigener Individualität hineinbilden muß, um an ihm (wieder) partizipieren zu können.

Wenn man es historisch ausdrücken möchte, könnte man sagen, die Sprache sei entstanden, als die Erfahrung aufkam, an gewissen

---

[3] a. a. O., VI, 26, 160

[4] Wittgenstein: Philosophische Untersuchungen, Nr. 527

[5] Nietzsche: N VIII 1 [182]

[6] Hegel: Phänomenologie des Geistes, a. a. O., 362

Zeichen sei etwas zwar nicht *unmittelbar* zu verstehen, aber *unter der Bedingung* der Partizipation an einem besonderen Allgemeinen, das damit als Besonderes zum Bewußtsein kam, z. B. als Nation, als Klasse usw., aber immer auch — und damit als unerfüllbare Bedingung — als andere Individualität, an der sich die Erfahrung der eigenen als Erfahrung einer *wesentlichen* Entfremdung gegenüber dem allgemeinen Verstehen herausbildete. Sprache entsteht im „jedesmaligen Sprechen", insofern sich in ihm Sprache jedesmal anders entgegenstellt, in einer der Formung durch den Geist teils entgegenkommenden, teils widerstrebenden „inneren Form" einer besonderen Sprache.

So wird auch verständlich, warum nach Humboldt die Kategorien im Sinne Kants, obwohl sie zum Denken als solchem gehören, in den besonderen Sprachen unterschiedliche Entsprechungen haben. In ihrer Besonderheit kommen die Sprachen dem Denken in der jeweiligen Kategorie, z. B. als kausales Bestimmen, auf unterschiedliche Weise entgegen bzw. leisten ihm auf unterschiedliche Weise Widerstand. Aus diesem Grund lassen sich in einer besonderen Sprache Wahrnehmungsurteile *auf diese jeweilige Weise*, in Ansehung *dieser* bestimmten Kategorie leichter oder schwerer in Erfahrungsurteile „umdenken" als in anderen Sprachen, und die „Arbeit" in dieser Absicht hinterläßt dementsprechend auch verschieden tiefe Spuren in den Sprachen. So haben zwar alle Sprachen dadurch, daß sich in ihnen hinsichtlich der Ausdrucksfähigkeit des Denkens in einer bestimmten Verstandeskategorie im Vergleich zu anderen Sprachen ein *Unterschied* findet, in sich irgendeine (positive oder negative) Entsprechung genau zu dieser — und zu jeder anderen — Verstandeskategorie. Diese Entsprechung wird aber in den einzelnen Sprachen so verschieden sein, daß sich in einer Sprache kausales Bestimmen mühelos, in anderen fast überhaupt nicht artikulieren läßt, so daß dadurch auch schon die Wahl der besonderen Kategorie bei der Bildung von Erfahrungsurteilen aus Wahrnehmungen je nach der zu investierenden Denkkraft beeinflußt werden könnte.

Die Frage, welche und wieviele Kategorien den Verstand ausmachen, ist von hier aus gesehen überhaupt keine Frage der einzelsprachlichen Grammatik. Eine kausale Abhängigkeit des Denkens von der Grammatik ist bei Humboldt nirgends behauptet. Die Grammatik ist das Resultat einer „äußeren", gegenständlichen Sprachbetrachtung als Resultat der Hypothesenbildung über die „innere Sprachform". Die Art des Denkens ist auch keine Frage der Sprachform selbst. Denn auch wenn eine Sprache z. B. dem kausalen Denken eine sehr große, kaum zu leistende „Arbeit" abverlangte, hätte sie in ihrer Besonderheit eben *diese* Beziehung zu dieser Kategorie. Die Frage der möglichen kategorialen Bestimmtheit des Denkens ist, wie nach Kant, allein eine Frage der Analyse des logischen Urteilsbegriffs. Ein Urteil ist dabei verstanden als Verhältnis von *Begriffen*, das objektiv gültig sein soll; d. h., von einer Philosophie des Zeichens her gedacht, daß der Übergang von Zeichen zu Zeichen als zur Zeit hinreichend *abschließende* Auslegung verstanden ist.

Ob es überhaupt Kategorien „gibt", ist nicht eine Frage der Sprachuntersuchung, sondern eine Frage der Transzendentalphilosophie, d. h. eine Frage, die allein im Kontext dieses philosophischen Ansatzes als eines Versuchs, ein bestimmtes philosophisches Problem zu lösen, sinnvoll ist.

Eine Einteilung in Entitäten, von denen ein Teil als „Sprache" bezeichnet wird, hat ihren Ort da, wo man sich nicht unmittelbar auf Zeichen versteht, die dadurch zu einem *Zeichensystem* zusammenfallen, daß das Verstehen sich ihnen gegenüber auf allgemeine Bedingungen des Verstehens verwiesen sieht, die durch Bildung individuell zu erwerben seien. Dadurch sondert sich eine Sprache als etwas Besonderes von dem ab, was man versteht, weil die Bewandtnis, die es hat, unmittelbar offenliegt. Man kann sich nur insofern in eine Sprache hineinbilden oder in sie hineinwachsen, als man diese Bedingungen erfüllen kann, d. h. insofern man sich auf (andere) Zeichen (z. B. Gebärden, Handlungen, Naturerscheinungen) immer noch unmittelbar versteht. Wenn es wahr ist, daß die Sprachen Welten eröffnen, dann ist es auch wahr, daß sie Welten begrenzen (Wittgenstein), und vor allem, daß davor das Verstehen ohne Bedingung, das unverstellte Zeichenverstehen liegt.

Die Vorstellung einer Sprache ist die Vorstellung eines Systems sich gegenseitig interpretierender Zeichen. Daß man sich in das Verstehen einer Sprache hineinbilden und daß man *in ihr* sagen könne, „was" ihre Zeichen je für sich bedeuteten, ist dieselbe Vorstellung. Diese Vorstellung ist insofern „kontrafaktisch", als die „Arbeit des Geistes", den „artikulierten Laut" zum Ausdruck

„eigener" Gedanken fähig zu machen, an kein Ende kommt. Zeichen haben schon an sich die „Eigenart", *aufeinander* zu verweisen, so daß sie von daher ihrer Einsetzung in ein neues Verständnis Widerstand bieten. Sie *sind schon* von vergessenen Zwecken her strukturiert, die von den jeweiligen gegenwärtigen Zwecken *verschieden* sind. Dadurch hängen sie aneinander, und im Sagen, „was" sie bedeuteten, muß immer auch gegen eine sich aufdrängende, aber *jetzt nicht* zu gebrauchende Bedeutung angearbeitet werden. Der im Zeichen anwesende *andere* Gebrauch gegenüber dem je „eigenen" macht es *schwer*, die Zeichen in ihrer neuen Fügung zu verstehen, ja sie überhaupt erst in eine neue Fügung zu bringen.

Diese Schwere verleiht der Arbeit aber auch ihren Stil. Sie wird von der Schwere ihres Materials, ihres „Bauzeugs"[7] her durch den Willen eines Subjekts geformt, so daß das Subjekt dabei mehr ausdrücken muß als das, was es „artikulieren" wollte. Es macht beim Ausdruck „seiner" Gedanken eigene Erfahrungen, und ihm widerfährt eine Bildung durch „die" Sprache über die Absicht „ihrer" Aneignung hinaus. Es teilt nicht nur in ihr sich mit, sondern *erfährt* sich dabei in einer ungeahnten Weise selbst. Das Selbst des Subjekts *ist nicht* Subjekt, sondern die Erfahrung, die ihm unter seiner Voraussetzung, Subjekt oder bei der Sache zu sein, widerfährt.

Die Vorstellung einer (subjektiv beherrschbaren) Sprache wird in jedem Versuch der Bestimmung der Bedeutung durch den „eigenen" Gebrauch der Sprache aufs Spiel gesetzt, und damit auch die Vorstellung, „Subjekt" seiner Vorstellungen zu sein. Wäre eine Sprache ein sich selbst deutendes System, in dem man über das Andeuten, das nicht zu Ende kommende Deuten hinaus sagen könnte, *was* ein Zeichen dieser Sprache bedeute, dann könnte man auch das Subjekt als sich in seinem Selbstbewußtsein *adäquat auf sich* beziehendes Bewußtsein verstehen. Dann bestünde keine Inkommensurabilität zwischen transzendental vorausgesetztem und sich erfahrendem Ich. Ich hätte sich „selbst-bewußt" im Begriff. Aber diese Vorstellung von „einer" in sich geregelten Sprache ist irreal. Sie entspringt dem („guten") Willen, *sich*, d. h.

[7] Kant: Kritik der reinen Vernunft, B 735

das, was man meint, in einer damit als reines Ausdrucksmittel verstandenen, von Spuren fremden Gebrauchs freien Sprache auszudrücken bzw. das in ihr Ausgedrückte rein in dem zu verstehen, was es bedeuten *soll*. Diese Sprachvorstellung sieht ab von der Erfahrung, die diesem („guten“) Willen hierbei *geschieht*. Sie sieht vom Zeichengeschehen ab, in das der beabsichtigte Gebrauch sich unvermeidlich, sich „selbst“ aufs Spiel setzend, einläßt.

## 47. Zeicheninterpretation und Wahrheit

Interpretation versteht sich als Verdeutlichung „desselben" in anderen Zeichen. Was hier „dasselbe" heißen soll, ist zunächst unsagbar, weil es nur in den anderen Zeichen sagbar ist. Daß es sich um andere Zeichen für „dasselbe", um „dasselbe mit anderen Worten" handele, ist nach Peirce in einem sehr wörtlich zu nehmenden Sinn *vorausgesetzt*. Es liegt, als gemeinsame Bedeutung der ersten und der anderen Zeichen und damit auch als Bedeutung des *Übergangs* von den ersten zu den anderen, nach Peirce uneinholbar in der *Zukunft* [1]. Alle Transformation von Zeichen in andere Zeichen geschieht nicht nur zu begrenzten, individuellen Zwecken, sondern auch unter der Voraussetzung, daß das Resultat der Transformation *allgemein besser* sei als das Ausgangszeichen. Es ist hier auf einen Gemeinsinn, auf „Gemeinschaft" Bezug genommen[2], im Sinne einer *„Übersetzung"* von Zeichen für andere[3]. Verdeutlichung ist als *soziale* Handlung verstanden.

Daraus ist aber nicht zu schließen, „in the long run" könne oder solle doch wenigstens eine „unbegrenzte Kommunikationsgemeinschaft" verwirklicht werden, für die dann alles deutlich und mit der „Realität" in Übereinstimmung sei.[4] Was nicht sein kann, kann auch nicht sein sollen. „Realität" als das Signifikat *aller* Zeichen, die als ineinander transformierbar gelten, ist bei Peirce verstanden als das, was in einer „ultimate opinion", dergegenüber es dann auch keine abweichende Meinung und also auch kein Übersetzungsbedürfnis mehr gäbe, bezeichnet wäre, wenn *unendliche* Zeit für Transformationen verfügbar wäre. Da man davon natürlich *nicht* ausgehen kann (angesichts der alp-

---

[1] Peirce: CP 5.427

[2] a. a. O., 5.353–5.356

[3] a. a. O., 5.427

[4] Vgl. K. O. Apel: Transformation der Philosophie, Frankfurt/M. 1973, II, 220 ff.

traumartigen Vorstellung einer gleichen, endgültigen Meinung aller über alles kann man auch sagen: nicht ausgehen muß), geht es lediglich um den Sinn von Verdeutlichung als Transformation in andere Zeichen unter endlichen Bedingungen. Sie ist nur sinnvoll, wenn Verdeutlichung nicht als Privatsache angesehen ist, d. h. einen von ihr selbst *verschiedenen* Zweck erfüllt. Sie muß sich in eine gerichtete Reihe von Verdeutlichungen fügen, wenn sie im einzelnen *Sinn* haben soll. Denn „im Einzelfall" gibt sie „nicht mehr zu erkennen ..., als wir vorher schon wußten"[5]. Daß in ihr „dasselbe" bezeichnet bleiben soll, macht ja ihre formale „Möglichkeit" aus. Sinn ergibt sich darüber hinaus erst, wenn sich aus den unendlich vielen Möglichkeiten der Zeichentransformation (einschließlich der Abduktionen als der „möglichen" hypothetischen Annahmen) eine sinnvoll gerichtete Reihung ergibt, so daß der Zweck keiner einzelnen Transformation *in ihr selbst* liegt. Ein oberstes Ziel ist aber in dem einzelnen Akt der Transformation mangels Übersicht gleichwohl nicht positiv bekannt, so daß die Begriffe „Zukunft" und „Gemeinschaft" nichts anderes als die *Negativität* bedeuten, daß der singuläre, individuelle Akt als solcher allein *keinen* Sinn ergibt.

Auch „Wirklichkeit" ist insofern ein negativer Begriff. Sie ist das, woran die Handlungen, die auf eine *jeweils* letzte Überzeugung hin erfolgen, immer doch noch „mit der Zeit" scheitern, so daß sich zeigt, daß die Repräsentation der Überzeugung in *dieser* Form, die geschah, weil sie für *besser als die früheren* gehalten wurde, wieder nicht eine letzte Formulierung gewesen sein kann. „Wirklichkeit" ist der Grenzbegriff zur Festigkeit einer *jeden* Überzeugung. In einer wirklich letzten und definitiv guten würde keine Wirklichkeit mehr erfahren, weil dann keine Handlung, kein Experiment mehr scheitern könnte, das auf diese Überzeugung hin eingegangen würde. Mit „Wirklichkeit" haben wir es *solange* zu tun, wie wir keine definitiv letzte Meinung gefunden haben. Wir haben es mit „Wirklichkeit" zu tun, weil es für uns keine „letzte" Überzeugung, kein endgültig verstandenes, nicht mehr zu interpretierendes Zeichen, keine *letzte* Angabe der „Bedeutung" eines Zeichens gibt.

---

[5] Peirce: CP 5.354

Wenn Peirce also von einem „sozialen Prinzip" der Logik[6] spricht, meint er das, was den einzelnen Akt der Zeichentransformation zur Zeichen*interpretation* macht, nämlich die *Voraussetzung* – Peirce spricht hier auch von einem „Glauben" –, daß sie eine Verbesserung in Richtung auf einen letztlich unbekannten Zweck bedeute bzw. daß der bekannte Zweck, auf den hin die Transformation vorgenommen wurde, ein *guter*, weiterführender und also an ihm selbst noch kein letzter Zweck sei. Das kann unter endlichen Umständen ohne Überblick und Ausblick auf ein absolutes Ende nichts anderes heißen, als daß der, der die Transformation ausführt, im Moment der Ausführung einen guten Sinn darin sieht, *daß* er sie ausführt, und er tut das, indem er sie *als* Verdeutlichung ansieht.

Es wäre eine obskure, ja paradoxe Vorstellung, ein Zeichen nur für sich privat für deutlicher gegenüber einem anderen Zeichen zu halten. Zeichen sind als solche Äußerung, Beziehung auf eigenes und damit auf *anderes* Verstehen. Derjenige, der die Transformation ausführt, erfährt ja „im Einzelfall" dadurch für sich nichts Neues. Im Einzelfall ist die Transformation, wie Descartes es ausdrückt, absolut leicht, auch leicht nachzuvollziehen und insofern trivial. Dies ist Teil ihrer Güte, ihres „guten Geistes" (bona mens). Leichtigkeit des Verstehens kann hier als unendlich kleiner Teil der Schwierigkeit bezeichnet werden. „Ingenium" gehört erst dazu, solche trivialen Transformationen so auszuführen, daß sie sich in einer zweckmäßigen Weise aneinanderknüpfen, z. B. um eine mathematische Aufgabe zu lösen. Die Transformationen folgen einem „Instinkt" für ihre Zweckmäßigkeit auf längere Sicht, d. h. über jede *erreichte* Gestalt hinaus. Sie beanspruchen über ihre reine Möglichkeit hinaus in diesem Sinne Wahrheit. *Indem* sie ausgeführt werden, sind sie unter unendlichen Möglichkeiten ausgewählt, und der Grund dafür kann, da er objektiv unmöglich gegeben ist, nur im „Glauben"[7] an die Güte der jedesmaligen Wahl unter den jeweils durch frühere Wahlakte herbeigeführten Umständen liegen. Er liegt in der *Affirmation* der Wahl selbst.

---

[6] a. a. O.

[7] Vgl. Kant: Vom Meinen, Wissen und Glauben; Kritik der reinen Vernunft, B 848 ff.

Nach Peirce wollen wir „es einfach nicht wissen, wie gewichtig die Gründe *dafür* und *dagegen* sind – d. h. wieviel *Gewinnchancen* wir bei einem solchen Wagnis auf lange Sicht erreichen könnten –, weil es in diesem Fall ein ‚auf lange Sicht' nicht gibt; die Frage ist einzigartig und überwältigend, und *alles* steht mit ihr auf dem Spiel. Wir sind in der Lage eines Mannes, der sich in einem Kampf auf Leben und Tod befindet: wenn er nicht genügend Kraft hat, ist es völlig gleichgültig für ihn, wie er handelt, so daß die einzige Annahme, auf Grund derer er rational handeln kann, die Hoffnung auf Erfolg ist. Dieses Gefühl wird also von der Logik streng gefordert", als „Hypothese", der „von Tatsachen nicht widersprochen wird und die dadurch gerechtfertigt wird, daß sie unentbehrlich ist, um eine Handlung rational zu machen"[8].

Peirce bleibt hier kritisch im Kantischen Sinn. So wie Kant synthetische Urteile a priori für objektiv gültig hält, weil wir ohne sie überhaupt nicht zu objektiv gültigen Erfahrungsurteilen kommen könnten, so spricht Peirce – ganz ähnlich auch wie Nietzsche, für den die Wahrheit einer Hypothese in dem „sublimen *Schwung*"[9] besteht, den sie ihrem Urheber verleiht – von einer unentbehrlichen Hypothese über die Rationalität der im Glauben an ihre Rationalität vollzogenen Zeichentransformationen. Wenn er vergleichsweise von einer Situation spricht, in der es um Leben und Tod geht, verweist er auf den Ernst, der im Wahrheitsanspruch der Transformation von Zeichen in andere (in einer bestimmten Situation als einer der Zeit und den sozialen Umständen nach bedingten Lage) für besser befundene liegt. Durch diesen Ernst unterscheiden sich Zeichen*interpretationen* von „allen möglichen" Umformulierungen. Keineswegs ist aber eine von dem Akt der Transformation abgelöste Vorstellung von einem „in the long run" zu erreichenden Ziel einer „unbegrenzten Interpretationsgemeinschaft" gemeint, an das zu glauben wäre. Der Interpret glaubt nicht an eine solche zukünftige Gemeinschaft, sondern an seine eigene Kraft. Es wird sogar ausdrücklich gesagt, „daß man auf keine Weise die Annahme durch Gründe stützen kann, daß der Mensch oder die Gemeinschaft (die umfas-

---

[8] Peirce: CP 5.357

[9] Nietzsche: N VIII 14 [57]

sender wäre als die Menschheit sein mag) jemals ein Stadium der Information erreichen werden, das größer als eine begrenzte, endliche Information wäre".[10] Eine „unbestimmte" Gemeinschaft ist nicht als solche schon eine „unbegrenzte". „Glaube" ist hier nichts anderes als die *Kraft* im interpretierenden Akt selbst, die in ihrer Auswahl aus den unendlich vielen möglichen Transformationen wirklich vorgenommene Transformation zugleich für eine wahre, gute Transformation zu *halten*.

Daß Zeichentransformation, wenn sie „gut" ist, Interpretation und *als solche Information* sei, ist eine „unentbehrliche Hypothese", die dem Akt der für „gut" *gehaltenen* und *darum ausgeführten* Transformationshandlung zugrunde liegt. Der traditionelle Begriff der Erkenntnis im Sinne einer „Abbildung" von Vorgegebenem „im Gemüt" wird durch den Begriff einer *informierenden* Zeichentransformation, einer Umdeutung mit Informationswert ersetzt.

Erkenntnis ist damit als *Verarbeitung* von Gegebenem, von „Daten" verstanden, mit Kant zu sprechen als geglaubte „Zweckmäßigkeit ohne" (begrifflich vorgegebenen) „Zweck", der Maß der Zweckmäßigkeit sein könnte, so daß das „Gute", um das es geht, eher als ästhetisch denn als moralisch zu verstehen ist. Der Begriff des Erkennens wird uminterpretiert zu einem Akt der ästhetischen Zeichentransformation mit einem Informationswert in sich selbst. Wirklichkeit stellt sich uns dar in der neu gewonnenen Information über sie durch die Transformation bisheriger Information in eine für uns deutlichere, zuträglichere, sinnvollere Gestalt, die schwierige Fragen „auf diese Weise in leichte Probleme auflöst"[11]. Die Wahrheit liegt in der je besseren *Version* von Zeichen, nicht in der Transzendenz der Zeichen zu einer „Sache selbst".

Die Beziehung auf Zukunft und Gemeinschaft in der Interpretationstheorie von Peirce hat ihre Kantische Entsprechung in der Selbstgewißheit der *Urteilskraft*, die sich, als individuelles Talent, auch nach Kant nicht in transzendentaler Reflexion rückversichern kann und insofern nur pragmatisch begründet bleibt, aber keineswegs in einer noch pragmatisch zu „transformierenden" transzendentalen Einheit der Apperzeption. — Die transzendentale

[10] Peirce: CP 5. 357

[11] Peirce: Lectures on Pragmatism, 3, §§ 66 ff.

Reflexion Kants bezieht sich nur auf die *Formen* der Zeichenversion.

Der „Realismus“ bei Peirce bedeutet dasselbe wie der „Glaube“, daß ein Übergang von Zeichen zu anderen Zeichen „näher“ an die Wahrheit heranführe, obwohl sie selbst im Unendlichen liege, so daß es kein letztes und definitiv wahres Zeichen geben kann. Die Wahrheit liegt damit eigentlich in der „Güte“ des jeweiligen Übergangs selbst. Sie bleibt ohne äußeren Maßstab, d. h. auch, daß es keine Regeln für „gute“ Übergänge geben kann. Die Regeln machen die reine Möglichkeit der Übergänge innerhalb einer Sprache aus. Sie regeln, wie man *innerhalb einer Sprache* überhaupt von Zeichen zu anderen Zeichen übergehen kann. Insofern schränken sie auch ein. Sie legen der „Näherung“ an die Wahrheit, die ohne Maßstab bleibt, Bedingungen auf, indem sie sie an die Eigentümlichkeiten besonderer Sprachen binden. Das führt in die Aporie einer dadurch zurückgehaltenen Näherung und zu der Frage, welche besondere, zuletzt individuelle Sprache in ihrer Besonderheit zugleich der Wahrheit a priori näher sei als andere Sprachen, ohne daß sich die Möglichkeit einer Antwort durch einen Vergleich zwischen Sprachen und einer sprachtranszendenten Wahrheit anböte.

Von hier aus ergibt sich, daß sich „gute“ Übergänge von Zeichen zu anderen Zeichen nicht nur nicht nach Regeln ergeben, sondern daß sie auch Regeln verletzen können. Sie sprengen damit Sprachen als „innerlich“ geregelte Systeme und schaffen sich dadurch zugleich neue Sprachen. Sie „glauben“ an die Näherung an die Wahrheit durch Veränderung der Regeln und damit der Identität der Sprache. Zeichenverstehen ist fundamentaler als Sprachverstehen, das stets Sprachenverstehen ist. Die Individualität der Übergänge versteht sich *vor* ihrem Geregeltsein als *der* Grund für die „Güte“ der Übergänge.

Wenn der Glaube, sich der Wahrheit zu nähern, unbegründbar bleibt, wird ihr (allgemeiner) *Begriff* bedeutungslos. Er besteht ohnehin im Übergang vom Zeichen „Wahrheit“ in andere *Zeichen*, und man ist dabei wieder auf die Frage nach der „Güte“ dieses Übergangs, etwa in einer besonderen Definition von „Wahrheit“ (z. B. korrespondenz-, kohärenz-, redundanz- oder konsensustheoretisch) zurückverwiesen. Der „Glaube an die Wahrheit“ unter einem Begriff von Wahrheit ist wesentlich ein Glaube an die „Güte" eines bestimmten Übergangs von dem Zeichen „Wahrheit" zu anderen Zeichen, als einer Auslegung des Begriffs „Wahrheit" in eine „bessere" Deutlichkeit *dieses* Begriffs. Es ist der Glaube an die Näherung des Begriffs „Wahrheit" an die Wahrheit dieses Begriffs. So wird dieser *Begriff*, wie Nietzsche es sah, *„widersinnig"*[12], weil „die Forderung einer *adäquaten Ausdrucksweise* ... *unsinnig*" ist. Sie ist „unsinnig", weil es keine letztgültige Ausdrucksweise, sondern immer nur eine „bessere" in *Relation* zu einer anderen, „gegebenen" gibt, von der man ausging, indem man *interpretierend* zu der „besseren" im Glauben an ihr Bessersein überging. Da alles nicht unmittelbare Zeichenverstehen Zeicheninterpretation ist, hebt sich der *Begriff* der Wahrheit im geschehenden Zeichenverstehen auf. Er hebt sich im gleichen Sinne auf, in dem sich der *Begriff des Begriffs* als einer definitiven und gemeinsamen Bedeutung verschiedener Zeichen aufhebt.

Mit dem *Begriff* der Wahrheit heben sich auch die gnoseologischen *Probleme* mit ihr auf. Sie reduzieren sich aus der Sicht der Philosophie des Zeichens auf das Problem, wie nach den „inneren" Regeln von Sprachen gebildete Übergänge von Zeichen zu anderen Zeichen *in* dieser Bindung an das besondere „Innere" von Sprachen zugleich wahr sein können. Die „Lösung" dieses Problems liegt im *metaphorischen* Sprachgebrauch.

Da auch Handlungen Zeichen und Handlungen, die auf Zeichen hin geschehen, interpretierende Zeichen (Bedeutungen) sind, könnte auf eine „ultimate opinion" hin, wenn sie erreicht wäre, gar keine Handlung mehr erfolgen und *allein deswegen* auch nicht scheitern. Die „ultimate opinion" wäre, als definitiv letztes Zeichen, *gut*, d. h. es brauchte *nichts* mehr verändert, also auch nichts mehr getan zu werden. Das Wahre und das Gute wären endgültig eins. Die Welt erstarrte in dieser Güte als der Negation aller *abweichenden* Meinung und damit aller Freiheit des Verstehens. Zur Freiheit, als Möglichkeit von Handlungen, gehört unbedingt, daß auf eine noch verbesserungsfähige Überzeugung hin gehandelt wird, d. h., daß die Handlung an einer dadurch dann erfahrenen Wirklichkeit scheitern kann. „Wirklichkeit" *bedeutet*, daß kein Zeichen die *definitive* Interpretation sein kann oder daß Freiheit

---

[12] Nietzsche: N VIII 14 [122]

möglich *bleibt*. Eine Handlung scheitert nur solange nicht an der Wirklichkeit, wie das Resultat der Handlung durch weitere Handlungen gesichert werden kann, d. h. solange nicht, wie die Folgelasten ertragen werden; „in the long run" also scheitert sie unter der Bedingung endlicher Kräfte immer.

Es gibt keine linearen Handlungszusammenhänge über alle Zeit hinweg und damit auch keinen gleichsinnigen Fortschritt. Es *bleibt die Freiheit*, neu anzusetzen und – ohne Kenntnis eines Endzwecks – eine *gegebene* Repräsentation für verbesserungsfähig, und d. h. die *gegebene* für *ungut* zu halten. Auch das ist eine Interpretation.

Der an der Vorstellung einer „ultimate opinion" orientierte *Begriff* der Wahrheit (im Gegensatz zu ihrer *Erfahrung*) bedeutet, daß diese „letzte" Bedeutung von Zeichen ihrerseits *ohne* (weitere) Bedeutung ist. Er bedeutet den „europäischen Nihilismus".[13]

Wären Frieden und Gerechtigkeit, verstanden als das, wovon wir im Grunde und *letzten* Endes alle abhängen, identisch mit einem *Handlungsziel*, so wären sie nicht möglich.

Indem sich der *Begriff* der Wahrheit (d. h. nicht: die Wahrheit) aufhebt, hebt sich auch das Problem obliquer oder intensionaler Sätze der Form „A glaubt, daß ‚p'" oder auch der Form „Es ist möglich (wirklich, notwendig, geboten, erlaubt), daß ‚p'" auf. Dies Problem stellt sich dadurch, daß der Wahrheitswert zusammengesetzter extensionaler Sätze als Funktion der Wahrheitswerte der Einzelsätze, aus denen sie zusammengesetzt sind, verstanden wird und ein solches Verständnis bei obliquen Sätzen nicht möglich ist. Die Wahrheit des Satzes „A glaubt, daß ‚p'" hängt in keiner Weise davon ab, ob „p" wahr ist oder nicht, also nicht davon, ob A etwas Wahres oder etwas Falsches glaubt. Entsprechend ist auch die Wahrheit des Satzes „Es ist möglich, daß ‚p'" nicht davon abhängig, daß „p" wahr ist, und das Gebotensein ist nicht abhängig davon, ob es so ist, wie es geboten ist, oder ob es nicht so ist. Was *ist* aber das, was man glaubt? Die übliche Antwort lautet, es sei ein Sachverhalt. Aber was *ist* ein Sachverhalt?

---

[13] Vgl. J. Simon: Vornehme und apokalyptische Töne in der Philosophie, in: Zeitschrift für philosophische Forschung, Bd. 40, 4/1986

Die Antwort kann nur in Zeichen gegeben werden, die besser als das Zeichen „Sachverhalt" verstanden werden. Das Zeichen „Sachverhalt" sollte selbst ja schon erklären, *was* „p" in obliquen Sätzen bedeutet. Es erhielt seinen Sinn dadurch, daß dies fraglich war. A wird, wenn er glaubt, wissen, *was* er glaubt, und auch wer denkt, etwas sei geboten, wird wissen und nicht fragen, *was* er denkt.[14] Die Frage entsteht erst, wenn man wissen möchte, ob der, der einen Satz „A glaubt, daß ‚p'" behauptet, unter „p" *dasselbe* wie A verstehe. Dabei ist vorausgesetzt, daß „p" etwas von der Art sei, auf das sich verschiedene Personen als auf *dasselbe* beziehen könnten, so wie zwei Personen dasselbe Ding anfassen können. Das, worauf sich eine Person vorstellend bezieht, kann sie anderen Personen aber nur als Zeichen mitteilen, und die anderen müssen „es" entweder von *sich* aus verstehen oder nachfragen, *was* gemeint sei, *bis* sie es von sich aus verstehen. Es gibt auch hier keine Transzendenz des Zeichenprozesses, und es ist unsinnig, nach etwas Transzendentem zu fragen, weil als Antwort nur Zeichen zu erwarten sind und auch nichts anderes erwartet wird. Das „Absolute" muß in immer auch sinnlich *bleibenden* Zeichen „erscheinen".

Man kann nicht wissen, was ein anderer glaubt, wenn unter „wissen" die Beziehung auf einen Gegenstand verstanden wird. Man kann nur sagen, man wisse „es", solange *nicht* gefragt wird, was „es" über das hinaus sei, was sich äußert und wie man „es" von *sich* aus versteht.

Der Terminus „Sachverhalt" hat seine Bedeutung darin, daß von verschiedenen Zeichenverbindungen gesagt wird, sie bedeuteten *dasselbe*, ohne daß gesagt wird, *was* das sei. Insofern ist Davidson zuzustimmen, wenn er meint, „A glaubt, daß ‚p'" besage „A glaubt das".[15] A glaubt das, was das Zeichen „p" bedeutet, d. h. er glaubt genau *das*, was auch alle die anderen Zeichen bedeuten, die für „p" gelten gelassen werden, und *was* man nur in weiteren Zeichen noch genauer bestimmen könnte. Wenn ein Glaube als Inhalt definiert werden soll, werden Grenzen der Auslegung des Glaubens, eigentlich der Symbole des Glau-

---

[14] Vgl. J. Simon: Kants pragmatische Ethikbegründung, in: Archivio di Filosofia, 1–3, 1987

[15] Vgl. D. Davidson: Wahrheit und Interpretation, Frankfurt/M. 1986, bes. 238 ff.

bens wichtig, und sie lassen sich nur in der thetischen Begrenzung von Zeichenprozessen bestimmen.

Ebenso verhält es sich bei Gebotenem. *Was* das sei, was als geboten ausgesagt wird, läßt sich nur in anderen Zeichen sagen, und ob die anderen Zeichen „dasselbe" bedeuten, hängt davon ab, ob dies von anderen *als* dasselbe gelten gelassen wird, einschließlich der Handlungen, die auch eine Auslegung des gebotenen „Sachverhaltes" sind.

„Glaube" ist, wie Wahrnehmung, subjektive Gewißheit (Kant). Wir glauben (und meinen nicht nur), wenn wir subjektiv voll überzeugt sind, so daß wir uns – uns einsetzend – darauf verlassen, ohne damit aber vorauszusetzen, daß alle diese Überzeugung teilen müßten. *Wir* können nicht anders, aber *andere* könnten anders können, d. h. sie könnten das, was wir glauben und in Beziehung zu dem wir im Modus sozusagen physiologischer Gewißheit wie in der Wahrnehmung sind, nicht für wahr halten. Sie könnten in einem anderen Zustand[16] des Fürwahrhaltens sein, je nach dem, was *für sie* auf dem Spiel steht, d. h. welche anderen Zeichen für sie hineinspielen. Glauben steht unter der Bedingung der Praxis, in der wir auf *unsere* Version und *unsere* Überzeugung als einen bloß subjektiven Zustand hin handeln müssen, auch wenn wir zugestehen, daß ein anderer in seiner Lage es anders sehen, es anders beurteilen könnte. Die Forderung des Handelns (einschließlich des Unterlassens) legt uns auf das fest, was *jetzt* in unserem Horizont ist, d. h. wir müssen unter diesem Druck (der Zeit) immer jetzt mit der Bestimmung, *was das sei*, was wir sehen und was überhaupt als etwas (Fragliches) in unserem Bewußtsein ist, *zu Ende kommen*, indem wir es *als* bestimmt ansehen. Unter anderen Bedingungen mag sich das wieder lösen und der Glaube wieder bloße (freie, kommunikable) Meinung werden können. Zu dieser Praxis gehört auch, was die, die uns etwas sagen, uns im Vergleich zur eigenen Wahrnehmung bedeuten und was in diesem Verhältnis auf dem Spiel steht.

Dagegen *wissen* wir, wenn wir außer subjektiven noch objektive Gründe haben, etwas für wahr zu halten, d. h. wenn wir es zusammen mit etwas anderem, in einer *bestehenden* Interpretation

---

[16] „Zustand" als „Pathos". Vgl. auch „Zustand der Person" in den Kategorien der Freiheit in Kants Kritik der praktischen Vernunft

von Zeichen durch andere Zeichen für wahr halten, so daß das eine und das andere dadurch einen Text bilden, der nur als ganzer als wahr gelten soll. Wir setzen dann gegenüber unserer Subjektivität etwas in *seinem* Zusammenhang als wahr und damit als Objekt voraus, als etwas, nach dem wir uns in unserem Verstehen im einzelnen richten müssen, um es überhaupt *zusammen* für wahr halten zu können; es bedarf dazu eventuell einer Interpretation, während das nur subjektiv Gewisse eo ipso keiner Interpretation bedarf.

Wo einer bemüht ist, einen (objektiven) Zusammenhang zu sehen und ihn infolgedessen für *möglich* hält, mag ein anderer das „wirklich" nicht können und auch nicht wollen. Diese Differenz steht als Wirklichkeit vor der Möglichkeit einer *allgemeinen* Zusammenstimmung der Welt zu *einem* Text, d. h. jede Ansicht von ihr als zusammenstimmender Text läßt fernerhin (freie) Meinungen als Ansätze zu weiteren Interpretationen zu, in denen sich der Schein des Zusammenstimmens wieder aufhebt. Der Text *bleibt* (sinnlich-körperliches) Zeichen, dem kein „objektives" Ganzes so entspricht, daß er sich in seinem Zuendekommen als Text nach ihm hätte richten können und man sagen könnte, er stünde nun „für" es.

Daraus folgt, daß *Wissen* sich immer auf einem besonderen *Wissensgebiet*, in einer „Disziplin" bewegt. Eine „Einzelwissenschaft" ist z. B. solch ein Gebiet. Es ist dadurch als Gebiet objektiven Wissens begründet (und zugleich begrenzt), daß in ihm gewisse Sätze a priori als seine „metaphysischen Anfangsgründe" sozusagen gebieterisch gelten und daß anderes auf diesem Gebiet nur *zusammen* mit diesen Sätzen für wahr gehalten wird. Es hat in diesem *Zusammenhang* seine über die subjektive Gewißheit hinausgehende objektive Begründung, d. h. es gilt *für alle*, die dieselben „metaphysischen Anfangsgründe" gelten lassen. Das sind alle, die „auf diesem Gebiet arbeiten", indem sie in allem weiteren Bemühen zugleich an Bedingungen der Geltung solcher „axiomatischer" Sätze mitarbeiten, die „an sich empirisch" (Kant) sein mögen, also nicht a priori gelten müßten, aber um der Möglichkeit eines Gebietes objektiver Erkenntnis willen „unbedingt" für wahr *gehalten* werden.

Man kann auch sagen: es ist *für alle*, die auf dem Gebiet arbeiten, *bezeichnend*, daß sie solche Sätze a priori, also gegenüber der

Formulierung aller weiteren Wahrnehmungsurteile zu Erfahrungsurteilen, für wahr halten. Es gibt keinen kritischen Begriff der objektiven Geltung, der in seiner Begründung nicht zugleich für „alle“ diejenigen *signifikant* wäre, für die er wirklich, also praktisch gilt, indem sie sich so voreinander zu *verhalten* bemüht sind, daß jeder von ihnen das Verhalten der anderen dementsprechend interpretiert, bis zur Re-signation in dieser Hinsicht. Die Objektivität der Physik z. B. besteht darin, daß Physiker sich in ihrer Arbeit untereinander als solche verstehen können. Von (der) Natur aus wären unzählige Einzelwissenschaften und damit unzählige Objektbereiche möglich. Keiner erfaßt einen Teil *von ihr*, jeder steht für eine Einteilung und die sich mit ihr ergebende Perspektive auf der Grundlage seiner „metaphysischen“ Anfangsgründe.

## 48. Die Natur und der Anspruch des Überblicks

Wenn Bacon schreibt, „Subtilitas naturae subtilitatem sensus et intellectus multis partibus superat“[1], bedeutet dies die Aufhebung jeder thetischen Beendigung des Zeichenprozesses, wie sie z. B. bei der (dogmatischen) „Definition“ von Glaubensinhalten notwendig geschieht. *Damit* wird die Natur im modernen Sinn, verstanden als *selbst nicht* mehr zeichenhafter Referenzbereich von Zeichen, überhaupt erst konstituiert. Sie soll in *aller* Zeichenbestimmtheit *wesentlich* unterbestimmt sein, so daß sich Zeichenprozesse, wie sie sich etwa in Sätzen vollziehen, wesentlich auf etwas ihnen selbst gegenüber Transzendentes und transzendent Bleibendes beziehen sollen. Alle Bestimmung ist dann wesentlich eine nur *vorläufige* oder eine Bestimmung von etwas, was durch sie nicht erreichbar ist, *das heißt*: der Natur. Wenn Natur überhaupt noch als Text verstanden ist – und das ist sie, wenn gesagt wird, sie sei „subtiler“ als ihr Verständnis –, dann als Text in einer fremden, letzten Endes unübersetzbaren Sprache.

Mit diesem Naturbegriff ist aber nicht nur die thetische (dogmatische) Begrenzung von „auslegenden“ Zeichenprozessen aufgehoben; es ist auch der Sinn von Zeichenprozessen aufgehoben, in einer kommunikativ befriedigenden Auslegung von Zeichen durch andere Zeichen definitiv *zu Ende* zu kommen. Der andere Mensch, als der, demgegenüber ein Zeichenprozeß sinnvoll zu Ende kommt, wird unwesentlich, weil ein solches kommunikatives Zuendekommen gegenüber der Natur *nichts* mehr bedeutet. Unter der Voraussetzung der Natur als Referenzbereich aller wahren Sätze wird sowohl jede dogmatische Begrenzung der Auslegung von Glaubensinhalten wie auch jede kommunikative Beendigung von Auslegungen im Prinzip „gegenstandslos“ und insofern zu etwas Beliebigem. Es bildet sich ein Wahrheitsbegriff,

---

[1] F. Bacon: Novum Organon, Berlin 1870, I, 10

demzufolge eine Struktur von Zeichen „in sich" nicht wahr sein *kann*.

Diesen neuen Wahrheitsbegriff versucht die Erkenntnistheorie zu rechtfertigen, und ihr Dilemma besteht darin, daß sie es ihrerseits wieder in Zeichenprozessen tun muß, von denen sie damit doch noch voraussetzt, daß sie „in sich" sinnvoll zu Ende zu bringen seien. Sie muß sich des alten Wahrheitsbegriffs bedienen, um seine Ablösung zu rechtfertigen, und damit hebt sie im Grunde den neuen auch schon wieder in einer *Rückkehr* zum alten auf.

Der Begriff von „Sachverhalten" ist nur innerhalb solcher in sich problematischen Rechtfertigungsversuche sinnvoll. Ein „Sachverhalt" soll das im Zeichenprozeß Formulierte und Repräsentierte sein, aber nicht das in einem „in sich" sinnvollen, sondern in einem solchen Zeichengebilde Repräsentierte, dessen Rechtfertigung *gegenüber der Natur* noch offen sei, so daß sein „Sinn" darin bestehe, daß es in diesem Bezug (Referenz) „wahr oder falsch" sein könne. Von einer Philosophie des Zeichens her stellt sich diese Wahrheitsdifferenz aber wieder nur in einem Fortgang des Zeichenprozesses dar: Ein Zeichen gilt als wahr, wenn es mit anderen Zeichen, die ebenfalls als Sätze „über" die Natur verstanden sind, *übereinstimmt*, d. h. wenn *eine* Person solche Sätze hinsichtlich ihrer Verträglichkeit vergleicht.

Es muß sich um *eine* Person handeln, damit die *Identität* der Bedeutung *vorausgesetzt* sein kann. Unter mehreren Personen könnte ja noch im Prinzip unendlich nach der Bedeutung gefragt werden, so daß die zu vergleichenden Sätze als noch nicht zu Ende formuliert und damit auch als nicht vergleichbar zu gelten hätten. Sätze sind Sätze „über" dieselbe Natur und damit untereinander auf ihre Verträglichkeit hin befragbar, wenn sie als aus einer *Einheit* von Subjektivität gebildete Sätze zu verstehen sind. Das ist die Kantische Form der Rechtfertigung des neuen, Baconschen Wahrheitsbegriffs. Kant zitiert Bacon als Motto zur „Kritik der reinen Vernunft"[2], und das Zitat schließt mit dem Wunsch, die „Instauratio" möge „nichts Endloses und Übermenschliches" darstellen, denn in Wahrheit bedeute sie „das Ende

2 Kant: Kritik der reinen Vernunft, B II

und die gehörige Grenze endlosen Irrtums". Das Problem ist aber, wie die Natur, *verstanden* als das ewig andere gegenüber Versuchen ihrer Bestimmung und gegenüber den Einfällen dazu, in menschlichen, endlichen Zeichenprozessen darzustellen sei, auch wenn sich die Darstellung nur auf apriorische Bedingungen der *Möglichkeit* ihrer Erkenntnis beziehen soll. Ein *Begriff* dieser Möglichkeit müßte, um *definitiv* expliziert zu sein, so expliziert sein, daß alle *weiteren* Fragen nach der Bedeutung der hierbei eingesetzten Zeichen *ausgeschlossen* wären. Nur der Ausschluß abweichenden Verstehens garantierte die Einheit von Verstand, vor der die Natur überhaupt erst dem Begriff nach *eine* sein könnte, wenn auch als ein unerreichbarer Referenzpunkt.

Der Punkt, von dem aus sich „endgültig" sagen lasse, wie es sei, so daß er zugleich der Ausgangspunkt „rationalen" Handelns als der Sorge für vernünftige Erhaltung oder Veränderung wäre, nimmt die Zeichen der Zeit in *einer* Bedeutung als in „ihrer" Bedeutung, damit das Fragen nach Bedeutung ein Ende habe. Er nimmt die Zeichen damit nicht mehr als solche, sondern als (gleichgültige) Bezeichnung *dieser* Bedeutung, die ihnen von diesem Punkt der Feststellung aus durch andere Zeichen, nach deren Bedeutung *nun nicht mehr* gefragt werden darf, zugesprochen wird. Der Interpret ignoriert sich als Interpret von *diesem* Punkt aus bzw. von *diesem* Zeitpunkt an. Er ignoriert den sinnlichen Ausgangspunkt seiner erhobenen Stimme. Damit ist es ein imaginärer Punkt *über* den anderen, ein Punkt einer besseren Übersicht gegenüber aller *anderen* Sicht: in sich *verklingende* Stimme. Wenn dagegen gedacht ist, daß alles, was wir verstehen, Zeichen ist und daß Zeichen eine von ihnen verschiedene Bedeutung nur haben, soweit man sie *nicht* versteht, so daß man deshalb nach ihr fragt, dann haben Zeichen keine *definitive* Bedeutung, solange *irgendeiner* sie nicht versteht, d. h. solange sie *überhaupt* Bedeutung haben, es sei denn, daß der, der fragt, weil er nicht oder anders versteht, ausgeschlossen ist oder sein soll.

In diesem Ausschluß aber wäre der andere gerade das Absolute gegenüber dem Verstehen von Zeichen als ihrem Aufgehen in einer definitiven Bedeutung; er bleibt das Absolute gegenüber der darin liegenden Absolut*setzung* eines Punktes der Übersicht.

# 49. Die Schrift, der Ton und die Zeit

Nach Derrida orientiert sich die abendländische Metaphysik paradigmatisch am Begriff der Lautsprache als einem Sprachbegriff, der im Laut das ideale Zeichen sieht, weil er verklingend hinter seiner Bedeutung verschwindet.

Die Aussonderung eines vom Material her *idealen*, weil an ihm selbst „ideellen" Zeichens geht von einem Vorbegriff des Zeichens aus an das Zeichen heran. Hier ist schon verstanden, „was" ein Zeichen sei. Man ist – in einer Abstraktion von der Schwierigkeit des Verstehens und der unaufhebbaren materialen Körperlichkeit der Zeichen im konkreten Verstehen – schon bei „der" Bedeutung. Dem Zeichen, unter diesem Begriff von ihm, soll nichts mehr geschehen. Es sollen keine anderen Zeichen mehr vorkommen als solche, die unter diesen Begriff fallen. Das schließt ein, daß mit dem historischen Aufkommen der Schrift nichts „Wesentliches" geschehen sein soll, weil die Schrift in Analogie zur Stimme zu verstehen sei.

Im Gegensatz hierzu läßt sich vermuten, daß sich das Bewußtsein von Grammatik und damit von Sprachen, die ihrer Grammatik nach verschieden sind, erst nach einer Eroberung der Lautzeichen durch andere Zeichen, erst nach der Entstehung der Lautschrift hat ausbilden können. Der Gedanke eines Zeichen-*Systems* könnte genetisch an die Voraussetzung der Schrift als Zeichen des Lautes gebunden sein. Damit wäre der Ursprung der Sprachen als Systeme besonderer Sprachen, den man sich nicht ohne die Entwicklung vorausliegender Zeichen vorstellen kann, an die Voraussetzung der Schrift gebunden, an die Rückbindung des Lautes an das Graphem, in dem das Diakritische des Lautes sich erst synchronisch-metasprachlich artikulieren konnte. Die Schrift will nicht Laute *wiedergeben*, sondern sie als diakritische *Funktionen* unterscheiden. Sie bezeichnet nicht die Laute in dem Sinne, daß die Laute ihre Bedeutung wären, sondern in dem

Sinne, die Bedeutung *der* Laute zu sein, *an deren Stelle* man die Schriftzeichen setzt, so wie alle Zeichen ihre Bedeutung in den Zeichen haben, die an ihre Stelle gesetzt werden.

Deshalb *muß* die Schrift nicht Lautschrift sein. Eine Bilderschrift artikuliert z. B. die „Arbeit des Geistes", „den artikulierten Laut zum Ausdruck des Gedanken fähig zu machen", mehr von der Seite des jeweils erreichten Ziels dieser Arbeit als von der Seite ihrer Schwierigkeit her. Sie vereinigt mehr im Erfolg als in der gemeinsamen Mühe, und sie ist deshalb, wenn „lernen" „Ausstattung mit Regeln" (Kant) ist, schwerer zu lernen. Das muß kein absoluter Nachteil sein, es ist vielmehr ein Vorteil, wenn das Erlernen der Schrift zu beliebigen Zwecken nicht der Zweck sein soll, sondern die Konvention in dem, *wozu* man schreibt und also auch schreiben lernt. Wer schreibt, verfolgt andere Zwecke als der, der spricht. Deshalb ist Geschriebenes eine *unbestimmte* Übersetzung des Gesprochenen, und deshalb hat es auch andere Wahrheitsbedingungen. Es kommt unter anderen Umständen zu Ende. Eine Schreibe ist keine Rede, und umgekehrt.

Humboldt konnte sich die Höhe der chinesischen Kultur nicht vom Bau der chinesischen Sprache her erklären, weil er aristotelisch-europäisch die Schrift als etwas Unwesentliches, nur Sekundäres ansah.

Ohne Schrift ist der Übergang von Zeichen zu anderen Zeichen asymmetrisch. Im Weitergehen fallen die anfänglichen Zeichen immer schon wieder aus dem Gedächtnis. Das Gedächtnis wird aber durch die Schrift nicht nur gestützt. Es wird qualitativ verändert, dadurch, daß man ein Ganzes als Text vor sich hat und auch zwischen längst Geschriebenes immer noch Erläuterungen *einschieben* kann, statt sie, wie im Sprechen, nur folgen lassen zu können.

Humboldt lobt die Schärfe des Lautes, sein Geschiedensein vom Folgelaut durch die Zeit. Das dient der Schärfe der Artikulation. Aber es bewirkt, daß jeder Laut im Moment seiner Entstehung auch schon vorbei ist. Er ist damit schon „abgegeben", während man ein Schriftstück in der Hand hält, solange, bis man es abgeben will. Man kann insofern anders daran „arbeiten", um es zum Ausdruck des Gedankens fähig zu machen. Ob es dadurch besser wird, ist eine andere Sache. Denn irgendwann muß man es, wenn es Sinn haben soll, doch aus der Hand und damit dem Urteil *anderer* übergeben. Sprache und Schrift sind nicht *aneinander* zu messen.

Nach Hamann ist Gesang älter als Sprache und Malerei älter als Schrift. Er sagt nicht, die Sprache sei älter als die Schrift, sondern spricht von einem verschiedenen Ursprung beider. Ist nicht das Schreiben *auch* eine Übersetzung von Zeichen in *andere* Zeichen, etwa wenn jemand sagt: „Das möchte ich schriftlich haben?" Wir studieren die Sokratischen Dialoge, eines Menschen, „der nicht schrieb" (Derrida), wie Platon sie geschrieben hat, und deshalb sind *wir nicht* in der schwierigen Lage der Gesprächspartner dieses geschickten Disputanten.

Eine Verlagerung des philosophischen Interesses auf die Schrift kann — einmal abgesehen davon, daß Philosophie nur noch geschrieben auftritt (Hegels „Vorlesungen" mußten gegen seine Werke abfallen) — aber nur Sinn haben, wenn sie dazu dient, auf die metaphysische Einseitigkeit der Wertung der „Phonè" aufmerksam zu machen (die merkwürdigerweise selbst schriftlich erfolgte). Als *verstandene* Zeichen sind *alle* Zeichen *ohne Ansehen* des „materiellen Substrats" verstanden, d. h. sie sind für die Einbildungskraft ohne materielle Begrenzung in *andere* Zeichen konvertibel. Sprachzeichen können im Übergang in Handlungen, in Verhaltenszeichen, in ihrer Vertonung „interpretiert" werden usw., und umgekehrt kann man zu allen denkbaren nichtsprachlichen Zeichen sprachliche Interpretationen hinzugeben. Alles kann der Einbildungskraft als „zeichenmachender Phantasie" (Hegel) *zum* Zeichen werden. Auch die Einteilungen der Zeichen in Arten sind bezeichnet und bezeichnend.

In der ungestörten Konvertibilität, nicht im Übergehen ihrer Körperlichkeit auf „ihre" Bedeutung hin, also in der Transsubstantiation ihrer Materie haben Zeichen ihre Wirklichkeit. Jede Über-Setzung geschieht um einer Wirkung willen, auch das Übersetzen in die Schrift. Die Frage nach dem „Bezug" der Zeichen zur Wirklichkeit in der Vorstellung, sie sei etwas *anderes* als Zeichen, nämlich deren nicht mehr zeichenhafte „Bedeutung", ist bezeichnend für den Verlust dieses Bezuges. Sie will „ihn" wieder herstellen, d. h. sich selbst als Frage aufheben. Die Zeichen in ihrem Übergang in andere, auch in andere „Arten" von Zeichen und nicht in das, was sie darüber hinaus bedeuteten, sind die Wirklichkeit.

Das Verhältnis der Schrift zur gesprochenen Sprache ist wohl am besten geeignet, die Verdrängung des Zeichens in der Metaphysik bzw. die Metaphysik als Verdrängung des Zeichens durch seine Bestimmung als Stehen für etwas, das *nicht Zeichen* sei, zu verdeutlichen. Denn mit Sprechen und Schreiben hat es diese Verdrängung zunächst zu tun. Wenn die Schrift Zeichen für den Laut sein soll, dann muß auch „die Aussprache der Buchstaben auf einen so allgemeinen *Richterthron* über die Rechtschreibung erhoben werden, als sich die sogenannte Menschenvernunft über die Religion unter dem Deckmantel der *Freyheit* anmaaßt“[1].

Schrift wird gelesen, Laute werden gehört. Wenn Schrift Zeichen für den Laut ist, dann ist Gesehenes Zeichen für Gehörtes, und *ein* Sinn ist „Richter“ über den *anderen*. Eigentlich stehen aber alle Sinneswahrnehmungen „für“ Nichtsinnliches, als „Gegebenes“ für „Gedachtes“, denn nur so kann eines „für“ das andere stehen, d. h. für etwas, das ihm selbst nicht *unmittelbar* zugänglich ist. Wenn Schrift Zeichen für Laut ist, steht das, was das Auge sieht, für etwas, das *es nicht* sieht, und dieser Gedanke erlaubt es, überhaupt über das den Sinnen jeweils Gegebene hinaus das Wahre, Eigentliche, nicht mehr Zeichenseiende zu denken, unter dem „Deckmantel“ der Freiheit von der Angewiesenheit auf den *jeweiligen* Sinn oder unter der *Voraussetzung* der Übersetzbarkeit dessen, was für den einen Sinn ist, in das, was für den anderen Sinn ist. Das Sinnliche ist damit überhaupt als das Gleich-gültige gesetzt; ein Sinn ist so gültig, so gleichgültig wie der andere, und *jeder* kann ersetzt werden. Wenn sie aber gleichgültig und ersetzbar sind, dann liegt das eigentlich Unersetzbare *jenseits aller* Sinnlichkeit oder in dem, was beim Übersetzen oder Ersetzen nicht verloren geht.

Die Entgegensetzung von Sinn überhaupt und Bedeutung übergeht den je besonderen Sinn und damit jeden Sinn. Sie ist eine metaphysische Unterscheidung unter Verwendung eines Allgemeinbegriffs „Sinnlichkeit“, unter dem Augen, Ohren usw. als im Grunde dasselbe angesehen werden, nämlich als „Organe“ des

---

[1] Hamann: N III, 94

„Geistes", der als verlustlos funktionierendes tertium comparationis bei der Übersetzung zwischen den einzelnen Sinnen als bloßen „Medien" gedacht ist. Die Vergleichgültigung der Sinne und die Ausgrenzung des Zeichens als des Uneigentlichen sind derselbe metaphysische Gedanke, der das „Sein" als das *zuletzt* bezeichnete Nichtmehrzeichen und damit auch *eine* Sorte von Zeichen als die letzten, dem Sein nächsten Zeichen denkt, andere Zeichensorten aber als periphere Zeichen, als Zeichen für Zeichen.

Zwischen Gegebensein und Verstandenwerden (Sinn und Verstand) zu unterscheiden bedeutet, das Zeichen in *seinem* Sinn, d. h. in dem Sinn, in dem es „wirklich" gegeben ist, nicht zu verstehen. Ein Zeichen hat Sinn nur in *seinem* (ästhetischen) Sinn und nicht als Zeichen für Zeichen in einem anderen, z. B. phonetischen Sinn. Die Schrift ist nicht älter als die gesprochene Sprache, aber sie ist älter als die Vorstellung, sie sei in gesprochene Sprache zu übersetzen, um überhaupt verstanden werden zu können. Dann wäre an ihr auch nichts Übersetzbares.

Vielleicht kann man die Differenz zwischen dem sinnlichen Gegebensein eines Zeichens und dem Verstehen seiner Bedeutung als den Grundcharakter des metaphysischen Zeitbegriffs verstehen. In ihr strebt das Zeichen zur Auflösung seiner eigenartigen Sinnlichkeit in seine Bedeutung. Es strebt linear zu einer Interpretation und von dort zu einer weiteren Interpretation durch immer wieder andere Zeichen, *solange*, bis es ganz in (unsinnliche) Bedeutung aufgegangen ist, also unendlich lange. Diese Dimension der zeitlichen Linearität hat das Lautzeichen. Es vergeht vor seiner Bedeutung, indem es verklingend anderen, in ihrer Bedeutung schon deutlicheren Zeichen Platz macht. Das akustische Zeichen klingt, d. h. ist gegeben, indem es ver-klingt, so wie die Zeit gegeben ist, indem sie ver-geht. Wenn Heidegger die Metaphysik als eine Zeit denkt, die aber selbst ihre, d. h. ihre vergehende Zeit habe, als die Zeit des Verständnisses von Sein als repräsentierte Anwesenheit, bleibt er diesem Zeitverständnis des Vergehens des Gegebenen verhaftet.

Gegebensein ist eine Weise des Seins. Aber Gegebenes ist zugleich als das noch nicht *definitiv* Offenbare gedacht. Es ist so *gedacht* und damit, im *Begriff* des Gegebenseins, schon von seiner „Bedeutung" unterschieden. Einerseits *ist* das Gegebene, andererseits muß es – und zwar durch oder in einem bestimmten

„Verständnis" — noch etwas *anderes* werden. Damit sind in ihm selbst schon *zwei*, wenn auch in verschiedenem Wert als *seiend* gesetzte Punkte markiert, der (wirklich) gegebene und der ihm gegenüber wahre, noch zu erreichende, der als solcher schon als feststehend, aber eben als noch nicht erreicht gedacht ist und um dessentwillen der jetzt gegebene Zeitpunkt aufzuheben sei. Es ist eine *Linie* zwischen diesen Punkten des „Seins" und des „Wesens" als der „Wahrheit des Seins" gespannt, auf der sich die Zeit zu bewegen habe, damit es zur Wahrheit komme. Derrida spricht von einer „Linearisierung"[2] des Zeichens. Der Ton als das eindimensional zeitliche Zeichen wird dabei zu dem Zeichen, das in dieser Ausrichtung seines Verklingens *der Form nach* zur Wahrheit komme. Nicht in dieser Weise gerichtete Zeichen werden durch diese formale Nähe des Tones zur Wahrheit von ihr getrennt und können so nur noch Vorzeichen vor den Tonzeichen, Zeichen für Zeichen sein. Die an sich vieldimensionale Schrift wird, als Zeichen *für* den Ton, in die Linie gezwängt, und die Verschiedenheit der Zeilen, die in andere Dimensionen verweist, hat nur noch technische Bedeutung. Was Schrift überhaupt Schrift sein läßt, nämlich der Raum, in den sie sich einschreibt, wird zum bloßen Hilfsmittel in der Verfolgung einer unendlichen Zeile der Zeit, und so entsteht die Idee des Buches, dessen Zeit nach Derrida dabei ist, selbst zu Ende zu gehen.

Doch gerade darin bleibt Derrida selbst im Denken der Metaphysik. Sie hat jederzeit die Wahrheit als Überwindung einer Zeit gedacht, in der Wahrheit erst in Anzeichen gegeben sei, aber noch nicht als *sie selbst*. Andererseits ist nach Derrida die Zeit des Buches doch noch nicht vorbei. Er schreibt natürlich Bücher, die nach gewohnter Lesetechnik Zeile für Zeile und Seite für Seite, also linear zu lesen sind. Sein Denken macht uns aber auf die Besonderheit und *Eigenartigkeit* der Idee aufmerksam, Wahrheit linear in Bücher fassen zu wollen, so als sei die Form des Buches mit den dazugehörenden Bewegungen der Augen und des Umblätterns und überhaupt die Form der Linie die Wahrheitsform. Er lenkt den Blick sozusagen zwischen die Zeilen, aus der Linearität heraus, in die sich das metaphysische Denken mit jedem, der

---

[2] J. Derrida: Grammatologie, a. a. O., 152

Schreiben und Lesen lernt, diszipliniert. Die Buchkultur wird in ihrer Eigenart aufgedeckt, eben als unsere Kultur, gerade zu der Zeit, in der ihr Anspruch universal geworden ist. Wir haben in der *Wissenschaft* keine Alternative zum Schema des Buches. Auch elektronische Medien sollen das speichern, was in Büchern stehen kann. Wissenschaft ist mit der Idee des Buches, mit der linearen Form des Wahrheitszugangs genuin verbunden. Sie ist *unsere* Form der Bewältigung von Komplexität, aber wir beginnen sie als eine besondere *Qualität* zu sehen, die mehr als ein bloß äußerliches Hilfsmittel bedeutet. Es deutet sich damit der *Widerspruch* einer *besonderen* Qualität der Wahrheitsform an.

Unsere Art der Schrift wird als Qualität bewußt, auf die *wir* vertrauen. Hegel spricht in Anlehnung an Jakob Böhme von einer „Qualierung", als der Bewegung einer Qualität, „insofern sie in ihrer negativen Natur (in ihrer *Qual*) sich aus anderem setzt und befestigt, überhaupt die Unruhe ihrer an ihr selbst ist, nach der sie nur im Kampfe sich hervorbringt und erhält",[3] und Nietzsche spricht vom „Schmerz" und „Widerspruch" als dem „wahrhaften Sein", im Gegensatz zur „Lust" und „Harmonie" als „Schein".[4] Es handelt sich um das Bewußtsein der Begrenztheit in der *eigenen* Qualität, ohne gegebene Alternative, um das Bewußtsein, daß eben jede Alternative auch nur wieder von besonderer Qualität sein könnte: *Jeder* Fortgang über das gegebene Zeichen führt zu gegebenen Zeichen, und es spannt sich dabei keine Linie als die *wahre Richtung* zu endgültiger Bedeutung. So kommt es zu einer Re-flexion der Qualität in sich selbst, in der sie ebensogut bei sich bleiben wie in ihrem Verklingen ihre Wahrheit suchen kann. Linearität erfährt sich so in ihrem Selbstverständnis als „Fortschritt" als Qualität, die sich auch nur in dem Verständnis genügt, das sie zuletzt erreichen konnte.

---

[3] Hegel: Wissenschaft der Logik, a. a. O., I, 101

[4] Nietzsche: N III 7 [165]

# 50. Teleologie als Annäherung

Das Verstehen der Wirklichkeit *als* Zeichenverstehen ist auch ein Verstehen. Es ist, wenn Zeichenverstehen als freies Verstehen verstanden ist, auch ein freies Verstehen, eine Auffassung. Aber es ist eine Auffassung, die sich selbst als solche versteht. Insofern ist es selbst nichts *anderes* als Wirklichkeit.

Andere Auffassungen von Wirklichkeit sind von hier aus als reduzierte, „degenerierte" (Peirce) Auffassungen zu verstehen, in denen sich das Verstehen als etwas anderes als Wirklichkeit, als deren Subjekt und sie damit als Objekt versteht. Es sind also alle anderen Auffassungen der Wirklichkeit als Weisen der Objektivierung zu verstehen.

Hegel unterscheidet in dieser Hinsicht drei Weisen der Beziehung auf Objektivität: das mechanistische, das chemistische und das teleologische Verstehen.[1]

Das *mechanistische* Verstehen versteht Zeichenprozesse als „Mitteilung", z. B. von Gedanken oder von Bewegungsenergie. Dabei ist vorausgesetzt, daß „dasselbe", derselbe Gedanke oder dieselbe Energie, von einem auf ein anderes übergehe. Das eine wie das andere ist hier also als Objekt ohne eigenes Dazutun, ohne freie Einbildungskraft verstanden. Der moderne Ausdruck dafür ist „Information". Der Ausschluß von Freiheit auf beiden Seiten der Relation ermöglicht es, den Übergang von einem zum anderen nach Regeln oder Gesetzen zu verstehen und alle Objekte als Teil eines geregelten Systems. Dessen Glieder seien alle denselben Gesetzen unterworfen und *nur von daher*, nicht von ihnen selbst her zu verstehen. Nach Kant „liegt der Vernunft unendlich viel

[1] Hegel: Wissenschaft der Logik, a. a. O., II, 359 ff.; vgl. J. Simon: Philosophie und ihre Zeit. Bemerkungen zur Sprache, zur Zeitlichkeit und zu Hegels Begriff der absoluten Idee, in: B. Scheer/ G. Wohlfart (Hrsg.): Dimensionen der Sprache in der Philosophie des Deutschen Idealismus, Würzburg 1982

daran, den Mechanismus der Natur in ihren Erzeugungen nicht fallen zu lassen und in der Erklärung derselben nicht vorbeizugehen, weil ohne diesen keine Einsicht in die Natur der Dinge erlangt werden kann", „ohne über die Natur hinaus den Grund der Möglichkeit derselben zu suchen"[2]. Die Vernunft hat das Interesse, für alle Naturerscheinungen möglichst dieselbe Erklärung zu suchen. Nur wenn die Erklärung der Möglichkeit der Erscheinungen für alle Naturerscheinungen *dieselbe* ist, so daß sie ohne die Annahme einer Pluralität von „Naturen" auskommt, ist es eine „natürliche" Erklärung. Sie setzt damit auch voraus, daß die Kräfte von einer Erscheinung auf die andere ohne eigenes Zutun der einen oder anderen übertragen werden. Die mechanistische Erklärung verfolgt also durchweg die Vernunftmaxime der Vereinheitlichung.

Dem steht die Maxime der zunehmenden Spezifikation entgegen, nach der „den besonderen Gesetzen der Natur nachzuforschen" ist. Im Interesse dieser Maxime ist es „ebenso notwendig, für sie eine besondere Art der Kausalität, die sich nicht in der Natur vorfindet, zu denken"[3], denn das Besondere kann nicht aus dem Allgemeinen, damit auch nicht aus „der" Natur, also nicht rein „natürlich" abgeleitet werden, ohne eine besondere (zusätzliche) Ursache für es, seinem besonderen „empirischen Begriff" gemäß, anzusetzen, so daß eigentlich nichts anderes als dieser Begriff als Ursache anzusehen ist. Kant nennt einen Begriff, der in seiner Besonderheit Ursache sein soll, einen *Zweck*. Im Übergang vom Allgemeinen zum Besonderen muß also etwas dazwischenkommen, was dem Begriff gemäß spezifiziert. Kant denkt hier unmittelbar an Zwecke, während Hegel eine Betrachtungsweise, die den Akzent auf die Verschiedenheit besonderer Substanzen legt, zunächst eine „chemistische" Betrachtungsweise und erst die Einheit der mechanistischen und der chemistischen eine „teleologische" nennt. Der Chemiker ist bei Hegel offenbar nur der Scheidekünstler. Der teleologische Gesichtspunkt denkt dagegen auch in der Richtung auf Einheit, indem er eine Vielheit von Teilen auf einen gemeinschaftlichen, wenn auch besonderen Naturzweck ausgerichtet sieht. Alle Teile haben dieselbe Bedeu-

---

[2] Kant: Kritik der Urteilskraft, § 78

[3] a. a. O.

tung, nämlich ihr Ganzes in seiner Besonderheit zu bewirken. Es sind, so betrachtet, Organe.

Bei Kant und bei Hegel ist aber wichtig, daß es sich hier um Betrachtungsweisen handelt, von denen her sich die Objektbereiche erst bestimmen, und nicht um vorgegebene Objektbereiche, die eine besondere Betrachtungsweise verlangten. Das setzte eine ontische Spezifiziertheit der Objekte *voraus*. Auch für Kant ist das Biologische nur Beispiel teleologischer *Betrachtung*. Es geht beim Teleologischen nach Kant um die Erklärung „besonderer" Naturgesetze *überhaupt*, im Unterschied zu universalen Gesetzen, die für alle Natur zu formulieren versucht werden, eben um Gesetze der Spezifikation. Alle drei Betrachtungsweisen können im Prinzip auf alle Gegenstände (*auch* auf geistige Prozesse, wie z. B. die sprachliche Verständigung, wie Hegel ausdrücklich betont) angewandt werden, insofern sie (ihre Begriffe) erklärt werden sollen, nur daß die mechanistische auf eine durchgehende Erklärung für alles aus ist und damit dem Ideal einer Mathematisierung entgegenkommt.

Für eine Philosophie des Zeichens ist hier wichtig, daß in mechanistischer Betrachtung *methodisch* ausgeschlossen ist, Prozesse so zu verstehen, daß die Objekte *von sich aus* den Prozeß dadurch beeinflussen, daß sie eigene Kausalitäten und damit Widerstände, Fremdheit gegen ihr Verstandenwerden entwickeln. Diese Methode gelangt von daher überhaupt am reinsten zu Objekten, als zu etwas, das dem Verstehen von sich aus nichts entgegensetzt. Es geht seinem reinen Begriff nach in dem auf, *als was* es je verstanden ist. Das Zeichen geht im Begriff als seiner Bedeutung auf und nicht in andere Zeichen über. Der teleologisch bestimmte Gegenstand ist dagegen methodisch als „eigener" Zweck vorausgesetzt, als eine gegenüber dem Erkanntwerden wesentlich „innere Zweckmäßigkeit" mit „innerer Form" oder „innerer" Gesetzlichkeit.

So könnte man im Anschluß an Kant sagen, universelle Naturgesetze, die für alle denkbaren Objekte der Natur gelten sollen, seien ihrem Begriff nach apodiktisch, wenn sie praktisch auch erst vorläufig und in diesem Sinne hypothetisch formuliert seien; besondere Naturgesetze seien dagegen schon ihrem reinen Begriff nach hypothetisch. Hierhin gehörten dann nicht nur die Organismen, soweit man ihnen besondere, arteigene Gesetzlichkeiten zuspricht, sondern alle Gegenstände von Aussagen, die für alles gelten sollen, was unter eine bestimmte *Art* von Gegenständen fällt, wie empirische spezifizierende Begriffe sie bezeichnen, ohne daß wir „Realdefinitionen" der „inneren Möglichkeit" von so etwas hätten. Dazu gehörten also auch die besonderen Sprachen, insofern darunter Objekte von besonderer, „innerer" Regelhaftigkeit verstanden werden, deren Verstehen zwar nicht „mechanisch" und damit ohne eigenes Dazutun, aber doch im Erfassen oder Lernen besonderer Regeln „gegeben" sei. Wir sahen, daß dies noch immer eine reduzierte Auffassung von Zeichenprozessen ist. Sie besteht in der Auffassung von „Sprachen" als vom Zeichenverstehen überhaupt isolierbaren „Systemen".

Das mechanistische Verstehen ist das Verstehen ganz aus dem Verständnis des Verstehenden. Er allein ist produktiv. Kant hat das mechanistische Verstehen zutreffend durch den Satz gekennzeichnet, daß der Verstand der Natur die Gesetze *vorschreibe*. Das Subjekt versteht *sich* allein als das subiectum, das Zugrundeliegende. Es erfordert für sich den Begriff der *transzendentalen Einheit* von Subjektivität.

Im teleologischen Denken wird dem Objekt zwar seine Eigenart zugestanden, aber doch am Begriff der Erkenntnis als einem Verstehen vom Subjekt aus festgehalten, so daß es dazu kommt zu sagen, das „Innere" des Objekts sei zwar vorauszusetzen, aber nicht zu erkennen. – Erst unter Preisgabe dieses Erkenntnisbegriffs versteht sich das Verstehen als Verstehen des anderen *in* seiner Andersheit, in der *ihm wie dem Verstehenden* Produktivität zugestanden wird. Die Reduktionen auf das mechanistische und teleologische Verstehen sind ihrerseits Produkte dieses Zeichenverstehens im vollen Sinn, d. h. es sind selbst Produkte des *freien* Zeichenverstehens als des produktiven Übergangs von Zeichen in andere Zeichen. Es sind ihrerseits Auslegungen, die anderes Verstehen zugestehen.

Wir denken im Übergang von Zeichen in Zeichen. Der Übergang ist nicht determiniert, d. h. das erste Zeichen enthält keine Regel dafür, wie er erfolgen soll. Es muß sich immer erst zeigen, ob er „gut" war, ob er „Sinn" hatte und ob damit eine „Erkenntnis" gewonnen werden konnte. Er ist aber auch nicht willkürlich. Als willkürlicher wäre es überhaupt kein Übergang, sondern nur eine sinnlose Reihung. So muß sich auch zeigen, ob die Selbstreduktion des Zeichenprozesses auf die Stufe des mechanistischen Verstehens und auf die wieder näher an ihn zurückführende Stufe des teleologischen Verstehens etwas „Gutes“ war oder nicht. Ohne Frage haben diese Reduktionen viel geleistet, aber eine endgültige Antwort findet die Frage nach ihrer Güte dadurch nicht. Wir haben uns selbst durch diese Reduktionen „ins Bild gesetzt“. In diesem Bild finden wir unser Selbstbewußtsein als Subjekte gegenüber Objekten. Es ist das Bild unserer Zeit. Da wir uns nicht ohne Verlust unserer Identität und damit nicht in eigener Intention vor dieses Bild setzen können, werden „wir“, bei Bewahrung dieser Identität, auch nicht erfahren, ob dies ein Glück war. Die Zeit wird uns über diese Frage, als eine Frage aus unserer jetzigen Identität, in Kontexte anderer Fragen hinaus mitnehmen.

Der freie Übergang zu anderen Zeichen „für“ die vorhandenen ist ohne allgemeinen Anhaltspunkt und damit individuell. Es ist der Ausdruck eines individuellen Verstehens von Individuellem. Humboldt sprach aus seiner an der Lautsprache orientierten Sicht von einem Verstehen des „Zusammenhangs der Klänge“. Daß solch ein interindividuelles Verstehen, quasi als Reibung von Leibern aneinander, wenn denn der Leib das Individuelle gegen den reinen Begriff vom Menschen sein soll, *möglich* sei, ist ohne allgemeinen Begriff. Es ist die Wirklichkeit schlechthin. Sie in ihrer Möglichkeit bestimmen zu wollen hieße, eine Realdefinition von ihr als Bestimmung eines „Inneren“ der Wirklichkeit „von außen“ geben zu wollen, ohne zu bedenken, daß man Teil von ihr ist. Wenn wir Bedingungen der Möglichkeit von etwas bestimmen wollen, bleibt, wie Kant abschließend gesagt hat, nur das mechanistische Verstehen, in dem etwas genau das ist, als was es von anderem her oder von „außen“ bestimmt ist. Die Voraussetzung einer „inneren Form“ der Dinge muß zwar um eines spezifischen Begriffs der Dinge willen geschehen. Aber sie bedeutet gerade die Unerkennbarkeit dieses „Inneren“ oder, daß alle Antworten auf die Frage nach der „inneren“ Möglichkeit der besonderen Dinge „äußerlich“ bleiben müssen. Das Wirkliche hat weder die eine noch die andere Möglichkeit, es hat keinen Unterschied zwischen Außen und Innen an sich und erfährt, was es ist, in dem, was ihm geschieht. Es erfährt seine Bezeichnung in seinem Zeichenverstehen.

Das Wirkliche muß seinem Begriff nach als wirkend gedacht sein, auch darin bzw. dagegen, wie es zu denken versucht wird. Kein Denken kann es als sein von ihm verschiedenes Objekt, als „bloßen“ Gedanken vor sich bringen; es wird gedacht, indem es das Denken mit- und aus den reduktiven Vorstellungen herausnimmt, die es von sich selbst hat, wenn es sich als das Subjekt der ihm „möglichen“ Objekte *reflektiert*. Vielleicht war das der Punkt der „Seinsvergessenheit“ der Metaphysik.

## 51. Zeichen, Begriffe, Metaphern

Im traditionellen Verständnis stehen Zeichen für Begriffe, und Begriffe sind die Bedeutungen der Zeichen. Das Zeichen „Mensch" soll für den Begriff „Mensch" stehen, obwohl wir ihn doch immer nur durch ein anderes Zeichen ausdrücken können. Aber, so sagt man, wir „meinen" damit doch etwas, was nicht wieder Zeichen sein soll, so etwas wie eine „Lesart"[1], das, was wir uns irgendwie schemahaft vorstellen, wenn wir das Zeichen verstehen. Diese Vorstellung beinhaltet dieser Auffassung nach mehr oder weniger deutlich die „Merkmale" des Begriffs, wie sie zum Zweck der Unterscheidung von anderen angegeben werden, etwa in der „Nominaldefinition" des Menschen als „vernünftiges Tier". Natürlich lassen sich darüber hinaus noch weitere Merkmale angeben, z. B. daß Menschen männlich oder weiblich, alt oder jung, krank oder gesund, reich oder arm, Herr oder Knecht sind. So könnte man den Begriff weiter spezifizieren.

Aber die Menschen unterscheiden sich vom Begriff, der dies alles umfassen soll, dadurch, daß sie immer das eine *oder* das andere *füreinander* sind: sie sind Mann für eine Frau und Frau für einen Mann, Frau für eine Frau und Mann für einen Mann, klug im Verhältnis zu ihrem Alter, das wiederum hoch oder niedrig im Verhältnis zu dem Alter anderer ist usw. Der Begreifende ist immer selbst ein Begriffener, *indem* er begreift. Man kann hier an Goethes Begriff der Polarität denken. Ein männlicher Mensch ist für einen anderen männlichen Menschen etwas anderes als für einen anderen weiblichen Menschen, ein reicher für einen anderen reichen etwas anderes als für einen armen usw. Dieses betreffende Sein-für ist Zeichen, das nicht in einem *Begriff als Bedeutung* aufgeht, sondern „affiziert", wenn auch nicht „determiniert".[2] Es

---

[1] J. J. Katz: Philosophie der Sprache, Frankfurt/M. 1969, 143

[2] Kant: Nachlaßreflexion 2476

*bewegt* das Denken des „begreifenden“ Subjekts als Ausdruck asymmetrischer Beziehungen, wobei auch die *begrifflich* gleichgefaßten Beziehungen, etwa einer Frau zu einer Frau, eines Reichen zu einem anderen Reichen usw., immer noch in dem Sinne asymmetrisch sind, daß sie affektive Bedeutung haben. Sie haben sie, weil solche Begriffe nicht die des reinen Denkens von Subjekten sind, die sie rein klassifizierend gebrauchten, sondern von Subjekten, die selbst unter einen Begriff fallen, der mit dem gebrauchten in seiner Bedeutung verwoben ist. Sie gebrauchen ihn folglich nicht ganz „frei“ und sind auch nicht gleichgültig dagegen, unter welchem Begriff des anstehenden Begriffszusammenhangs sie selbst begriffen sind und unter welchen sie selbst durch die Art ihres Begreifens geraten.

Jede Seite ist in der Wahl der Begriffe engagiert und begreift die ihr gegenüber andere nicht ohne Beziehung dazu, wie diese sie selbst begreift bzw. wie sie selbst in dieser Beziehung zu *dieser* anderen begriffen sein möchte. Der „Gegenstand“, das Gegenüber fällt nicht einfach unter einen Begriff, es bewegt das Begreifen. Während ein Begriffszusammenhang seine Tugend in seiner symmetrischen Architektonik hat, ist ein Zeichenzusammenhang ein bewegendes Geschehen. Am Zeichen ist wesentlich etwas begrifflich nicht Erfaßtes, das „zu denken *Anlaß* gibt“, weil es etwas ist, das die Perspektive der begrifflichen Bestimmung bewegt und somit am Begriffenen Unbegriffenes durchscheinen läßt. Es hält das Denken in Bewegung und bewegt es aus dem durch Begreifen gewonnenen Standpunkt hinaus. *Merkmale* des Geschlechts, des Alters, des Reichtums, der Klugheit, der Autorität und der Abhängigkeit usw. sind *nicht* Merkmale eines Begriffs in einem durchgehenden „subjektiven“ Gebrauch. Sie sind auch nicht einfach Eigenschaften an Substanzen, auch nicht „Relationsbegriffe“ (Relationsbegriffe als *Begriffe* von Relationen fassen Relationen als etwas Feststehendes auf), sondern eben Zeichen in Kontexten von Zeichen*geschehen*. Sie führen eher zu Geschichten als zum Begreifen, zu „unbegreiflichen Geschichten“. Es sind „Charaktere“.

In diesem Sinne ist die Natur voller Zeichen. Alles in ihr bewegt sich in seiner Bewandtnis mit, indem etwas in ihr den Standpunkt des „Betrachters“ bewegt. Es gerät dadurch „e-motional“ in ein neues Licht.

Zeichen ist etwas, indem es von dem einen oder anderen, das es dem Begriff nach sein *könnte*, als das eine und *nicht* als das andere tatsächlich da ist. Darin ist es über alle begrifflichen Spielräume hinaus wirklich, also individuell. Als Zeichengeschehen ist die Natur Individuum. Sie „zerfällt" z. B. als organische Natur nicht in weibliche und männliche Individuen, sondern *in* ihr ist Weibliches und Männliches für Männliches und für Weibliches, und in diesem polaren Sein-für ist sie wirklich. Alles ist Zeichen, indem alles Sein für *anderes* (und nicht Gegenstand für ein Subjekt) ist.

In der metaphysischen Tradition wird die Metapher als sprachliche Randerscheinung gegenüber dem Begriff angesehen, als „Übertragung eines fremden Namens" (Aristoteles). Wenn Achill als Löwe bezeichnet wird, ist eine Analogie gemeint, so wie auch in der Rede vom „Abend des Lebens". Achill ist unter den Menschen, was ein Löwe unter den Tieren ist, und das Alter ist im Leben analog zum Abend als Tageszeit. Man muß, um jeweils die Analogie zu verstehen, den Begriff des Menschen, des Tiers, des Löwen, nicht je für sich, sondern nur in der Relation, „haben". Die Analogie begnügt sich mit *einem* „Merkmal" des Begriffs, auf das sie sich stützt, ohne es nennen zu müssen. Sie umspielt es. Im Falle der Metapher des Löwen für Achill soll es wohl die „Löwenstärke", vielleicht in Verbindung oder in der Mischung mit dem „Löwenmut" sein. *Was* eigentlich genau das Gemeinsame zwischen Achill und einem Löwen oder der Drehpunkt der Analogie sein soll, bleibt unbezeichnet und der Einbildungskraft überlassen, die sich *das Ihre* dabei denken kann. Ein für alle gemeinsamer Allgemeinbegriff wird nicht unterstellt, und eben darum wird die Metapher verwendet. Es wird dem *Fehlen* des Begriffs Rechnung getragen.

Aber Aristoteles faßt die „Übertragung des fremden Namens" noch weiter. Sie findet nach ihm schon statt, wenn für die Art die Gattung oder für die Gattung die Art oder eine Art (im Vergleich) für eine andere Art steht[3]. Diese weitere Fassung ist die philosophisch interessante, denn wenn es heißt, daß man *statt* „Sokrates" „Mensch" oder *statt* „Linde" „Baum" oder *statt* „Ge-

---

[3] Aristoteles: Poetik 1457 b 6 ff.

fäß" „Krug" sage, ist vorausgesetzt, wie man „*eigentlich*" sprechen müßte. Es ist eine Gewißheit in einer Spezifizierung vorausgesetzt, die die der Natur selbst sei und „innere", besondere Gesetzmäßigkeiten treffe. Diese Gewißheit ist fest geworden, weil es als geglückt erscheint, immer mehr Merkmale einem spezifizierenden Begriff zuzuschreiben, ohne daß dies bisher zu einem Widerspruch geführt hat.

Nach Nietzsche sind Begriffe „festgewordene Metaphern", und anders kann es eigentlich auch schon nach Leibniz und nach Kant nicht sein, wenn es nach beiden keine definitive, ontisch begründete Gewißheit dafür geben kann, daß unseren Einteilungen „von außen" „innere" Naturen der Dinge korrespondierten. So schreibt Kant denn auch: „Zwar spüren wir an der Faßlichkeit der Natur und ihrer Einheit der *Abteilungen* in Gattungen und Arten ... keine merkliche Lust mehr; aber sie ist gewiß zu ihrer Zeit gewesen, und nur weil die gemeinste Erfahrung ohne sie nicht möglich sein würde, ist sie", die Lust, „allmählich mit dem bloßen Erkenntnisse vermischt und nicht mehr besonders bemerkt worden"[4].

Hier gibt Kant eine gewisse Deduktion (Rechtfertigung) des aufs Objekt bezogenen Gebrauchs „empirischer", d. h. spezifizierender Begriffe. Ohne eine subjektive Gewißheit ihrer Bedeutung als ihrer „Beziehung aufs Objekt" wäre „die gemeinste Erfahrung ... nicht möglich". Für den Begriff möglicher Erfahrung ist die objektive Gültigkeit spezifizierender Begriffe also vorauszusetzen. Sie ist vorauszusetzen, wenn wir solche Begriffe in einem Erfahrungsurteil kategorial verknüpfen und sie *dadurch* „aufs Objekt" beziehen. Das „vermischt" die „Lust" mit „dem bloßen Erkenntnisse", das sich im Erfahrungsurteil ausdrückt. Für die darin gebrauchten „empirischen Begriffe" für sich betrachtet bliebe *allein* die Lust daran, daß sie bisher „mit gutem Glücke gebraucht" werden konnten[5], und dabei spielt nach Kant sogar eine Rolle, daß „ein jeder ... glaubt, sein Urteil", in dem solche Begriffe „deutlich" werden[6], „aus der Einsicht des Objekts zu haben",

---

[4] Kant: Kritik der Urteilskraft, B XL

[5] Kant: Kritik der reinen Vernunft, B 691

[6] Vgl. Kants Unterscheidung zwischen synthetischer und analytischer Deutlichkeit, Logik, AA IX, 63 f.

während er es „doch lediglich auf der größeren oder kleineren Anhänglichkeit an einen der beiden Grundsätze" (der Einheit und der weiteren Spezifizierung) gründet, „deren keiner auf objektiven Gründen beruht"[7].

Die Lust aus befriedigter Anhänglichkeit an eine von zwei entgegengesetzten Maximen der Vernunft, von denen keine „auf objektiven Gründen beruht", trägt hier allein die Gewißheit. Sie engt die „Spielräume" im Gebrauch dieser Begriffe ein, d. h. sie verfestigt die Metaphern zu Begriffen, wenn man einen Spielraum in der Verwendung des nächsthöheren gegenüber dem nächstniedrigeren Begriff, zwischen dem Gattungs- und Artbegriff, mit Aristoteles eine Metapher nennt. Das wird noch klarer, wenn man mit Kant eine Maxime der „*Kontinuität* der Formen" begrifflicher Spezifizierungen hinzunimmt[8]. Nach dieser Maxime liegen Gattungen und Arten beliebig dicht aneinander, so daß ihre Unterscheidung im Grenzfall schwer wird. Sie gehen ineinander über, d. h. sie sind Metaphern.

So gesehen wird ein Begriff eigentlich erst, indem er im Urteil *auseinandergelegt* und dadurch „deutlich" wird, aus der Metapher (d. h. aus der Ununterschiedenheit von Gattung und Art) zum Begriff. Er wird es, indem er als Artbegriff vom Gattungsbegriff und als Gattungsbegriff vom Artbegriff unterschieden wird. Dies geschieht durch die „spezifische Differenz" als einen weiteren „dazwischen"-gefügten Begriff, der seinerseits erst in *seiner* Verdeutlichung eigentlicher Begriff würde, usw., so daß wesentlich Begriffe zur Verdeutlichung gebraucht werden, die selbst noch, um Begriffe zu sein, verdeutlicht werden müßten und die im Moment ihres verdeutlichenden *Gebrauchs* mithin eigentlich „noch" Metaphern sind.

Der Vergleich, als Setzung einer Art für eine andere Art, geschieht dadurch, daß die spezifische Differenz zwischen jeder dieser Arten und ihrer gemeinsamen nächsten Gattung beliebig klein gedacht ist, so daß sie „praktisch" zusammenfallen. Sie werden so gebraucht, daß diese Differenz aus dem Blickpunkt verschwindet. Man könnte, wenn man mit Kant die beiden Maximen der Vereinheitlichung und der Spezifizierung als gleich-

---

[7] Kant: Kritik der reinen Vernunft, B 694 f.

[8] a. a. O., B 686

wertig annimmt und nur von einer verschiedenen „Anhänglichkeit" an die eine oder die andere spricht, ebensogut sagen, daß diese Differenz *noch* nicht relevant, *noch* nicht verfestigt sei, so daß der Vergleich in einen früheren Sprachzustand zurückführe. Aber dies könnte man, wie gesagt, nur ebensogut sagen. Der romantisierende Rückgang in einen Urzustand wäre eben auch nur eine „Anhänglichkeit".

Für unseren Zusammenhang genügt es, die Metapher als Ort des selbst noch begriffslosen *Übergangs* von einem Zeichen zu einem anderen zu verstehen. Dieser Übergang ist frei, noch nicht festgelegt. Denn es fehlt die den Übergang zwischen Art und Gattung *bestimmende* „spezifische Differenz", wenn Art und Gattung sich *unmittelbar* berühren, so daß Gattung für Art, Art für Gattung und Art für Art sinnvoll eingesetzt werden können. Aus der Sicht festgelegter Begriffe handelt es sich darum, daß etwas nicht mit „seinem" eigenen, sondern, wie Aristoteles sagt, mit einem „fremden" Namen bezeichnet wird. Das ist die Sicht, die zu wissen *vorgibt*, welche begrifflichen Spezifikationen „auf objektiven Gründen" beruhen, während sie aber im *Gebrauch* der Metapher einer solchen vorgeblichen Gewißheit zuwiderhandelt, indem sie den „fremden" Namen doch wohl für treffender hält als den „richtigen", es sei denn, man verstünde die Metapher als bloße Verzierung der Rede. Sie müßte dann aber zugleich als ihre Verzerrung verstanden sein.

Das Zeichen als Metapher desavouiert den *Begriff* vom Zeichen als einem Zeichen für „etwas" (aliquid pro aliquo), *indem es da ist* und – ohne Begriff der Möglichkeit – *wirklich verstanden wird.* Das Zeichen als Zeichen für „etwas" erscheint von daher als abgeleiteter Begriff des Zeichens. Zeichen für „etwas" und damit Nicht-Metapher ist ein Zeichen nur, insofern unter Verwendung von Metaphern bedeutet wird, für *was* etwas Zeichen sein soll. „Unter Verwendung von Metaphern" heißt: Es kann nur im *Übergang* von Zeichen in andere Zeichen bedeutet werden, der als solcher *noch nicht* begrifflich festgelegt ist.

Die Metapher ist der noch leere Ort eines *werdenden* Begriffs *zwischen* einem Art- und einem Gattungsbegriff. Sie ist der Geburtsort eines noch zu findenden Mittelbegriffs. Da das Finden des geeigneten Mittelbegriffs einen Satz als notwendige Begriffsrelation erscheinen läßt, ist es der Übergang zu einem festgefügten

System von „gültigen" Begriffen. Nur aus der Sicht eines fertigen Begriffssystems, d. h. unter der Voraussetzung einer Einteilung der Natur durch sie selbst ist eine Metapher umgekehrt das „Verschwinden" des Mittelbegriffs „zwischen" Gattung und Art, so daß sie dadurch ohne Differenz „dasselbe" bedeuten. (Im Verschwinden des *Zeichens* für den Mittelbegriff hinter der Kopula des Schlußsatzes wird ein Satz apodiktisch.) Daß eine Metapher ein „fremder" Name sei, ist aus der Voraussetzung eines bestimmten Systems als des „natürlichen" heraus gesagt. Doch jede Veränderung, also *jeder* Versuch einer „Annäherung" an die Wirklichkeit muß metaphorisch sein. Dieser Prozeß der Metaphernbildung hat daher kein „natürliches" Ende.

Kein letzter Begriff, sondern die je letzte Metapher hält ein Begriffsgefüge in seiner Bestimmtheit, *solange*, wie sie als letztes, d. h. ohne *weitere* Deutung verstanden wird. Gott existiert nicht als „Oberster Begriff", sondern als ungedeutete Parusie.

Zeichenverstehen ist Metaphernverstehen. Dessen „Möglichkeit" ist Sache der Zeit. Gewisse Metaphern beherrschen eine Zeit. Die *Metaphorik des Lichts* hat das Denken für lange Zeit bestimmt, d. h. Metaphern aus diesem Bereich wurden verstanden, ohne daß sie als „fremde" Namen ins Bewußtsein kamen. Das „Erblicken" der „Idee" im platonischen Sinn sollte der Zustand sein, in dem die sonst in beliebig langen Diskursen zu erörternde Frage nach der „wahren" Bedeutung von Namen wie „Mensch", „Sophist", „Philosoph", „Gerechtigkeit" und schließlich aller Namen in ihrer Sinnverschiedenheit in einer „Ein-Sicht" ihre Antwort fände, so daß man nicht mehr immer weiter von Name zu Name getrieben würde. Diese Lichtmetapher bestimmte bis hin zur „Aufklärung" den Wahrheitsbegriff und unterschied damit den Unterschied zwischen (definitiv) „wahr" und „falsch" von einem Unterschied zwischen „langen und kurzen Zeichen" (Nietzsche). Nur reichte sie schon bei Platon nicht aus, den „Sophisten" vom „Philosophen", d. h. den, der die „Idee" im vollen „Licht" erblicke, von dem zu unterscheiden, der sie nicht sehen kann: „Der eine", der Sophist, entflieht „in die Dunkelheit des Nichtseienden", „der Philosoph hingegen, in vernunftmäßigem Verfahren mit der Idee des Seienden stets beschäftigt, ist wiederum wegen der Helligkeit der Gegend keineswegs leicht zu erblicken. Denn die Geistesaugen der meisten sind nicht imstande, in das Göttliche ausdauernd hineinzuschauen"[9]. Wer sind aber dann, wenn auch schon das helle Licht Schwierigkeiten birgt, die „wenigen", die das können? Es müssen wieder die Philosophen sein, so daß nur *sie selbst sich* von den Sophisten unterscheiden könnten, ohne „äußeres" Kriterium. Heidegger faßte dieses Verständnis der Wahrheit als ihr Verständnis als „Anwesenheit" auf. Sie ist demnach als solche das Licht, in dem das Seiende als solches „im Blick" sein kann, und dieses Licht sei das *Sein* des Seienden. Die Rede vom „sich verbergenden" Charakter des Seins in dieser Bestimmung als Anwesenheit verharrt immer noch in derselben Metaphorik.

In letzter Zeit hat vor allem Lévinas dem eine andere Metaphorik, die der gegenseitigen *erotischen Berührung*, entgegengesetzt. Das andere ist hier das Fremde in seiner Fremdheit, in der es „im Licht" der eigenen Voraussetzungen des Verstehens gerade *nicht* zu verstehen ist, so daß es dadurch, daß es gleichwohl *da* ist, für die Gewißheit und Selbstgewißheit dieses Verstehens bedrohlich erscheint. Von dieser anderen Metaphorik her wird auch die des Lichts *als solche* bewußt. Es wird bewußt, daß sie nicht voraussetzungslos und „unmittelbares" Verstehen ist und daß man sich auch in ihr auf etwas Vermittelndes, auf ein Bild eingelassen hatte, wenn man das unter ihrer Herrschaft Explizierte verstanden, d. h., in ihrer eigenen Sprache gesagt, aus einer Über-Sicht „eingesehen" hatte. Die erotische Metaphorik verweist auf die dem „Ein-Leuchtenden" gegenüber bestehende *Schwere*, auf das undurchdringlich Körperhafte im Verstehen des Fremden, das betrifft, indem es durch sein vom eigenen „Blick-Punkt" her unverstandenes und im Verharren in ihm auch unverstehbares *Dasein* „berührt", und das man nur versteht, indem man von ihm, aus dem bisherigen Selbstverständnis und Blick-Punkt hinaus, mitgenommen wird. Erfahrung ist, unter dieser Metaphorik, als „wahre Erfahrung" gerade nicht die Versammlung neuer Daten ins eigene Vorverständnis und deshalb auch nicht, wie nach dem Fortschrittsbegriff der Aufklärung, ein unumkehrbarer Lernprozeß, sondern die bewegende Erfahrung des anderen. Es erscheint nur insofern unter „fremdem Namen" und damit als Metapher, ver-

---

[9] Platon: Sophistes 254 a

standen als Verbergung des Begriffs, als man den „richtigen" Namen von einem richtigen Sprachgebrauch her schon zu kennen glaubt, was ja voraussetzt, daß man auch von dem Bezeichneten *zuvor* schon den richtigen „Begriff" gehabt habe.

In einer solchen Erfahrung geschieht der Umschlag vom als *be*kannt Vorausgesetzten ins *Er*kannte (Hegel). Das Erkannte ist hier das, bei dessen Erfahrung einem selbst etwas geschieht, weil es aus der eigenen Identitätsvorstellung als einer apriorischen *Bedingung* der Erfahrung hinausführt. Insofern ist es „Gott". „Gott" ist das Fremde in seinem mitnehmenden Ausdruck, den die Metaphysik in ihrer Trennung zwischen dem Allgemeinen als dem, was dem Licht allgemein offenliegt, und dem „körperlichen" *Individuellen* als *körperliche* Anwesenheit verstehen muß.

Das Fremde bewirkt, daß der Standpunkt, von dem aus alles seinen eigenen Namen zu haben schien, als nicht der wahrhaft eigene erfahren wird, man könnte auch sagen, als *nur* der eigene, aus dem man durch diese Erfahrung aber schon hinausbewegt ist und der dadurch als selbst bedingter erfahren wird. Das Fremde bewirkt in seiner fremden Anstößigkeit den Anstoß dazu und damit die Erfahrung, daß der bisherige Begriff vom wahren Standpunkt sich der Unauffälligkeit seiner Metaphorik verdankte. Er verbarg sich, wie der Philosoph in Platons Sophistes, im Licht.

Aber das Fremde bewirkt dies nur im Übergang in eine *andere* Metaphorik. Hier wird die Undurchdringlichkeit der Körper füreinander als eine andere Erfahrung gegenüber der Durchdringlichkeit des Lichts die herrschende Erfahrung. Zeit erfaßt sich *nun anders* „in Gedanken" (Hegel). Sie kommt im Wechsel der die Zeiten beherrschenden Metaphern selbst zur Erfahrung.

Da es keine in *jeder* Beziehung gemeinsame Sprache für mehr als einen Sprecher und auch nicht für einen Sprecher über die Zeit hinweg gibt, kann es auch keine Sprache geben, in der bestimmte Zeichen über den momentanen Gebrauch hinaus „Zeichen für etwas" und damit nicht Metaphern wären. Sie erlangen ihre „feste" Bedeutung im Gefüge der *Unterscheidungen* von Gattungen und Arten im „jedesmaligen" Gebrauch (Humboldt), in der Sprache Kants ausgedrückt dadurch, daß sie in der spontanen Wahl „einer der Funktionen zu urteilen" kategorial verknüpft und erst *dadurch* „aufs Objekt" bezogen werden. Die Idee einer (der Art nach von anderen Sprachen abgegrenzten) *Sprache* entsteht zugleich mit der Idee „fester“ Bedeutungen als der Idee, daß Zeichen ihren metaphorischen Charakter definitiv verlören und sich zu Begriffen verfestigten. Da „die Sprache“ aber „notwendig zweien angehört“[10], ist diese Idee auch notwendig nur regulative Idee, der kein Gegenstand entspricht. Die „innere“, die Besonderheit einer Sprache bestimmende „Form“ bleibt eine bloße, wenn auch notwendige Voraussetzung in einem Gespräch, in dem jeder *von sich aus* und auf seine Weise eine „gemeinsame“ Sprache unterstellt, um seinen Versuchen, dem anderen gegenüber verständlich zu sein, Sinn zu geben. Er bleibt dem anderen aber gerade darin auch „fremd“. Er kollidiert mit dessen „entsprechenden“ Versuchen, so daß sein anderer Sprachgebrauch dem anderen, an der Voraussetzung einer „gemeinsamen“ Sprache gemessen, als metaphorischer und *für ihn bezeichnender* (charakteristischer) Gebrauch erscheinen muß.

Die Metapher ist die Differenz zwischen Gattung und Art – und damit auch von Art und Art – im Moment des Entstehens oder Verschwindens.

Was Metapher ist und was nicht, hängt davon ab, was als „normale“ Sprache vorausgesetzt wird. Es verändert sich damit im Laufe der Zeit. Metaphern gehören in diesem negativen Sinne zur „inneren Form“ einer Sprache. Sie sind das, was dieses „Innere“ mit dem ihm gegenüber „Äußeren“ verbindet, d. h. die Wirklichkeit der Sprache gegenüber dem *Begriff* ihrer („inneren“) Möglichkeit als besonderes, der Art nach von anderen Zeichen abgegrenztes Gebilde. Sowohl die Voraussetzung einer gemeinsamen Sprache mit einer „inneren Form“ als auch die Metapher gehören zur Wirklichkeit als der Einheit von Innerem und Äußerem[11]. Metaphern werden zu Begriffen in der *Voraussetzung*, sie bedeuteten über den jeweiligen Gebrauch hinaus *dasselbe* oder *etwas*. Die Wirklichkeit der Metapher ist dasselbe wie der Voraussetzungscharakter dieser Voraussetzung.

Als Metaphern sind die Wörter einer Sprache mit dem unbegrenzten „außersprachlichen“ Zeichenverstehen verwoben. Dadurch bezieht sich eine Sprache aus dem Begriff ihrer innenge-

---

[10] W. v. Humboldt: AA VI, 180, VII, 63

[11] Hegel: Wissenschaft der Logik, a. a. O., II, 156

regelten Besonderheit auf die Wirklichkeit zurück, so daß man sie *trotz* ihrer besonderen „Art" verstehen kann.

Die „innere Form" ist die „innere", nicht als solche empfundene Metaphorik, die nur von „außen" her fremd erscheint, wie z. B. die Lichtmetaphorik der Metaphysik, wenn man ihr eine *andere* Metaphorik entgegensetzt. Das Metaphorische ist der *fremde* Sprachgebrauch, den man aber dennoch in einer Weise, die „mitnimmt", als „Zusammenhang der Klänge" versteht, also in einer Weise, die, wiederum metaphorisch, als „körperlich" bezeichnet wird, wenn man das Verstehen von der geglückt erscheinenden Voraussetzung einer *gemeinsamen* Sprache aus das „ideelle" Verstehen von Zeichen in „ihrer" noumenal-normalen Bedeutung nennt.

Auch die „Ideenlehre" hat bei Platon noch ihren mythischen, d. h. metaphorischen Hintergrund. Hier sind die Unterschiede zwischen den Regierenden, den Kriegern und den anderen im Staat unter der Erde geformt.[12] So kann man sagen, daß die Philosophen, die die Ideen als reine Bedeutungen erblicken und deshalb im Staat regieren sollen, in ihrem Unterschied zu den anderen, die das nicht können, schon „unter der Erde", im Dunkeln, vor ihrem Eintritt ins Licht so „geformt" wurden, daß sie das Licht aushalten können. Sie sind, so könnte man sagen, auf die „innere Form" einer Sprache ausgerichtet worden, in deren Vorstellung jedes Zeichen „seine" wahre Bedeutung hat. – Auch das Wort „Form" ist schließlich eine Metapher.

An „seiner" Sprache als „einer" Sprache gemessen ist die Metapher auch für den Dichter ein *fremder* Sprachgebrauch. Er ist nach Hegel der erste, der „der Nation gleichsam den Mund öffnet"[13], und zwar durch die Öffnung der „inneren Form" der sogenannten Nationalsprache. Der ihr gegenüber individuelle Sprachgebrauch in seiner individuellen Körperlichkeit bindet in der Entbindung von der hermetischen Norm das Sprechen zur Wirklichkeit eines universellen übereinzelsprachlichen Zeichenverstehens zurück, als das die Sprache dem „ganzen Menschengeschlecht" angehört.[14]

---

[12] Platon: Der Staat, 114 d

[13] Hegel: Vorlesungen über die Ästhetik, ed. Glockner, III, 285

[14] W. v. Humboldt: AA VI, 180

## 52. Besondere Metaphern: Das Leichte und das Schwere, das Lichte und das Dunkle

Alles Schwere, das ist alles, was man nicht unmittelbar versteht, ist nach Descartes aufzulösen in Leichtes, das man unmittelbar versteht.[1] Es ist in einer *dafür* zweckmäßigen Weise *einzuteilen* in leicht verstehbare Teile, und damit ist es als teilbar vorausgesetzt. Das Finden einer Einteilung, die das Schwere in Teile auflöst, von denen jeder Teil *absolut* leicht ist, weil er dem Verstehen keinerlei Schwierigkeit mehr macht, ist die Lösung des Problems. Das dem Geist als das *für ihn* Schwere Entgegengesetzte, also das ihm Problematische oder Dunkle, das für ihn nur in einer Einteilung deutlich wird, ist der Körper. Als unendlich einteilbarer setzt er der Phantasie des „richtigen" Einteilens keine Grenze.

Das absolut Leichte und folglich nicht mehr Einzuteilende ist das Evidente, das absolut Lichte. Es leuchtet ein. Es ist für den Geist absolut durchlässig, während das Schwere ihm Arbeit (contentio animi) abverlangt. Das absolut Leichte ist nichts *anderes* gegenüber dem Geist.

Die *Cartesische Methode* findet das Einleuchtende immer noch in der Lichtmetaphorik. Aber sie fügt ihr die Metaphorik der Schwere und der Arbeit hinzu. Aus dem „Philosophen", der das Licht erträgt, wird damit das Ingenium, das den Weg zur Lösung, zur Auflösung des Schweren ins Lichte individuell findet. Es „übersieht" das Materielle nicht habituell (infolge seiner präexistenten Formung bzw. Artung dazu), sondern arbeitet an ihm mit seiner körperlichen Einbildungskraft. Es sucht die Methode der Einteilung, die für die Lösung des Problems (in quaestionibus resolvendis) *zweckmäßig* ist. Es geht nicht darum, eine absolut richtige Einteilung in Arten und Gattungen zu „erblicken", vielmehr ist es Sache der Einbildungskraft, an der Lösung zu arbeiten

---

[1] Descartes: Regulae ad directionem ingenii, Regula VI

und dabei Folgeprobleme auf sich zu nehmen, als Folge der Tatsache, daß eine Einteilung, die für die Lösung eines bestimmten Problems zweckmäßig ist, gegenüber anderen Problemen hinderlich sein kann.

Daß eine Einteilung, die für die Lösung *eines* Problems zweckmäßig war, bei der *anderer* Probleme hinderlich werden kann, findet seine Entsprechung bei Humboldt darin, daß immer eine vorhandene, vorgeformte Sprache, der bereits *artikulierte* Laut und nicht etwa ein lautliches Rohmaterial, „zum Ausdruck des Gedanken fähig" gemacht werden muß.

Auch *Hegels Naturphilosophie* geht in ihrer Aufhebung eines abstrakten Gegenüber von Subjekt und Objekt davon aus, daß „Licht" und „Materie" dem für die Arbeit des Geistes Leichten und Schweren entsprechen. Daß der Geist nicht rein erblickt, sondern *arbeitet*, setzt ihm eine „schwere" Materie gegenüber.

Die Natur als das „Andere des Geistes" ist Materie in diesem Sinn. Sie ist das an ihm selbst für den Geist Problematische, das in keiner Lösung ein für alle mal „rational" aufgeht, weil es nicht „die" Lösung als „seine" Bedeutung an ihm hat.

Das Licht ist nach Hegel „das abstrakte *Selbst* der Materie" und als solches das *„Absolut-Leichte"*. Es ist „abstrakte *Manifestation*", Äußerung ohne konkrete Bestimmtheit, „reines Manifestieren" oder *„unendliches* Außersichsein"[2]. Es ist das abstrakte Einleuchten, das an der Materie, was dem Geist keine Schwierigkeiten macht und sich in keiner Weise in sich selbst verbirgt, in dem vielmehr umgekehrt alles andere sich offenbart, soweit es sich überhaupt offenbart. — Hegel verweist in diesem Zusammenhang darauf, daß „in der morgenländischen Anschauung der substantiellen Identität des Geistigen und des Natürlichen" „die reine Selbstischkeit des Bewußtseins, das mit sich identische Denken als die Abstraktion des *Wahren* und *Guten*" „eins mit dem Lichte" sei[3]. Aus der morgenländischen Anschauung haben wir diese Metapher, d. h. diesen Zusammenhang des bei uns, in einer „Vorstellung, welche man *realistisch* genannt hat", Getrennten. Diese „realistische", die Differenzen der Begriffe für real haltende und sich darin als nichtmetaphorisch verstehende Vorstellung

---

[2] Hegel: Enzyklopädie (1830) §§ 275—276

[3] a. a. O., § 276

leugne, „daß in der Natur die Idealität *vorhanden* sei“, aber hier sei sie eben „an das Licht, an dieses reine Manifestieren, welches nichts als *Manifestieren* ist, zu verweisen“.

„Realistisch“ ist der Bezug auf eine Realität, die ihrerseits als Signifikat eines feststehenden *Systems* von Zeichen *gedacht* ist.

Wenn *in der Natur* Manifestieren als reines Manifestieren *vorhanden* ist, dann ist in ihr *etwas* vorhanden, was uns alles andere, das sich nicht rein manifestiert, vermittelt, d. h. alle Vermittlung ist, selbst in der Abstraktion als „reine“ Vermittlung, in einem selbst *Besonderen* bedingt. Alles in der Natur ist dann durch *etwas in ihr* vermittelt, das dem Geist *unmittelbar* offensteht. Alles in ihr ist entweder unmittelbar Verstandenes oder erst noch durch das unmittelbar Verstandene zu interpretierendes Zeichen, es ist Licht oder Dunkles. Das Dunkle ist „zunächst das Negative des Lichts“[4], in abstrakter Entgegensetzung zu dessen abstrakter Helligkeit. Aber eben nur zunächst. Es ist das in sich Verschlossene, sich darin zugleich gegen *anderes* in sich Abschließende, die „körperliche Verschiedenheit“ oder der „Körper der Individualität“[5]. Er ist nicht nur in abstrakter Entgegensetzung gegen die Abstraktion des Leichten „in sich“ schwer, sondern darin auf andere Körper bezogen. Er hat eine „spezifische Schwere“. Er hat überhaupt spezifische Gesetze, seinen „spezifischen“ *Klang* und manifestiert sich auf *seine* individuelle Weise[6].

Daß die Natur hier in einer Sprache beschrieben wird, die zugleich auf den Geist in seiner Arbeit ihr gegenüber, auf *Unterschiede* des leichten und schweren Verstehens, des einen Lichts und spezifischer Klänge zutrifft, macht das Erkennen der Natur als Prozeß und als Erklären des einen *durch* das andere *in ihr* statt durch subjektive Begriffe überhaupt erst verständlich. Die Natur ist erst so als etwas verstanden, das *an ihm selbst* dem subjektiven Erklären des Problematischen „im Lichte“ des *zur gleichen Zeit* Unproblematischen entspricht und sich somit selbst er-klärt. Das Licht ist *der* Teil der Natur, der *gleichzeitig* die unterschiedlichen „dunklen“ Körper in ihrer konkreten Verschiedenheit ins Licht hervorholt und damit über sie hinweg in Beziehung zueinander

---

[4] a. a. O., § 279

[5] a. a. O., § 281

[6] a. a. O., §§ 290–300

setzt. Es ist sozusagen die Metapher für das *jetzt* unmittelbar Verständliche und daher selbst nicht Körperliche, das aber als körperlich erscheint, sobald an ihm selbst gegenüber seiner *Voraussetzung* als körperloses Medium etwas „schwer" verständlich wird.

Der Hinweis auf den „morgenländischen" Ursprung ist zugleich ein Hinweis auf die Geschichtlichkeit dieser sich anbietenden Metapher und der sich mit ihr eröffnenden Möglichkeit. Die Natur *gliedert sich,* wenn wir sie erklärend verstehen, notwendig an ihr selbst in ein *mehr oder weniger* von uns aus Verstehbares, in eine leichtere oder schwerere „Faßlichkeit" durch die uns zu einer gegebenen Zeit verfügbaren Begriffsgliederungen. Das Licht ist das in der Natur, was selbst unmittelbar durchsichtig, nicht von *anderem* her zu erklären ist. So gesehen kann es das konstante *allgemeine* Medium der Vermittlung sein. Aber es ist nur die *Abstraktion* reiner Mitteilung. Es wird an den „fürsichseienden", materiellen, in ihre „innere Form" verschlossenen Körpern auf *deren* Weise *reflektiert*, ohne in sie hineindringen zu können. Sie sind das Schwere, das Undurchdringliche, Verschlossene, und unter dieser Metapher begreift Hegel noch das Verhältnis der für einander „atomen" (nicht einteilbaren oder in-dividuellen) undurchdringlichen Subjektivität von *Personen* als „die absolute Idee"[7]. Physik ist für ihn überhaupt die Wissenschaft vom Individuellen, d. h. von dem, was gegenüber von „außen" herangetragenen und deshalb, auch wenn sie noch so differenziert sind, immer noch *allgemeinen* Erkenntnisformen schwer ist und „Schwere erleidet"[8]. Nur im Erleiden von Schwere, dem selbst Physischen also, ist empirische Erfahrung möglich. Sie ist wesentlich Erfahrung von Besonderheit, insofern es gelingt, etwas unter besondere Gesetze zu fassen, und der Gegenstand der Erfahrung bleibt allem Erfassen gegenüber „fürsichseiende", unsagbar anders komplizierte (Nietzsche) Individualität.

Natur kommt nur unter Vorzeichen, unter Zeichen, die als *selbst Besonderes* allem *anderen* ihr Maß geben, zur Erscheinung. Daß sie dadurch als ein Ganzes „zur Erscheinung" oder „in den

---

[7] Hegel: Wissenschaft der Logik, a. a. O., II, 484

[8] Hegel: Enzyklopädie (1830) § 292

Blick" komme, steht selbst schon unter solch einem Vorzeichen. Es gehört zur selben Metaphorik wie die *Metapher* von einer „Theorie", einer „Betrachtung" der Natur aus einem außernatürlichen, sie als Ganzes in den „Blick" nehmenden Blickpunkt. Das ist eine besondere Metaphorik, die ihre Zeit, ihre Geschichte hat. Es ist die Metaphorik, in der das Licht das ausgezeichnete, nicht besondere und damit nicht zu relativierende Medium ist, obwohl es doch auch nur eine besondere Naturerscheinung ist. — Natur müßte an und für sich überhaupt nicht als Gegenstand von „Theorie", als ein durch Erforschen ins Licht zu bringendes Objekt vorausgedacht werden. Es könnte auch sein, daß alles Begegnende gerade in seiner Fremdheit als das, was es „in Wahrheit" ist, verstanden und belassen würde. Aber so ist es für uns *jetzt* nicht. Wir leben in einer Natur, in der uns eines *durchs andere* deutlich wird, weil dieses uns schon — wie im logischen Schließen der Mittelbegriff — deutlich genug ist, in einer Natur, die sich für uns an ihr selbst aufklärt. Die Natur gibt uns damit selbst das Maß, in dem uns etwas an ihr deutlich wird. Mit diesem Naturbegriff ist der Naturbegriff, nach dem wir sie wie von außen, als rein theoretische Zuschauer betrachteten, verabschiedet, und diese Verabschiedung geschah dadurch, daß wir durch unsere Naturerkenntnis aus dem antiken Selbstbegriff eines *reinen* Theoretikers heraus mitgenommen worden sind.

Was wir in der Natur unterscheiden, ist nicht an sich, sondern dadurch unterschieden, daß es im Lichte dessen, was uns deutlich genug *erscheint*, unterschieden ist. Es ist dadurch unterschieden, daß wir es in unserer *jeweiligen Lage* mit dem einen leichter und mit dem anderen schwerer haben, und wenn begriffen ist, daß das absolut Leichte eine Abstraktion ist — wenn auch eine Abstraktion, ohne die wir kein Maß hätten, so daß es *für uns* unmöglich ist, sie nicht zu vollziehen — dann ist alles, was uns deutlich und dadurch „etwas" ist, durch etwas anderes deutlich, das uns *jetzt nicht* als etwas Besonderes im Blick ist und nicht im Blick sein kann, d. h. es ist „relativ" deutlich. Insofern *ist* es auch nur in relativer Ontologie „etwas".

Man muß sich „die Hand vor die Augen halten", wenn man im sonst zu hellen Licht etwas (Bestimmtes) sehen will, d. h. man muß sich zuerst etwas *vormachen*. „Deutlichkeit ist eine gehörige

Verteilung von Licht und Schatten."[9] Nach Goethes Farbenlehre, auf die sich auch Hegel bezieht, ist alles im Leben „farbiger Abglanz". Die farbigen Differenzierungen, in denen es uns erscheint, sind nichts Absolutes, sondern Resultat des Lichts, in dem es uns jeweils erscheint, und insofern aus dem Licht und dem Dunklen, an dem das Licht sich spezifisch bricht und spezifisch reflektiert wird, gemischt. Die differenzierten Erscheinungen resultieren aus dem Gemisch von hell und dunkel, in dem wir jeweils leben und das je nach dem sich bewegenden Standpunkt der Betrachtung spielt. Dabei sind die Farben, als das aus diesem Spiel Resultierende, durchaus etwas „Ansprechendes"; sie sind, um es mit Kants „Kritik der Urteilskraft", also mit Goethes ästhetischem Handbuch zu sagen, in ihrem Aufleuchten mit Gefühlen der Lust und Unlust verbunden, deren Benennung der alten *rhetorischen* Systematik folgt, einer Systematik, die sich von einer Polemik *verschiedener* Blickpunkte ableitet. Diese Gefühle sind, wie Kant bemerkt, erst „allmählich mit dem bloßen Erkenntnisse vermischt" worden.[10] Das Ansprechende, das „Symbolische" in der Differenzierung ist die „Mischung" aus Erkenntnis und Gefühl, aber das Gefühl ist das erste; es motiviert, uns in der Natur eine Erscheinung im Lichte einer *anderen* deutlich werden zu lassen und über den abstrakten Gegensatz einer absoluten Helligkeit und einer absoluten Dunkelheit, in dem uns schon nach Platon nichts deutlich werden kann, hinauszukommen.

Die Farben des Lebens resultieren daraus, daß in allem Verstehen Unverstandenes, Dunkles, und in aller Interpretation der Wahrnehmungen im Denken das Fragliche und Dunkle, als ungetilgte Zeit, durchschimmert.

Hegels Naturphilosophie erscheint uns so „unrealistisch", weil sie auf das Metaphorische rekurriert, ohne das keine „realistische" Betrachtung *anfangen* kann. Am Anfang muß etwas hingenommen werden, das dadurch *als Faktum maßgebend* und somit zur natürlichen Bedingung der allgemeinen Bestimmung wird. Seine spezifische Manifestation muß als allgemeine Beleuchtung alles anderen „anerkannt" sein, d. h. es geht von einem Individuellen in

[9] Goethe: Maximen und Reflexionen, 351

[10] Kant: Kritik der Urteilskraft, Einleitung XL

den Begriff eines vermittelnden Mediums, eines Allgemeinen *über*, metaphorisch gesagt: es *strahlt* und ist dadurch Metapher. Nietzsche spricht von Zeichen, die ihre „Kraft", ihre „Energie" „über das Ganze hin" ausströmen, und als Ideal schwebt ihm vor, daß „jedes" seine Kraft über das Ganze hin ausströmt, so daß keines herrschend bleibt[11].

Auch zwischen nichtsprachlichen Zeichen oder zwischen sprachlichen und nichtsprachlichen wirken „verbindende" Metaphern, z. B. wenn es um eine Vermittlung zwischen einer sprachlichen Äußerung und einer auf sie hin zu erfolgenden Handlung geht. Das Dazukommen von irgend etwas oder irgend jemandem kann diese Vermittlung vielleicht leisten, ohne daß dafür bzw. davon ein Begriff möglich sein müßte. Man versteht eventuell erst *dadurch, was* zu tun ist, d. h. man hätte die sprachliche Äußerung sonst nicht oder nicht so verstanden. So wirkt in einem Gedicht die Metapher sinnstiftend, ohne daß *dafür* ein Begriff „gegeben" wäre. Sie vermittelt ohne Begriff und in diesem Sinne sinnlich Begriffe, setzt sie in ein sich gegenseitig verdeutlichendes Verhältnis zueinander, das sie sonst nicht hätten. So stiftet die Metapher einen Zusammenhang und damit „Objektivität", für die es (noch) keinen Begriff gibt. Sie stiftet sie als geschehendes und nicht als zu diesem Zweck verfügbares Zeichen. Ihre katalysatorische Wirkung verdeutlicht die Begriffe überhaupt erst so, daß sie sich zu einem Zusammenhang fügen, in dem sie diese bestimmte Bedeutung in der Beziehung aufeinander erlangen, die im Fall der Fügung zu einem Urteil zugleich als eine Beziehung auf ein Objekt gelten soll.

---

11 Nietzsche: Götzen-Dämmerung, Was ich den Alten verdanke, 1

## 53. Der Mensch als Zeichen und seine philosophischen Auslegungen

Das Zeichen, das andere Zeichen zu einem neuen Zeichen verbindet, ist, allgemein gesagt, der *Interpretant* zwischen dem ersten und einem weiteren Zeichen. Allein diese *Funktion* macht den Interpretanten aus und nicht das, als *was* er *selbst* interpretiert sein mag: z. B. *als* Metapher, *als* Mittelbegriff, *als* Kommentar, *als* Interpretation eines Gedichts usw. Daß es „Interpretant" genannt wird, weist darauf hin, daß es diese Funktion nur unvollkommen erfüllt, also nicht in ihr aufgeht, wie z. B. eine als „subjektiv" empfundene Interpretation oder eine als solche auffällige Metapher. Subjektivität erfährt *sich* als das Schwere im Verstehen.

Wenn der Interpretant als „menschliches Subjekt" interpretiert wird, ist das der Sonderfall, in dem sich die Lesart von Zeichen erst aufschließt, wenn sie zugleich als nur *besondere* Lesart durch einen Menschen verstanden wird. Sie wird damit einer *Person* zugeschrieben, von der dann gesagt wird, daß *sie* es so sehe. Damit findet zugleich eine Bestimmung dieser Person statt als *des* Subjekts, das eben *so* sehe. Subjektivität in ihrer metaphysischen Bestimmung ist eigentlich nichts anderes als das, dem ein besonderer Horizont zugeschrieben wird, in den andere sich nicht *unmittelbar* „versetzen" können, d. h. in dem sie nicht selbst „ohne weiteres" sind. Der Horizont entspricht einer subjektiven Überzeugung, auf deren Boden alles weitere dadurch zu verstehen versucht wird, daß versucht wird, es auf Bekanntes, schon für wahr Gehaltenes zurückzuführen.

Affektion der „inneren" *Überzeugung* ist bei Kant der deutlichere Ausdruck für die Affektion des Subjekts, und „der Mensch" ist seiner Substanz nach Subjekt, das in keiner objektiven Bestimmung aufgeht, sondern selbst Subjekt von Bestimmung *bleibt*. Dies Bleiben macht hier die Substantialität aus. Insofern ist Subjektivität (Für-sich-Sein), verstanden als *die* (negative) Bestimmung des Menschen, der Grundzug des in keiner Übersetzung in andere Zeichen aufgehenden Zeichens. Ihr gegenüber bleibt „Anthropologie" nur „in pragmatischer Hinsicht" möglich. So kann man nicht nur sagen, auch der Mensch *sei* Zeichen, sondern auch, er sei in der ethischen Hinsicht des Für-einander-Seins als das archetypische (nicht nur ektypische, nicht nur in Analogie zu anderen Zeichen verstandene) Zeichen zu verstehen. Doch dies Verständnis ist nur als (kategorischer) Imperativ aufgegeben. Der Seinsmetaphysik nach *ist* Gott wahrhaft Intellekt, Verstehen, und der Mensch „ist" es nur bedingt. Als Zeichen verstanden, ist der Mensch Archetyp, denn so verstanden ist er wie jedes Zeichen unausdeutbar. Das Zeichen bleibt „es selbst" gegenüber der *Bedeutung*, in der es von außen, durch andere Zeichen gedeutet ist. *Jede* Deutung, „was" etwas *sei*, kommt nur „in pragmatischer Hinsicht" zum Ende.

Die Deutung des Interpretanten *als* menschliches Subjekt ist insofern auch nur eine „pragmatisch" zu Ende kommende Bestimmung des Interpretanten. Es ist eine ontologische Deutung des Zeichenprozesses, ihn als in der Hand eines Interpretanten liegenden Prozeß zu verstehen. *Jede* Interpretation des Interpretanten als *etwas* (als Seiendes unter einer Bestimmtheit) kann selbst nur ein pragmatisches Ende finden, zu einer Zeit, zu der ein gegebenes Verstehen sich nur *durch sie* hinreichend verstehen läßt, weil unter einem „herrschenden Gedanken" (Nietzsche) für weitere Deutung *keine Zeit* bleibt. Hinreichend heißt dann: für einen bestimmten Zweck hinreichend, der *so* gewichtig ist, daß er das Ende der Interpretation gebietet, und der wahre Interpretant ist dabei nicht ein in sich identisches Subjekt, sondern die Wirklichkeit, in der oder für die das für eine „bestimmte Zeit" so ist. „Bestimmte Zeit" ist bei Kant „Schema" der Kategorie „Wirklichkeit"[1], also auch der Aussagen über die Wirklichkeit des Menschen. Zu sagen, „der Mensch" sei der Interpretant, kann nur als hinreichend genommen werden, wenn zugleich hinreichend deutlich ist, „was" „der Mensch" sei. Dagegen kann schon die Anwesenheit eines bestimmten Menschen, ja schon eine Geste

---

1 Kant: Kritik der reinen Vernunft, A 145

von ihm das Verstehen bestimmen, einschließlich des Verständnisses vom „Wesen des Menschen“.

Wer oder was der Interpretant, die Peircesche „Drittheit“, *ist*, wird nur in einer weiteren Interpretation deutlich, die dann aber nicht mehr durch *diesen* Interpretanten geschieht. In ihr tritt der Interpretant als etwas hervor, z. B. *als* dieser Mensch, aber auch *als* diese Stimmung oder „Mentalität“ oder auch als eine bestimmte „Einstellung“, in der etwas als etwas deutlich geworden war und die jetzt nicht mehr anhält. Auch diese Interpretation des Interpretanten als etwas hat *ihren* Interpretanten, der in ihr aber (noch) nicht hervortritt, so daß in ihr endgültig offenbar zu werden scheint, wie „es“ „wirklich“ „sei“.

Daß „der Mensch“, als solcher oder vermöge irgendeines ihm zugeschriebenen Vermögens, *der* Interpretant sei, ist also selbst nur *eine* Interpretation. Kant hatte das „Subjekt“ eigentlich schon eingeteilt in das Subjekt des Meinens, Glaubens oder Wissens als Modifizierungen seines Fürwahrhaltens und auch schon darauf hingewiesen, daß manche Gewißheit eines Fürwahrhaltens vergeht, wenn deutlich wird, was dabei „im Spiele“ wäre, wenn man sich *im Handeln wirklich* darauf *verlassen* würde[2].

Das Erscheinungsbild des Menschen zu einer bestimmten Zeit ist nicht relativ gegenüber seinem end-gültigen Wesen; vielmehr ist die end-gültig erscheinende Bestimmung des Wesens relativ zu der bestimmten Zeit, in der sie als hinreichend deutlich erscheint.

Das Zeichen „Mensch“ ist philosophisch als *Person* ausgelegt worden; man hat es, wenn man fragte, was es bedeute, „was“ der Mensch oder was ein Mensch „sei“, als „Person“ verstanden. Kant spricht, in Unterscheidung vom Physischen, von „moralischen Personen“[3]. Die moralische Person ist *freie* Person. Sie unterscheidet *sich selbst* von allen *Zuständen* ihrer selbst, in denen sie die Welt und sich selbst in einer bestimmten Weise als bestimmt *ansieht*, d. h. in denen sie „ist“, wenn sie etwas in einem der Modi des Fürwahrhaltens, des Meinens, Glaubens oder Wissens, *für* wahr hält. In dieser Selbstunterscheidung *bleibt* sie frei zu *weiterer* Auslegung, also auch gegenüber dem, was sie um des Handelns

---

[2] Kant: Kritik der reinen Vernunft, B 852 f.

[3] Vgl. Kant: Metaphysik der Sitten, Rechtslehre § 48

willen zu einer bestimmten Zeit glaubt oder *für wirklich* hält. Sie bleibt frei, durch Veränderung im Fürwahrhalten dem Modus oder dem Inhalt nach auf die Folgen der Handlung zu reagieren, d. h. weiterhin Subjekt von *Erfahrung* zu sein. Erfahrung ist denkende Uminterpretation eines *gegebenen* Verstehens.

Das Subjekt „ist" als Person nicht selbst Substanz, verstanden als ein sich in der Zeit in bestimmten Merkmalen seines Begriffs durchhaltendes Seiendes. In diesem Sinne *ist* es nicht. „Ist" bedeutet hier wie generell: es ist *jetzt* ausgelegt als ..., aber das Jetzt hebt sich an ihm selbst auf und geht in ein anderes Jetzt über. Wenn man das Subjekt so versteht, kann man es als Interpretanten verstehen, nämlich als das der gerade jetzt gültigen Interpretation von etwas als etwas zugrundeliegende „Dritte", aber gerade nicht als „etwas" sich selbst in einer gegebenen Interpretation Durchhaltendes. „Subjekt" oder „Person" sind nur in diesem negativen Sinne interpretative Bestimmungen des Menschen. Das Subjekt ist „Einheit", aber nur als „Einheit der Synthesis"; *abgelöst* von deren sich gerade jetzt vollziehendem Vollzug „ist" es nichts.

Daß die Person in diesem Sinne „moralische Person" genannt wird, hat die Bedeutung, daß sie sich von jeder Bestimmung ablösen kann, z. B. von der Bestimmung, gesetzgebende Gewalt im Staat zu sein, in dem sie sich momentan selbst als „Untertan"[4] versteht und sich der Gesetzgebung unterstellt. Die moralische Person kann überhaupt nur dadurch moralische, d. h. freie Person sein, daß sie sich *von sich aus* in einer Bestimmung versteht, die andere Bestimmungen, unter die sie sich ihrem Selbstbewußtsein nach auch stellen könnte, zugleich faktisch ausschließt. Dadurch erst kann sie Glied moralischer Institutionen und überhaupt gegenüber anderen Personen kommunikabel sein. Die freie Person kann, wie Hegel sagt, „alles fallenlassen", einschließlich ihres Lebens[5], wenn sie sich selbst versteht. In ihrem moralischen Bewußtsein findet sie zu keiner endgültigen „Bestimmung des Menschen", d. h. gegenüber jeder bleibt sie auf ihre auch für sie selbst undurchdringliche Individualität reflektiert. Nur aus diesem negativen Selbstverständnis kann sie sich frei unter Bestimmungen fügen, d. h. als *praktische Vernunft* verstehen. Die Unendlich-

---

[4] Vgl. a. a. O., § 47

[5] Hegel: Grundlinien der Philosophie des Rechts, ed. Glockner, 7, 55, § 5, Zusatz

keit des Zeichenprozesses ist Bedingung dieses Selbstverständnisses.

Darin, daß alles *Zeichen* bleibt und auch der Mensch nicht als „Subjekt" in das Mißverständnis eines seienden archimedischen Interpretationsgesichtspunkts gerät, vollendet sich erst der kritische transzendentale Ansatz der Philosophie. Für das Praktische hat das die Bedeutung, daß alles subjektive Ansehen-als-bestimmt, also jede Urteilshandlung, durch die etwas als in einer Bestimmung *seiend* erscheint, „mit der Zeit" sich wieder auflöst, nämlich unmittelbar dann, wenn der Handlungsdruck nachläßt, aus dem heraus dieses Ansehen-als-bestimmt notwendig erschien. So ist Notwendigkeit als Kategorie des *Erscheinens* bewußt. Was als *Sein* festzustehen schien, kann nun wieder *Zeichen* werden. Es kann wieder *frei* gefragt werden, „was" es bedeute, d. h. was es „eigentlich" denn sei. Es kann z. B. solange in einer Bestimmung für nur *möglich* gehalten werden, bis es darin für *wirklich* zu nehmen ist, weil das Handeln sich auf ein entsprechendes Fürwahrhalten verlassen muß. Was *ist*, ist also nur in einem handlungsbedingten Ansehen-als-bestimmt *zu einer bestimmten Zeit* das, „was" es ist. Sein und Zeit sind dadurch aufeinander bezogen, daß Sein *zu einer bestimmten Zeit* des besorgenden Weltumgangs in einer „gegebenen" Bestimmung erschlossen ist.

Nicht Zeichen stehen „für" etwas, das definitiv *nicht* Zeichen ist, sondern: was als seiend gilt, gilt dies „für" eine bestimmte Zeit, in der das Interpretieren innehält, weil es dem kategorisch gebotenen bzw. als geboten *erscheinenden* Handeln als deutlich genug erscheinen *muß*. Es hat darin seine Zeit.

## 54. Zeit-Modi

Wenn Zeit *eingeteilt* ist in Vergangenheit, Gegenwart und Zukunft, ist das Vergangene *nicht* mehr und das Zukünftige noch *nicht*, und die Gegenwart ist der unausgedehnte Übergang zwischen beiden Weisen des Nicht-Seins als Augenblick. Von daher ist also nichts. Die Einteilung der Zeit ist die Vernichtung des Seins, der Augenblick ist diese vernichtende Einteilung. Er vernichtet die metaphysische Vorstellung des Seins als Dauer, indem in ihm die *Frage* aufkommt, *was* etwas sei. Diese Frage eröffnet immer auch die mögliche Antwort, daß etwas gar nicht etwas Seiendes, sondern „nur" ein subjektiver Eindruck, eine Täuschung sei. Man darf solange unsicher sein in der Interpretation, „was" etwas sei und ob es überhaupt „etwas" sei, wie man Gewißheit nicht benötigt. Man benötigt sie, wenn man sich im Augenblick des *Handelns* auf ein Fürwahrhalten verlassen muß.

Das Vergangene ist dem Handeln entzogenes Sein, und insofern ist es nicht mehr, das Zukünftige stellt sich dar als noch nicht entscheidungsrelevantes Sein. Insofern läßt es dem Handeln noch Zeit. Den drei Zeitmodi ordnen sich die Modi des Notwendigen, des Wirklichen und des Möglichen zu, als Fürnotwendighalten dessen, was definitiv nicht mehr zu beeinflussen ist, als Fürwirklichhalten dessen, was um des gegenwärtigen Tuns oder Unterlassens willen in der Form der jetzt bestehenden Deutlichkeit für wirklich zu halten ist, und als Fürmöglichhalten dessen, was, weil noch Zeit bleibt, gegenüber der Form, in der es jetzt deutlich ist, auch noch anders gedeutet werden und insofern auch noch anders kommen kann, als man jetzt denkt.

Im Augenblick des Handelns, d. h. der Negation des Unterlassens, oder des Unterlassens, d. h. der Negation des Handelns, also im Augenblick der *Entscheidung* kommt die Interpretation, „was" etwas sei und ob es überhaupt „etwas" sei, notwendig zum *Schluß*. *Jetzt* steht dies unumstößlich fest: die Interpretation von etwas *als* etwas wird sozusagen „für den Augenblick" ontologisch hart. Frühere Meinungen verlieren ihre guten Gründe, die sie einmal gehabt haben mögen; aber im nächsten Augenblick kann sich das doch auch wieder ändern, z. B. weil Zeichen von Folgen deutlich werden und dem Handelnden anzeigen, „was" er getan hat.

Alle Interpretation, die zum Schluß kommt als zu der Feststellung, was *sei*, ist in diesem Sinne pragmatisch begründet. Wenn „keine Zeit" mehr ist für das Erwägen der Meinungen innerhalb eigener Überlegungen oder auch zwischen den Meinungen verschiedener Personen, dann und nur dann – und nicht etwa an einem endgültigen Ende aller Überlegungen, verstanden als definitiver *Begriff von Sachen selbst* – schlägt die Freiheit der Meinung und damit der subjektive Vorbehalt gegenüber der Festlegung in *einer* Interpretation in das subjektiv gewisse Urteil um, „was" etwas *sei*. Das Urteil optiert für den Augenblick ontologisch. Es versteht sich definitiv, indem es die Zeit als bloß subjektive Anschauungsform durchbricht. Dauer darüber hinaus behält etwas nur, wenn es gelingt, das Fürwahrhalten gegen alle Folgen durchzuhalten, die durch das Handeln aufgrund des Fürwahrhaltens dessen hervortreten, worauf sich die Handlung verläßt. Gelingt dies nicht, so wird das Fürwahrhalten geändert, eventuell so sehr, daß das, was für etwas (Bestimmtes) gehalten wurde, nun für nichts Seiendes mehr *gehalten* wird.

Das Ende der Meinungsfreiheit bedeutet deshalb das Ende eigener Handlungsfreiheit als Unterordnung unter *fremde* Absichten.

In ontologischer Hinsicht ist etwas „gut", wenn es seinen Begriff erfüllt, z. B. ein menschlicher Mensch, eine gesunde Arznei usw. – Im Zeichenverstehen ist (bzw. *bleibt*) umgekehrt etwas, wenn es im Kontext einer Handlung gut ist, das, als was es begriffen *war*. Sonst reißt das Sich-auf-etwas-Verstehen ab, und es entsteht das Bedürfnis, es anders, eventuell überhaupt nicht mehr als etwas (Seiendes) zu verstehen. Daß etwas „seinen" Begriff gut erfüllen soll, bedeutet, daß ein interpretierendes Fürwahrhalten noch die Kraft besitzt, sich seinen Folgen zu stellen und an deren Bewältigung zu arbeiten, auch gegenüber einem möglichen Andersverstehen anderer. „Λόγον διδόναι" ist ein Teil dieser Arbeit, vor allem, wenn das Fürwahrhalten, auf das man sich handelnd verläßt, Folgen für andere hat und ihm dementsprechend Schuld zugesprochen wird. Die handelnde Person hat dann in den anderen Personen sich in ihrer eigenen „undurchdringlichen, atomen Subjektivität" insofern selbst zum Gegenstand, als jede Person sich auf das verlassen muß, was ihr selbst im entscheidenden, den Entschluß gebietenden Augenblick als etwas zuletzt deutlich ist. Daß Personen sich dies wechselseitig frei zugestehen, heißt bei Hegel als der auch „praktische" Begriff „absolute Idee", und „sie allein" *ist.*[1] *Von ihr aus* ist – im Augenblick – alles andere so, wie es zuletzt deutlich geworden ist, als seiend begriffen. Es *ist* als das, als *was* es (subjektiv) *begriffen* ist: „Sein" – „Wesen" – „Begriff".

Bei Kant ist die *Liebe*, „als freie Aufnahme des Willens eines Andern" unter die eigenen Maximen, „ein unentbehrliches Ergänzungsstück der Unvollkommenheit der menschlichen Natur". In der Liebe wird demnach der Mensch erst vollkommen. Er wird es, indem er den Willen anderer, den er natürlich nicht definitiv erkennen, sondern nur antizipieren kann, *freiwillig* in seine eigenen Maximen aufnimmt, d. h. indem er ihn als fremden zu berücksichtigen gedenkt. Er versteht den anderen als anderen, indem er ihm einen eigenen, von ihm selbst nicht unbedingt geteilten Willen zugesteht. Er versteht ihn in seiner „Undurchdringlichkeit" oder als Zeichen. Dieses Verstehen ist die Einheit von „innerer", von den Maximen des eigenen Willens ausgehender Moral und dem „äußeren" Zwang des Rechts; „denn was Einer nicht gern tut, das tut er so kärglich, auch wohl mit sophistischen Ausflüchten vor dem Gebot der Pflicht, daß auf diese Triebfeder ohne den Beitritt jener nicht sehr viel zu rechnen sein möchte". – Den anderen frei in *dessen* Freiheit, d. h. frei von der Forderung nach Übereinstimmung mit ihm im Willen, dem eigenen Willen nach gelten zu lassen bedeutet, ihn nicht in dem aufgehen zu lassen, in dem man ihn als Person von sich aus verstehen kann. Kant spricht hier noch von einem „Ergänzungsstück", das man zu Moral und Recht hinzunehmen muß, um die Wirklichkeit zu verstehen („wenn man nach dem

[1] Hegel: Wissenschaft der Logik, a. a. O., II, 484

*subjektiven* Grunde der Handlungen fragt, aus welchem, wenn man ihn voraussetzen darf, am ersten zu erwarten ist, was der Mensch *tun werde*, nicht bloß nach dem objektiven, *was er tun soll*").[2] Bei Hegel ist gerade dies die „absolute Idee" als das, was „allein ist". Es ist die Gegenwart des Absoluten, die absolute Gegenwart.

[2] Kant: Das Ende aller Dinge, AA VIII, 337 f.

## 55. Zeichen „für" Handlungen

Zeichen für Handlungen sollen Arten und Gattungen von Handlungen differenzierend bezeichnen, so daß man „theoretisch" – d. h. in der Meinung, daß es selbst nicht aus einem Handlungszusammenhang heraus gesagt wäre – sagen könne, „was" jemand getan habe und „was" er sonst noch getan habe, *indem* er „es" getan habe, vor allem aber auch, damit man sagen könne, „was" getan und „was" unterlassen werden *solle* und „was" man tun oder unterlassen solle, weil man mit dieser Art der Handlung auch immer schon eine bestimmte Handlungsgattung ausführe. Die Sprechakttheorie versucht sogar, Sprechen generell von der Art der Handlung her zu verstehen, die man durch es jeweils ausführe, indem sie fragt, wie man „Dinge" mit Worten tue. Handlungen werden als „res gestae" verstanden, als getane Dinge, und damit erstreckt sich die *Problematik* der Einteilungen in Arten und Gattungen ebenso auf das Gebiet des Praktischen. Sie erstreckt sich „im Grunde" schon auf die *Einteilung* in Theorie und Praxis, insofern auch sie „etwas" treffen will. (Folgt sie ihrerseits theoretischen oder praktischen Gründen?) Es stellt sich die Frage nach der Objektivität praktischer Einteilungen als Frage, ob wir *wissen* können, „was" wir tun.

An der Objektivität der Einteilung in Theorie und Praxis, von der Kant lapidar sagt, daß sie „ganz recht" geschehe[1], hängt das Bewußtsein der Freiheit. Nur wenn sie „etwas" trifft, kann man von freien Handlungen im *Unterschied* zu Naturgesetzen sprechen. Man kann überhaupt nur „von" Freiheit sprechen, wenn man „von" Handlungen als von etwas Wohlbestimmtem sprechen und sie auf dieser Basis, in dieser Abgrenzung von einem Gesamtgeschehen als etwas, das einen eigenen Anfang und ein eigenes Ende hat, jemandem als Subjekt ihrer Verursachung zu- oder

[1] Kant: Kritik der Urteilskraft, B XI

absprechen kann. Je nachdem, wie man eine Handlung isoliert, d. h. womit man sie anfangen und womit man sie enden läßt, kann man Menschen mehr oder weniger oder auch nicht in sie verwickelt finden.

Auch Handlungsbegriffe werden durch die Nennung von Merkmalen dieser Begriffe erläutert und voneinander abgegrenzt. Die sogenannte Handlungstheorie geht naiv von einer Berechtigung hierfür aus und fragt nur nach einem dafür geeigneten Verfahren, etwa wenn sie fragt, ob man Handlungen „richtig" bestimme, wenn man sie von Zielen her zu bestimmen und zu unterscheiden versuche, oder unter welchen anderen Gesichtspunkten Handlungen zu unterscheiden seien.

Das sind offenbar Überlegungen von großer Tragweite, da die begriffliche Bestimmung von Handlungen eine Vorentscheidung für die Frage *richtigen* Handelns wäre, für die Frage, „was" zu tun oder zu unterlassen sei. Gibt es hier eine allgemein verbindliche Sprache, von der man sagen könnte, daß sie „ganz recht" einteile, so daß ihre spezifizierenden Begriffe „gerechtfertigt" wären? Nach Kant zumindest ist eine solche „Rechtfertigung" oder „Deduktion" in einem transzendentalen Sinne nicht möglich. Die spezifizierenden *empirischen* Begriffe sind nach Kant immerhin, wenn schon nicht transzendental, so doch durch die *Erfahrung* gerechtfertigt. Das entfällt bei spezifizierenden Begriffen für Handlungen. Der „kategorische Imperativ", der bestimmte Arten von Handlungen gebietet, nämlich solche, deren Gebot in einer subjektiven Maxime „jederzeit zugleich" als allgemeines Gesetz gedacht werden kann, ist deshalb auch nur eine „innere" Stimme des Gewissens, für die das Problem eines fremden oder gar befremdlichen Sprachgebrauchs nicht besteht. Das Gewissen spricht, indem es sich rechtfertigt, nur zu sich selbst. Es *denkt*, als „Reden mit sich selbst"[2], und prüft nur, ob eine Handlungsmaxime, *so wie sie „innerlich" verstanden wird*, zugleich als allgemeines Gesetz gewollt werden kann, ohne daß man sich dadurch in einen Widerspruch zu sich *selbst* begibt. Die Maxime ist hier schon immer in einer bestimmten Bedeutung verstanden, d. h. in einer Fassung, in der nicht nach der Bedeutung der in ihr vorkommenden Handlungs-

---

[2] Kant: Anthropologie in pragmatischer Hinsicht, AA VII, 192

begriffe gefragt wird, weil sie, als Maxime des Willens, für das Handeln *deutlich genug* sein *muß*. Der Widerspruch zu *anderen* kommt hier nicht in Betracht.

Deshalb ist in der Kantischen Begründung der Moral auch notwendig davon abgesehen, was ein Handeln nach einer Maxime in seiner Verwirklichung, die gegenüber der „inneren" Gewißheit des Gewissens wesentlich „Äußerung" ist, für andere und damit in ihren Folgen auch für den Handelnden selbst bedeutet. Es ist von der *Umformung* der Formulierung der Maxime in andere Zeichen, *einschließlich* des Handelns nach ihr, abgesehen. Denn auch ein Handeln nach einer Maxime ist eine Interpretation der Maxime, und auch dieses Handeln ist ein seinerseits interpretationsfähiges Zeichen. Man kann fragen, wenn gehandelt wird, was „das" zu bedeuten habe.

So wie jede „ethische Gemeinschaft" in ihren Außenseitern ihre Wirklichkeit findet, so hat das Gewissen, als ethische Gemeinschaft mit sich selbst, schon in den Folgen der Handlung aus ihm seine ihm fremde Außenseite. Das ist seine tragische Wirklichkeit.

Dies gesehen zu haben ist das Verdienst der Kantischen *Kritik* der „praktischen Vernunft". Alles Begründen ist ein logischer Vorgang, d. h. es setzt normativ Identität im Gebrauch der Begriffe voraus. Diese Identität ist aber nur im „inneren" Gebrauch, im Denken als einem „Reden mit sich selbst" gewährleistet, in dem jetzt nichts und niemand dazwischenredet, so daß jede noch so gut begründete Moral mit ihrer *Äußerung* fragwürdig wird. Wenn es um die Frage der Rechtfertigung von *Arten* von Handlungen geht – und nur darauf können sich Normen beziehen –, dann *muß* die Moral eine Sache rein „innerer" Gesetzgebung in „innerlicher" Sprache sein. Für das interindividuelle, soziale Verhalten erfordert deshalb gemäß dieser Kritik *die Vernunft* das „äußere" Recht als „Befugnis zu zwingen".[3] Sie erfordert als *reine* Vernunft äußere Gewalt gegen *körperliche* Äußerung, wenn auch nicht gleichgültig dagegen, so doch unabhängig davon, wie der sich Äußernde „es" selbst in seinem „Inneren" verstanden haben mag, also auch unabhängig davon, ob er sich *selbst* moralisch

[3] Kant: Metaphysik der Sitten, Rechtslehre, § D

gerechtfertigt sieht oder nicht. Reine Vernunft fordert eine *individuelle* Auslegung der Gesetze *und* der Handlungen als Antwort auf die Frage, welche *Art* von Handlung definitiv vorliege, durch die „Urteilskraft" des in seiner Person befugten Richters, die sich verbindlich *machen* kann, da eine *rein* vernünftig gerechtfertigte Antwort nicht möglich ist. Äußere, soziale Freiheit hat, wenn sie von einer Einteilung in Theorie und Praxis her gedacht ist, zu ihrer Bedingung das Recht als Instanz verbindlicher Auslegungen. So wie wir Freiheit und uns selbst „als frei"[4], „als ob" wir frei wären, *denken*, ist sie unter dieser „äußeren" Bedingung wirklich.

Jeder kann sich anders als andere „als frei" *denken*, indem er in anderen Begriffen oder auch nur anders spezifizierend von Handlungen spricht. *Reine* Vernunft ist nicht „kommunikativ", und „kommunikative Vernunft" ist nicht reine Vernunft. Das schließt ein, daß Diskurse über eine „richtige" Spezifizierung und Abgrenzung von Handlungen gegen „natürliches" Geschehen und gegeneinander nach Arten und Gattungen, die sich implizieren oder nicht implizieren sollen, und damit auch über eine „richtige" Zurechnung von Handlungen zu Personen hinsichtlich ihrer Vernünftigkeit einschließlich ihrer vernünftigen Beendigung keinen allgemeinen Maßstab haben können. Die Idee einer „kommunikativen Vernunft" hat spätestens seit Kant, wenn man die komplexe Lage bei Leibniz unberücksichtigt läßt, ihre kritische Bestimmung gefunden, und in diesem negativen Punkt ist der Lernprozeß der Philosophie auch bei Hegel nicht wieder umgekehrt worden.

Reine Vernunft ist als solche nicht kommunikativ, weil die Sprache wesentlich „zweien" angehört, die individuell verschiedene Standpunkte einnehmen (Humboldt). Auch nach Kant kann man „den Horizont Anderer nicht nach dem seinigen messen"[5]. Zur wirklichen Kommunikation bedarf es immer „anderer" Vernunft, die in ihrer *Selbstreflexion* sich *auch* als reine denkt. Kommunikabel wird Vernunft erst dadurch, daß sie sich entweder *als Meinung, als Glauben* oder *als Wissen* bewußt ist; als Meinung, die weiß, daß sie „bloße" Meinung ist, die sich (möglicherweise) ändern kann — und hierhin gehören alle subjektiven „Maximen",

---

[4] Kant: Vorlesungen über die philosophische Religionslehre, AA XXVIII, 1068

[5] Kant: Logik, AA IX, 43

soweit sie noch daraufhin prüfbar sind, ob sie „zugleich“ als allgemeines Gesetz gelten können —, als Glauben, der in der Not, „etwas“ tun oder unterlassen zu müssen, ein Maximum subjektiven Überzeugtseins als (wirkliche) „Gewißheit“ eines besonderen Subjekts darstellt (auch wenn es sich dessen bewußt ist, daß andere anders überzeugt sein können), oder als Wissen, in dessen Selbstbewußtsein gedacht ist, daß sein Inhalt (notwendig) für alle gelten müsse (auch wenn nicht alle wirklich so denken). Erst in solchen „Modifizierungen“ des Fürwahrhaltens ist Vernunft kommunikabel, d. h. sie läßt dem anderen Standpunkt Raum, indem sie den eigenen dadurch markiert, daß sie in einer dieser Modalitäten anzeigt, in welchem Modus das eigene Fürwahrhalten sich befindet und in welchem Maß es sich von sich aus als durch anderes Fürwahrhalten bewegbar denkt. Reine Vernunft ist insofern, wenn sie als reine auch nicht kommunikativ ist, doch kommunikabel: Es gehört zu ihr selbst, daß alle „vernünftigen“ Vorstellungen in dieser Weise *modifizierte* Vorstellungen sind. (Im empirischen Vernunftgebrauch schlägt sich das nach Kant in den „Postulaten des empirischen Denkens überhaupt“ nieder.)

Die modalen Kategorien *bezeichnen* einen „inneren“ Standpunkt der Kommunikabilität nach „außen“ hin. Sie bezeichnen die jeweilige subjektive Fähigkeit, anderem Fürwahrhalten, anderem Urteil sein (vernünftiges) Recht einzuräumen.

Die Frage, ob es über die kritisch-vernünftige Bedingung eines geltenden Rechts hinaus äußere, soziale Freiheit geben könne, verläßt den Kontext, in dem sie noch sinnvoll gestellt werden kann und bleibt hinter der Erfahrung des Bewußtseins dieser Freiheit zurück. Sie versteht sie als zu verwirklichende, sein *sollende* „innere“ Vorstellung, die, unter der *Vorgabe* eines „vernünftigen Diskurses“, auch die Vorstellung anderer werden sollte. Es bleibt dieser Idee nur ihre Manifestation in die „schlechte Unendlichkeit“ im Prinzip unendlicher verbaler Kontroversen oder die Usurpation des Rechts, als Widerspruch zu ihrer guten Absicht, oder sie muß zugeben, daß Vernunft als Verständigung auch im Praktischen nur „mit gutem Glücke“ (Kant) gelingt.

Wie wir Handlungen bestimmen können, etwa gemäß einer „Handlungstheorie“, ist allgemein nicht zu entscheiden. Es ist kein „sprachanalytisches“ Problem, weil der Analyse keine „normale“ Sprache als a priori geregelte Gegebenheit vorliegt, sondern eine Sprachwirklichkeit, in der das, was einem als „richtige“ Bestimmung von etwas *als* Handlung und dieser Handlung in ihrem Art-Gattungsverhältnis zu anderen Handlungen erscheint, einem anderen als befremdlicher, metaphorischer oder sogar „verrückter“, aus der Norm gerückter Sprachgebrauch erscheinen kann, in dem etwa Gattungen von Arten und Arten von Arten nicht „gehörig“ unterschieden seien.

Aus Interesse an positiver oder negativer *moralischer* Beurteilung, also aus dem Interesse, daß „etwas“ unbedingt getan oder unterlassen werden soll, wird der Urteilende darum bemüht sein, so einzuteilen und damit Handlungen gegen bloßes Geschehen und gegeneinander so abzugrenzen, daß er sich selbst als „Richter“ nicht in sie verwickelt sieht[6]. Er verlöre sonst seine von ihm vorausgesetzte Unabhängigkeit. Das Einteilen von Handlungen nach Handlungsarten *kann* insofern selbst als Handlung bezeichnet und zugerechnet werden, es *kann* aber auch demgegenüber als theoretische, „objektive“ Einteilung *behauptet* werden.

Man könnte sagen, hier sei ein Wille, ein Behauptungswille im Spiel. Aber auch die Rede von einem „Willen“ bezieht sich auf eine Einteilung, etwa in „Verstand“ und Wille“. Einteilungen zielen, *sobald sie als fraglich erscheinen*, auf eine weitere, sie rechtfertigende Interpretation durch unmittelbar Verstandenes ab. Das setzt der Beliebigkeit Grenzen, aber keine apriorischen Grenzen. Es muß *sich zeigen*, ob es unter dem Eindruck der Umstände jeweils gelingt. Was dadurch, daß es sich zeigt, Verstehen bewirkt, ist, als vermittelnde Mitte zwischen Willkür und Objektivität, Zeichen.

---

[6] Nietzsche: Menschliches, Allzumenschliches II, Der Wanderer und sein Schatten, 28

# 56. Rechtszeichen

Im Recht als einer Institution zu leben, in der bestimmte Auslegungen befugt sind, sich Geltung zu verschaffen, ist das Schicksal jedes Subjekts, das sich „als frei" — und in dieser Bedeutung als Subjekt denkt. Das Selbstbewußtsein, die Selbstauslegung *als* frei hat diesen Hintergrund. Er ist der Kontext des Sinns solcher Auslegung. Sich als frei zu verstehen steht in einem Kontext, in dem *Rechtszeichen* unmittelbar oder mittelbar als Hemmung von Willkür verstanden werden: Zeichen für konkrete Rechte an Sachen und gegenüber Personen.

Daß die Idee des Rechts unmittelbar vernünftig sei, bedeutet in einer Philosophie des Zeichens, daß alles, was *als* Person, *als* Ding oder *als* Handlung bestimmter Art verstanden wird, *zugleich* als Rechtszeichen verstanden wird. Es wird verstanden, was es rechtlich damit auf sich habe und daß dies möglicherweise von anderen anders verstanden werde. Das bewirkt nach Aristoteles *Affekte* [1] in solchen Beziehungen als der *Beanspruchung* von Rechten entweder im Konsens oder Dissens mit den Ansprüchen anderer. Sich möglichst im Konsens zu halten erfordert, wie das Zeichenverstehen überhaupt, „eine Arbeit des Geistes" bei der Ausrichtung der Einbildungskraft in eine dafür zweckmäßige Richtung, in geglückten oder enttäuschenden Versuchen, und ist nur unter der Bedingung als *Moral* zu verstehen, daß ein definitiv „richtiges" Verstehen solcher Zeichen aus reiner Vernunft möglich sei. Daß das Gegenteil wirklich ist, verweist auf eine sich je einspielende, aber auch in ihren Anzeichen sich verändernde „Sittlichkeit". Sokrates hielt es für inkonsequent, aus „seinem" Staat zu fliehen. Auch solche Zusammenhänge haben „ihre Zeit". Ihre Zeichen sind das „metaphorisch" Bewegende in *unserem* Denken. Daran zu denken *macht* erst frei.

---

[1] Vgl. Aristoteles: Rhetorik, 1378 a

*Rechtszeichen* als Verweise auf *andere* Zugriffe auf Sachen an den Sachen selbst sind, z. B. im Leib des anderen, schon mit der Wahrnehmung da. Insofern ist ihre Auslegung zwingend. Das positive, gesetzte Recht knüpft daran interpretierend an, indem es die in der Wahrnehmung liegenden Zwänge des Verstehens und daraus resultierende Kollisionen verstärkt oder mindert. Es setzt interpretierende Zeichen zu den „unmittelbaren" Rechtszeichen hinzu, z. B. Grenzpfähle, Gesetzestexte usw. Nennt man das „unmittelbare" Rechtsverständnis „Naturrecht", dann verhalten sich „Naturrecht" und „positives Recht" wie Zeichen und interpretierendes Zeichen bzw. wie Zeichen und Bedeutung. Der Zwangscharakter des Rechts bewirkt, daß das positive Recht definitive Interpretation und in diesem Sinn *die Bedeutung* des Naturrechts ist. Es bewirkt dies, solange die Macht dazu besteht, und es macht es den einzelnen Individuen „schwer", das Recht „ohne weiteres" (Denken) von sich aus zu verstehen, indem es gewisse Auslegungen (durch Handlungen) mit Sanktionen belegt: Wer das und das tut, wird wegen dem und dem wie folgt bestraft; d. h. diese Handlung *ist* eine Handlung dieser bestimmten *Art*, z. B. Diebstahl, und auf Handlungen dieser *Art* steht die genannte Strafe. Vorrechte würden umgekehrt bestimmte Rechtszeichen „leichter" verständlich machen.

In der Erschwernis seines eigenen Verständnisses von Rechtszeichen durch „äußere" Gesetzgebung und öffentliche Urteilsbildung erfährt das Individuum seine Individualität nachdrücklich. Es „leidet" darunter, möglicherweise bis zur „Unerträglichkeit". Die Aristotelische Affektenlehre ist der Versuch, die gehobenen und gedrückten „Stimmungen" im Verstehenkönnen von Rechtszeichen zu systematisieren.

An Zeichen als Rechtszeichen wird deutlich bzw. verdeutlicht, daß der Signifikant nicht „zu übergehen" ist. Das Recht ist die Verstärkung der Unübergehbarkeit des Repräsentanten, z. B. der Unverletzlichkeit des Leibes gegenüber der Interpretation *dieses Zeichens* durch andere, aber auch durch den, um „dessen" Leib es sich in der *Wahrnehmung* handelt. Es sorgt in seiner Macht für freie Räume der Interpretation gegenüber anderen Mächten, die erschöpfende Interpretationen *für sich* beanspruchen.

Die *Freiheit* der Interpretation (nicht die Beliebigkeit) ist das fundamentale Naturrecht, weil sie im Zeichenverstehen als solchem gründet. *Alles*, was wir verstehen, ist Zeichen und Zeicheninterpretation. Die Freiheit der Interpretation ist die *Voraussetzung* jeder Interpretation und damit z. B. auch der Art und Weise der Auslegung des Zeichens des „eigenen" Leibes. Das „eigene" daran ist etwas mehr oder weniger unmittelbar und mehr oder weniger leicht bzw. schwer zu Verstehendes *an* diesem Zeichen.

Moral ist die versuchte Kontraktion des Rechts in die vorgreifende „Leichtigkeit" subjektiven, je *eigenen* Verstehens, in dem feststeht, „was" etwas, z. B. eine Handlung, sei bzw. „was" etwas, insofern es nicht in dem aufgeht, als was es wahrnehmend-antizipierend verstanden ist, sein *solle*. So wie Gerechtigkeit auf der Stärke im *Ertragen* anderen Verstehens beruht, so beruht Moral auf einem „Rückzug" in die Innerlichkeit des eigenen als des maßgeblichen Verstehens, in dem das Interpretieren schon in die Iteration „derselben" Bedeutung bei austauschbarer Bezeichnung übergegangen ist.

Das gilt auch für die Position einer sogenannten „kommunikativen Vernunft" *anstelle* der subjektiven (Apel, Habermas). Sie ist insofern immer noch subjektorientiert, als Verständigung *im Selben als Ziel* besteht. Die „gute Absicht", auch das je eigene Vorverständnis „kommunikativ" zur Disposition zu stellen, orientiert sich nach wie vor an der *Idee* einer *gemeinschaftlichen* Subjektivität, zwar „kontrafaktisch" innerhalb des Faktischen, aber doch gerade damit unter einem vorgreifenden Ausschluß *anderen* Verstehens, das faktisch noch dasein mag (und sei es des eigenen als anderes). Es ist davon abstrahiert, daß *alles* bestimmte Verstehen um seiner Bestimmtheit und damit um seiner Rationalität willen ausgrenzend sein *muß*. Es ist von dieser Wirklichkeit abstrahiert. „Inter-Subjektivität" ist nur als unter Ausschluß anderer, „dritter" Subjektivität „in sich" vermittelte Subjektivität möglich, und die vermeintliche Berücksichtigung anderen Verstehens im Prozeß des Diskurses ist dessen Einschluß der Idee nach, d. h. der Ausschluß der „daseienden" Andersheit in ihrem interpretativ *unaufhebbaren* Anspruch, der dennoch *als Anspruch* und nicht nur als „unbedeutende" Physis *bleibt*, als deutungsloses, aber deshalb nicht bedeutungsloses Zeichen.

# 57. Isolierender Zeichenbezug

Zeichen, so sagt man, *beziehen* sich auf etwas, und sie sind wahr, wenn sie sich auf etwas Wirkliches beziehen. Aber Zeichen beziehen sich auf andere, sie interpretierende Zeichen. Sie beziehen sich in ihrem Bezug auf andere Zeichen, wenn sie wahr sind, zugleich auf die Wirklichkeit, wie z. B. ein Satz als Übergang vom Subjekt- zum Prädikatzeichen.

Wenn die Interpretation eines Zeichens, also das interpretierende Zeichen eine *Handlung* ist, ist der Übergang in diese Handlung der Bezug zur Wirklichkeit. Die Handlung ist dann die Wahrheit des Zeichens. Sie „sorgt" für seine Wahrheit, indem sie um reine Bedingungen für die Wahrheit des Zeichens besorgt ist. Wenn z. B. ein Zeichen als Naturgesetz aufgefaßt ist, *bedeutet* es eine Anweisung, wie das es bewahrheitende Experiment einzurichten ist oder unter welchen *Bedingungen* es universell gilt. Es zeigt, was man tun muß, damit es als wahr erscheint und damit man handelnd von seiner Wahrheit ausgehen kann, z. B. indem man sich in ein Flugzeug setzt, das unter der Voraussetzung der Wahrheit bestimmter Naturgesetze gebaut wurde. Es muß fortwährend alles getan werden, was notwendig erscheint, damit die entsprechenden Bedingungen auch weiterhin bestehen, d. h. damit das Flugzeug in seiner „inneren Form", wie sie gedacht ist, von „äußeren Einflüssen" *isoliert* bleibt. Es muß gewartet, seine Teile müssen „von Zeit zu Zeit" ausgetauscht werden, wenn sich Zeichen des Altwerdens als Zeichen der Zeit an ihnen zeigen.

Die Relation, die ein Zeichen im Übergang in seine Bedeutung darstellt, verweist auf solche „inneren", isolierten Zusammenhänge. Damit verweist sie auch auf Handlungen als die *Arbeit* an der Dauer der vorausgesetzten Isolierungsmöglichkeit.

Man baut Häuser als Isolierungen gegen die Außenwelt und deren schädigende Einflüsse, man bemüht sich, isolierte Räume dafür zu schaffen, daß *in* ihnen ideale, von „Störfaktoren" freie

Bedingungen für die Geltung gewisser Gesetze Bestand haben, und diese Arbeit muß kontinuierlich sein. (Vgl. die Kontinuität der Peirceschen „Drittheit".) Eine Formel für Naturgesetzlichkeit bedeutet, ebenso wie eine Feststellung sozialer Gesetzmäßigkeit, immer auch eine verhaltensdisziplinierende Norm. Ein Vakuum muß durch Pumpen erhalten werden, damit *innerhalb* seiner bestimmte Experimente gelingen, d. h. bestimmte Zeichen wahr gemacht werden können. Diese Arbeit an „reinen Bedingungen"[1] ist die Fortsetzung der Interpretation „mit anderen Mitteln" als „innersprachlichen"; sie erzeugt den *Anschein*, daß die Interpretation – z. B. als Übergang von einem Subjekt- zu einem Prädikatzeichen – zum Abschluß komme und damit eine in sich geschlossene Relation zwischen Zeichen *einer Art* von Zeichen darstelle. Dieser Anschein einer abgeschlossenen Zeichenrelation, die sich in *Formen der Urteilsbildung* darstellt, wie Grammatiken sie als möglich anbieten, besteht *solange*, wie die Kraft reicht, die Anstrengung der Arbeit an isolierten, reinen Bedingungen dafür auf sich zu nehmen. Diese Arbeit nimmt die Unendlichkeit der Interpretationskette auf *sich*. Sie arbeitet gegen das Chaos an, indem sie in unendlicher Mühe an isolierten Räumen arbeitet, in denen ideale Bedingungen für die Geltung von Gesetzen, d. h. für die Wahrheit von Relationen mit endlich vielen Relata bestehen sollen. Sie arbeitet damit an freien Räumen für das Faßlichwerden der Natur gemäß unseren Vorstellungen.

Die Faßlichkeit der Natur und damit die Möglichkeit der „Orientierung in ihrer übergroßen Mannigfaltigkeit" ist eine Sache der interpretierenden Kraft, die sich keineswegs als rein theoretische „Urteilskraft" isolieren läßt. Sie besteht nur solange, wie sie ihre Fortsetzung in Handlungen findet, die für reine Bedingungen der Geltung der „Urteile" sorgen, soweit dies möglich ist. Es ist der Entdeckung immer weiterer Naturgesetze nicht äußerlich, daß sich an die Entdeckung der schon bekannten eine technische Industrie großen Ausmaßes angeschlossen hat als Fortsetzung der Interpretation der sie formulierenden Zeichen in *anderen* Zeichen, nämlich der Herstellung der Apparaturen als der isolierten Räume, in denen die ersten Zeichen verifizierbar sind.

---

[1] Vgl. Hegels Begriff des Experiments, Phänomenologie des Geistes, a. a. O., 191

Die neu formulierten Zeichen sind nur in der entsprechend *industrialisierten* Welt verifizierbar. Industrialisierung ist die Isolierung von Räumen gegen eine unberechenbare Natur, in denen man bestimmte Handlungen überhaupt erst ausführen kann.

Da solche Isolierungen als Handlungen auch Folgen haben, die Probleme aufwerfen, sind immer neu ansetzende Anstrengungen zu weiterer Isolierung nötig, um diese Probleme zu lösen. Aber auch deren Lösung wird Folgeprobleme haben. Daß es „rein" um die Wahrheit zu tun sei, kann nicht als Ausrede gegenüber den Folgen gelten.

Man könnte den Menschen auch als das vorstellend-isolierende Wesen definieren. Die isolierende Arbeit beginnt nicht nur mit der Herstellung von Kleidern und Zelten, sondern zugleich damit bei der Bildung von Sprachen mit einem „inneren Bau", demzufolge *abgeschlossene* Zeichenketten sich auf etwas ganz anderes als auf weitere Zeichen *beziehen* sollen, in einer „metabasis eis allo genos", die *innerhalb* des Systems, als dessen Erweiterung von innen her, die Metapher vollzieht. Man kann aber auch sagen: Sprachen lassen sich in ihrer Entstehung als *in sich* formierte Systeme nicht von der fortwährenden Arbeit an *isolierten* Naturzusammenhängen absondern. Endliche, sprachliche Zeichenketten für wahr zu halten bedeutet, die Unendlichkeit in ihrer unabsehbaren Mühe als Arbeit gegen die (Zeichen der) Zeit auf *sich* zu nehmen, was „natürlich" nur begrenzt, nur eine Zeitlang „möglich" ist. Auf eine endliche Interpretation hin handeln, sich auf sie verlassen zu müssen *bedeutet* die Vertreibung aus dem Paradies — als die Notwendigkeit, nunmehr im Schweiße des Angesichts sein Brot draußen zu essen.

Die Welt erscheint uns in oikologischer Weltbegegnung. Das Wohnen im οἶκος, als Haus *und* als Sprache (Heidegger spricht von der Sprache als dem „Haus des Seins"), ist die Weise der zeitlichen Existenz als einer Existenz begrenzter Kraft, eine „von Haus aus" befristete Möglichkeit. Sprachen sind Zeichensysteme in der geregelten Intention, für begrenzte Zeit in begrenzten Dimensionen *Recht* damit zu haben, in endlich vielen Schritten der Zeicheninterpretation zu einem *Ende* zu kommen.

Die Zeit selbst ist als (unbestimmbar) wirksam aufzufassen und nicht nur (bestimmte) Dinge oder Personen *in* der Zeit, wie es schon Humboldt in bezug auf das Alter sprachlicher Systeme getan hat, wenn er schreibt, daß man „zu wenig abzusondern vermag, was ... der Zeit und was der Geistesrichtung der Nation", also dem inneren Gestaltungswillen in der Gestaltung der Sprache „angehört"[2]. Denn Dinge und Personen finden ihre Identität über die Zeit hinweg nur für begrenzte Zeit unter der Bestimmung von Begriffen, wie eine Sprache sie vorsieht, solange sie selbst dieselbe bleibt. Die *Voraussetzung* der Identität der Sprache im Laufe der Zeit ist die Voraussetzung für die Voraussetzung von Person- und Dingidentität.

Der spätere Heidegger spricht in einer Mystifizierung der Wirkung der Zeit von einem Seinsgeschehen als einem Seinsgeschick. Von einer Wirkung der Zeit selbst zu sprechen, kann aber nichts anderes bedeuten, als daß die Berechenbarkeit von Wirkungen nach Naturgesetzen *erfahrungsgemäß* an Bedingungen geknüpft ist, die nur für eine gewisse Zeit aufrechterhalten werden können, weil die Isolierung der Rahmenbedingungen für die Berechnung gegen „äußere" Störfaktoren nur begrenzt intendierbar ist. Sie hängt vom „Interesse" ab, aus dem die Anstrengung dafür ertragen wird. Ein „Interesse" besteht aber nicht *unbedingt*, es kann, zumal wenn die entsprechende Anstrengung zunimmt, nachlassen und muß aufhören, wenn sie untragbar wird. Deshalb ist die Vorstellung einer Zeit, in der der „Glaube" an heute geltende Naturgesetze seltsam erscheinen wird, nicht unvernünftig. Unvernünftig wäre es vielmehr, heutige Interessen an der Arbeit an reinen Bedingungen für ihre Geltung allen zukünftigen Zeiten zu unterstellen, d. h. das, was wir uns nicht vorstellen können, für alle Zeit auszuschließen.

Was wir uns vorstellen können, hat die Basis seiner Gewißheit in dem, woran *wir* nicht zweifeln können (Descartes). Die geschichtliche Erfahrung lehrt, daß auch dies sich *ändert*. Von einer Wirkung der Zeit selbst zu sprechen hat nur den Sinn, ein Zeitgeschehen einzuräumen, demgegenüber wir uns eine Ursache nicht vorstellen, d. h. eine befriedigende Antwort auf die Frage „warum?" bei aller Einbildungskraft nicht geben können, so daß es uns „überkommt", einschließlich unserer Vorstellungen von

---

[2] W. v. Humboldt: AA VII, 270

dem, was überhaupt möglich sei. In dem Umstand, daß es nicht absolut *leicht* ist, sondern Mühe macht, für reine Bedingungen für das Zutreffen unserer Vorstellungen zu sorgen, und daß die Bedingungen *nie rein* erfüllt sind, ist diese Zukunft (ohne Begriff für sie) anwesend als Gegenkraft gegen die Kraft der Voraussetzung der Adäquatheit *finiter* Zeichenketten.

Es ist aber nicht notwendig, systemtheoretisch von Zeichensequenzen zu sprechen, die über unsere Identität schlicht hinweggingen. Dann wären Identität und Nichtidentität einander abstrakt entgegengesetzt, d. h. die Zeit als ihre Einheit wäre ausgeklammert, indem das Bewußtsein und seine Identität gegen das System ausgespielt würden. Uns „überkommende" Zeichen der Zeit werden, als uns „mitnehmende" (nicht unbedingt übergehende) Zeichen, erfahrbar, wenn sich nicht eine systematisch vorgeprägte „innere" Vorstellung von Bedeutung verabsolutiert. Die Freiheit der Antwort auf Zeichen bleibt gewahrt, indem sie nicht auf bekannte Bedeutung hin übergangen werden, sozusagen als betroffenes Gewahrwerden des in endlichen Zeichensequenzen (die sich ihrer Art nach „grammatisch" zusammenfügen) Undeutbaren als des Individuellen im Zeichen. Dies wäre erst die Dimension des wirklichen Zeichenverstehens, jenseits der abstrakten Entgegensetzung eines Erfassens „der" Bedeutung als geistigen Akts einerseits gegenüber mechanischem Betroffensein andererseits.

Die Wirkung der Zeit ist eine Erfahrung, nicht von Gegenständen, sondern der „Anstrengung des Begriffs" der Möglichkeit von Gegenständen.

Auch in einem „vernünftigen Diskurs", wie Habermas ihn als Fundament einer kritischen Theorie denkt, das „so tief" liegen soll, daß es „von einer Dekomposition der bürgerlichen Kultur ... nicht berührt" werde[3], besteht das Gebot der *Isolierung* von Bedingungen, unter denen er vernünftigerweise stattfinden kann, während des ganzen Diskurses. Seine Vernünftigkeit kann sich nur unter dem Bedacht auf Ausschluß des Unvernünftigen aus ihm erhalten, und sei es das Unvernünftige in der je eigenen Person. Der Maßstab für Unvernunft muß derselbe sein wie der

---

[3] J. Habermas: Der philosophische Diskurs der Moderne, Frankfurt/M. 1985, 156

für die vernünftige Teilnahme. Es muß ein von innen nach außen gekehrter, die Störungen herausdrängender Maßstab sein, der besagt, *„was“* als vernünftig toleriert werden kann. Er richtet sich zwar nicht gegen bestimmte Personen aufgrund von deren Eigenschaften, aber er fordert deren Fähigkeit und Willen zur Disziplinierung im Sinne der Fortsetzbarkeit eines schon im Gang befindlichen, besonderen Diskurses. *Keiner* ist ausgeschlossen, *wenn* er in der Lage ist, hier geltende Regeln für sich zu übernehmen. Die Vorurteile müssen „so tief“ liegen, daß sie auf verläßliche Weise *gemeinsame* Vorurteile sind, und umgekehrt müssen, wie Nietzsche bemerkt, im Fall des Ausschlusses oder der Verurteilung diskriminierte Handlungen so isoliert werden, daß die Richter sich nicht selbst an ihnen „beteiligt“ finden.

Die Regeln können keineswegs Regeln „reiner“ und deshalb unbeschränkt allgemeiner Vernünftigkeit sein, denn dann beschränkten sie sich auf die innere Widerspruchsfreiheit des jeweils zum Diskurs Beigetragenen. Es muß sich um Regeln handeln, nach denen „intersubjektiv“ Verständigung gewährleistet ist, und das schließt ein, auch an einer Übereinstimmung in *Urteilen*, d. h. im Sinne des noch Auszudiskutierenden, an Vorurteilen zu partizipieren, die die Basis dafür bilden, daß man sich „intersubjektiv“ verstehen kann. Semantische Übereinstimmung setzt immer auch Übereinstimmung in bestimmten Urteilen, im „Fürwahrhalten“ voraus.

Der Rekurs auf vernünftige Diskurse als auf ein der Kritik entzogenes „tiefes“ Element für Vernünftigkeit war schon bei Kant als Rekurs auf tiefe Vorurteile kritisiert worden. Kant reflektiert ethische Gemeinschaften als wesentlich besondere, also auch ausschließende Unternehmungen. „Der Begriff eines ethischen gemeinen Wesens ist der Begriff von einem *Volke Gottes* unter ethischen Gesetzen“, für die „das Volk als ein solches nicht selbst für gesetzgebend angesehen werden“ kann[4]. Der intersubjektive Bund bedarf, auch wenn er nur bedeuten soll, daß man unbedingt im Gespräch bleiben will, göttlicher Garantie, weil sonst säkulare Ereignisse denkbar blieben, die ihn relativieren könnten.

[4] Kant: Die Religion innerhalb der bloßen Vernunft, AA VI, 98

Einem Diskurs, der inhaltliche Vernünftigkeit aushandeln soll, müssen Gesetze *vorgegeben* sein, die dabei zu beachten sind. Es müssen Gesetze sein, die für die *Beteiligten* schon gelten, *weil* und *indem* sie beteiligt und nicht ausgeschlossen sind. Sie gelten zwar ohne Ansehen der Person, aber sie schließen *jeden* aus, dessen Dazukommen den Diskurs als solchen auf Dauer stören würde, d. h. jeden, der sich dem Diskurs entgegenstehender Eigentümlichkeiten nicht zu entäußern wüßte und damit, statt mit der Beteiligung zugleich für „reine Bedingungen" für dessen Fortsetzbarkeit zu sorgen, mit *seiner* Beteiligung das Gegenteil bewirkte. Im Sinne der Funktion des Diskurses wäre *dann der Ausschluß vernünftig*, als das Bedachtsein auf die hermetische Partikularität des Diskurses selbst. – Denkt man dagegen daran, daß das Dazukommen eines „Dritten" die bisherige „innere" Vernunft des Diskurses erschüttern könnte, dann denkt man an ein *Ereignis*, das sich erst *zeigen* muß und das wegen seiner Individualität als Kriterium für Vernünftigkeit nicht in Betracht kommt. Es ist vielmehr gerade das Inkommensurable gegenüber *jedem* Maßstab.

Von einer Philosophie des Zeichens her wird deutlich, daß die Vernunft ohne solche *Ereignisse* längst zu einer *alles* aus sich ausschließenden Funktion erstarrt wäre. Hegel beschreibt solch eine in sich kreisende und Individualität um eines Begriffs von „Intersubjektivität" willen ausschließende Vernünftigkeit als „Schrecken"[5].

Die räumlichen Metaphern des Ein- und Ausschließens gehören zum geschichtlichen Bild der Vernunft. Sie ist in ihrer geschichtlichen Erscheinung – und nur in ihr ist sie da – sich ihre Bezirke isolierende, „zentristische" Vernunft. Daß dies in den Blick kommt, ist ein Zeichen der Zeit für etwas anderes, und es kommt, wenn überhaupt, naturgemäß zuerst im Leiden des anderen als des ausgeschlossenen „Irrationalen" in den Blick. Das „Irrationale" ist das, was sich an geltenden, auch an als „vernünftig" geltenden Maßstäben wie der Fähigkeit und der Bereitschaft zu diskursiver Legitimierung nicht messen und in endlichen Interpretationssequenzen – und damit auch in „vernünftig" zu Ende kommenden Diskursen – nicht bestimmen läßt. Es ist inkom-

[5] Hegel: Phänomenologie des Geistes, a. a. O., 414 ff.

mensurabel gegenüber *Sprachen*, verstanden als Systemen zur („grammatisch" geregelten) Beendigung von Zeichenketten zu Gebilden (Sätzen), die *in ihrer Finitheit zutreffen* und „etwas" bedeuten sollen.

Das „Irrationale" gehört zum „Rationalen" wie die irrationalen zu den rationalen Zahlen. So wie die Diagonale im Vergleich zu der Seite eines Quadrats irrational ist und umgekehrt die Seite irrational wird, wenn die Diagonale das Maß angibt, so läßt das Dasein des Individuellen *den* Diskurs als „irrational" erscheinen, der es nicht „übernehmen" kann. Das System ist, von „außen" gesehen, ein individuelles, so wie das Individuum in seiner sich „innerlich" reflektierenden Selbstgewißheit für sich ein System ist. „Ich denke, also habe ich einen vom Körper verschiedenen Geist" (Descartes), und von *meinem* Denken verschiedenes Denken ist davon verschiedene Körperlichkeit. Beziehung zum anderen ist eine *Frage* des Ertragenkönnens, des sich Leiden- oder Nichtleidenkönnens, der Berührungswünsche oder -ängste. Das Diskursive liegt in seiner Möglichkeit *zwischen* diesen Extremen. Man muß kein Verächter der Demokratie sein, wenn man diese *Grenzen* möglicher Diskurse bedenkt. Sie erlangen im Gegenteil innerhalb solcher Kritik ihre reflektierte Vernunft gegenüber ihrer Ideologisierung zum schlechthin Gesollten. (Man versteht dann auch philosophisch die rechtlich geregelte Notwendigkeit der Abstimmung nach *begrenzter* Debatte und muß nicht Philosophie und Demokratie als Gegensätze denken.[6])

---

[6] Vgl. R. Rorty: Der Vorrang der Demokratie vor der Philosophie, in: Solidarität oder Objektivität?, Stuttgart 1988

## 58. Das Problem systematischer Philosophie

Indem die Philosophie sich auf das Zeichen besinnt, statt es im „Blick“ auf „seine“ Bedeutung zu übergehen, besinnt sie sich auf ihren eigenen Zeichencharakter, innerhalb dessen sie nicht nur denkt bzw. Gedanken nur bezeichnet, sondern selbst bezeichnend ist durch die Wahl ihrer Zeichen. Damit wird ihr philosophische Systematik fraglich. Sie wird zugleich mit der *Einteilung* der Gedanken in „Disziplinen“ fraglich, ohne die kein Denken seinen „inneren“ Zusammenhang findet, durch die es sich aber zugleich, indem es sich „zusammennimmt“ oder „diszipliniert“, an die Voraussetzung der Richtigkeit der jeweils vollzogenen Einteilungen und damit der diakritischen Richtigkeit der Namen für die Teile anbindet. Daß es Zeichen der Zeit verstünde, wäre in dem gleichen Maße ausgeschlossen, in dem diese Bindung bestünde.

Nietzsche sah einen Ausweg im aphoristischen Denken. Innerhalb des einzelnen Aphorismus als einer übersichtlichen Form sollen alle Wörter sich *gegenseitig* interpretieren, in einem „Mosaik von Worten, wo jedes Wort als Klang, als Ort, als Begriff, nach rechts und links und über das Ganze hin seine Kraft ausströmt, dies minimum in Umfang und Zahl der Zeichen, dies damit erzielte maximum in der Energie der Zeichen“. Nietzsche meint hier zwar unmittelbar Horaz[1], aber die Stelle steht in der „Götzendämmerung“ in der Nähe der Stelle, an der er in bezug auf sich selbst die Aphorismen „Formen der ‚Ewigkeit‘“ nennt. Es ist bezeichnend, daß hier „Klang“ und „Ort“ der Worte, also ihr „Zusammenhang der Klänge“, vor dem Begriffscharakter der Worte genannt werden. Dieser innere Zusammenhang soll eine Interpretation „von außen“ erübrigen und damit auch deren Abbruch an *irgendeiner* Stelle. Die „Form“ erhält *wirkliche* und nicht nur vorausgesetzte Geschlossenheit, ist sich selbst genug

---

[1] Nietzsche: Götzen-Dämmerung, Was ich den Alten verdanke, 1

und insofern unendlich. Sie ist im Bild eines „ewig" in sich zurückkehrenden Interpretationskreises „Form der Ewigkeit", „wahre Unendlichkeit" im Hegelschen Sinne.

Der Ausweg aus der Hermetik des philosophischen Systems besteht hier in seiner Auflösung in kleine Systeme, in denen die Teile wirklich zusammenspielen. Nietzsches „Ehrgeiz" ist, „in zehn Sätzen zu sagen, was jeder Andre in einem Buche sagt, – was jeder Andre in einem Buche *nicht* sagt ..."[2]. Jeder andere – das ist jeder, der die individuelle Kunst des Aphorismus nicht *ebenso* wie das Individuum Nietzsche beherrscht – sagt es *nicht*, weil er *in* einem Buch mit dem, „was" er sagen will, nicht *zu Ende* kommt, sondern den Übergang von Zeichen zu Zeichen als den *Versuch*, zur „Sache" zu kommen, an einem Punkt abbrechen muß, der allenfalls von einer *subjektiven* Gewißheit, die Sache befriedigend geklärt zu haben, bestimmt sein kann. – Doch Nietzsche hat nicht einen, sondern viele Aphorismen geschrieben. Er hat also auch nach eigener Vorstellung in *einem* Aphorismus nicht sagen können, was jeder andere in einem Buche sagt bzw. nicht sagt. Aber seine Bücher sind nicht hierarchisch-begrifflich gegliedert. Die Aphorismen sind eher parataktisch gereiht, und an der Stelle einteilender Begriffe stehen nur die Zwischenräume zwischen ihnen, so daß man sagen könnte, es würde das, was *in* ihnen durch ihre innere Komposition zu bedeuten versucht wird, nicht auch noch „von außen" zu bezeichnen versucht, wenigstens nicht durch ein hierarchisch gliederndes System von Unter- und Oberbegriffen. Die Form des Aphorismus deutet sozusagen in ihr leeres, nur durch ihn umformtes Inneres. Seine Figur, besser: seine Gebärde ist schon die Bedeutung. Sie weist *nicht* über das einmalig-individuelle Geglücktsein des Zeichens hinaus.

Dennoch, wenn auch nicht auf begrifflich vorbestimmte Weise, sollen die Aphorismen zusammen ein Ganzes, ein Buch bilden und demnach auch untereinander zusammenhängen. Der Zusammenhang bleibt jedoch unbenannt, der Zwischenraum leer. Sie hängen auf eine Weise zusammen, auf die kein als Teil eines Begriffs*systems* „gegebener" Begriff hinweist, so daß der Zusammenhang sich ohne Anleitung eines Begriffsgefüges im Lesen

---

[2] Nietzsche: a. a. O., Streifzüge eines Unzeitgemäßen, 51

einstellen kann. Das Problem der systematischen Philosophie besteht darin, daß in ihr der Inhalt, so neu er im einzelnen gedacht sein mag, doch auf konventionelle Weise ein Ganzes bildet, in einem bekannten Gefüge von Ober- und Unterbegriffen, das sich damit als Vorurteil um das Ganze, d. h. um das legt, „was" eigentlich in dieser abgeschlossenen *Form* des Werkes angemessen erfaßt und um dessentwillen das Werk so, wie der Autor es aus der Hand gibt, *adäquat* gestaltet und abgeschlossen sein soll. Das Gefüge von Aphorismen ist dagegen, wie der einzelne Aphorismus selbst, ein freies Gefüge und insofern im Gegensatz zum System nicht sperrig dagegen, daß sich der Leser über das gewohnte Schema hinaus von ihm mitnehmen läßt. Es intendiert nicht, die Erfahrung des Autors zum Zweck der „Mitteilung" an den Leser nur „äußerlich" zu bezeichnen, sondern versucht, ihn im Lesen selbst *seine* Erfahrung machen zu lassen.

„Das Ganze" ist insofern das „Unwahre" (Adorno), als es durch ein feststehendes Gefüge von Begriffen in der Ordnung von Gattungen und Arten, von Ober- und Unterbegriffen ein Ganzes ist. Denn dann bleibt ihm gegenüber die schon bei Kant getroffene, von ihm aber noch nicht auf die *Form* der Philosophie selbst angewandte Feststellung, daß eine absolute Rechtfertigung des Gebrauchs solcher Begriffssysteme in der Absicht, sich damit auf „etwas" zu beziehen, nicht möglich ist. Natürlich hat auch Hegel, gegen den sich das Diktum Adornos richtet, dies gewußt. Er hat deshalb „die Erkenntnis des logischen Satzes, daß das Negative ebensosehr positiv ist, oder daß das sich Widersprechende sich nicht in Null, in das abstrakte Nichts auflöst, sondern wesentlich nur in die Negation seines *besondern* Inhalts", als das „Einzige, *um den wissenschaftlichen Fortgang zu gewinnen*",[3] bezeichnet. Nur dieser „logische Satz" ist ein Apriori weiterführender Erkenntnis über das „Bekannte" hinaus.

Der neue Gedanke muß sich in der *Negation* einer vom Gewohnten her dirigierten systematischen Überleitung zu ihm formulieren. Er muß in dieser Freiheit „positiv" werden, d. h., wenn das Allgemeine das ist, was sich nach Regeln wiederholt: er muß sich in solch einer „Arbeit des Geistes" individuell gestalten. Er

---

[3] Hegel: Wissenschaft der Logik, a. a. O., I, 35 f.

kommt. Alles Reflektieren auf „Bedingungen der Möglichkeit der Erkenntnis", d. h. auf Bedingungen der Möglichkeit, Subjekt von Objekten zu ein, ist eine Objektivierung von *gewesener* Subjektivität, und ohne diese Objektivierung ist „Subjektivität" nicht zu denken. Die Zeit ist immer schon weiter als ihr „reflektiertes" Selbstbewußtsein.

Die Bewegung des Begriffs findet *zwischen* den wohlgeformten Formulierungen der Gedanken statt. Sie zeigt sich in den von Satz zu Satz ansetzenden, nicht durch Begriffe verknüpften *jeweiligen* Formulierungen, die den Gedanken als Kreis, der in seinen Anfang zurückläuft, in ihre Mitte nehmen. So formulieren die Sätze eigentlich den *freien* Raum zwischen ihnen: Es könnten in diesen Zwischenraum immer noch weitere Zeichen eingefügt werden, nicht willkürlich, sondern als Zeichen, die in *diesen* Zwischenraum paßten.

folgt frei, aber nicht willkürlich auf den alten, der damit als „altgewordene“ Gestalt des Lebens bezeichnet wird. H schrieb keine Aphorismen, aber er schrieb entgegen weitläufi Ansicht auch kein in Begriffen hierarchisch gefaßtes System. L System hat er nur in *Grundrissen* geschrieben. Die Ausfüllu geschah in *variierenden* Vorlesungen, und schon die Kategori der Grundrisse folgen dem genannten einzigen Apriori: Die fo gende ist die Aufhebung, nicht die Spezifizierung der frühere Kategorie. Sie ist deren Wahrheit; die „Bewegung des Begriffs“ läßt eine durch die andere bestimmen und somit die Gesamtheit des in jeder Kategorie für sich Begriffenen als das „Unwahre“ erscheinen, und nur durch diese „Methode“ kommt es zu einem Ganzen.

Die Ordnung in Gattungen und Arten – auch der Zeichen – kann nicht mehr die der Philosophie, sondern nur noch eine Ordnung aus dem Gesichtspunkt pragmatischer Gliederungen sein, als einer Ordnung des für eine Zeit hinreichend Bestimmten und nicht des endgültigen Erkennens. Die Dialektik besteht gerade darin, daß das Auftreten einer Kategorie die Ordnung aufhebt, der sie zu entstammen scheint. Dadurch, daß sie auftritt, verschiebt sich der *Gesichtspunkt* der Ordnung, und nur in diesem Sinne ist die spätere Kategorie die konkretere und die Wahrheit der früheren, nicht aber als in einem feststehenden Begriffsgefüge reicher bestimmte. Die Verschiebung des Standpunktes, die dadurch geschieht, daß der Gedanke durch sein Denken mitgenommen wird, läßt die frühere Kategorie, die zuvor den Blick bestimmte, selbst in den Blick kommen und in ihrer Bedingtheit erkennen.

Der Begriff *bewegt* sich: Darin ist er Übergang im *„Kontinuum der Formen“*. Im Moment des Übergangs ist er also Metapher im Aristotelischen Sinn, aber nicht als „unrichtiges“ Aufheben der Differenzen zwischen Gattung und Art, sondern als Ursprung der Differenz. Der sich bewegende Begriff ist zugleich die Bewegung des Objekts als der Form, in der „etwas“ gedacht ist, und des Subjekts. *In ihr* als einer *Bewegung* fallen Subjekt und Objekt zusammen, nicht als Objekt und nicht als Subjekt. Insofern ist diese Bewegung auch die vom Subjekt zum Objekt als Objektivierung des Subjekts, in der es sich als das, was zuvor Subjekt war, selbst zum Objekt wird und so zu einem „Selbstbewußtsein“

# 59. Deus sive natura?

Wenn alles, was wir verstehen und wodurch uns „etwas" in den Blick kommt, Zeichen ist, ist dann „alles" Natur oder Gott? Diese Frage geht davon aus, daß wir es je mit allem zugleich zu tun hätten. Wir haben es aber immer nur damit zu tun, daß wir den *Übergang* von Zeichen zu Zeichen vollziehen bzw. daß sich dieser Übergang vollzieht, und wie wir etwas nennen, ist nicht willkürlich, wenn wir die Zeichen wirklich verstehen wollen. Als zu verstehende sprechen sie uns an, und nur, wenn wir etwas daran nicht verstehen, treten sie selbst hervor. Wie wollen wir dies Hervortretende nennen? Wir müssen es, um Willkür zu vermeiden, so benennen, daß dadurch ein Problem gelöst wird. Es „Natur" zu nennen, ist der Ansatz zu *einem* Lösungsversuch, und es Gott zu nennen, ist ein anderer *Ansatz*. Der Unterschied ist, *als was* wir etwas *thematisieren*, und alle Thematisierung geschieht im Vorblick auf ihren Zweck. Jede bedarf *weiterer* Auslegung. Mit dem jeweiligen Wort ist wohl schon ein Weg beschritten, aber jedes für sich allein kann kein letztes Wort sein. Es kommt darauf an, was man näher darunter versteht und wie es weitergeht. An ein absolutes Ende, hier zu Gott oder zu „der" Natur, kommt man weder auf die eine noch auf die andere Weise.

Wären die Namen austauschbar, dann wäre überhaupt nichts mit ihnen gesagt. Sie wären unspezifisch. Der Theologie muß alles daran liegen, daß „Gott" nicht schlechthin ein Name für alles wird und daß dieser Name sich gerade dadurch von dem Namen „Natur" unterscheidet. Der mit ihm eingeschlagene Weg muß ein besonderer bleiben, d. h. er soll spezifischer bestimmt sein als der, der alles „Natur" nennt. In der zusätzlichen Spezifikation liegt zusätzlich Freiheit der Auslegung. Wer „Gott" sagt, denkt sich selbst freier, weil er damit mehr Freiheit im Denken als „Ideal" beansprucht. Er denkt sich persönlicher, weniger „natürlich" determiniert, mehr „in sich" reflektiert gegenüber *allem*, und *damit* denkt er auch das, was er dabei denkt, als in sich reflektiert, als persönlich, und zwar in dem Maße, in dem er sich selbst als frei denkt. Gott ist in der Konsequenz des Anfangs mit ihm immer der andere gegenüber mir, wie ich mich gerade denke. Er begegnet in allem anderen, insofern ich denke, daß es *wie ich selbst* „Fürsichsein" ist und nicht in dem aufgeht, was es für mich ist. Während „Natur" der Inbegriff dessen ist, was ich wenigstens im Laufe der Zeit auf einem begonnenen Weg, auch wenn er unendlich sei, zu erschließen glaube, begegnet Gott in allem, was mir als etwas Atomes, d. h. Undurchdringliches und Individuelles begegnet, das gerade dadurch da ist, daß sich die allgemeine Methode an ihm auf eine spezifische Weise bricht. Es ist darin für mich von Gott, daß es, wie ich mich, sich *selbst* frei auslegt und bestimmt, in seiner spezifischen Manifestation, die in ihrer Spezifiziertheit für mich ohne Begriff und damit individuell bleibt. In der Natur soll eine Erscheinung, die unerklärlich ist, immer durch andere, die mir jetzt hinreichend erklärt scheinen, erklärt werden. „Von Gott" ist etwas in der Natur, insofern es *nicht* ist, als was es im Licht eines anderen ist. Das Verhalten zu ihm ist nicht Erklärung, sondern Bejahung, d. h. Veränderung des erklärenden Maßstabs ihm gegenüber. Es ist als Anerkanntes da, dadurch, daß es betrifft und verändert. Das „Leiden" unter seinem Dasein ist nicht nur Leiden, da es auch zu einem sich umdenkenden Selbstverständnis „beglückt" und „erlöst". Gott ist nicht Grund von Naturgesetzen, sondern Grund „aller Dinge" und ihrer Bedeutung füreinander.

Die „morgenländische", neuplatonische Lichtmetaphysik dachte Gott abstrakt als das Licht. Sie verstellte sich damit die Möglichkeit, das Besondere, Nicht-eine zu denken. Sie konnte es nur denken, insofern es „unter" dem Einen *auch* „eins" und „eins mit ihm" sei, aber nicht insofern es ihm gegenüber *anders* und gerade dadurch „auch" sei. Sie konnte nicht sein Sein aus eigenem denken. Das impliziert, daß sie Erfahrung nicht denken konnte, oder doch nur insofern, als sie den Gegenstand der Erfahrung als Gegenstand unter seiner *Bestimmung* dachte, und wenn es in Unterscheidung vom nur Gedachten nicht mehr die eine Bestimmung für alles sein konnte, sollten es — nach Kant — doch gedachte Bedingungen der Möglichkeit von Erfahrung „überhaupt" sein, die den Gegenstand als solchen ausmachten.

## 60. Zeichen der Zeit

Zeichen der Zeit ist das Verblassen der Metapher einer sich als das eine Licht reflektierenden Vernunft. An ihrem Anfang standen die Mythen. Eine Spätform entfaltete sich im Bild der „Aufklärung", die spätestens seit Kant ihre „Schranken" fand. Kants Kritik deckte auf, daß *„wir sagen"* müssen, „die Bedingungen der *Möglichkeit der Erfahrung"* seien zugleich „Bedingungen der *Möglichkeit* der *Gegenstände der Erfahrung"*[1], *wenn* wir einen Begriff von der Erkenntniskraft der Vernunft gewinnen wollen. Wir müssen dies von uns aus – ohne es *wissen* zu können – *sagen*, um wissen zu können, daß wir überhaupt etwas wissen können. (Es geht also nicht darum, aus einem „Logozentrismus" der europäischen philosophischen Tradition auszubrechen, sondern die Entwicklung dieser Tradition selbst als eine geschehene Denkerfahrung zu vernehmen.)

Kants eigene Bestimmung der Aufklärung als Hervorgang des Menschen aus „selbstverschuldeter Unmündigkeit" meint mit „Unmündigkeit" das „Unvermögen, sich seines Verstandes ohne Leitung eines anderen zu bedienen". „Ohne Leitung eines anderen" heißt, die Begriffe so zu gebrauchen, wie sie einem selbst geläufig sind, ohne durch Einreden anderer irritiert zu sein. Zwar meint Kant gewiß: ohne Druck einer Autorität, aber Autorität wäre in diesem Sinne jeder andere, der sie anders gebrauchen würde. Diese Bestimmung der Aufklärung ist im Grunde dasselbe wie die Kritik der reinen praktischen Vernunft als Beschränkung auf ihren „inneren" Gebrauch im Denken als einem „Sprechen mit sich selbst", in den keine Irritation der Voraussetzung „richtiger" Begriffe von Dingen und Handlungen eindringt.

Es würde bedeuten, diese Kritik als Zeichen der Zeit zu überhören, wenn solch eine „innere" Gewißheit sich noch *ungehemmt*

---

[1] Kant: Kritik der reinen Vernunft, B 197

*äußern* wollte. Die Wirkung wäre in den harmlosen Fällen, in denen solch ein „guter" Wille nicht mit viel Macht verbunden ist, ungesittet, im Fall seiner Verbindung mit Macht gewalttätig. Tätige „Aufklärung" nach eigener Vorstellung, wie es *sei* und wie es *demgegenüber* „eigentlich" sein *solle*, und, wie Kant schon kritisiert, von der „Vernunft Aufklärung zu erwarten, und ihr doch vorher vorzuschreiben, auf welche Seite sie notwendig ausfallen müsse"[2], ist im unverkürzten philosophischen Bewußtsein und angesichts der technischen Mittel unserer Zeit im Wesen Terror. Auch Hegel sprach von diesen Zusammenhängen, und die weltgeschichtlichen Katastrophen der Zeit bleiben unverstandene Zeichen, solange versucht wird, aus einem Wissen heraus, *was* das gewesen sei und *was* demnach zu tun sei, „der*artiges*" künftig zu vermeiden. Versuche der begrifflichen Bestimmung von Gewesenem und Geschehendem, je für sich und im Vergleich miteinander, die von den verschiedensten Ansätzen ausgehen können, kommen nicht notwendig, sondern nur *faktisch* in einem bestimmten Vergleichs-Horizont zu einem Ende. Eine *allgemein* befriedigende „Bewältigung der Vergangenheit" ist nicht möglich. Sie wäre auch nicht sinnvoll, denn diese Unmöglichkeit bedeutet zugleich die Offenheit der Zukunft. Gegenwart ist die wirkliche Unterscheidung des Vergangenen vom Zukünftigen, *ohne Begriff* des einen und des anderen. In ihr sind individuelle Verschiedenheiten dieser Unterscheidung in ihrer begriffslosen Andersheit, d. h. gleich-zeitig da. Gleichzeitigkeit ist das Gleichsein ohne vergleichenden Begriff. Der „gute Wille" zum Verstehen wird in seinem „Willen zur Macht" zum eigentlichen Zeitproblem.[3]

Vernunft, als moralische Tugend verstanden, reduziert sich somit auf die eigene Überzeugung. Es ist ja auch vernünftig, an ihr festzuhalten, solange nichts zwingend dagegen spricht. Sie geht zwar nicht über die Autorität anderer, die *auch* ihre Überzeugung haben, aber es ist doch die eigene.[4] Sie betrifft das Bewußtsein eigener Identität und kann nur soweit preisgegeben

---

[2] a. a. O., B 775

[3] Vgl. J. Simon: Der gute Wille zum Verstehen und der Wille zur Macht. Bemerkungen zu einer „unwahrscheinlichen Debatte", in: Allgemeine Zeitschrift für Philosophie, 12.3/1987

[4] Hegel: Phänomenologie des Geistes, a. a. O., 453 ff.

werden, wie sie sich dadurch im ganzen festigt. Das Kriterium dafür ist aber das der Konsistenz, also ein *formales*, kein inhaltliches Kriterium. Inhaltliche Kriterien für Vernünftigkeit bleiben bloße Überzeugung ohne Möglichkeit einer allgemeinen Begründung, und schon das Postulat der Kohärenz fordert zuviel, wenn es Konsistenz auf der Basis eines möglichst umfassenden Gesichtskreises fordert. Wie soll man gegenüber einer Position argumentieren, die sich ihre Identität dadurch zu bewahren sucht, daß sie ignoriert, was anderen wichtig erscheint? *Alles* zu berücksichtigen, wäre eine unmögliche Forderung, ganz abgesehen davon, daß jeder etwas, auf das er argumentativ aufmerksam gemacht wird, nur so berücksichtigen kann, wie *er* es versteht. Zwischen jedem Argument und seiner Annahme stehen das aneignende Verstehen und die Auslegung des Arguments, die jederzeit in einen neuen Diskurs über die „richtige" Auslegung übergehen kann, und an die Argumente dieses neuen Diskurses können sich wieder Diskurse über deren Auslegung und damit auch über ihre Bewertung anschließen, usw.

Die Zeichen der Zeit geben *dies* zu bedenken Anlaß. Das traditionelle Rationalitätspostulat und dessen Rationalitätsbegriff können deshalb bestenfalls nur noch „naiv" gelten. Das „richtige" Argument ist als Sache der Überzeugung zu reflektieren, die man natürlich im ganzen, auf einmal nur unter Verlust der eigenen Identität ablegen könnte, von der man aber wissen kann, daß die Zeit sie einmal auch im ganzen überholt haben wird, so daß man sich später seines früheren „Standpunktes", wie es bei Herder heißt, „schämt".[5] Man *hat* die Überzeugung also und hat sie auch *nicht*, denn man ist aus der Antizipation des späteren Standpunktes sich ihrer Überholung schon bewußt, während man sie *noch* (notwendig) hat. Dies ist das ursprüngliche Zeitbewußtsein *im* Identitätsbewußtsein. Es erfährt sich im Verstehen von Zeichen der Zeit, das sich nicht selbst wollen kann.

---

[5] Herder: Sämtliche Werke, ed. Suphan, Berlin 1881, XXI, 270

# Abschluß

Jede Abhandlung könnte noch weiter verdeutlicht werden. Sie findet ihren Abschluß in der Vermutung, deutlich *genug* zu sein, um verstanden werden zu können, wenn auch nicht von allen, denn das ist unmöglich. Deshalb kann auch keine Abhandlung für alle geschrieben sein, und denen, für die sie so deutlich geworden ist, daß sie für sie „etwas" bedeuten kann, muß sie Raum lassen, sie von sich aus zu verstehen. Sie braucht deshalb auch nicht den Anschein zu erzeugen, ein „abgeschlossenes" Werk zu sein. Kein Ding ist vollkommen, und es ist ein Trost, daß dies gerade – entgegen dem metaphysisch-ontologischen Dingbegriff – das Gute daran sein mag. Daß ein Buch in der Form, in der ein Autor es faktisch gelassen hat, *die* Form der Wahrheit gefunden habe, hat noch niemand behauptet.

„Das Werk *ist*, d. h. es ist für andere Individualitäten, und für sie eine fremde Wirklichkeit, an deren Stelle *sie* das ihrige setzen müssen, um durch ihr Tun sich das Bewußtsein *ihrer* Einheit mit der Wirklichkeit zu geben; oder *ihr* durch *ihre* ursprüngliche Natur gesetztes Interesse an jenem Werke ist ein anderes als das *eigentümliche* Interesse dieses Werkes, welches hierdurch zu etwas anderem gemacht ist. Das Werk ist also überhaupt etwas Vergängliches, das durch das Widerspiel anderer Kräfte und Interessen ausgelöscht wird und vielmehr die Realität der Individualität als verschwindend, denn als vollbracht darstellt."[1]

Doch auch nach Hegel sind die anderen Individualitäten *jede für sich* ebenso verschwindend in *ihrer* Auffassung. Das Verschwinden des Werks in deren Auffassung verschwindet so gut wie das Werk. Es verschwindet der *Gegensatz* des Vollbrachtseins und des Verschwindens in der Wirklichkeit.

---

[1] Hegel: Phänomenologie des Geistes, a. a. O., 291 f.

# Namenregister

# Begriffsregister

Das Register führt nur Stellen an, an denen die Begriffe in einem charakteristischen Kontext stehen. Hinweise, die das Inhaltsverzeichnis gibt, sind nicht noch einmal aufgenommen.